POR SI LAS MOSCAS, PAISANO

© Enrique Romero Moreno, 2008, 2013

Tipografía y formación: Alma Jordán
Cuidado de la edición: Fernando Cruz
Diseño de portada: Vic Guiza y Antonio Romero

Primera edición: 2008
Segunda edición: 2013

ISBN-10: 0991119118
ISBN-13: 978-0-9911191-1-0

Derechos de autor: 03-2007-112909523000-01

Impreso en Estados Unidos
Publicado por Tortillas Duras del Migrante

http://www.tortillasdurasdelmigrante.com/

Enrique Romero Moreno

Por si las moscas, paisano

*A Alejandra, mi esposa,
y a mis hijos Kike, Emi y Antonio (alias Jelipe),
que son lo más grande que Dios me dio.*

A Dios, por todo lo que me ha dado.

A mi madre, mis hermanos y demás familiares.

*Y a mi padre, que desde el cielo ha de estar diciendo
"¡Muy bien! ¡Mi licenciado no me salió tan menso!".*

Agradecimientos

Quiero dedicar este libro a todos los que han destinado su tiempo a la protección consular en algún momento de su vida, desde los empleados locales hasta los que han llegado a ser embajadores. Ante ellos me quito el sombrero. No es fácil la tarea de ayudar a los paisanos, y menos cuando para ellos somos su primera —y a veces única— alternativa y no todos los problemas que enfrentan tienen solución.

También quiero agradecer a aquellos que sin salir de la Secretaría siempre estuvieron ahí, dándole duro, trabajando horas extras en beneficio de los nuestros.

Gracias también a:

José Ángel Pescador Osuna
Juan Carlos Cué Vega
Rodolfo Quilantan Arenas
Edgardo Flores Rivas
Daniel Hernández Joseph
Luis Chao Pratt
Dolores (Lolita) Parkinson
Mario Cuevas
Roberto Rodríguez Hernández
Martha Irene Lara A.
Martha Elvia Rosas R.
Luis Manuel López M.
Carlos Ignacio Giralt
Beatriz López Gargallo
Darío Alberto Bernal A.
María de los Remedios Gómez
Miguel Escobar V.
Víctor Manuel Treviño E.
Enrique Hubbard Urrea
Vicente M. Sánchez
Carlos García Delgado
Sofía García Ceja

Eduardo de Ibarrola Nicolin
Juan Miguel Gutiérrez Tinoco
Jorge Ernesto Espejel Montes
Enrique Rojo Stein
Juan Manuel Calderón Jaimes
José Eduardo Loreto
Josafat Vázquez Solano
Carlos Félix Corona
Rubén Beltrán Guerrero
Juan Manuel Solana Morales
Alejandra Bologna Z.
Carlos Flores Vizcarra
Carolina Zaragoza
Carlos Ignacio González
Elsa Leticia Borja
Luis Miguel Ortiz Haro
René David Mejía Q.
Aníbal Gómez Toledo
Juan Carlos Mendoza Sánchez
Julián Adem
María del Carmen Reyes
David Díaz

Roberto Ruelas
Luis Gabriel Ferrer
Salomé Ruiz Nájera
Marcela Estévez
Jorge Luna
Jaime Paz y Puente
Alma Xóchitl Valverde
Jaime Jiménez
Judith Escobar Carre
Mónica Vázquez Pérez
Francisco Márquez Zermeño
Jesús Padrón Herrera
Juana María Ruiz M.
Juan Bernardo Reyes
Ramon Moreno
Marisela Quijano
María del Carmen Linares Tecanhuey
Graciela Aguilar (Tecun UNAM)
Sandra López Sarmiento
Omar Rivera
Teodoro Alonso
Jesús J. González de la Garza
Sergio Salinas
Claudia García
Antonio López Hernández
Rosa María Leyva Cortés
Norma Silvia Rojas Bretón
Rodrigo Honorato Espinoza
María Elena Rosas Carrasco
Alicia Carrillo Nava
Rogelio Reynoso Castillo
Norma Araceli Ramírez Ávila
Carmen Cortés Carranza
Erick Méndez Guzmán
Teresa Luna
Cristina Rosales
Dina Martínez de Monges
Carlos Torrado Jacobo
Francisco Márquez Zermeño
Lilis Gikilie
Belardino Castellanos Ruiseco
Negui Rivera Labastida
Lilian Benavides
José Luis Díaz Mirón
Gastón Rosas Ríos y Soto
Óscar Dámaso Mejía Mejía
Salvador Martínez
Mónica Velarde

Sergio Téllez
Justiniano Menchaca
Carmen Calleja
Columba Calvo Vargas
Adriana Martínez
Aurelia Morales Gelain
Tzitziqui Marisol Hernández
Felipe Soria Ayuzo
Mario Alberto Manrique López
Laura E. Cruz-Reyes Mendoza
Delia de la Cruz Cadena
Sheila Florencia Manrique Arroyo
Luis E. Castresana
Marco Antonio Frayre
Estela Puebla
Mónica Mora V.
Everardo Corona
Adriana Flores Galán
Cecilio Garcia
Daniel Oceguera
Francisco Jacobi
Hugo René Oliva
Ma. de Jesús Noriega.
Luis Hernández Pacheco
Leticia Vázquez Olvera
Carlos Obrador Garrido
Alberto Muciño de la Colina
José Francisco Grifaldo Márquez
Gustavo Delgado Delgado
Fabiola Campuzano Domínguez
Flor de María Díaz González
Zoila Arroyo de Rodríguez
María de Lourdes Soto Smith
Miguel Pineda
Esthela González
Héctor Agustín Ortega
Federico Moreno Santos
Hugo Juárez Carrillo
Jordan Rodríguez Barraza
María del Carmen Rguez. Rguez.
Roberto García Gómez
Mario Puga Torres
Gabriela Cortázar
María Luisa Vélez
Silvia Villegas Olguín
María Antonieta Luqueño
Maritza Alonso
Hugo Garza

Silvia Rodríguez
Gerardo Méndez Lira
Luis Félix Pacheco
José Antonio Lagunas Borja
Rosa María Garza Rodríguez
Salvador López
Laura Espinosa Martínez
Antonio Lomelí
Miguel A. Figueroa
Jaime Luna
Alma Mares
Fidel Torres
Marisela Correa Arroyo
Francisco Pon Salazar
Norma Alicia Acuña Hernández
José Antonio Ortiz Pedraza
Enrique Muñoz Castillo
Hortensia Espejo
Norma Moreno Rodríguez
Guillermo Fernández
Francisco Torres
Jaime Almonte Borja
Juan Carlos Cisneros
Jacobo Tellez
Guillermo Torres
Martha Oliver
José Soto
Emilio Ávalos
Julián Almanza
Luis Gustavo Chávez
Jorge Gonzáles Mayagoita
Rodrigo Lozano
Rocío Maciel Granco
Gabriel Loreto
Héctor Agustín Ortega Nieto
Leticia Martínez
María Esther Mireles
Arturo Salgado
Lourdes Catalán
Manuel Martínez
Gabriel Salas
Adriana Villareal
Humberto Enríquez
Alejandro Flores
Luis Larios
Miguel Miralrio
Sonia Velázquez

Ángela Díaz Calleja
Elizabeth Vigurra
María Ángeles García Reyes
María Ángeles Medina Viñales
Alonso Gaona Burgos
René Santillán
Luis Enrique Franco
María Inés Cervantes
Gerardo Acevedo Damache
Adriana González Félix
Ivonne Beltrán
Verónica Trujillo
Leticia Suárez Lipman
Astrid Díaz Infante
Alejandra Aguilar
Martha Camargo Peña
Leopoldo Villaseñor Patiño
Arturo Chavarría Balleza
María de Jesús Noriega
Marcela Maldonado
Ampelio de Anda
Joana Navarrete
Vanessa Linares
Georgina Velázquez
Benjamín Peñaflor
Armando Cano
Salim ali Modad Gonzáles
Estela Gonzáles
Nancy Mendoza
Juan Carlos Galicia
Rafael Rico
Ana María Reyes Becerril
Gustavo Morales Cirion
Bernardo Morales
Fernando de la Mora
María de Jesús Medina
Max Otto
Pilar Flores
Rodrigo Barraza
Jesús de León
Luz Marina Rendón
Celene Barselo
Nora Orozco
José Luis Ávila
Jorge Meza
Mireya Rangel
Sandy Gutiérrez

Adriana Estrada	Adriana Bustamante
Daniel Aguado Ornelas	Roberto Velázquez Pinay
Jonathan Torres	Rafael García
Erika Riedel	Miguel Ángel González
Erik Levy	Lorena Francis
Miguel Ángel Peralta	Teresa López
Heriberto Sánchez	Daniela Mijangos
Clemente Cano	José Ángel Álvarez
Sergio Salinas	Rolando Chapa
Edgardo Briones Velázquez	Carlos Pallal
Alberto Cano	Germán Gaytán
Mario Enrique Figueroa	Isaac Madrigal Godines
Francisco Elorsa	José Antonio Larios Ponce
Yolanda Castro Escudero	Vanessa Sánchez
Enrique Moreno	Miguel Medrana
Édgar Rebollar Sáenz	Jorge Barrel Guzmán
Rosa Elba García	Víctor Cepeda
Sergio Hayakawa	Laura Narvaez
Gilberto Juárez	Sergio Guzmán
Carlos Ortega	Karla Ornelas
Israel Herrejón	Gilberto Alonso Gómez
José Ríos	Susana Noguez
Carlos Alfredo Zamora Treviño	Josefina Vázquez
Iván Trejo	Salvador Chávez
Josefina Norma Acuña H.	Fernando Soria Ayuso
Sandra Pérez Betancour	Ana Leos
Celia Torres Vega	Miguel F. Escalante Sandoval
Carlos Trujillo	Luis Espadas Cortés
Helietta González	Ricardo Hernández
Dened Ramírez	María de Nuria Marine González
Guillermo Márquez	Gaby Barrón
Pedro Rivera	Miguel Ramos
Concepción Capulín Ramírez	Enrique Muñoz Castillo
Alejandrina León	Jorge Mendoza
Luis Noriega	Julio Carlos Mesa
Deyanira Quintana	Jerónimo García "Pewee"
Jorge Luis Hidalgo	Salvador Uribe
Ricardo del Villar	Lariza Jiménez
Manuel José Morodo Fernández	Johannes Jácome Cid
Elsa Villa Mata	Marines Cervantes Mayagoitia
Jorge Armado Solchaga López	

Seguro se me olvidó alguno, pero también a él está dedicado este libro.

No puedo olvidar a los del Instituto de los Mexicanos en el Extranjero (IME). Aunque ellos no visitan cárceles u hospitales, ni trasladan muertos, la educación y los programas de salud y deporte también son una forma de proteger a los nuestros. Gracias, Carlos González Gutiérrez.

Y cómo no mencionar a mis compañeros de las Delegaciones Foráneas de la Secretaría de Relaciones Exteriores (SER) que, aunque no lo crean, también se dedican a la protección.

Fuera del Servicio Exterior Mexicano hay gente muy valiosa que se la ha partido y se la seguirá partiendo en beneficio de la raza. Gracias también a los que conforman las Coordinaciones, Institutos o Direcciones Generales de Apoyo al Migrante en todos los estados de la República Mexicana.

Y además de esas instancias también hay otras, las llamadas Organizaciones No Gubernamentales o No Lucrativas. A ellas también "thank you", como dijera el gringo.

Por último, y de manera muy especial, quiero agradecer a Francisco Llerardi por todo su apoyo.

La protección a los derechos de nuestros migrantes en los Estados Unidos, repito, no es una tarea fácil. A quien le den náuseas los olores de las celdas, quien no tenga convicción, dedicación, vocación, disposición, calidad humana, imaginación, paciencia, más paciencia y un poco más de paciencia, mejor que se dedique a otra cosa.

Y es que para hacer esta labor también se requiere de "eso" que no voy a decir porque me pueden tachar de vulgar. Y, desde luego, conocimientos de inglés, ortografía, asuntos migratorios, civiles y laborales que siempre son bienvenidos.

Todas las personas y organizaciones que aquí he nombrado tienen todo eso y más. Por eso, a cada uno de ellos: ¡gracias!

¡Uf! ¡Qué bueno que ya terminé!

Paisano: por si las moscas

Uno podría pensar que escribir es fácil, que sólo se requiere papel y lápiz o una computadora y ya está, pero no es tan sencillo.

El otro día estaba frente al televisor y le bajé el volumen. Estaban transmitiendo *Al fin de semana*, conducido por el famoso Muñiz. No es que me interesara mucho, aunque, eso sí, no retiré la vista cuando salieron un resto de chavas dando brincos de aquí para allá dejando ver sus esculturales cuerpos sin tapujo alguno.

Quería escribir algo, sabía de qué quería hablar, pero no por dónde comenzar, así que decidí cambiar de canal y, para mi grata sorpresa, aparecieron más chavas en biquini y las nachas se veían por todos lados.

De inmediato corrí a ver si mi mujer ya estaba dormida. Cerré la puerta del cuarto muy despacio y me quedé un buen rato viendo Galavisión. Estaba en la pantalla Jorge Ortiz de Pinedo con su programa *Al ritmo de la media noche*, aunque lo que yo realmente esperaba era que dieran inicio las noticias con Joaquín López Doriga.

Mientras veía la tele, pensaba en los otros dos proyectos que ya han salido. *Tortillas duras: ni pa frijoles alcanza* fue un titipuchal de letras y párrafos que cierto día, sin querer queriendo, se convirtieron en una narración sobre la vida de nuestros paisanos allá en el norte. *Ta de la tostada* salió en forma de relatos sobre lo que le pasa a algunos de los nuestros cuando van en busca del sueño americano.

De pronto me llegó el título para este nuevo proyecto. Se llamaría *Por si las moscas, paisano*. Al parecer el cerebro estaba empezando a funcionar. De reojo volví a ver a las chavas en biquini bailar de aquí pa allá, pero ya no me importaron. No es que de repente me volviera "rarito", sino que ya tenía algunas ideas y no quería perderlas.

Por si las moscas, paisano relataría las broncas en que se meten los paisanos que emigran a Estados Unidos, las estafas, las humillaciones, las pérdidas de sus seres queridos y hasta de la vida, y todo para que al final agachen la cabeza y sigan su camino. "Pos ése era nuestro futuro", diría más de uno.

Y en eso estaba pensando cuando empezó el noticiero. Los "aspirantes" a indocumentados seguían siendo primera noticia. Ese día le tocó a una mujer joven ser la víctima: murió en el desierto de Arizona.

Con esa nota los paisanos que murieron en el río allá en Brownsville, Texas, pasaron a segundo plano. Ni quien se acuerde de su muerte, del sufrimiento de sus padres, aunque por algunos días las televisoras, los periódicos y las cadenas radiofónicas los usaron para vender noticias. Pero ya quedaron atrás, igual que aquellos pobres "compas" que han sido víctimas de los "rancheros" en Arizona.

O a ver, vamos a hacer memoria, ¿cómo se llama el paisano aquel que fue herido en la pierna y regresó sangrando a México? Pos quién sabe, ¿verdad? Así es la vida. Pero eso sí, cuando hay que vender noticias, los indocumentados son una apuesta segura.

Y así está la cosa. Muchos de nuestros paisanos buscarán ingresar al norte. Estoy seguro de que en estos momentos, mientras escribo estas tarugadas, docenas de ellos están arriesgando sus vidas tratando de cruzar la línea fronteriza, desde la tan visitada Tijuana hasta Brownsville, Texas.

Alguno estará pensando –y me cae que sí lo está pensando– que soy un amarillista. Pero no. Es la pura neta. En este instante alguna chava acaba de ser violada, o alguien ya fue abandonado en el desierto de Arizona. Un par de chavitos ya fueron puestos en la cajuela del carro de algún coyote, quien sin remordimiento alguno manejará por horas y cuando sienta que la migra lo persigue le dará duro al acelerador y al rato ya habrá muertos y heridos. Qué importa que el motor esté hirviendo, ahí caben juntitos dos chiquillos. "Al fin no son mis hijos", dirá el muy jijo.

Y como éstos hay más ejemplos: un camión de carga que iba rumbo a la Florida llevaba 30 paisanos sentados en forma de trenecito, con un galón de agua, papas fritas y muchos olores a caca y orines. Fue interceptado por la Patrulla Fronteriza, y qué bueno porque un anciano ya se estaba pateando por asfixia.

"¡Qué poca madre de la migra! –dirán–. Les han quitado las ilusiones a muchos de nuestros paisas". Pero, ¡carajo!, si se estaban asfixiando. Los recién capturados salieron cabizbajos, con la piel amarillenta, pero sus miradas no eran de espanto, ni de resignación, sino de alivio.

Mientras las cosas no mejoren en el "terre" los paisanos seguirán soñando con el norte. Los economistas y estudiosos del fenómeno lo explicarán en términos que ni ellos mismos entienden, pero lo cierto es que los paisas lo que quieren es dejar de tener hambre o mejorar un poquito lo que tienen. Algunos se van a petatear antes de poder mandar su primer cheque, y otros más serán regresados a México pero al rato lo volverán a intentar.

Por si las moscas, paisano no tiene una intención específica. No pretendo que sea un diccionario de terminología legal, ni una forma de alentar a los paisanos para que se vayan. Lo más que quiero es que alguno que esté en esta situación se identifique al leer unas cuantas líneas sobre lo que les sucede a otros, que ponga mucha atención en lo que pasa en Estados Unidos, y que si ya se arriesgó tanto dejando su lugar de origen para superarse, pues se deje de tarugadas y se fije en lo que hace, que no le pegue a su vieja porque por eso en el país del norte lo pueden arrestar por mucho tiempo; que no chupe "ajuera" de su casa y mucho menos maneje en ese estado tan criticable; que no compre papeles chuecos, tarjetas de residente con fotografías pegadas con chicle que le pueden acarrear muchos problemas; que se olvide de festejar tirando balazos al aire porque puede matar a alguien y eso lo llevará derechito al bote.

El paisano se tiene que fijar. Ha arriesgado tanto que si realmente quiere prosperar, pues tiene que dedicarse a trabajar y buscar tiempo para estudiar.

Y es que, "sin querer queriendo", como suele suceder, nos metemos en problemas. Algunos de ellos tienen solución, pero para otros nomás queda la resignación. Con este libro sólo quiero dar algunas sugerencias para que cuando el paisano diga "¡Ay, güey! Aquí ya hay algo mal", tenga al menos una idea de lo que puede hacer y no le vean la cara de tarugo.

Es importante que sepa que existen instituciones –gubernamentales y civiles– que tanto aquí como allá están en la mejor disposición de brindarle apoyo, consejos y asesorías. Y de verdad, más de uno se la rompe por los paisanos.

Que esto sea una "abrida" de ojos, que sirva de algo. Ése es mi objetivo y mi único deseo. Así que, paisano, espero que te sirva.

El único responsable del contenido del presente libro soy yo. La parte "legal" del mismo sólo cumple un objetivo educativo e informativo. Es pa que por lo menos se tenga una idea de lo que hay, pero no debe ser considerado como una asesoría legal porque para eso está la Representación Consular. Paisano, es de suma importancia que creas en ella y te acerques. ¡Nada perderás!

La vida viene y va tan rapido que ni cuenta nos damos de cómo en un segundo se nos va, nada es tan seguro como la muerte, es lo único de lo que podemos estar 100% seguros de que algun día llegará. ¿Cómo? ¿Cuándo? ¿A quién vendrá? Eso no lo sé, lo único que sé es que a todos nos llegará sin importarle nada, y así como llega se va, robándonos a un tío, un primo, un papá, dejándonos un gran vacío que nunca nadie llenará y un dolor tan grande que jamas se sanará. Ni las palabras de aliento ni los besos ni abrazos nos hacen olvidar a esa gran persona que nunca más regresará.

Quisiera parar el tiempo o volverlo tiempo atrás, justo aquel día en que se va del hogar con lágrimas en los ojos y con el fin de progresar. Quería traer muchas cosas y la casa por fin terminar.

Ahí va otro mexicano pa la frontera cruzar con tantas ilusiones que algun día soñó alcanzar, con la esperanza de pasar y por fin progresar, su casa terminar y a su familia ayudar.

Besos, lágrimas, abrazos y un "¡no te vayas, papá!" que le dijimos constantemente para esa idea hacerle olvidar, pero no sirvieron de nada pues su meta quería alcanzar y sueños e ilusiones al fin poder realizar. Es lo que él quería para en la vida triunfar, sin saber que la muerte del otro lado lo iba a esperar, sin darle tiempo de nada ni esa tragedia evitar.

Sí logró pasar, pero sus sueños ya no logrará. El destino se los truncó y nadie lo puede cambiar. No hay palabra ni consuelo que esta herida logre sanar. Éste es otro mexicano que en el camino se fue a quedar, buscando una mejor vida sin saber que ahí iba a a acabar.

Mariel

[Carta de Mariel a su padre, que murió del otro lado de nuestra frontera]

¡No te vayas!
Muerte en el intento

I

Ponciano está sentado en la banca de la plaza principal de aquella tenencia de la ciudad de Morelia. Observa a su alrededor y no ve a nadie. Las calles están vacías a pesar de que ya es mediodía. Las únicas que de repente se ven son unas cuantas mujeres de edad avanzada que a pesar del calor que azota no sueltan sus rebozos. Seguramente ya han de tener hasta piojos.

Se levanta y su andar es lento. Una de sus rodillas no le responde. De joven practicó el futbol y las chilenas y palomitas lo llevaron a la selección de la tenencia. Hubo quien le dijo que se fuera a probar al Morelia, así que agarró su camión y se fue al estadio Venustiano Carranza; todo iba bien hasta que en un pase del Mudo Díaz corrió por la banda derecha y por querer sacar un centro la rodilla se le quedó atorada en un hoyo. Le dieron unos cuantos pesos para que se regresara a la tenencia. Quedó jodido para el resto de su vida...

En la tienda de la esquina, la de doña Petra, las cosas se están mosqueando, el bolillo ya está viejo y el chorizo duro. No hay quien compre, pero él pide sus Alas. Se prende el primer cigarro y regresa al mismo lugar que se ha designado para meditar o hacerse tarugo.

Las horas pasan y todo sigue igual. Ya son las dos. Dos estudiantes de secundaria vestidos de uniforme verde se sientan cerca de él con un barquillo en la mano. Son sus vecinos, un par de gemelos que no pasan de los 16 años. Son hijos de quien fue su mejor amigo, el Turicato, que ya tiene más de 10 años que se fue. Los primeros meses de su estancia en los Estados Unidos mandó algunos dólares. Después de eso, nadie supo. El Turicato, un tipo medio arrogante, se unió al grupo de los paisanos desobligados que al llegar al país del norte se olvidan hasta de que tienen madre.

Ponciano sólo observa el lento caminar de las colegialas que pasan por ahí. Su uniforme es guinda, lo que quiere decir que ya van en tercer año de secundaria.

Los gestos de los gemelos no se hacen esperar, y más porque las faldas de las chamacas están arriba de la rodilla.

Ponciano sigue ahí, metido en sus pensamientos, mientras los gemelitos le dan duro a la charla.

—Tres meses más y se acabó esto. Me voy a la chingada —dice Lucas mientras le chupa duro a su nieve que ya se le está escurriendo en la mano.

—¿Para qué esperar a que se terminen las clases? Vámonos ya, carnal —le dice Mariano.

—¡No jodas! Mi jefa sí que nos parte la madre. Además, le prometí que por lo menos terminaría la secundaria —dice Lucas.

—Tú y tus pendejadas, cabrón —termina diciendo Mariano mientras se acaba el barquillo de limón de una mordida.

Los chavos cambian el tema. Hablan de futbol y de viejas. A esa edad el "pajarito" ya quiere cantar. Mariano presume que ya se ha aventado a más de dos, entre ellas una que había sido novia de Lucas.

—¡Te voy a partir tu madre! —dice Lucas.

—¡Es la tuya también, pendejo! —ríe Mariano.

Los carnales se levantan, caminan hasta dar vuelta a la esquina y desaparecen. Ponciano no les quita la mirada en ningún momento ni deja de escuchar lo que van diciendo. Ve a su alrededor y el panorama sigue siendo desalentador. No hay nada, ni siquiera alguien con quien platicar. Ponciano lleva ya meses sin chamba. Era taxista en Morelia, con eso tenía para llevarle taco a su vieja y a su nieta. Dejó de serlo un día que un pasajero se negó a pagarle la dejada. Se agarraron a chingadazos y Ponciano llevó la mejor de las partes pues mandó al hospital a su rival, pero lo demandaron y tuvo que soltar los gastos médicos. Con eso quedó en la ruina.

—¡Pobres chamacos! Ya quieren irse —dice para sí pensando en sus vecinos—. ¿Y quién los culpa? Quizá el culpable de todo es su padre, quien hace mucho tiempo se fue y se olvidó de ellos. El Turicato siempre fue un cabrón, pero nunca nos imaginamos que se fuera a olvidar de los suyos... Se olvidó y ahora ellos lo quieren imitar. La que se quedará en la soledad será su madre... Será otra de tantas mujeres que se quedan solas y esperan a que lo suyos regresen. Y esperan... esperan... esperan... —sigue pensando mientras se acaba su segundo "Alas".

Una mano en su hombro interrumpe sus reflexiones. Es una muchacha de no malos bigotes, aunque el ajuste de sus pantalones de mezclilla hace que las lonjas se le desparramen. La blusa a media panza no le ayuda para nada, parece tener problemas para respirar. Va acompañada por un colega de trabajo que tiene cara de luchador.

—¡Lo esperamos esta tarde! —le dice extendiéndole una propaganda.

—¿Qué es esto? —pregunta Ponciano.

—¡No se lo puede perder! —dice la muchacha toda entusiasmada—. Van a venir del municipio para hablar de los problemas que tienen los migrantes en los Estados Unidos. De sus derechos y todas esas cosas —le explica intentando convencerlo.

—¿De qué? —pregunta Ponciano otra vez, como quien no entiende ni madres.

—Van a hablar de los derechos de los migrantes —repite la muchacha—. Venga, le va a gustar.

Ponciano toma el volante que le acaban de dar, lo dobla y se lo guarda. Seguramente lo utilizará después para limpiarse la cola.

—¡A las cinco de la tarde! —insiste la muchacha, que busca por todos lados para ver a quién más invita. Se limpia el sudor y hace un gesto de resignación. A quién más va a invitar si ya no hay gente.

Son las tres. Ponciano sigue ahí sentado, observando la desolación a su alrededor. Ni una sola alma pasa por ahí. Ve cómo la muchacha entra a la tienda de la esquina tratando de convencer a doña Petra de que vaya a la plática. Se ríe, sabe que no lo va a lograr. A la gente no le importan las pláticas, en realidad no le importan muchas cosas. Si les regalan algo, ahí sí, seguramente irán.

—Está perdiendo su tiempo esa mujer —piensa.

Ponciano se levanta sólo unos momentos. Parece que ya se le entumieron las nachas y los tanates. Se soba las de atrás pero los de adelante se los deja en paz. Camina unos pasos y se encuentra frente al quiosco de la plaza y, aunque ya los había visto antes, por primera vez les pone atención a aquellos carteles que envió algún consulado de México en la frontera.

Los lee con detenimiento. Los piensa, se talla la barba. Los vuelve a leer y se queda ahí pensativo.

—Está cabrón —piensa.

Ve las fotografías. En uno de los carteles hay un desierto, una cajuela con algunos paisanos saliendo de ella, un río con aguas negras, una hilera de cruces blancas...

—¡Está de la chingada! —murmura.

Se aleja lentamente y siente escalofríos. La lectura del cartel le ha causado algún tipo de estrago. El mensaje es que le piensen antes de arriesgarse, que mediten antes de meterse al desierto.

Como no tiene nada que hacer, regresa con su "amiga" la banca y se queda ahí hasta ver el arribo de las personas que trabajan para el municipio de Morelia.

¡Pa su madre! De aquel Volkswagen todo destartalado salen cinco personas. Se ve que la vida los ha maltratado. Por lo visto no han comido. Una de las muchachas va cargando una bolsa. Todos se sientan ahí en la plaza. Ponciano ve a lo lejos que de la bolsa sacan unas hamburguesas. Se las devoran en chinga y se ensucian la barbilla de mostaza.

Nadie llega aún, a pesar de que ya son las cuatro y media. Cinco minutos antes de las cinco llegan dos. Cuando dan las cinco, los que llegaron del municipio se van limpiándose la boca.

Cinco minutos después llega una camioneta que dice "Ayuntamiento de Morelia". El chofer y su acompañante se bajan y empiezan a acomodar las sillas. Solamente hay dos personas.

La plaza sigue desolada, parece que el norte ya se llevó a medio pueblo... Al poco rato llega una tercera persona, pero seguramente por equivocación. Se ve un poco desfigurado, parece que ha tomado. Toma asiento en la primera fila. A leguas se ve que ha tomado de lo más barato, anda muy pedo. La empleada del municipio se le acerca para darle la propaganda, pero el aliento de aquel vato la aleja de volada. ¡Lo que hay que hacer para que la raza esté bien informada!

Ya son las cinco y media y dan la primera llamada a misa de seis. Los minutos transcurren y al cuarto para las seis dan la segunda campanada.

—No va a venir nadie —dice uno de los del Ayuntamiento.

—Pero seguramente van a ir a misa —contesta su compañero.

Repentinamente los dos se levantan y entran a la iglesia que todavía está vacía. Ambos se dirigen a la sacristía y platican con el padre para convencerlo de que la misa dure un poco menos, que le quite las lecturas y sólo se aviente el Evangelio y le diga a sus fieles que habrá una plática sobre los derechos de los migrantes.

Al término de la misa las sillas siguen vacías, solamente hay cuatro personas. Pero nomás de pronto ya son más de cien. Pocas ponen atención, están ahí como si el padre las hubiera obligado o les hubiera prometido algo. Seguramente les ha dicho que les perdonaría los pecados mortales. Más de una de esas mujeres posiblemente ya le puso los cuernos a su viejo. Unas platican, otras como que están dormidas y algunas más ni atención ponen por cuidar a sus chiquillos que están haciendo un desmadre.

Ponciano ve perfectamente lo que está pasando desde el lugar que se asignó horas atrás, y alcanza a escuchar bien clarito lo que dice el que tiene el micrófono.

—Puras pendejadas —piensa—. ¿A poco de veras creen que con unos consejitos los vatos del pueblo no se van a ir? Están pendejos.

Y precisamente son Mariano y Lucas los que pasan por ahí y con un chiflido que llega a los oídos de todos le mientan la madre a alguien. Las que están dormidas siguen roncando... Los demás festejan la broma a carcajadas.

Por fin termina la plática. Les hablaron sobre qué hacer cuando uno de los nuestros muere en su intento por cruzar la frontera: compensaciones laborales, asuntos de migración... La gente poco a poco se va retirando a su hogar. Hubo más de una que preguntó qué les iban a dar.

Los que dieron la plática se van rascándose la choya, como dudando de que su esfuerzo hubiera servido de algo. Algunos habitantes de la tenencia se quedan platicando en las bancas de la plaza. Hablan de todo, los viejos de los recuerdos, los más jóvenes de la siguiente salida al norte. Ni carteles, ni pláticas, ni noticias desagradables de otros que han cruzado desanimarían a los chavos a irse del pueblo. Un chingo de ellos ya ni esperan la mayoría de edad para irse a buscar mejor vida. A los 15 creen que ya tienen los tanates suficientes para agarrar camino, sin importar cómo ni por dónde.

—Sólo a los pendejos les va mal —dice uno que no pasa de los 16 años pero ya tiene callo en eso de la fumada. Le da las tres y se lo pasa a otro más enano que él.

—¿De qué chingaos nos va a servir la secundaria? —dice el enano.

—No sean pendejos —interrumpe Mariano—. ¿Cómo que de qué? Pues para saber sumar los dólares que vamos a ganar.

—Yo ya hasta sé saludar en inglés —presume Lucas—: se dice "jay".

Los chavos ya están listos para emigrar. Sus pobres jefitas ya lo saben. No tienen forma de convencerlos de que no se vayan, algunos en busca de sus padres, otros de sus hermanos; otros no tienen a nadie, pero eso no importa, los que sí tienen familiares por allá se ofrecen a echarles la mano desde que lleguen.

Sus planes ya ni se los comentan a las que les dieron la vida. Ellas se levantan a diario con el Jesús en la boca al entrar a la recámara de sus chamacos. "¡Gracias, Señor!", dicen cuando los ven todavía jetones.

La que más sufre es Adela, la madre de los gemelos. Ella reza el doble que cualquier madre de esos rumbos, porque sabe perfectamente que si uno decide irse, el otro le seguirá el camino.

Al día siguiente, sin ir más lejos, sólo cierra los ojos y da gracias a Dios de que sus dos grandes amores estén ahí tirados en la cama. A esa edad, el frío de la mañana aún no les cala. Lentamente camina hacia ellos, no los quiere despertar y les cubre la espalda. Como es sábado, los dejará que se levanten un poco tarde.

A unos cuantos pasos de ahí, Ignacia, la mujer de Ponciano, ya se levantó y hasta lavó la ropa. Aquí no hay lavadora, todo es a mano. A la pobre aún le huelen las manos a caca. Su nieta de cuatro años zurra como si fueran dos. Ignacia está haciendo las "gordas" y el chile de molcajete ya está listo. Ponciano aparece con su nieta en brazos. Se encabrona nomás de ver a aquella chamaca toda desnutrida. Él y su mujer se encargaron de ella desde que tenía un poco más de un año de nacida. A su hija Lidia le dio esa pinche enfermedad que se llama cáncer a los pocos meses de haber nacido su hija. Nunca le dieron mucha importancia a sus dolores de panza, quizá porque no tenían dinero para ello.

—Tomate un té —le decía su jefa Ignacia.

Así pasaron los meses hasta que comenzaron los mareos y las vomitadas. Bromeaban diciéndole que seguramente estaba otra vez embarazada. La verdad es que cuando la llevaron al médico en Morelia ya era tarde: el cáncer la había invadido.

—Me voy a los Estados Unidos pa juntar una lana y llevarte a los mejores médicos —le dijo Inocencio, su marido, una mañana postrado a su lado en la cama.

—¡No me dejes! ¡Por favor no te vayas! —suplicaba ella mientras le acariciaba el pelo a su niña.

—Déjame ir. Verás que pronto regreso —dijo Inocencio.

Él se fue para el norte y a los pocos días ella falleció. La ausencia de su Inocencio terminó por darle en la madre. La enfermedad se apoderó de ella y la calaca se la llevó.

—Ya murió —le dijo Ponciano a su yerno por teléfono.

Éste no dijo absolutamente nada y colgó. Todos esperaban verlo en el sepelio, pero pasaron cuatro días y algunos decían que el cuerpo estaba descompuesto y que ya apestaba. Inocencio no llegó y todavía no ha llegado el hijo de la chingada.

Ponciano aún tiene a su nieta en brazos y le besa la frente.

—Ya encontrarás trabajo —le dice su mujer

—Seguramente —dice él.

—¿Te sirvo de desayunar?

Las tortillas no pasan de una docena. No alcanzó para más masa. El del molino ya no les presta, hasta ha mandado decir que no le fía a los huevones. Los frijoles son de la semana pasada y el contenido del molcajete ya sabe más a piedra que a salsa.

—No tengo hambre —dice Ponciano al momento en que Ignacia le da a su nieta su mamila con té de hojas de naranjo—. ¡Ni pa la pinche leche de la niña hay! —murmura.

—Ya encontrarás trabajo —le reitera Ignacia. Es buena mujer, Ponciano lo sabe. Ella no le exige ni lo presiona, es decir, no lo chinga. Pero él ya está hasta la madre de no encontrar un trabajo que le permita por lo menos que su nieta tome leche.

Con un "al rato vengo", Ponciano se sale a deambular por el pueblo. Llega nuevamente al quiosco de la tenencia, vuelve a leer detenidamente aquella información que proporcionan los consulados de la frontera. Ve otra vez las fotos. Ve huesos, una calavera... y la piel se le vuelve a enchinar. Se aleja de ahí lentamente, recuerda la mamila de su chamaca y aprieta las quijadas. No sabe en qué momento llegó, pero ya está a las afueras del billar "Las Bolas Negras", bautizado así en honor a su dueño original, un veracruzano con piel de chocolate. Las puertas están abiertas, los pósters de las chavas medio encueradas ya se dejan ver. Ahí se reúnen los pocos jóvenes que quedan en la tenencia junto con algunos viejos. Los chavos son medio güeyes para eso de la carambola, pero eso es lo último que importa. Lamentablemente, es quizá la única diversión con la que cuentan.

En una banca vieja de madera se encuentran los "dones": don Julio y don Gaspar. Ambos pasan ya de los setenta y cinco años, pintan canas sobre canas y las huellas en sus rostros ya son surcos. A los dos les faltan los dientes, pero a don Julio sus hijos le mandaron del norte una buena feria para que se pusiera un buen puente. Él decidió que éste no fuera fijo, porque así de vez en cuando se lo presta a su amigo Gaspar.

Ponciano se sienta a su lado. Los ancianos ni hablan, parecen embobados por los cuerpos esculturales de las mujeres en los calendarios colgados en la pared. Ahí están Lorena Herrera y la "Nacha Plus", aquella que anduvo con Cuauhtémoc Blanco. Los viejos no se mueven, parecen muertos. Sus pensamientos morbosos se ven interrumpidos por la llegada de un grupo de muchachos, en su mayoría vestidos de futbolistas, entre los que están Mariano y Lucas. Los gemelos ya traen los tacos en mano y ya hasta les pusieron su gis.

—¿Quién nos reta? —grita Mariano.

—Somos buenos para eso de la metida —le contesta el de la playera número nueve. De seguro era centro delantero.

Entre plática y plática, las buchacas lentamente se van llenando. No hay quien les gane a Mariano y a su carnal. A los "dones" y a Ponciano parece que les vale madres lo que oyen. Los viejitos han vuelto su mirada a aquellos calendarios, Ponciano aún tiene presentes los huesos que vio en aquel póster, huesos de alguien que se quedó en el camino.

Ponciano se prende un cigarro, los ancianos le piden uno. Mariano hace lo mismo.

—Tas muy verde pa eso —le dice don Julio.

Mariano sólo lo ve y le sonríe. Con esa sonrisa seguramente le está diciendo que no se meta en lo que no le importa, porque se prende el cigarro en su cara. El de las arrugas le devuelve la sonrisa, se le ve la falta de dentadura.

—Te falta mucho por vivir —murmura.

—Sí. Seguramente sí, pero no terminaré como usted, todo jodido.

—Déjalo —interviene Ponciano con un débil susurro.

—¿Que dijo, vecino?

—Que respetes aquí al señor.

Mariano le tiene respeto a Ponciano. En más de una ocasión él les habló de su jefe el Turicato, y otras tantas le prestó una feria a su jefa para que le pusieran nata a las tortillas y azúcar al agua de limón.

Lucas se acerca a su carnal, le pide que siga jugando y que no sea tan cabrón.

Ponciano se levanta y se para en la puerta del billar. Las calles están desoladas. Si la migración al norte sigue como hasta hoy, en unos cuantos años no habrá quien viva por esos rumbos. Los viejos morirán y los chavos se irán.

Ponciano sale del billar y lleva cargando sus penas y pensamientos hasta su hogar. Su vieja ya ni le pregunta, le duele verlo en esas condiciones.

—¡Abuelo! —grita su nieta toda chorreada—. ¿Qué me trajiste? —le pregunta.

Ponciano hurga en sus bolsillos, saca sus cigarros y se encuentra un dulce de leche, una Vaquita. La niña lo observa como su mayor tesoro. Ponciano, con sus manos ya un poco arrugadas, le quita la envoltura.

—¡Gracias! ¡Mira, aguelita, mira! —grita la niña.

"Un día ni para el pinche dulce tendré —piensa Ponciano—. Ya no la podré hacer feliz, y entonces sí, qué voy hacer". Mira a su alrededor y las pocas cosas que tienen ya están medio viejas. Ve aquella imagen del Sagrado Corazón de Jesús y parece pedirle un consejo, pero no hay respuesta. No se da cuenta de que su mujer está en la puerta. Ella sufre igual que su marido, se aproxima a él y llora en su hombro.

—Todo saldrá bien —insiste ella.

Pero Ponciano ya está hasta la madre de la situación. El coraje y la impotencia le invaden el cuerpo. Siente un dolor en la nuca y está a punto de darle un ataque de ansiedad. Se agarra hasta los tanates para que su mujer no se dé cuenta. Ella sigue llorando en su hombro y ya le escurre el moco.

—¡Claro que todo va a salir bien! —dice él tratando de convencerse, aunque mira a su alrededor y siente que las cosas le han ido de peor en peor. Ve sus manos y ya se le comienzan a notar las arrugas, las manchas ya son parte de su cuerpo. Sabe que no es ningún chavo, que los años lo han dejado marcado. La vida se le ha ido de las manos. No se dio cuenta de cuándo se fue haciendo viejo, pero ahora que lo está, está más jodido de lo que algún día pensó que estaría.

—No te preocupes —sigue insistiendo su vieja.

Ponciano la mira y hasta eso ya le está hartando, que su vieja no deje de estar chingando con que todo irá bien. Retira lentamente la cabeza de su mujer, quien se limpia el moco. Sin decir palabra, se levanta y con dificultades se prende un cigarro. El encendedor tenía los últimos suspiros de gas. Toma camino hacia el único lugar donde todavía puede haber algún alma en aquella tenencia moreliana.

Ahí están los chavos, los únicos que tienen derecho a soñar ese "sueño americano" en el que barrerán los dólares. Apenas lo ven llegar, Mariano y Lucas le piden un cigarro. Ponciano no repara ni pone peros. Si no se los da él, igual juntarán unos pesos y los comprarán.

—¡Gracias, viejito! —le dice Mariano haciéndole sentir los años.

Se queda ahí, esperando que Ponciano se lo prenda, pero pasan varios segundos y comprende que no será así.

—¡Ni pa cerillos tienes, vecino! —dice.

—No empieces de cabrón —le dice su carnal—. Mejor dale las gracias.

—Déjalo —contesta Ponciano—. Si tiene razón. Cada día se pone más difícil la vida. No hay trabajo, y cuando lo hay, es una miseria lo que uno gana.

—Si ya estás viejo, pinche vecino — le dice Mariano, provocando la risa de los demás chavos ahí reunidos.

Ponciano ya no se arruga a los comentarios ni se siente mal. Lo único que le parte el alma es ver que su nieta toma puro té de hojas de naranjo en lugar de leche, y que a su mujer no la puede llevar al doctor pa que le atiendan sus ardores en la espalda. Tiene que hacer algo antes de que se le muera. Le da miedo que algún día le digan que tiene cáncer y que poco a poco se le vaya igual que su hija.

Lucas ha logrado que su carnal no se pase de listo con el vecino. Con un "tate quieto" le bajó a la carrilla que se traían contra quien no sólo nunca se ha metido con ellos, sino que hasta les ha echado la mano cuando ha podido.

Ponciano se rasca la barbilla, el humo de su cigarro lentamente se va perdiendo en la oscuridad. Ya nomás le queda uno. Los chavos fuman como chacuacos, y claro, se fuma de a más cuando son gratis. De repente surge un silencio, parece que ya no hay más que decir y unos comienzan a despedirse. Seguramente su jefa ya los espera para merendar lo de siempre, y es que la lana no da para más que unas conchas con nata.

Los que se quedan, entre ellos los dos carnales y Ponciano, pelan los ojos al ver llegar un taxi que en la puerta tiene la leyenda de "Aeropuerto Internacional" con un avioncito pintado. Lentamente se baja quien lo ocupa. A pesar de que es de noche, sus ojos están cubiertos por unos lentes oscuros. Se ve picudo, el desgraciado. Las botas son nuevas, con metal en la punta. Los pantalones son de mezclilla y el sombrero ni se diga. A lo lejos ve a los que se encuentran sentados junto al quiosco. Se toca el sombrero como diciendo "buenas noches" y permanece ahí parado esperando a que el taxista le abra la cajuela. Unos segundos después, de ahí salen tres maletas medio finas, sin faltar la "clásica" de muchos de los nuestros que regresan de sus conquistas por el norte: una caja de cartón y una mochila de béisbol.

La propina no se hace esperar y saca un billete de diez dólares.

—Allá se gana un chingo, ¿verdad? —le pregunta el taxista antes de irse.

Los tres observan en silencio aquella escena. No hay comentarios. Aquél viene pujando, la caja de cartón pesa un chingo y por poco se va de hocico. Los lentes oscuros no le permiten ver bien, y seguramente ese zigzag se debe a que en el vuelo que lo trajo de regreso a su "terre" aprovechó la cortesía de la aerolínea, pidió chela tras chela y cuando se enfadó de ellas pidió su "Torres". Como puede, se aproxima a los que están ahí reunidos.

—Buenas —dice con dificultad. La lengua parece trabársele.

—¡Qué mamón! Ya se le olvidó el español al güey —dicen los gemelos pensando que es por eso que habla medio raro.

—Buenas —le responde Ponciano.

Por segundos surge un silencio sepulcral. El tipo aquel se retira los lentes oscuros, pela bien los ojos, se acerca un poco más al que le devolvió el saludo y se sienta en su "maleta" de cartón.

—Pinche Ponciano, ¡pues si eres tú! —dice el recién llegado.

Ponciano no dice nada. El habla le es familiar, trata de recordar de dónde, pero el cerebro no le funciona. Hace más de un gesto fijando la mirada en el turista.

—¿Turicato? —pregunta débilmente.

—Sí —contesta aquél.

Ponciano aún no lo puede creer. Tira lo que le queda de cigarro y se traga el humo. ¿El Turicato? ¿Ahí?

No hay abrazo. No hay euforia. El amigo de la infancia no tiene un gran recibimiento. Ni siquiera se estrechan las manos.

Mariano y Lucas escuchan aquello y sienten que hasta los tanatitos se les arrugan. En su interior ha de haber gran confusión. Ninguno de los dos ha dicho palabra. Sólo hay silencio.

Mariano se aleja abruptamente de ahí. Uno de sus cuates trata de preguntarle qué le pasa, pero él agiliza su paso y cuando llega a la esquina de la tienda da la vuelta. El paso ágil se convierte en una carrera que lo llevará hasta donde su coraje quiera llevarlo esa noche.

Lucas sigue ahí, frente a quien los abandonó hace ya muchas primaveras y veranos, sin olvidar las navidades y los cumpleaños. Al poco rato él se levanta y se aleja lentamente. Voltea en varias ocasiones tratando de buscar una respuesta hasta perderse en la oscuridad.

—¿Apesto? —pregunta el Turicato.

—Mucho más que eso —le contesta Ponciano—, pero en estos momentos no me entenderías... y tampoco si estuvieras bueno y sano.

Ponciano hurga en sus pantalones buscando un cigarro. La cajetilla ya está vacía. Su mirada se cruza con una bachita a medio fumar, tirada a unos cuantos pasos de distancia. Su ansiedad pronto le da alcance. No le apena prenderse aquel pedazo de vicio que le va a dar unas cuantas bocanadas de humo y de placer.

—¿Tan jodido estás? —pregunta el Turicato sacando de su mochila de béisbol un paquete de cigarros More. No ofrece, nomás los huele.

—¿Y ese milagro? —pregunta Ponciano.

—No había tiempo, mi querido amigo. No había tiempo —dice recorriendo el pueblo con su mirada. Observa lo que la noche le permite y se lamenta de lo que ve. Las cosas siguen igual de jodidas...

−Lo fanfarrón no se te quita. Muchos como tú regresan presumiendo sus conquistas... Siempre se expresan igual. El "terre" del que salieron está cochino, jodido, asqueroso, y terminan comparándolo con lo poco que les han permitido disfrutar del otro lado de la frontera.

El Turicato toma una cajetilla de su cartón de cigarros. La vuelve oler y se la avienta a Ponciano.

−¡Huele, cabrón! ¡Prueba lo que es bueno! −le dice−. Tú qué vas a saber, ya nunca podrás abandonar este pinche pueblo de mala muerte. Mírate, mi buen amigo Ponciano, creo que estás más jodido que antes, pero no te preocupes, cuando quieras te invito a que conozcas el norte.

−No cambias, Turicato, pero veo que de verdad te ha ido bien. Tu ropa es mucho mejor que la que tenías cuando te fuiste, pero no se te quita lo fanfarrón.

Ponciano se levanta con dificultad, parece que ya es costumbre que se le entuman las piernas y los tanates. Se aleja de ahí dejando al Turicato sentado en sus conquistas. No quiere discutir con su amigo, no es el momento para ello. Ya se lo encontrará mañana, se darán un fuerte abrazo y recordaran su infancia y su adolescencia, los sueños que tuvieron y cuántos de ellos se cumplieron. El Turicato fue su mejor amigo, eso no lo olvida. Ponciano también se va perdiendo en la oscuridad de la noche.

−¡Eres un fracasado! −le grita el Turicato, y su grito se escucha varias cuadras a la redonda.

Ahí permanece el recién llegado. Los minutos van pasando. No hay más gente en la calle y ya se aventó más de cinco cigarros. Los recuerdos comienzan a brotarle del cerebro: aquella vieja iglesia en la que lo bautizaron, la misma en la que hizo la primera comunión y en cuyo atrio se aventó sus primeros agasajos con quien unos años después sería su mujer: Adela. Allí, en ese templo, le prometió que estaría con ella en las buenas y en las malas.

Respira profundo y se sume en sus recuerdos. Y en ésas estaba cuando escucha los pasos de un hombre bajito y falto de pelo que va rumbo a la iglesia. El Turicato lo sigue con la mirada y al poco rato toma el mismo camino sintiendo un escalofrío que le recorre toda la columna al entrar en la casa de Dios. Mentiríamos si dijéramos que el paisano se hincó y se fue de rodillas hasta el altar a pedirle perdón al Cristo crucificado por lo cabrón que se ha visto con su familia en los últimos diez años. No, nomás miró a su alrededor. Ni siquiera se persinó, mucho menos se le ocurrió quitarse el sombrero.

−Por lo menos póngase agua bendita... −escucha que le dice una voz, pero no, no es la de Dios, sino la del sacerdote.

—Por favor quítese el sombrero en la casa de Dios —le ordena la voz que tanto lo sorprende. El cura se va acercando y a pocos pasos de distancia, ambos se reconocen.

—¡Padre Pablito! —dice el Turicato.

—Llegó el que andaba ausente —contesta el de la sotana—. ¿Qué te trae por estos rumbos tan olvidados? —pregunta.

—Aún no me lo explico, Padre —responde el Turicato cubriéndose la boca para que no se le escape el olor a borracho.

—Pues es mejor que te lo expliques, porque tienes asuntos pendientes, cosas que tú y tantos otros olvidan: tu familia.

El Turicato no está con ánimos de dar explicaciones a nadie. Al cura le tiene respeto, pero hasta ahí. De explicaciones, nada, y así se lo hace saber al intermediario de Dios. No hay pedo. El religioso simplemente encoge los hombros y acepta que el recién llegado deje ahí sus maletas.

—¡Diez años! —piensa, y se prende un cigarrillo mientras agarra camino rumbo a lo que alguna vez fue su hogar.

Los recuerdos le van apareciendo uno tras otro. La tienda de la esquina donde de niño se compraba el álbum de estampitas de luchadores con la promesa de que si lo llenaba le daban su mascara del Santo… aunque ahora que recuerda nadie nunca ganó nada; el quiosco, las bancas de aquella plaza en donde las pláticas con sus camaradas eran eternas… y sí, la iglesia donde se casó con su Adela.

Ahí está la casa. El Turicato le da duro al cigarro. No tiene ningún temor, finalmente es *su* casa. Él la compró con el sudor de su frente. Ya está un poco deteriorada, eso sí. A la tenue luz del poste de la esquina se da cuenta de que en verdad está mucho más jodida que como él la dejó. Respira profundo y toca la puerta. Escucha que alguien se aproxima. Muy macho, muy macho, pero se le están arrugando los calzones.

—¿Quién es? —preguntan desde adentro.

—¡Yo! —contesta.

La pregunta se vuelve a repetir tres veces hasta que la puerta se abre y aparece Adela, que se cubre el rostro con la mano temblorosa pero no le quita la mirada a su marido.

—Te esperaba —dice ella.

—¿Desde cuándo? —pregunta él.

— Hoy, desde hace unos minutos. Antes, por años.

El Turicato entra a la casa sin que le inviten a pasar. Aún cree tener derecho a ello y a mucho más. Observa los recuerdos colgados en aquella pared cuyo color ya no es el mismo, ahora es más tímido, más *light*, como dicen ahora. Hay una foto del papa Juan Pablo II, otra de la Madre Teresa de Calcuta y una más de la Virgen Morena. Su mirada busca disimuladamente la fotografía de su boda.

—Hace años la quité —dice ella dándose cuenta de lo que el Turicato anda buscando.

—¿Y la tiraste? —le pregunta.

Adela no contesta, se queda parada en la puerta mientras que el intruso ya tomó asiento y, cruzando la pierna, pregunta por sus hijos como si se hubiera ido ayer.

—¿Por qué vienes aquí? ¿Por qué no a la casa de tus padres? —pregunta Adela.

—Ésta no ha dejado de ser mi casa, ¿o sí?

Adela se acomoda un poco las greñas que ya tienen un chingo de canas. Quiere ser prudente y se aleja de ahí dejando a su "marido" disfrutando de su "casa" mientras ella busca su refugio en la diminuta cocina. Mariano y Lucas escuchan recargados en la pared de su cuarto. Segundos más tarde salen con paso lento, como quien no sabe lo que va a suceder. Finalmente están delante de aquel que en una noche de placer puso su granito de arena para que tuviesen vida, y después se fue y se olvidó de ellos. Ahí lo tienen, frente a frente. Su madre nunca les dijo nada negativo de él, pero tampoco dijo que fuese un santo. "Se fue", les dijo. No hacía falta agregar que allá se quedó. Su ausencia fue muy notoria.

El Turicato se queda perplejo al ver a aquellos dos chamacos hechos ya todo unos hombrecitos. Les pide que se acerquen, les pregunta si no van a darle un abrazo. Ellos no responden, se quedan ahí parados.

—¡Veo que les platicaste de mí! —le grita a Adela.

La llegada del Turicato a su "house" no provocó ninguna alegría. No hubo pozole, ni enchiladas, ni los amigos que admirarían al recién llegado por sus conquistas materiales. Se quedó jetón en aquel viejo sofá y no hubo quien le quitara aquellas botas que seguramente le impedían la circulación de la sangre y le hacían sudar las patas. Nadie que le pusiera una sabanita para matar el pinche frío.

A Adela le fue difícil dormir, le inquietaba la presencia de su marido. Daba vueltas y vueltas en la cama, pero no le llegaba ninguna respuesta. Así pasó la noche, así le llegó la madrugada y poco después ya era hora de que se levantara. Había que darle el desayuno a sus hijos y arreglarse para ir a trabajar a la farmacia donde hasta de doctora la hacía.

El Turicato seguía ahí. Parecía que había pasado frío esa noche porque estaba en posición de feto. Ella se le quedó mirando, pero no había rencor en su mirada. Si acaso al verlo sólo se preguntaba una cosa: por qué.

Procuró no hacer ruido para no despertarlo, pero fue inútil. Ni siquiera fue el ruido del freír de las tortillas para los chilaquiles, ese que suena como si estuviera lloviendo, sino fue los olores que se desprendían de la cocina. Eso fue lo que lo despertó. Allá en el norte no se huele esto. Por más que se busque la imitación, nunca se podrá comparar.

Se levantó y no dijo nada, sólo se quedó parado en la puerta de la cocina. Ahí lo encontraron sus hijos, que no supieron qué decirle en esos momentos ni lo sabrían en los días que siguieron a su llegada.

Hasta eso, ni Adela ni sus hijos se vieron ojetes. En la cazuela le dejaron su montón de chilaquiles, pero queso, ¡ni madres! "Para que aprenda a estar jodido", pensó el más canijo de sus hijos.

Los padres del Turicato y su solterona hermana Esther sí le ofrecieron sus brazos y uno que otro beso, los frijoles, los quesos frescos y algún pedazo de carne aunque tuviera pellejo. Se emocionaron como si se hubieran sacado la lotería.

El hijo pródigo no fue tan efusivo, aunque eso sí, le metía duro el diente a todo lo que su madre le ofrecía.

El Turicato deambuló por la tenencia, iba de aquí para allá refugiándose a cada rato en la cantina y en el billar. Visitaba poco a sus padres, valiéndole madres que éstos ya estuvieran viejos y cansados.

—No te vayas tan rápido —le decía aquella anciana que le dio la vida.

—Mañana vengo —le contestaba su hijo, y la escena se repetía al día siguiente. Sólo regresaba a gorrear la comida y a mirar con lástima aquella casa humilde a punto de derrumbarse.

Así son los paisanos. Después de unos años en el norte, muchas cosas se les hacen feas y jodidas.

Adela, por su parte, aunque le incomodaba la presencia de su marido, al menos lo saludaba al verlo.

—¿Qué quieren? —le pregunta una tarde el Turicato a Ponciano, mientras están sentados en la plaza principal.

—¿De quién hablas?

—De mi familia —contesta el Turicato.

—¿De ti? Nada. Hace tiempo dejaron de querer.

—Pero mis hijos no pueden quedarse en este pinche pueblo. Aquí no hay nada, absolutamente nada, ¡me lleva la chingada! —dice mientras se empina la cerveza.

—Cuando te necesitaron brillaste por tu ausencia. No estabas cuando se enfermaron. No estabas en su primera comunión, ni en su graduación de primaria. ¡No estabas!

—Bájale, cabrón. Ni mi vieja me reclama así. Pero déjame decirte una cosa: yo puedo hacer que salgan de esta chingadera.

—¿Cómo?

—¡Me los puedo llevar al norte! —el Turicato sigue hablando sin soltar el chupe—. Ya tengo papeles, mi "green card".

—¿Cómo la conseguiste?

—Me casé con una gringa.

—¿Y luego?

—Pos nada, güey. Me dieron mis papeles para vivir y trabajar allá. ¡Yo puedo ayudarles a mis hijos!
—¿Así de fácil?
—¿Así de fácil, qué?
—Que te dieran tus papeles.
—Ni tan fácil… Hay que aguantar a una vieja gorda llena de grasa, y para que de verdad piense que no me casé sólo por los papeles, pues tengo que darle amor… Tú entiendes… Cierro los ojos, pienso en una buena vieja y no me queda otra que decirle "I love you". Ya cuando de verdad no tengo ganas o no puedo, le digo que me duele la "head".

Ponciano se le queda mirando, se rasca la barbilla y piensa qué será más difícil, si soportar a una vieja así o aguantar hambres, penurias, desempleos y otras tantas cosas más.

Ponciano sigue pensando y se prende un cigarro cuyo humo saca hasta por los oídos. Sabe que su cuate tiene razón, sus chamacos han dicho en más de una ocasión que se quieren ir para el otro lado. Ésta sería su oportunidad, pero igual está difícil.

La plática está a toda madre, y más que el Turicato ya está a medios chiles. De repente, a una cuadra de distancia ven que los estudiantes salen de la escuela. Ambos guardan silencio a medida que éstos se acercan… Los gemelos se hacen güeyes cuando pasan al lado de su padre y de Ponciano. El Turicato siente bien gacho, aprieta la quijada y le hace un gesto a Ponciano, como diciendo: "Míralos, los muy ingratos".

—¡Soy su padre! —les grita.
Los gemelos voltean a mirarlo.
—Aunque no les guste, ¡soy su padre! —insiste el Turicato.
Es Mariano quien se da la vuelta y camina hasta su padre, pero su carnal lo detiene del brazo.
—¿Adónde vas? —le pregunta.
—Tú sígueme —contesta Mariano.

El chamaco apenas cumplió 16 años, pero ya los tiene de buen tamaño. Con paso firme se aproxima hasta su padre, seguido por Lucas.
—Sólo borracho lo dices —le dice al Turicato—. A ver, cabrón, ¡demuéstralo!

El Turicato nunca esperó esa respuesta de su hijo. Se abre otra cerveza y se la acaba de un sorbo. Tiene toda la razón, han sido más de diez años de olvido.
—¿Cómo quieres que te lo demuestre?
—Yo no quiero regalitos. Que si el pantalón, que si la camisa… Ésas son chinagderas. Si de verdad eres mi padre, llévame al norte —dice, y se retira con su carnal, que se va sin decir palabra.
—Sacó mi carácter —dice orgulloso el Turicato.

—¿Te lo llevarás? —pregunta Ponciano.

Ahí termina la plática. El Turicato ya no está para más. Las chelas surtieron su efecto. Ponciano termina cargando al borracho hasta su casa, pero Adela nunca les abre la puerta, así que a Ignacia le toca bailar con la más fea. El Turicato estaba terco que quería más chupe y acabó con una botellita de tequila que Ponciano tenía de recuerdo. Y de las vomitadas, ni hablar. Toda esa tarde y parte de la madrugada se la pasó en el baño.

La siguiente mañana, los chilaquiles de Ignacia le levantan el ánimo al Turicato, quien ya no aguanta la cabeza y se atreve a pedir un pedazo de queso. Su amigo sólo levanta los hombros como diciéndole "no la chingues". El primero comprende que su amigo de verdad no tiene en qué caerse muerto, y más cuando ve a la chiquilla que no le quita de encima la mirada dándole duro a su mamila llena de "agüita de naranja".

—Regreso al norte pasado mañana —les dice a Ponciano y a su mujer.

Ponciano juega con sus chilaquiles, los mueve de aquí para allá como enfriándolos, mira fijamente a su cuate, agarra el jarro de barro y le da un sorbo a su café. Sienta a su nieta en sus piernas y al poco rato ésta ya le embarró un moco.

—¡Ayúdame! —le dice Ponciano.

—¿A limpiarte el moco?

—No.

—¿A qué?

—A irme. Necesito salir de aquí. Me urge juntar dinero para mi vieja y para mi nieta.

—¡Está cabrón!

—Préstame el dinero. Te juro que te lo pago.

—¡No es fácil la cruzada!

—Está más cabrona la pobreza a mi edad. Ya no hay oportunidades, ésta puede ser la última para mí.

El Turicato se chupa los dientes, un pedazo de chilaquil le cuelga de la muela superior derecha que en lugar de un hoyo tiene un volcán.

—¡Te presto la feria!

A Ignacia se le doblan las patitas flacas y peludas al escuchar aquello y por poco y se le cae el pedacito de ate que le llevaba a Ponciano para que se lo comiera con su café. Deja el plato sobre la mesa y sale en chinga hacia el cuarto. No es tanto su trote, apenas unos cuantos pasos. En las casas de los jodidos un cuarto lo es todo. Se tira a la cama como Jorge Campos en sus mejores lances a la portería y comienza la chilladera. Su reboso le sirve para cubrirse el rostro y limpiarse los mocos. Los padres nuestros y las avemarías son sólo parte del repertorio que les tiene a todos los santos allá arriba.

—¿Les estás pidiendo que no me vaya? —le pregunta Ponciano.

—Les pido que te cuiden, que no te vaya a pasar nada, que no vayas a ser uno de esos que regresan en una caja de muerto.

—Voy a regresar, pero con mucho dinero para darles una mejor vida.

En esa casa jamás hubo un silencio como el que se dio en las horas que siguieron a la decisión de Ponciano. Ignacia limpia la casa, lava las ropas tan jodidas e intenta que ese día pase como cualquier otro. Va de acá para allá con los ojos rojos de tanto chillar.

Después de desayunar, el Turicato sale de la casa de Ponciano y hasta los pelos se le paran al ver que Adela lo espera afuera de su casa.

—¡A mis hijos jamás te los vas a llevar! ¡Primero muerta a dejar que eso suceda! —le grita Adela, a quien poco le importa que esté pasando más de una chismosa.

El Turicato está muy sorprendido. No dice nada.

—Escúchame bien —dice Adela—. ¡Si te lo llevas soy capaz de matarte!

—¿Tus hijos? ¡También son míos! Y yo no me los quiero llevar, ellos se quieren ir —contesta el Turicato sin acercarse a su mujer.

Es ella la que toma valor y en un dos por tres lo tiene "face to face". No le tiembla ni un solo miembro del cuerpo, ni siquiera sus patitas flacas.

—Te lo advierto: te mato. No te lleves lo que hace mucho perdiste —dice Adela y se mete a su casa.

Al cerrar las puertas se le quiebran los sentimientos. Los labios le tiemblan, cierra los ojos tratando de impedir que las lágrimas le broten, pero no puede evitarlo. Sus hijos están ahí y lo han oído todo. Lucas se acerca y le besa la frente.

—¡No llores! —le dice.

—¿Y tú no me abrazas? —le pregunta Adela a Mariano.

—¡Claro, jefa! —le dice Mariano acercándose para abrazarla. Ella se le queda mirando a su hijo.

—¿Verdad que no te vas a ir?

Aun cuando su hijo dice que no, Adela siente un fuerte escalofrío que le recorre la espalda y le llega hasta al cerebro. Siente una angustia bien gacha y no le faltan motivos, porque Mariano le ha dicho más de una vez que quiere irse al norte.

Pasan las horas y esa noche Adela termina recostada en el viejo sofá de su sala. Es ahí donde la encuentra Lucas al volver de la plaza.

—¿Te sientes bien? —le pregunta a su madre.

—Muy bien —contesta—. ¿Dónde está tu hermano?

Lucas sólo encoge los hombros en señal de desconocimiento. Se queda con su jefa sólo unos minutos y se va a su cuarto.

Ella vuelve a recostarse, pero no puede conciliar el sueño. Sus pensamientos están con su hijo. Su instinto le dice que sólo le quedan unas cuantas horas a su lado.

Pasa el tiempo y alguien abre la puerta. Es Mariano, que entra tratando de no hacer ruido sin saber que su madre lo espera.

–¿Qué horas de llegar son éstas, hijo? –le reclama Adela con la ternura de una madre resignada.

– Perdón, jefa –contesta Mariano dándole un abrazo.

–Vete a dormir –le dice ella.

Como en muy pocas ocasiones, Mariano no protesta y la obedece igual que cuando era apenas un niño.

Así lo ve ella, nunca lo ha podido ver de otra manera. Será para siempre su hijo pequeño. Recuerda como si fuera ayer cuando se hacía caca y pipí en los pañales de tela, cuando se le cayó su primer diente y cuando hizo la primera comunión y por fin terminó la primaria. Cómo olvidar aquella ocasión en que se aventó sus primeros tiznadazos.

–¡No se apure, jefa! –le dijo en esa ocasión, pero después vinieron muchas más, y siempre salió bien librado, a veces por defender a su carnal que era medio menso, otras porque le gritaban "huérfano".

Sigue siendo un chiquillo. Adela cierra los ojos aunque ya no necesita hacerlo en aquella oscuridad. Los padrenuestros ya están en sus labios, que no dejan de moverse por un buen rato. Al que se encuentra allá arriba hay que pedirle mucho y con mucha devoción por su hijo. En esta ocasión no será por unos cuantos moquetes. Puede que sea la última vez que lo vea. Se va pal norte.

Es el desgraciado gallo viejo de la vecina de enfrente el que hace reaccionar a Adela el domingo por la madrugada. Se va en chinga al cuarto de sus hijos que están aún dormidos y se mete sin importarle la peste a patas y pedos. Se acerca a ellos y les besa la frente. Mariano la siente y de reojo mira a su madre salir de la habitación.

–Perdón, jefita. Por ésta –hace la señal de la cruz con los dedos llevándosela a los labios– que yo no me voy a olvidar de usted y de mi carnal.

Esa mañana, Ponciano, Ignacia y su nieta van a misa y rezan como nunca pidiéndole a Dios por todo. Ella ya está resignada y él se va poniendo nervioso conforme pasan las horas. Hablan poco durante el día.

En su vieja mochila de futbol, Ponciano preparó lo que se llevaría al norte: un par de calzones agujereados pero bien limpios con jabón Fab, unos calcetines y dos playeras. No hay espacio para más.

En la casa de enfrente, Adela no está. Fue a misa de 7 y todavía no regresa. Mariano y Lucas están en su cuarto, aunque es domingo y a esa hora acostumbran estar con sus amigos en la plaza.

Hay mucho silencio. Lucas está acostado boca abajo, mientras Mariano prepara su mochila de futbol, no tan vieja como la del vecino. Respira profundo, aprieta los dientes y de aquel ropero que está por caerse saca una cajetilla de Raleigh, se prende un cigarro y hace unas donitas con el humo.

—Cuidas mucho a la jefa —le dice a Lucas mientras mete un par de calzones y sus shorts de futbol a la mochila—. Te voy a extrañar, carnal.

Mariano guarda unas playeras, entre ellas la que llevaba cuando se coronó campeón goleador, pero lo piensa mejor y decide dejársela a su carnal.

Lucas se voltea a mirarlo, sus ojos ya están rojos y le empiezan a temblar los cachetes.

—Piénsalo bien, carnal —le dice incorporándose—. Las cosas no son fáciles.

Se acerca a Mariano y le da un fuerte abrazo, algo que ha hecho muy pocas veces en su vida. Y ahí, en el hombro de su hermano, llora como un niño.

Mariano quiere hacerse el fuerte, pero él también ya tiene los cachetes mojados.

El abrazo es eterno, como eterno es el cariño que se tienen.

—Júrame que vas a cuidar a la jefa… ¡Por favor, júramelo! —le dice Mariano apretando el abrazo.

—¿Entonces es un hecho que te vas?

—Sí.

—¿Y te va a ayudar mi papá?

—El que me va a ayudar es el señor que un día nos abandonó y que jamás se acordó de nosotros.

—¿Lo viste? ¿Cuándo hablaste con él?

—Hoy en la tarde. Pasé por la tienda de la esquina y estaba tomándose una cerveza con unos señores. Cuando me vio pasar me volvió a gritar "¡Eres mi hijo!", y yo le contesté "Ya te dije. Demuéstralo. Llévame contigo". No me contestó, pero estoy seguro que mañana me espera en la plaza.

Mariano termina de preparar su mochila. Está a punto de cerrarla cuando Lucas le entrega una figura de San Judas Tadeo.

—Pídele mucho, cabrón —le dice.

—Yo no sé pedir, y menos rezarle a los santos. No creo que ellos me hagan caso cuando les diga algo.

—Tú pídele, cabrón —insiste Lucas—. Este vato es re buena gente. Hace milagros. De verdad los hace.

—Ta bueno. Te lo prometo —contesta Mariano.

A ambos se les dibuja una pequeña sonrisa. Se funden en un último abrazo hasta que escuchan pasos fuera de la recámara.

Su madre ya volvió de la misa y a través de una rendija pueden ver que está en la cocina, el cabello cubierto por el rebozo y la punta que asoma a menudo para limpiarse los mocos.

—Voy con ella —dice Mariano.

–Déjala. Necesita estar sola –lo convence Lucas.

Pasan los minutos. Adela comienza a picar la cebolla y las zanahorias mientras pone a freír el aceite en la cacerola descarapelada. El trozo de pollo ya está desmenuzado.

Al poco rato la cena está lista, preparada con un chingo de sentimiento, otro tanto de dolor y una pizca de coraje.

Aunque las enchiladas están a toda madre, reina un silencio absoluto. Adela se levanta por el agua de jamaica y nota que Mariano sólo ha picado la comida.

–Come. Tienes que irte muy bien comido –le dice acercándose y acariciándole el cabello.

–Jefa, yo… –intenta decir el chamaco.

–No digas nada. Come.

Ya es un poco tarde cuando terminan de cenar. Adela es la primera en meterse a su cuarto. Mariano y Lucas escuchan cuando la puerta se cierra.

Otra vez no puede dormir. Otra vez reza toda la noche. Y otra vez es el pinche gallo de la vecina el que la despierta cuando apenas va agarrando el sueño.

A Mariano le pasa lo mismo. Piensa en su madre, piensa en el viaje, piensa en su carnal. Esa noche no se quita su reloj del Morelia y lo revisa a cada momento.

A eso de las cinco de la mañana se levanta y ve que su hermano sigue jetón, hasta babea.

Como se acostó vestido, le resulta más fácil salir de la casa. Se quita la lagaña, se peina como puede, sale de la recámara y toma su maleta. Junto a ella hay una bolsa que abre con curiosidad. Su jefa le preparó unas tortas de frijol con huevo y le dejó un sobre blanco que se mete en la bolsa del pantalón.

Por un momento piensa en tocar en la habitación de su madre, pero se detiene y sólo acaricia la puerta. Detrás de ella está Adela a quien seguramente se le hubiera partido el alma si hubiera tenido que decirle adiós a su chamaco.

–Vámonos –le dice Ponciano cuando lo ve salir de su casa–. Tu padre ya nos está esperando en la plaza.

Y allá van los dos, cada uno cargando su mochila, sólo que ahora no se van a jugar un partido, sino mucho más que eso. Llegan puntuales a la cita con el Turicato, quien efectivamente ya los está esperando.

Agarran el primer camión que los lleva hasta Morelia. El Turicato se irá en avión, pero ellos tomarán los autobuses que los llevarán a la frontera.

Mientras esto sucede, allá en la tenencia, Ignacia y Adela sienten que se les parte el corazón por la partida de sus seres queridos. Ambas le rezan al mismo Cristo, a los mismos santos, a las mismas vírgenes y hasta a los angelitos. Ni el Ángel Blanco, un gran luchador, se salva de la pedidera. Las dos mujeres salen de la iglesia con las chichis adoloridas de tantos golpes de pecho.

—Te lo encargo, cabrón —le dice el Turicato a Ponciano mientras le suelta unos billetes con los que supuestamente les alcanzará para llegar a la frontera.

—No te preocupes por él —responde Ponciano.

—Recuerda que llegando a la frontera me hablas.

El avión del Turicato sale en unas cuantas horas. Éste busca acercarse a su hijo, pero Mariano le da la espalda.

—Esto aún no arregla nada —le dice.

El Turicato se traga el desprecio de su hijo. No le queda de otra. Se conforma con acariciarle el pelo.

Mariano y Ponciano se van a la estación de autobuses, donde les tocan los asientos 19 y 20 del camión que los llevará hasta Guadalajara.

En el camino Ponciano se queda dormido. Es Mariano el que lo despierta para que vayan a comprar los boletos que los llevarán a Hermosillo, Sonora.

Mientras esperan el autobús, Mariano saca sus tortas y Ponciano sus tacos de huevo con chorizo. Intercambian manjares y para que no se les atoren se compran su "Pecsi".

—Pasajeros con destino a la ciudad de Hermosillo, favor de abordar el autobús número 1212 en el andén 50 —dice por el altavoz una señorita cuya voz suena como si le estuvieran pisando los juanetes.

Uno por uno, los pasajeros van subiendo al autobús. Se ve que no son los únicos que buscarán fortuna en el norte. La mayoría son hombres y se les ve ese "no sé qué" en la mirada. Lo mismo pasa en el autobús que los lleva hasta Altar, Sonora. En este último tramo Mariano abre el sobre blanco que le dejó su madre con las tortas.

La carta de su jefa dice:

> Hijo, tú sabes que yo no sé escribir. Nunca fui a la escuela, pero para lo que te tengo que decir no se requieren las letras. No sé decir cosas bonitas, pero me parte el alma que te vayas. Yo me quedo con tu hermano, en él siempre te veré a ti. Me imaginaré que eres tú quien me da mi beso y me abraza y me dice no se apure, jefa, después de que has tenido un pleito. Me quedo pidiéndole a nuestro Señor Jesucristo que te guíe, te cuide y te abra el camino para que llegues a donde tienes que llegar. Te dejo un dinerito que tenía guardado desde hace muchos años para cuando tú y tu hermano fueran más grandes. Hazle mucho caso a Ponciano. Él es mayor y sabrá más.

Mariano dobla delicadamente aquel papel en el que su madre plasmó toda una mezcla de sentimientos y lo mete en el sobre blanco que se guarda en el pantalón mientras cierra los ojos y piensa en Adela.

–¿Te duele algo? –pregunta Ponciano pensando que a lo mejor le hicieron daño las tortas de su madre.

–Llegamos, ¿verdad, vecino?

El viajecito no dura mucho, pero hace mella en más de uno. A los más viejos les duelen los huesos por los incómodos asientos de aquel autobús que ni a segunda clase llega. Ponciano es de los que más lo resintieron. Tiene su rodilla adolorida.

–¡Ya estás viejo, vecino! –le dice Mariano a modo de guasa.

Y ahí van de nuevo. Uno por uno se van bajando y observan aquel pinche pueblo como si fuera una de las siete maravillas del mundo. Qué pirámides de Egipto ni qué Machu Pichu. ¡Están en Altar, Sonora!

Miran para todos lados. Están en la plaza principal, donde los vendedores hacen su agosto, su septiembre y todo el año con los aspirantes a mojados. Los pobres no pueden ocultar el brillo en los ojos, las ganas de ser alguien en la vida, como si cruzar del otro lado les fuera a dar eso...

La población de Altar no es muy grande. No pasa de los diez mil habitantes y desde hace una década se ha convertido en el centro de reunión de muchos migrantes que esperan que los "coyotes" o los "polleros" los ayuden a cruzar la frontera. Muchos dicen que los "polleros" son gente buena que de verdad ayuda, y que los "coyotes" son los que roban y dejan a los mojados abandonados en el desierto, pero cómo chingados saber la diferencia.

Aquí llegan los paisanos como hormiguitas. No hace mucho tiempo, estos rumbos estaban más que desolados. A los oriundos hasta les encabronaba la presencia de los paisanos porque dejaban su tiradero de basura en el centro del pueblo.

–¡Pinches cochinos! –decía más de uno años atrás.

Pero hoy se les quiere, se les estima de veras. La mayoría de los habitantes de Altar vive de ellos. Los cuartos con camas se rentan en dólares.

En la plaza se venden gorras, bufandas, guantes o shorts dependiendo de la temporada. En las fondas se alimenta a los paisanos. Nomás falta que se anuncien con frases como "Nosotros lo alimentamos bien pa que no se nos muera en el desierto", o "El desierto nos viene guango si comen de este lado".

También hay casetas donde se hacen llamadas locales e internacionales pagando por minuto con tarjeta o en efectivo.

–¡Juana! Ya casi llego al norte –dice uno de los nuestros por teléfono. Ya hasta trae su agua–. Nomás que llegue, luego luego te hablo.

El que está esperando su turno limpia la bocina porque el que se fue la dejó llena de babas.

—Ya no tengo dinero, Lupita. Ya me agarraron tres veces y el desgraciado del "coyote" nos dejó sin lana. ¿Qué hago? –le pregunta a su vieja, que de seguro no titubea en responderle–. ¿Regresarme? ¡Tás taruga! Seré la burla del pueblo. Si hasta dicen que el que no cruza es puto. ¿Quieres que me digan eso? ¿Es lo que quieres?

En la calle de enfrente, en otra caseta, hay un chamaco al que le tiemblan las patas. El que lo va a cruzar no cree que su jefe pagará la cuenta cuando lleguen. Han marcado por más de una hora y nadie contesta.

—Te va a pagar mi papá, ¡te lo juro! –dice el chamaco.

—Es la última vez que le hablo –le dice el Burro, "coyote", "pollero", "talón", "juntador" o como se le quiera llamar. Marca el teléfono y no pasan más de dos rings cuando alguien contesta:

—Sí, el muchacho es mi hijo. Yo pago su pasada.

Eso pasa en Altar, Sonora, donde son bienvenidos los soñadores que quieren ganar un resto de feria.

Aquí llegan buenas cantidades de ellos todos los días. Al año se cuentan por miles. Y no son más de dos docenas de coyotes los que mueven el negocio. ¡Y qué negocio! Se ve todo tan normal que pareciera que se trata de mover la panza en Acapulco, o de hablar hasta en dialecto por unos dólares, como sucede allá en Janitzio.

Y llegan de todos lados: de Michoacán, de Jalisco, de Guanajuato, de Zacatecas… De físicos ni se diga. Hay de todo. Unos tienen buena figura, pero otros dan lástima. La panza pulquera les cuelga hasta el piso.

Hay jóvenes y viejos por igual, y también hay mujeres, que a pesar de que corren sus riesgos, a veces son las que más tanates tienen a la hora de la hora. Lo que sí no se sabe es si criticar o admirar el valor de los que cargan con sus chiquillos. Si el paisano quiere cruzar y posiblemente partirse la madre en el intento, qué lástima, pero es más lastimoso aún cuando ponen en riesgo la vida de los suyos, de esos chamaquitos que a veces ni saben decir "papá" todavía.

Y de todos los que llegan, ninguno se parece. Hay de todas las profesiones, ocupaciones y oficios. No es difícil imaginar a más de uno que dejó su título debajo del colchón en la humilde casa de sus padres como recuerdo de que sí estudió. Igual hay campesinos, obreros, albañiles, taxistas, comerciantes y uno que otro vago que toma el cruce como una aventura más.

No importa lo que sean, todos sueñan con llegar, y más cuando miran al horizonte y se saben a unos cuantos pasos.

Ponciano y Mariano son sólo unos de esos tantos. Bajan del autobús y Ponciano se limpia la frente con el puño de su camisa. Camina lento y el calor ya le quema a pesar de que son las 6 de la tarde. Mariano le dice que se siente en una de las bancas de la plaza.

—¿Y ahora qué hacemos? –le pregunta.

—Ya llegará quien se ofrezca a llevarnos. Hay que tener paciencia.

No tienen que esperar mucho. En cuestión de segundos, se acerca un chamaco delgado que no pasa de los 16 años, con su gorra de los Dodgers de Los Ángeles y sin dos dientes que se ve que se los bajaron a chingadazos, porque no parece una damita de la caridad.

—¿De qué les damos su nieve? —les dice—. ¿De limón, de tamarindo? ¿De qué la quieren?

—Yo invito, Ponciano —le dice Mariano.

—Tu jefe me dio dinero para estos gastos —contesta Ponciano.

—Le digo que yo pago. No sea rejego —y saca de su bolsillo el sobre con billetes de los tantos de a doscientos que le regaló su jefa.

Al paletero le brillan los ojitos como si hubiera visto a la Vírgen de Guadalupe ante aquel sobre lleno de billetes. No le quita la mirada de encima al dinero.

—¿Se te perdió algo? —pregunta Ponciano, quien se da cuenta de todo.

—No, mi jefe —contesta el chamaco mientras les da el cambio.

—Fíjate en lo que haces, Mariano. ¿Quién te dio ese dinero?

Mariano le explica de dónde lo sacó y promete que tendrá más cuidado con la feria a partir de ese momento.

—Aquí te matan hasta por unos pesos —le advierte Ponciano.

Y están en la chupadera de la paleta, ya casi lamiendo el palito, cuando a Mariano se le mueven las patitas al ver que allí en la mera calle van a empezar una cascarita de futbol.

—Te encargo esto —le dice a Ponciano, entregándole el sobre de su jefa.

Segundos después ya está corriendo por la acera izquierda, dando precisos centros para que el delantero le pegue al bote que la hace de portería.

Ponciano lo mira admirado y recuerda cuando tenía su edad, pero la nostalgia se ve interrumpida con la llegada de un paisano.

—¿Se puede?

—Adelante, amigo —contesta Ponciano.

—¿Pal norte? —pregunta quien nomás de verlo se sabe que le ha ido de la fregada. Seguro tiene días sin higiene alguna: pelo sucio, barba desfigurada, ropa hecha jirones.

Ponciano, que no juzga ni con la mente, sólo le contesta:

—Pa donde van todos… para allá —dice señalando hacia el norte.

—No es fácil —dice quien se presenta como Casiano, oriundo de Valle de Santiago, Guanajuato.

—Por poco y somos tocayos. ¡Qué pinches nombres nos pusieron nuestros padres!

Ambos se ríen pero poco les dura el gusto. Casiano por poco se va de hocico, pero Ponciano logra detenerlo de las puritítas greñas para que no acabe besando el suelo. Ambos pujan, uno de dolor y el otro del esfuerzo.

—¿Qué le pasa? —pregunta Ponciano.

—Nada.

Casiano se recarga en la banca, respira profundo y sigue pujando. Las gotas de sudor se le escurren en la frente y las manos le tiemblan.

—¿Tá bien, paisano?

No hay respuesta. Ponciano se va a la tienda y llega poco después con una "Pecsi" bien fría que aliviana un poco a Casiano.

—Invítame un taco —le suplica Casiano.

—¡Claro! —responde Ponciano, quien se levanta y camina lento, a la par de Casiano. Le pide media docena de tacos de asada y éste se los traga casi sin masticarlos. Al final hasta un eructo se avienta, y de postre, un pedazo de pay de queso.

—¡Gracias! —dice Casiano—. Hacía días que no probaba alimento.

—¿Tan cabrón está, paisano? —pregunta Ponciano.

—Más de lo que se imagina la gente. Estoy a la espera de recuperarme para intentar el cruce por quinta vez —cuenta Casiano mientras se levanta la camisa y le muestra las "huellas" de los intentos: raspaduras y piquetes de espinas.

La plática se interrumpe porque Mariano acaba de anotar su décimo gol en la cascarita callejera y lo celebra como si hubiera anotado en el Mundial.

Casiano vuelve a hablar y platica sobre sus detenciones. Dice que los de la migra no son tan ojetes, a veces les dan agua o algo de comida. A él nunca le han dado de patadas ni le han disparado. Es más, ni siquiera patadas voladoras o piquetes de ojos.

—Eso no quiere decir que no suceda. Allá en el pueblo hay un paisano al que le fue medio feo. Los agentes de la migra le gritaron "Stop", pero él no entendió qué le decían y se echó a correr. Segundos después el perro ya lo tenía en el suelo, mordiéndolo del brazo.

Ya son las 8 de la noche y Ponciano sigue atento. El partido de fut ya terminó y Mariano ya está sentado a su lado. La plaza central hierve de gente. Los "coyotes" siguen buscando clientela y cada uno ofrece su mejor oferta. De la iglesia salen los creyentes, los religiosos que van a pedirle a la Vírgen de Guadalupe que los ayude en el viaje.

El paletero ya dejó el carrito, pero sigue dándose sus vueltas por donde están Mariano y Ponciano.

—¿Ya tienen quién los cruce? —les pregunta un sujeto al que le falta el ojo izquierdo. Le dicen el Pocaluz porque hace años se dio sus cates con otro "coyote" que quiso quitarle su gente a la mala. Humberto, que es su nombre de pila, se encabronó y no se rajó aunque su rival le llevaba unos 20 kilos. Fue tan fuerte el golpe que recibió al ser azotado contra la pared que el ojo le botó.

—Pero no me quitó a mi gente —dice muy orgulloso cuando cuenta su historia.

A partir de entonces se convirtió en uno de los coyotes más respetados de la región.

—No, si nosotros no vamos a cruzar —le responde Ponciano con toda cautela.

—Como usted quiera, mi jefe —dice el Pocaluz—, pero yo le puedo asegurar que soy el mejor. Aquellos de allá son una bola de cabrones. Allá usted, mi jefe.

—¿De verdad? ¿En cuánto tiempo nos cruza?

—En unas cuantas horas ya están del otro lado. Yo viajo sólo de noche y el grupo es muy reducido.

—¿Y cuándo podría cruzarnos?

—Hoy mismo, si quieren.

—¿Y a cuánto?

—Dos mil quinientos dólares. Me pueden pagar llegando —dice el Pocaluz limpiándose la prótesis, de la que sale un líquido amarillento que retira con el puño de su camisa.

Ponciano siente un escalofrío por la espalda. Observa a Mariano, que no dice nada. Mira a Casiano, que sólo encoge los hombros. El paletero ya está sentado en la banca, a unos pasos de ellos.

—Bueno, aceptamos —dice Ponciano—. Somos dos.

—¡Pues vámonos! —contesta el Pocaluz.

—¿Adónde?

—A que descansen un poco. Salimos en unas horas.

El Pocaluz los lleva a unos cuartos de renta con camas viejas. Se ve que hace días que no lavan las sábanas porque parecen manchadas de orines y quién sabe si hasta de otra cosa. Los deja ahí y les avisa que pasará por ellos como a las 11 de la noche.

Cuando dan las 11, el Pocaluz ya está ahí y ellos lo esperan listos con sus mochilas en la mano.

—¡Tienen que dejar todo eso! —les advierte enérgicamente el "coyote".

—¿Por qué? —pregunta Ponciano.

—No lo van a necesitar —les dice por toda respuesta.

Ellos ya ni preguntan. Obedecen y dejan sus pocas pertenencias en aquel cuartucho de la frontera. Segundos después los meten en una vieja camioneta en la que, para su sorpresa, se encuentran con Casiano.

—Me están fiando el viaje —les explica.

Al poco rato ya están en la orilla de la frontera. Seguramente en Sasabe.

Mariano y Ponciano están sorprendidos por la cantidad de paisanos que ya están listos para jugársela.

—No tengan miedo —les dice Casiano, que ya se ve completamente recuperado.

Ponciano se para justo en la línea divisoria y abre bien los ojos. Está a un solo paso de entrar a los Estados Unidos. El corazón le late diferente. Hasta el sudor es distinto.

"Acá puede haber pobreza. Allá puede haber riqueza —piensa—. Acá puede haber escasez. Allá puede haber abundancia".

Y ahí lo tiene: el norte. De este lado está el desierto, el sol que es vida pero también te la puede quitar. Hay alacranes, escorpiones, víboras, tragedias…

—¡Que Dios nos bendiga! —dice Ponciano mientras se persina. Mariano lo imita, y el de atrás también. Todos van ligeros de ropas. La mayoría lleva su gorra. Las bolsas de sus pantalones están casi vacías, excepto por sus dos botellitas de agua. Les dijeron que no necesitarían más.

—No quiero ruidos —advierte el Pocaluz, que va al frente del grupo—. No quiero que hablen. Nomás agilicen el paso hasta que yo les diga "basta".

Y allá van todos. Nadie piensa en otra cosa que no sea en llegar a su destino. El paso es ágil. Son los primeros minutos. Los corazones les laten bien gacho. Las piernas todavía no les tiemblan. El clima está tranquilo, por eso no hay bronca.

Pasa media hora y todavía nadie les dice que bajen el ritmo. Ya hay más de uno que puja, pero nadie se queja. El que no se aguante se quedará rezagado.

—¡Al suelo! —grita de pronto alguien que de seguro es el Pocaluz.

Es un helicóptero que sobrevuela tirando luces.

El grupo logra refugiarse en los arbustos. Los más ágiles no tienen problema, pero otros sí. El silencio es total. No se oye ni un murmuro. Más de uno quiere aventarse un pedo, pero se tapa la cola. A un bebé le taparon la boca. Hay sudor, nervios, ansiedad. Los corazones siguen latiendo, cada vez con más fuerza.

—¿Qué es esto? —se escucha de pronto que alguien pregunta.

—¡Cállate, cabrón! —le dicen.

—¿Qué es esto? —insiste.

El helicóptero sigue allá arriba. El ruido es infernal. Por fin se va… Los paisanos van saliendo poco a poco. Alguien por fin se avienta el pedo.

Al quejoso del arbusto por poco se le sale el corazón por la boca cuando se da cuenta de que lo que lo tenía tan inquieto era una víbora… muerta. Se sacuden la ropa y siguen su camino. El bebé está llorando y el "coyote" exige que lo callen.

Ya han pasado más de dos horas. Comienzan los quejidos. Los más jóvenes caminan como si nada, pero a los más viejos les duelen hasta las muelas.

—¿Qué te pasa, Ponciano? —pregunta Mariano.

—Esta pinche rodilla, que me está dando problemas —contesta Ponciano, con evidente dolor.

—¿Está bien? —le pregunta Casiano.

El andar continúa. Afortunadamente, se detienen un momento para descansar. Ponciano se da cuenta de que tiene la rodilla hinchada. De su bolsillo saca una pomada y la unta. Hay dolor.

—¡Nos regresamos! —dice Mariano.

—¡No! Pérate. ¡Aguanto porque aguanto!

Dos horas más tarde, la escena se repite. Ponciano se queja por su rodilla y se unta más pomada. Él dice que es milagrosa porque tiene mariguana.

Esta vez, Casiano se acerca a ellos con el paletero. El grupo se va alejando. Mariano se queda junto a Ponciano. El grupo se aleja cada vez más.

—No se preocupen —dice el paletero—. Nosotros conocemos el camino. Lo importante es que usted se recupere —agrega dirigiéndose a Ponciano.

Pasan unos cuantos minutos cuando, de repente:

—¡Dame todo lo que traigas! —le ordena el paletero a Mariano, mientras saca de su bolsillo una navaja de las que utilizan para hacer carnitas.

Mariano y Ponciano no salen de su sorpresa cuando Casiano les cierra el paso con una navaja del mismo tamaño que la de su compañero.

—¿Tú, paisano? —pregunta Ponciano, que ya comienza a entender.

—Yo también, sí. Yo también tengo hambre. Yo también tengo necesidades, cabrón… ¡El dinero!

—No hay —dice Mariano.

—¡No se hagan pendejos! —grita Casiano soltándole un chingadazo en la cara a Mariano.

—¡Déjalo, hijo de tu puta madre! —se envalentona Ponciano, quien con un gran esfuerzo se interpone para que el patadón que suelta Casiano no le llegue a Mariano.

Los chingadazos están al por mayor. Unos caen en las costillas, otros en la panza. Basta uno en la cara para que brote la sangre.

—¡La feria, cabrones! —grita el paletero, que esculca a Ponciano y encuentra en su bolsillo el sobre blanco.

Casiano se va sobre los billetes de doscientos y empieza a contarlos. Le huelen a viejas, a cerveza. Mira la carta de Adela y la tira con burla.

—No lo mato, paisano, porque usted es buena gente. Me dio de comer —le dice a Ponciano.

—Hasta luego —dice el paletero—. Y pa que vean que no queremos que se mueran, les dejamos nuestras aguas.

Y ahí se queda tirado Ponciano, todo golpeado y bañado en sangre. A su lado, Mariano le soba los chingadazos. Llora, pero de impotencia. El grupo ya se alejó. Los abandonaron.

—¡Gracias, vecino! —le dice Mariano—. ¿Ahora qué hacemos?
—Descansamos y le seguimos —responde Ponciano.
—¿Adónde? Ni siquiera sabemos dónde estamos, menos adónde vamos —reflexiona Mariano, inquieto.
—Aguantemos un ratito. Ya pasará otro grupo por estos rumbos.

Se quedan tendidos junto a un arbusto. Las horas pasan y ya está amaneciendo. El calor los despierta y comienzan a sobarse el lomo.

—¡Vámonos! —dice Ponciano, incorporándose para seguirle.
—¡Pero no puedes! ¡Mira cómo estás!

Les queda poca agua. El caminar es lento. La rodilla de Ponciano se ha inflamado un poco más.

El viejo se queja. Le duelen cada uno de los golpes que le dieron. Se cae. Se levanta. Ya siente el dolor en la panza.

—¿Qué vamos a hacer? —pregunta Mariano asustado.

Ponciano lo mira como preguntándole quién es y qué hacen ahí. Segundos después, reacciona:

—¡Vete! —le dice—. Yo ya no aguanto. ¡Vete!
—¿Cómo te voy a dejar aquí? ¡Tú me ayudaste!
—¡Te amo! —grita Ponciano, que por un momento cree ver a su mujer. Ahora le duele todo, no nomás la panza. Aún así intenta incorporarse, pero dura de pie sólo unos segundos y se vuelve a desplomar.
—¡Vete! —insiste.

Mariano se hinca a su lado. El sol está más encabronado. El chamaco llora.

—¡Levántate, viejo! ¡Levántate! ¡Podemos llegar! ¡Vámonos!
—Vete —responde Ponciano—. Sólo promete decirle a mi vieja que la amo, y dale muchos besos a mi nieta.
—Voy a regresar por ti. ¡Aguántame! ¡Aguántame! —dice Mariano.

Mariano camina por horas y llega hasta una carretera. Se queda ahí, recostado, sintiéndose morir. Pero no se muere. Cuando abre los ojos, unos uniformados le preguntan si está bien.

—Sí —contesta.

Les platica lo de Ponciano y Dios le ayuda a acordarse dónde lo dejó. Después de mucho rato lo encuentran. Está boca arriba, sosteniendo la foto de su mujer y su nieta.

Mariano llora como jamás lo había hecho. Ponen el cuerpo en una camioneta del médico legista y se lo llevan para practicarle la autopsia. Le van a rajar el cuerpo pa saber de qué se murió, como si no fuera evidente.

Ignacia se entera ese mismo día. Mariano no tuvo valor para decírselo, prefirió que alguien más lo hiciera. La mujer se queda hincada, con su nieta al lado.

—Agüelita —dice la niña—, ¿me das mi agua de naranja?

Toda la gente de la tenencia consuela a Ignacia cuando llega el cuerpo. Hay quien le ofrece un poco de feria y ella acepta. No le queda de otra. A Ponciano lo sacan de la iglesia puros desconocidos. Todos los hombres están en Estados Unidos. Al frente del cortejo va Mariano, que no para de llorar.

La caminata fúnebre llega a su destino final. En la parte de los jodidos de aquel cementerio, el sepulturero ya tiene listo el hoyo. El padrecito de la tenencia dice las últimas palabras.

Ignacia cierra los ojos cuando deja caer un puñado de tierra en la tumba de su viejo.

—¡Te amo! —grita a los cuatro vientos.

—¡Eso fue lo último que dijo! —grita también Mariano—. Que los ama…

II

Alma y Martín ya están en Ciudad Juárez. El cuarto de hotel en el que se hospedan apesta a pecado pero le restan importancia, no les queda de otra.

Es de noche. Las mujeres de la vida alegre ya se asoman. Están listas para vender lo poco que les queda a uno que le urja.

Martín fuma desesperadamente, como desesperadamente llora su hijito de 4 años. Alma no sabe qué hacer y se limita a besarle la frente.

El chamaco tiene fiebre desde que salieron del "terre".

—Con una aspirina se le quita —dijo ella, pero no fue así.

Tocan a la puerta. Martín baja el tono de la voz y pregunta "¿Quién?". "El Mexicali", le contestan del otro lado.

—¡Ya está todo listo! —les avisa este sujeto que les ayudará a pasarse al norte. Le valió un comino que los padres le dijeran que el chamaco estaba enfermo—. Ya está todo listo y no hay que rajarse —les contestó.

Alma y Martín cargan a su chamaco que está ardiendo en calentura. Lo besan al despedirse de él. Ellos brincarán el alambrado. El niño se irá en una caja de madera que los coyotes adaptaron junto al motor de un vehículo.

—No pasa nada —les explicaron—. Sólo serán unos minutos.

El carro toma camino, va por la línea. El conductor como si nada, al fin y al cabo el chamaco no es suyo. Nunca se imaginó que habría tanto congestionamiento.

El peregrinar de los vehículos es muy lento. A lo lejos se ve la línea. Nadie está avanzando.

Ahora sí le suda hasta lo que no… Ha pasado más de media hora. El carro comienza a calentarse. Ya sólo faltan dos vehículos para llegar hasta donde se encuentra el oficial de migración. Está saliendo humo…

Cuando ya sólo falta un carro, el "coyote" se desespera y sale de su vehículo corriendo.

—¡El niño! ¡El niño! —grita mientras regresa a México a toda velocidad—. ¡En el motor! ¡Busquen en el motor!

Alguien ilumina al uniformado. Para cuando se le prende el foco y abre el cofre del carro, el niño ya tiene los ojos cerrados. No despierta. Los esfuerzos son inútiles. Ya no va a despertar.

III

—¡No me pises!
—¡Perdón!
—Cuidado, cabrón.
—No hablen. Váyanse callados —dice el "coyote".
—¡Mi brazo! —dice otro.
—Con una chingada... —reclama el de la cara pisada.
—Perdón... —dice el que está encima.

Uno por uno, los aspirantes a indocumentados son subidos a aquella camioneta que se encuentra enfrente de la casa de "La Africana", ubicada a unas cuantas millas de la línea fronteriza. El cupo de la camioneta es de ocho, pero ya van 14 y le piensan meter más.

Al último que meten es a Gerardo. Aunque su complexión es delgada, los que están hasta debajo de esa pirámide humana lo resienten. ¡Los huesos también pesan!

El camino es corto pero peligroso. Nadie dice nada, ni el que está hasta mero abajo. Todos han de ir rezando en sus mentes, cada cual a su santo favorito, en una de ésas hasta al enmascarado de plata.

Todo parece ir sin contratiempos. La camioneta casi se arrastra. De repente, alguien de adelante mienta la madre y grita "¡La migra!".

Julio, el conductor, le mete al acelerador y le pide a Gerardo que le diga qué tan cerca están los uniformados.

Ya van a más de 140 kilómetros por hora. La gente comienza a gritar. Julio los quiere calmar a mentadas, pero ninguno hace caso. La migra ya se aproxima. Los que están más cerca de las puertas se avientan en cuanto el vehículo disminuye la velocidad. Julio es el primero en aventarse, por allá va a dar cayendo de jeta. El copiloto lo sigue y parece que se lesiona. Gerardo lo piensa más de una vez. ¡El carro ya está haciendo zigzag!

Cuando finalmente se decide, se avienta como si fuera luchador, pero aquí no hay lona de por medio ni compañero que lo reciba con los brazos abiertos.

Gerardo cae mal, su cabeza pega contra una roca. El golpe seco se escucha refeo.

Cuando los uniformados encuentran el cuerpo, ya sólo lo recogen. Quedó con los ojos abiertos, como preguntándole a Dios "¿Por qué yo?".

IV

Macario y Esther ya no tienen edad para andar en estos menesteres. En múltiples ocasiones han ido a la Embajada de Estados Unidos a pedir un "permiso" para visitar a su hijo, que está privado de su libertad en el país del norte y tiene una condena de 20 años.

El empleado consular ni siquiera se molesta en revisar sus documentos. Ni siquiera "hello" les dice. Ya se han gastado más de 5 mil pesos cada uno. Él tiene 60 y ella 52.

Por eso no se la creen cuando el "coyote" más conocido de la región les dice que puede llevarlos a la tierra prometida. Ambos pelan los ojos como si hubieran visto a la Virgen Morena y casi le besan la mano.

—No se vayan, es muy peligroso —les dicen los vecinos, pero lo viejos no hacen caso.

El norte ya les ha quitado un hijo, que falleció cuando su coche se estrelló en alguna ciudad del estado de Florida. Además, el "coyote" les dijo que la caminada no pasa de media hora y que los gringos son muy considerados con las personas mayores de 55 años.

Pa qué hacer la historia más larga… No han pasado ni dos horas caminando y ella ya no aguanta las rodillas. Los dos se quedan sentados debajo de un gran arbusto y ahí los dejan los "coyotes".

—Te quiero, viejo, te quiero —dice ella.

—No te preocupes —le dice él limpiándose el moco—. Cuando amanezca iré en busca de ayuda.

Los dos viejos hablan de sus buenos tiempos, de cuando se conocieron, de cuando fueron novios y se juraron amor eterno.

Ella llora por última vez y Macario le cierra los ojos.

MUERTE EN EL INTENTO

Quizá a mí me tocó la de perder en el desierto. Cuando me encontraba en el pueblo, en más de una ocasión vi pegados unos pósters donde se me advertía sobre los riesgos de cruzar la frontera de forma ilegal. Y ahí siguen pegados, lo mismo que en otros pueblos, iglesias y oficinas de gobierno, pero a la gente le sigue valiendo lo que digan.

¡No seas tarugo, paisano! Hazme caso, yo ya perdí. Ya no estaré con los míos, ya no podré cuidarlos. Tú todavía puedes arrepentirte... ¡Rájate! No importa que te digan joto, puñal o fracasado.

Los Consulados, desde San Diego hasta Brownsville, han venido desarrollando programas de protección preventiva que van desde comerciales en la radio y en la televisión hasta la elaboración de carteles en los que se alerta a los "aspirantes a migrantes" sobre los riegos de cruzar la frontera por lugares difíciles y peligrosos. Calexico lo hizo y esto fue lo que puso:

> DESIERTO: Durante los meses de marzo a octubre, las temperaturas en esta zona del desierto alcanzan los 50°C. Es el segundo lugar más caliente del mundo. Aquí podrías morir de sed en sólo unos minutos de caminar.
>
> En los desiertos de la zona fronteriza de Mexicali-Imperial han muerto muchos migrantes mexicanos. En el verano las temperaturas son mayores a los 48°C. ¡No arriesgues la vida!
>
> En los desiertos no existe lugar dónde refugiarte del intenso calor, y el agua que puedas transportar no será suficiente. Es muy alta la probabilidad de que mueras deshidratado si intentas cruzar estos desiertos.
>
> Esta área que comprende Mexicali, San Luis Río Colorado, los condados de El Imperial y Yuma, así como las montañas de La Rumorosa, es en la que un mayor número de migrantes ha perdido la vida en los últimos años. Su caudal y profundidad son especialmente hostiles a la vida. Es uno de los lugares más peligrosos de la frontera. NO INTENTES CRUZARLO.

CANAL Y RÍO: En el canal "Todo Americano" muchos paisanos han muerto debido a las fuertes corrientes internas y a la profundidad de sus aguas que voltean las balsas y arrastran a los migrantes a una muerte segura.

El Río Nuevo de aguas negras es el más contaminado de Norteamérica y las personas que ahí entran adquieren enfermedades mortales en cuestión de minutos. El contacto provoca graves enfermedades y hasta la muerte. Por ningún motivo entres. TU VIDA CORRE PELIGRO.

Por favor, paisano, ¡rájate! Pero si te aguantas y decides seguir con tus planes, que tu familia ponga mucha atención a lo que sigue.

Paisano, aunque no lo creas, para los que trabajan en eso de la protección consular —y principalmente para aquellos que realizan sus funciones en los Consulados fronterizos, desde San Diego hasta Brownsville, Texas—, el momento más difícil dentro de sus funciones es cuando las autoridades del país del norte les informan que han encontrado "otro cadáver". Les dicen qué trae puesto, en dónde fue encontrado, cuándo lo hallaron, y finalmente el personal del Consulado debe trasladarse a las oficinas del médico legista para corroborar los datos.

El empleado consular se jala de los pelos cuando entre los documentos que le encontraron al difunto está una credencial de elector de México. Ahí apenas comenzará la difícil tarea de atender el caso. Los Consulados mexicanos iniciarán la búsqueda y eventualmente notificarán a los familiares. Aunque la gente diga que ya estamos acostumbrados, no es cierto. ¡Se siente bien gacho!

La tarea se facilita cuando al difunto se le encuentra entre sus pertenencias algún dato que permita dar con sus familiares. Entonces el Consulado buscará la mejor de las alternativas para realizar la notificación. Si cuenta con los datos para ello (un número telefónico, por ejemplo), seguramente lo hará directamente con ellos, recomendándoles que se presenten ante la Delegación de la Secretaría de Relaciones Exteriores (SRE) más próxima a su domicilio para iniciar cualquier gestión.

Si el Consulado sólo tiene los datos de la credencial de elector, se pondrá en contacto con la presidencia municipal o la Delegación de la SRE.

Paisano, si tu familiar falleció en el intento por llegar a los Estados Unidos, recuerda una cosa muy importante: el Gobierno Federal, a través del Consulado mexicano, cubrirá el *total* de los gastos del traslado de los restos de tu familiar hasta su destino final en territorio mexicano, en muchos casos, con el apoyo del gobierno de tu estado. Si vives en el estado de Michoacán, a través de la delegación de la SRE se obtendrá el apoyo del Instituto Michoacano de los Migrantes en el Extranjero para que se recoja el cuerpo en el Aeropuerto Internacional más próximo a tu domicilio.

Esto quiere decir que *todo* será gratuito. Tu familia no tendrá que sacar ni un centavo de sus bolsillos.

¿Qué te queda por hacer? Tener paciencia, mucha paciencia. Hay muchos trámites por realizar. Tenle fe a quienes te están ayudando en este momento tan difícil en tu vida y en la de tu familia, y recuerda que seguramente no será el único trámite de traslado de restos que la representación consular esté realizando. Preséntate en la Delegación de la SRE de tu estado y llévales la siguiente documentación:

- Acta de nacimiento del difunto
- Fotografía del difunto
- Datos generales del difunto
- Señas particulares
- Acta de matrimonio (en caso de estar casado)

Recuerda que quien tiene el derecho de reclamar el cuerpo o firmar autorizaciones es la esposa o el esposo, si está casado, o sus padres, si es soltero.

La Delegación de la SRE será el *puente de comunicación* entre tu familia y el Consulado de México, que se encargará del traslado.

También es necesario que tengas en cuenta la ayuda que te puede brindar el Instituto de Apoyo al Migrante de tu estado. Para localizarlo, consulta el directorio al final de este libro.

Otra cosa: es *muy importante* que no firmes ningún documento de consentimiento de traslado hasta que no estés plenamente seguro de que la persona fallecida es tu familiar.

He aquí otras recomendaciones que en años pasados publicó el Gobierno Federal a través de la *Guía Migrante*, que en lo particular creo que son muy acertadas y oportunas. ¡Pon atención, paisano!

PELIGROS POR CRUZAR EN ZONAS DE ALTO RIESGO

1. Cruzar por el río puede ser muy riesgoso, sobre todo si cruzas solo y de noche.
2. La ropa gruesa aumenta su peso al mojarse, y eso dificulta nadar o flotar.
3. Si cruzas por el desierto, procura caminar en horas en las que el calor no sea tan intenso.
4. Las carreteras y los poblados están muy alejados, por lo cual tardarás varios días en encontrar caminos y no podrás cargar alimentos ni agua por tanto tiempo; incluso podrías perderte.
5. El agua con sal sirve para retener los líquidos que tiene tu cuerpo. Aunque sientas más sed, si tomas agua con sal el riesgo de deshidratación es mucho menor.

6. Si te pierdes, guíate por postes de luz, vías de tren o caminos de terracería.[1]

Los síntomas de deshidratación son

1. Poco o nada de sudor.
2. Resequedad en los ojos y en la boca.
3. Dolor de cabeza.
4. Cansancio y agotamiento excesivo.
5. Dificultad para caminar y razonar.
6. Alucinaciones y espejismos.[2]

Con estas recomendaciones no se busca alentar la migración, sino ponerte al tanto de los riesgos que corres en caso de que hayas decidido irte al norte. La misma *Guía* dice sobre los "polleros", "coyotes" o rateros:

1. Pueden engañarte asegurando que te cruzan en unas horas por montañas o desiertos. Esto no es cierto.
2. Pueden arriesgar tu vida pasándote por ríos, canales de riego, zonas desérticas, vías de tren o carreteras rápidas. Esto ha ocasionado la muerte de cientos de personas.[3]

Si ya tomaste la difícil decisión de irte y "contratar" los servicios de un "coyote", por favor lee lo que la misma *Guía* te señala:

1. No lo pierdas de vista. Recuerda que él es el único que conoce el terreno y, por lo tanto, él puede sacarte de ese lugar.
2. Desconfía de todo aquel que te ofrezca pasarte al "otro lado" y te pida que conduzcas un vehículo o que lleves o cargues un paquete por él. Regularmente esos paquetes contienen drogas u otras sustancias prohibidas. Por esta razón, muchas personas han terminado en la cárcel.
3. Si transportas a otras personas puedes ser confundido con un "pollero" o "coyote", y te pueden acusar por delito de tráfico de personas o robo de vehículo.
4. No entregues a tus hijos menores a desconocidos que te ofrecen cruzarlos a Estados Unidos.[4]

Aunque ya tengas medio pie en el desierto, río, cajuela o tráiler y ya estés disfrazado de asiento de pesera, ¡por favor, rájate! Tu familia te espera.

---

[1] *Guía Migrante*, Gobierno Federal.
[2] *Idem.*
[3] *Idem.*
[4] *Idem.*

No todo es lana
Compensación laboral y traslado de enfermos

I

Macario siente asfixiarse en aquel cuarto de pedazos de tabique, adobe y piso de tierra. Las vigas que sostienen el techo de aquella humilde casa parecen caérsele encima. Se les queda mirando fijamente con el temor de que en cualquier momento salga con un santo chipote en la frente. Da vueltas en aquella cama cuyo colchón ya hubieran tirado a la basura en casa de cualquiera medio rico, con los huecos rellenados con periódico y manchas de orines formando figuras.

Pero ese colchón apestoso es el que comparte con sus dos hermanos menores, que dan de vueltas como moscos en busca de alguna nacha para chuparle la sangre. Está seguro de que ya es de madrugada.

Por más que cierra los ojos, no puede conciliar el sueño. Siente que el cerebro le explota de tanto andar pensando en tarugada y media. Simplemente piensa y recuerda las palabras de sus camaradas con los que estuvo jugando futbol ese día en la cancha de tierra y luego platicando en el atrio de la iglesia.

Ése era su lugar favorito de la infancia. Alguna vez hasta pensó en ser sacerdote... pero fue justo un sacerdote el que se encargó de que desistiera.

—¡No te vayas a rajar, carnal! —le decían sus camaradas—. Nos vemos aquí en el atrio a eso de las seis de la mañana.

—No puedo irme sin despedirme de mis papás —les contestaba—. Ellos tienen que saber adónde voy.

—¡No seas tarugo! Si les dices, lo más seguro es que no te dejen ir al norte. Acuérdate de lo que le pasó a tu carnal Enrique.

—¡Que Dios lo perdone! —dijo Macario recordando a su hermano.

Parece que fue ayer cuando su hermano idolatrado regresó al pueblo. Ese día quiso chillar, y, sí, chilló, pero a solas en el corral de su casa. Dos puercos y unas gallinas flacas fueron testigos de aquellas lágrimas de chiquillo.

Le dolió hasta el alma que su carnal culpara a sus padres de que él tuviera que irse al norte, que les echara la culpa de su pobreza y de haber trabajado de sol a sol sin ver nunca un solo peso. Esa Navidad, Enrique se quedó en el pueblo por más de un mes, pero durante ese tiempo sólo lo vieron cuando llegaba a la casa a cambiarse la ropa.

Nunca peló a sus jefes y eso le dolía a Macario, cuyas lágrimas caían en su rostro de chiquillo travieso y le mojaban los pocos pelos que tenía en el labio superior.

–Macario –le decía aquella tarde su mejor amigo, el Calavera–, ya olvídate de tu carnal Enrique. Él de ustedes ya se olvidó. Tú tienes que echarles la mano a tus jefes. Por más que trabajes aquí en el pueblo, jamás tendrás el dinero para decirle a tu jefe "Tenga, ya deje de trabajar". Nos vemos aquí a las seis de la mañana.

Macario aún no puede dormir. Sigue dando vueltas y un relámpago le estremece el cuerpo. La lluvia ya arreció. Sus carnalitos se sienten indefensos. Sus brazos flacos y pequeños se extienden para acurrucarse a su lado. Ya lo tienen abrazado, y no importa que uno de ellos ya se haya orinado.

Las tejas del cuarto ya son viejas y en unos minutos la lluvia las vence. El goteo le cubre la cara y Macario siente que aquella lluvia le moja el alma.

–¿Por qué tenemos que ser tan pobres? –dice, mientras abraza a sus carnalitos y les jura que algún día las cosas han de cambiar.

Ahora ya son las cinco y media de la mañana. El señor sacristán se lo hace saber al darle con ganas a las campanas del templo llamando a misa de seis.

Macario se limpia el rostro y ya no sabe si son lágrimas o lluvia. Cierra los ojos y traga saliva. Mira aquella vieja mochila "rompida" de una de las orillas. El tiempo ya ha borrado parte del logo que tenía cuando era nueva. Ya sólo le quedan unas cuantas letras de "Cruz Azul".

Por si las moscas, ya la preparó con algunas de sus cosas: dos pantalones viejos y arrugados, un par de calzones y sus dos playeras de futbol favoritas, una de ellas de seguro de las Chivas del Guadalajara. Como no hay calcetines, mete sus medias de fut, pero deja sus zapatos domingueros porque sabe que a su apá le gustan.

Acaricia los zapatos con las manos temblorosas. El chiquillo apenas tiene 17 años y ya debe tomar una decisión que requiere un tanto de tanates. Esta vez no es la lluvia la que se quita de los ojos. Son lágrimas de verdad. El sacristán vuelve a darle vuelo a la hilacha. La campanada se escucha perfectamente, es la segunda llamada a misa. Son las 5:45 de la mañana.

Se limpia el moco y acaricia las mejillas de sus hermanos. Con el mayor cuidado abandona la cama. Da los primeros pasos y siente escalofríos por el frío de la madrugada. Se viste de volada… Escucha un ruido… El corazón le tiembla. Se queda estático escuchando cómo su padre descarga la orina.

Segundos más tarde, toma la mochila y se persigna delante de la imagen del Sagrado Corazón de Jesús.

—¡Tú me tienes que ayudar! —le dice.

"Ahora o nunca", piensa, y con todo sigilo abre la puerta de su casa cerrándola de la misma manera. El corazón le late como burro sin mecate, tanto que siente que se le va parar.

—¿Adónde vas con tanto apuro, chamaco? —le pregunta una de las tantas comadres de su mamá, que va a misa de 6. Es de las que se pegan trancazos en el pecho y nunca faltan a misa. Tiene mucho que pedir: ya son siete de sus 10 hijos los que se le fueron a los Estados Unidos. A uno ya lo perdió. Se lo regresaron en un ataúd de cartón y madera.

Macario se acuerda del día en que eso pasó y se le pone la piel de gallina.

—Voy con los cuates —le inventa—. Tenemos un partido de futbol en Yuriria.

—Cuídate, muchacho —le dice la comadre.

Cada cual agarra su camino. Macario apresura el paso pensando que entre más se aleje de su casa menos posibilidades hay de que se raje. Y no, no se raja. Llega a la cita con sus camaradas y ya están ahí el Calavera y el Esqueleto que, efectivamente, son hermanos. A su padre lo conocen por el Muerto.

—Pensamos que ya no venías, cabrón —le dice el Calavera.

—Pos ya ven que sí —contesta.

—Verás que todo va a salir a toda madre —dice el Esqueleto.

—Estamos perdiendo mucho tiempo. Mejor ya vámonos —los apresura Macario.

—Pérate. Falta el Greñas —dice el Calavera.

—¡Vámonos! —suplica Macario, que ya imagina el sufrimiento de sus padres cuando se enteren. Se les va a partir el alma. Traga saliva e insiste en que ya se vayan. Teme rajarse.

—Hay que esperarlo hasta que den la última llamada a la misa de seis —dice uno de los hermanos.

—¡Vámonos, muchachos! —sigue insistiendo Macario.

Al ver que los "huesudos" están necios con esperar al camarada que falta, Macario decide irse por su lado.

—Mejor ahí la dejamos —les dice.

—Aguanta, cabrón. Ahí vamos.

Los tres camaradas agilizan el paso. Ya lo tienen todo pensado: el camión Flecha Amarilla sale a las 6:15. El frío les cala los huesos, pero qué les va a importar eso a los "huesudos". Se van frotando los brazos y cuando llegan los motores del autobús ya están encendidos.

—Tres boletos a Yuriria —le dicen al señor detrás del mostrador.

—El camión ya se va —les dice un viejo panzón con cigarro en mano—, así que es mejor que le apuren.

Macario apresura el paso y es el primero en subirse al camión cuyos olores son inconfundibles, mezcla de desinfectante barato y mugre, torta de huevo con frijoles, jamón remojado en jitomate podrido y huarache mojado.

Las cortinas están descoloridas y los asientos ya ni cenicero tienen. Están dando las últimas y se quedarán reclinables pa siempre. Algún pinche chamaco jugó y jugó con ellos hasta que les dio en la "mother". La mamá no le dijo nada porque, claro, seguro era la primera vez que el chamaco se subía a uno y todo aquello era nuevo para él.

Por allá hay una chava en pose de que quiere ser violada. De inmediato se cubre las naguas, pero ya no hay quien le quite la mirada. Está puja que puja para solucionar el problema del asiento, hasta que se cansa y se queda acostada con los chones de fuera. Su jefa le da un santo manotazo en la cabeza pa que no ande de nalga suelta.

El camión va hasta el "full". Cada uno de los pasajeros en su mundo. Por allá hay a quien se le cae la baba, otros siguen jetones. Los niños son los que más se divierten. En el fondo se escucha a alguien que sutilmente suelta un "¡Bajen a ese de los huevos!", y hasta los que van medio jetones le festejan la ocurrencia. Don Raúl, uno de los tantos comerciantes que viven de la venta en los camiones (chelas, chiles y, obviamente, huevos), sólo sonríe a la concurrencia.

Macario se cubre el rostro cuando se da cuenta de que en el camión van unos conocidos. Quiere pasar rápido por aquel reducido pasillo, pero su paso se ve obstaculizado por una dama gorda que no puede sentarse. Finalmente llega hasta el final del camión. A sus camaradas les tocó junto al chofer, pero a él le dieron el asiento 44, juntito al baño. Su compañero es un hombre de edad avanzada, ya le tira a los 70 años, y su rostro está cubierto de arruga sobre arruga. Su cabellera y su bigote ya tienen varios inviernos encima. Se está prendiendo un cigarro Alas. Se ve que lo disfruta mientras apaga el cerillo Talismán con un débil soplo. Le da un segundo toque, luego otro… Parece que ya le perdió el miedo al cáncer, porque está tose y tose pero no lo suelta.

Todo el panorama es para Macario. Le tocó el asiento de la ventanilla. Su mirada se fija sobre la señora que vende los tamales. A lo lejos ve la iglesia y cierra los ojos porque más "allacito" está su casa. Seguramente sus padres ya lo han de estar buscando. "Apúrale, chofer", piensa con los ojos todavía cerrados porque siente que se raja. El anciano sigue tosiendo.

El chofer les da la bienvenida. Es un tipo medio gordo cuya camisa ya no le abrocha, vestido de uniforme verde con corbata toda arrugada.

Macario saca de sus bolsillos la estampita de San Judas Tadeo, se persigna y le da las gracias. El anciano se da cuenta y mueve la cabeza de aquí para allá. Ya le dio el último toque a su Alas y pisa lo que queda de él.

El autobús ya se puso en movimiento, pero va lento. Hay que tener cuidado para no atropellar a la anciana que está vendiendo atole blanco. Ahora ya agarró vuelo y está saliendo del pueblo. Se ven vacas por acá y chivos por allá. Macario saca la cabeza queriendo respirar el aire puro del pueblo, como diciendo "Te voy a extrañar". Ya se le salieron las de San Pedro.

—De ésas hay muchas en el norte —le dice el anciano.

Macario pela los ojos sorprendido de lo que ha escuchado. "¿Quién le diría a este retizñado viejo que me voy pa allá? De seguro es el abuelo del Esqueleto y del Calavera", pensó.

—Me cayó algo en los ojos, señor —contesta.

—Así decimos todos —responde el anciano sin mirarlo a los ojos—. Yo en más de una ocasión contesté igual. Dicen que los hombres no lloran, pero a la hora de la verdad son más chillones que las mismas viejas. Por mí no te fijes... Si dices que te cayó algo en los ojos, pos está bien. Pero no es la última vez que te va a pasar... Allá en la soledad caen más seguido.

Lo que menos quiere Macario en estos momentos es escuchar a aquel viejo metiche, así que estampa su rostro en la ventana. Se retira un poco para respirar y segundos después vuelve a aplastar sus cachetes en el cristal. Se ve que disfruta el panorama. Hasta hace muecas cuando ve pasar a algún conocido, como si quisiera gritarle "¡Me voy a conquistar el norte!". Como que quiere que alguien le desee buena suerte. El anciano mueve la cabeza de aquí pa allá.

El pueblo está quedando atrás, y con él sus amigos, las chavas, la plaza de los domingos, los partidos de futbol, pero sobre todo, su apá, su amá y sus carnalitos. Ahora sí ya los ha dejado atrás. Ya sólo se ven unas casitas del tamaño de las hormigas.

—Velos bien —le advierte el anciano—. ¡Puede ser la última vez que los veas!

—Yo regreso pronto —le dice Macario.

—Todos dicen lo mismo. Según sólo van unos meses pa juntar unos pesos.

—Yo sí lo voy a cumplir. Lo juro.

—Por lo menos te hubieras despedido de tus padres. Han de estar muy preocupados. Si gustas, dame la dirección y yo les aviso que nomás vas por unos meses.

—¡Yo les avise! —miente Macario.

—Cuando subiste al camión no vi que nadie te despidiera. Además, cuando la madre sabe, siempre le prepara a su hijo aunque sea unos tacos de frijoles. ¡Y tú ni eso traes!

El anciano saca otro cigarro y lo enciende con su mano arrugada y temblorosa. Macario vuelve la mirada hacia el cristal. Ya no quiere seguir escuchando al anciano, prefiere encerrarse en sus propios pensamientos. Trae la imagen de sus jefes prendida en el cerebro. Ella estará echando las gordas, él jalando la yunta. Tal vez hubiera sido mucho mejor haberles dicho la verdad, que quería irse a los Estados Unidos. Cierra los ojos nomás de pensar en el sufrimiento que les ha de haber causado. Los cachetes ya se le han mojado. En más de una ocasión pide perdón en silencio.

Allá en su casa, a las 7:10 de la mañana, Micaela se levantó muy quitada de la pena, con las greñas todas paradas y hasta con lagañas. De su cuarto se "jue" derechito pa la recámara de los escuincles que tenían que ir a la escuela. Peló los ojos cuando no vio a Macario con los demás chamacos. Ese sexto sentido de las madres le avisaba que algo raro estaba pasando.

—¡Viejo! ¡Viejo!—se escuchó por todos lados. Los chamacos se despertaron de volada, el más chiquillo de todos chilló.

—¿Y su hermano dónde está? —preguntó en tono suave tirándole a mortificado—. ¿A qué hora se levantó? —preguntó de nuevo, esta vez más fuerte—. ¡Contesten, chamacos del demonio! —dijo al final, ya toda enchilada.

Pero no hubo respuesta. Nicanor llegó de volada y abrazó a su vieja. Los chamacos nomás pelaban los ojos asustados por los gritos y el llanto de su jefa, quien corría por toda la casa buscando al menos un recado. Tenía tan fresco el recuerdo de su hijo Enrique cuando se fue al norte.

Corrió al ropero y se dio cuenta de que las pocas cosas de su hijo ya no estaban. Tampoco estaba su mochila de futbol. Sin un "quítate que ahí te voy", corrió hacia la calle y miró al cielo.

—¡Maldito norte! —gritó—. ¡Te llevas a otro más! ¡Yo te maldigo!

—¡Vieja! ¡Vieja! —le decía su marido tratando de tranquilizarla, pero sus palabras no tuvieron ningún efecto. Nomás se retiró algunas lágrimas que ya mojaban su bigote y ahí se quedaron los dos, recargados en aquella pared de adobe.

Los primeros rayos del sol ya se asoman por arriba del cerro más grande. El anciano ya se acabó otro cigarro. Está a la expectativa porque sabe que tarde o temprano el chamaco le va a preguntar algo. Tiene tiempo. Va hasta Guadalajara.

—¿Cómo es el norte? —se atreve por fin a preguntarle Macario mientras el viejo se carcajea y enseña las muelas todas picadas.

—Platíqueme de los Estados Unidos —insiste el chamaco.

—¿Qué sabes tú de los Estados Unidos?

—Que todos los que van se van pobres y regresan ricos, con ropas que ya no tienen hoyos ni huelen a mugre. Hablan y visten mejor… hasta bailan mejor. Parece que hasta eso es mejor allá.

—Ésos son fanfarrones. No les hagas mucho caso —dice el anciano.

—Yo no sé cómo se les llama. Yo lo único que veo es que cuando regresan al pueblo traen ropa nueva y huelen rete bonito. Muchos de ellos vienen muy a la moda y todo lo pagan con dólares. De veras que no sé cómo les llaman, pero yo más bien diría que son unos chingones. Ellos dicen que todo por allá es más fácil y más bonito, que todo se gana más rápido –dice Macario, que parece que también platica con las manos de tanto que las mueve.

–¿Tienes algún familiar por allá? –pregunta el anciano.

–Un hermano, pero como si no lo tuviera –confiesa Macario.

–¿Por qué?

–Le apena que fue pobre. Se apena de los jefes. Se olvidó de los que verdaderamente lo quieren. Le vale madre que hayan sufrido por él. Se burla de los que rezaron cuando se fue.

–Así son algunos más de los que vienen del norte.

El camión ya va entrando a Yuriria. Por allá se ve una anciana cargando algunos leños en el hombro, y por acá un chamaco cuidando dos vacas flacas. El camión sigue su rumbo, deja atrás la terracería y entra a la plaza central.

–¡Yuriria! –grita el chofer–. Quince minutos y nos vamos.

Muy despacito la gente se va bajando. Para muchos éste es el destino final. Para otros no es más que una escala. El Calavera y el Esqueleto están abajo esperando que salga Macario, su valedor. Se les nota la felicidad. Ellos no sólo van en busca de dólares. Su papá ya los está esperando en la frontera para llevárselos al norte.

Los camaradas sí llevaban sus tacos de nopales con frijoles, a los cuales le entran ni tardos ni perezosos nomás se sientan en la banca de cemento. Le invitan uno a Macario, quien con el taco en la mano ve el rostro del anciano que permanece en el autobús.

Pareciera que su compañero de viaje le está diciendo con la mirada "¡Regrésate al pueblo! No hagas sufrir a tu gente". Macario agacha el rostro y deja enfriar su taco. Un perro flaco y desnutrido que se había sentado a su lado fue el ganón del banquete, que Macario le dejó cuando escuchó al chofer gritar "¡Vámonos!".

Se prenden los motores y el camión agarra camino rumbo a Guadalajara. El Calavera y el Esqueleto buscan sentarse más cerca de su camarada para alivianarlo si se desanima.

El anciano enciende otro cigarro y los "huesudos" le piden las tres. Claro que el hombre no les da nada. Si apenas son unos mocosos.

–¿Entonces me va a platicar de los Estados Unidos? –insiste Macario.

–Yo de allá conozco poco.

–Platíqueme lo que conozca, por favor.

–Yo lo único que puedo decirte es que las cosas no son como parecen. Los que regresan sólo presumen de las cosas buenas, de la ropa, del dinero, de las medallotas pintadas de oro, de sus trocas y de las viejas. Muchos de ellos hasta regresan hablando inglés. Qué importa si ya no hablan bien su idioma, ya saben decir "tenquiu". ¡Algunos ya hasta traen el pelo pintado de güero!

—¿Pero eso qué tiene de malo? —pregunta Macario pelando los ojos—. ¿Qué hay de malo en que la gente progrese de esa forma?

—Sí, a ver, ¿qué tiene de malo? —se entromete el Esqueleto, que va en el asiento de adelante.

El anciano le da otro toque a su cigarro y lentamente saca de su bolsillo una cartera tan arrugada como su rostro y sus manos. De ahí saca una fotografía toda rota. En ella se ve a un chavo muy picudo, vestido muy "fine" como de los años sesenta, con pantalones de campana y playera de cuello de tortuga. Tiene una pose de Travolta y está recargado en un Impala color azul.

—¿Quién es él? —pregunta Macario.

—Era mi hijo, Juan Manuel.

—¿Por qué "era"? ¿Se murió? —pregunta pausado el Esqueleto.

—Allá en los Estados Unidos. Me la mandó a los dos años de haberse ido. Venía acompañada con unas cuantas líneas en las que más o menos me decía: "Mire, jefe, ya tengo carro, y aunque no lo crea, es del año. El departamento donde vivo hasta tiene alfombra, y refri, y estufa. La jefa estaría feliz de la vida. El departamento del vecino hasta lavadora de platos tiene. No se preocupe por mí, apá, me encuentro muy bien. Gano mis buenos dólares y tan pronto pague lo que debo le mando pa que le compre algo a mi mamá el Día de las Madres".

El anciano no alcanza a limpiarse unas cuantas lágrimas que recorren su camino y mueren en sus labios arrugados. El moco aparece por las fosas nasales y se lo limpia con el puño de su camina.

—Pa qué les cuento más —les dice—. Ustedes no van a entender.

El Calavera alcanza a observar al anciano a través del cristal del camión. Le dan ganas de chillar nomás de ver la escena, pero cómo va a llorar. Es el mayor de los tres y el que menos puede ponerse sentimental. El tipo sentado en el asiento 19 se avienta un pedo de aquellos, incidente que causa risa entre la mayoría y repugnacia entre los refinados. El Calavera aprovecha pa decir que sus lágrimas son por los inconfundibles gases.

El Flecha Amarilla sigue su camino. El anciano ya no tiene más cigarros y se está quita y pone su viejo sombrero. Macario se levanta de repente y pasa junto al del asiento 40, un tipo lleno de pelos en la cara y en el pecho. La mujer del 36 no cabe en su asiento y mueve las lonjas de aquí para allá. Pobre del chamaco que va a su lado. El chavo del 30 sí que es un persignado, finge estar leyendo una revista deportiva pero dentro de ella oculta una revista pornográfica en la que se ven las chavas con las nachas y las chichis de fuera. El condenado chamaco no cambia la página. De pronto, Macario se persigna. A la mujer del 28 se le ven sus enormes pechos y él, nada tarugo, se queda ahí un rato más. Finalmente, sigue su camino y encuentra lo que anda buscando. El del asiento 20 se está fumando un Raleigh.

−¿Me regalas uno? −le pregunta.

Regresa feliz de la vida, bajando la mirada al pasar por el asiento 28, seguramente por pena. Qué pensaría aquella dama de aquel chamaco que le había visto las montañas. "Al rato me las prestas", le dice al del asiento 30, pero siente gacho conforme se acerca a su compañero de viaje, que sigue sumido en sus pensamientos.

−Tome −le dice−. Aquí le traigo su medicina.

El Flecha Amarilla sigue avanzando. Tanto del lado derecho como del izquierdo ya se observan un chingo de sembradíos. Aquello sí que se ve hermoso, pero luego de un rato los pasajeros se aburren y se les va quitando el entusiasmo del viaje. Las nachas les duelen y ya se acabaron sus tortas. Los niños de la señora del asiento 14 ya se han más que orinado. El chofer va feliz de la vida escuchando a los Sepultureros y una que otra del antiguo ídolo Rigo Tovar.

El Calavera y el Esqueleto se quedaron dormidos, pero ya les calaron los olores del baño que está a unos cuantos pasos.

El camión va hasta el "full" otra vez. Ni cómo cambiarse de asiento.

Macario ha respetado el silencio del anciano, pero es éste quien tímidamente le da las gracias por los cigarros.

−El querer progresar no tiene nada de malo −reconoce el anciano.

Macario está en otro rollo. Seguramente está esperando que el chavo del asiento 30 le preste las revistas de viejas encueradas, o quizá esté pensando en la dama del 28, ya que en su corta vida jamás había visto cosas tan enormes.

−¿Perdón? −le dice al anciano.

−Ten cuidado, muchacho. No es malo querer un carro o dinero en los bolsillos, ropa fina o tener más que frijoles en la mesa. Está bien desear que tu casa ya no sea de lámina y de palos viejos, o querer subirte a la rueda de la fortuna en Navidad, pero así como el norte da… también quita. Algunos de mi edad ya hemos perdido hijos, otras a sus maridos, y algunos más a sus hermanos y primos. Allá se pierde la dignidad. La soledad es tan canija que nos hace cometer pendejada y media. Algunos del "terre" hasta se vuelven canijos y cabrones. La gente que va olvida a los suyos que se quedan, a los padres, a la esposa y hasta a los hijos.

El anciano le quita la boquilla al cigarro y lo prende. Le da un toque profundo y el humo sale de su boca y se desvanece.

−¡Ten mucho cuidado, muchacho! −le dice−. Ponle muchas ganas. Nunca te olvides de tus padres. Cuando llegues, hazles saber inmediatamente dónde estás y cómo te encuentras. Trabaja y reza mucho. ¡Y fíjate con quién te juntas!

Mientras dice esto último, vuelve a sacar su vieja cartera y retira de ella una estampita del Sagrado Corazón de Jesús que le entrega a Macario, quien tímidamente estira la mano aceptando el regalo de su compañero de viaje.

—Me la mandaron con el ataúd de mi hijo —le dice.

Del Raleigh ya sólo queda la bachita y al poco rato se queda dormido.

El Flecha Amarilla llega por fin a Guadalajara a altas horas de la noche. La mayoría de los pasajeros ya están hasta la madre. Estiran las patas y los brazos, se masajean las nachas. Están felices de haber llegado a su destino.

A los tres amigos no les importa haber llegado a esas horas. Nunca en su vida han ido más allá de Yuriria. Macario se despide del anciano, no la piensa dos veces y le da un fuerte abrazo.

—Le prometo que seguiré sus consejos —le dice.

Después de esa escena de telenovela, Macario, el Calavera y el Esqueleto caminan por la central camionera. Los tres, mochila al hombro, buscan la línea de camiones que los llevará hasta el norte. La más barata es la del Pacífico, poco importa que salga hasta las ocho de la mañana.

Caminan un rato. Quieren sentirse turistas. Cuando las piernas ya no les dan para más, buscan donde descansar y terminan recostados en el piso de la estación, todo duro y cochino. A medio metro de donde se acuestan se ve el escupitajo de algún borracho, pero no importa. No son los únicos. En aquella esquina hay una dama derramando la lonja y cubriendo con el rebozo a sus cinco chamacos. Por el otro lado hay unos paisanos cuyo sombrero les cubre el rostro. A un lado de ellos están otros dos con sus gorras de los Dodgers. Seguro ésos también van pal norte.

Poco importó que un tipo disfrazado de guardia de seguridad les recordara a patadas que aquello no era un hotel. Amanecieron con dolores en el cuerpo, como si el Perro Aguayo les hubiera puesto una madriza. Eso sí, nunca dejó de escucharse la inconfundible voz de una desconocida que anunciaba las salidas de los camiones.

—¿Qué dijo? —se preguntaban todos a cada rato.

Los gorrudos, los sombrerudos, la dama del rebozo y los tres amigos se levantan. Los primeros se retiran las babas muy disimuladamente. Los segundos se cubren los malos alientos, y de la dama ni hablar... son cinco chamacos los que trae. Todos ponen mucha atención a la voz que empieza a hablar.

—¡Pa su madre! —dice el Calavera—. Ya están anunciando la salida a Tijuana.

En chinga se van los tres a la puerta número 10. Cada quien con su boleto en la mano alcanzan a llegar al andén 89. Todavía no dejan subir al camión. Un chamaco que no pasa de los 10 años da los últimos toques de limpieza, bandeja y trapeador en mano.

A Mariano le late fuerte el corazón cuando ve el letrero que dice "Tijuana". Cierra los ojos, aprieta los dientes y le pide perdón a alguien que ya está a muchos kilómetros de distancia.

Allá en el pueblo, ese alguien salió de la casa muy temprano por la mañana y a paso lento llegó hasta la iglesia. Ella siguió con devoción la ceremonia, él simplemente cerró los ojos y no los abrió hasta que terminó la misa. Segurito le estaba pidiendo al Patrón del pueblo que le cuidara mucho a su Macario.

–Hace mucho frío, ¿verdad? –le dijo a su vieja al salir de la iglesia.

–Nuestro hijo no se llevó nada pa taparse –contestó ella levantando el rostro al cielo y con lágrimas en los ojos.

Ambos se retiraron lentamente. Él no se puso los zapatos que su hijo le dejó. No los quería maltratar. Se los pondría cuando regresara. Tenían que ser muy fuertes, sus demás hijos ya los esperaban.

Cuando Macario por fin abre los ojos, es el único que falta de subirse al camión. Le toca el asiento 20. ¡Éste sí huele muy bonito! El camión tiene hasta tele y una chamaca muy bien vestidita le da la bienvenida entregándole una bolsita de plástico con una galleta, un sandwich de jamón y su Coca-Cola.

Macario se siente muy chingón. Va en primera, y además disparado. Camina lentamente por aquel pasillo angosto y saluda a todo mundo con una gran sonrisa, pero ¡reácatelas!, la sonrisa desaparece rápidamente cuando se da cuenta de quién será su compañera de viaje: le toca justamente la dama de los cinco chamacos, que ya lleva al más pequeño en brazos. Enfrentito de ellos ya están bien sentaditos los sombrerudos, y dos asientos atrás, los de las gorras.

A sus cuates les tocaron los asientos 29 y 30. Cuando ven a Macario nomás se encogen de hombros como diciéndole "Lo sentimos mucho" y sueltan la carcajada.

De Guadalajara Macario sólo alcanza a conocer algunas avenidas. Se le ilumina la cara cuando al pasar por el centro ve el letrero del Estadio Jalisco. Cierra los ojos y de inmediato se imagina sentado en las primeras filas del estadio, y pa que la gente dijera "¡ay, güey!", a la altura de la media cancha. En su mente el Cruz Azul se pone a la ventaja en los primeros minutos, y al término del primer tiempo ya le metió tres a las Chivas. Macario se frota las manos muy dispuesto a disfrutar el segundo tiempo cuando siente el pantalón muy calientito. El chamaco de su compañera de viaje ya le dejó su primer recuerdito.

–¡Lo siento! ¡Lo siento! –dice la señora. Macario sonríe, pero lamenta no haber podido terminar de imaginarse la goleada.

Pasadas cinco horas los olores comienzan a confundirse entre los pedos –las plumas, como dijera el más pequeño de mis hijos–, los tacos de frijoles, las tortas de jamón, los sombreros sudados, los sobacos y hasta las patas. Eso sí, todos rete valientes, porque nadie se queja. El que se echó el pedo disimula sonriendo al compañero de junto y culpando al de adelante.

A las ocho horas los chamacos empiezan a chillar. Es un verdadero concierto. Ya nadie pone atención a la película de Pedro Infante y de ahí en adelante el viaje se convierte en un infierno.

Los únicos momentos de disfrute son cuando el camión entra en alguna ciudad. El chofer les informa que tienen 30 minutos para ir al baño, para comer, para comprar revistas y hasta para conocer la ciudad. ¡En 30 minutos!

Uno puede darse cuenta perfectamente de quiénes nunca han salido de sus pueblos. Se apuntan con la pluma el número de camión, el número del andén, el nombre del chofer y hasta el número de su asiento. Nada pendejos, no se mueven del lugar, nomás les falta abrazarse del camión.

A las 24 horas de viaje pa qué les cuento a qué huele aquello. A algunos pasajeros ya les vale madres lo que se diga de ellos. La dama de junto, ya quitada de la pena, saca delicadamente una de sus chichis para darle su santo alimento al menor de los escuincles. Macario nomás pela los ojos y de ahí no los quita.

—¿Qué ve, chamaco cabrón? —pregunta la dama que se ve tan tranquila.

Después de 30 horas de viaje, el sol aún no sale cuando la anciana que cubre sus canas con un rebozo de gente jodida saca su rosario y comienza a darle duro a las avemarías y los padrenuestros. Más de uno la sigue. Ésos saben perfectamente que están a unos cuantos kilómetros de La Rumorosa. Cierran los ojos y se persignan cuando pasan por ella, y cuando la dejan atrás, se vuelven a persignar y dan gracias a Dios. "Amén", dicen el Calavera, el Esqueleto y Macario sin entender aún lo que pasa.

A partir de ese momento, ninguno de los pasajeros vuelve a planchar oreja, a babear, a jetearse o como le quieran llamar. La mayoría espera ya ver a la distancia la ciudad más visitada por los turistas gringos.

Nuestros tres mosqueteros no se quedan atrás. Se frotan las manos, se soban la espalda y se dibujan la raya. Tijuana los espera y los recibe a eso de las 11 de la mañana.

—Bienvenidos a la ciudad fronteriza —son las benditas palabras del chofer.

El interior del autobús se vuelve un desmadre. Todo mundo quiere ser el primero en salir, aquí no importa el sexo, la edad, el tamaño o el color. Simplemente vale madres y hay más de un codazo y miradas retadoras. Al grito de "¡Con una chingada! ¡Se calman!", el chofer pone el orden.

Uno por uno van bajando. Aquello es nuevo, ¡enorme! La dama de los cinco chamacos no se mueve de la sala de espera. Los de las gorras de los Dodgers agarran camino y algo platicaron en el trayecto con los sombrerudos, porque al llegar éstos los siguen.

Claro que Tijuana espera y recibe con los brazos abiertos a todos sus visitantes sin importar su procedencia, ya sea de estado o, hay que darle un poco más de crédito, hasta de países.

Ahí los compas salvadoreños, guatemaltecos y otros centroamericanos se confunden con la raza, y si por ahí alguien les llega a preguntar de dónde son, contestan: "¡Pos soy de Michoacán, cabrón!".

Pero los más felices de todos, de eso sí estoy seguro, son los que conocemos como "coyotes". En unas horas más los sombrerudos serán víctimas de las circunstancias, y la dama estará expuesta a que le roben o le violen a la más grande de sus chamacas. Y por más que nuestros mosqueteros digan que a ellos no les pasa nada –están en esa edad en la que nos vale madre, nos comemos el mundo y pensamos que la existencia de Dios no es necesaria–, también ellos están expuestos a que les pase cualquier chingadera.

Los tres provincianos están felices de la vida. En el puesto de revistas venden las de las viejas encueradas. El Esqueleto quiere leer una, pero se lleva un chasco cuando se da cuenta de que está cubierta por una bolsita de plástico. Y las sorpresas siguen: el Calavera no le quita la vista a un individuo que mide más de dos metros y tiene la piel un poco más oscura. El negro le dice "Hi!", y al Calavera no le queda de otra más que enseñar la mazorca.

Efectivamente, los tres no pueden dar crédito a lo que ven sus ojos. Nunca han visto tanta gente reunida en un solo lugar, a lo mejor sólo la que se juntaba en las peregrinaciones del pueblo. Quizá el único negro que el Calavera ha visto en su vida es a San Martín de Porres, pero esta multitud es sin igual: hay negros, orientales, tijuanenses y más de un güero con tatuajes. El festín se lo dan por las calles de Revolución; adelantito del puesto de jícamas está la casa de citas.

–¡Ah, cabrón! –dice el Esqueleto.

–Yo aquí me quedo –dice el Calavera al ver pasar por ahí a dos chamacas con la minifalda hasta la cintura y un escote que les llega hasta la panza.

Están deslumbrados por el panorama que se les ofrece. Macario solamente cierra los ojos y aprieta los dientes. "¡Qué buenas están!", de seguro está pensando. Y más aprieta la mazorca cuando se imagina que unos kilómetros más adelante está el norte. Le vale madres lo que dicen sus cuates: camina como sonámbulo y cuando menos se da cuenta ya está sentado en un restaurante pidiendo lo que él conoce.

–Yo quiero unos frijoles con nopales y un pedazo de queso –le dice a la mesera. ¡Qué güey! Ahora que podía pedirse una hamburguesa…

El Calavera y el Esqueleto habían acordado reunirse con su padre en ese restaurante llamado "Lonchería La Lucha", y no porque su dueña se llamara Luz María, sino porque efectivamente era el centro de reunión de los ases de los piquetes de ojos, las patadas voladoras y las hurracarranas.

Allá está el póster del Perro Aguayo, a su lado está el del Solitario, y no podía faltar el de Blue Demon, y mucho menos el del Santo.

Los minutos y las horas pasan y el Muerto no llega. Ya no saben pa dónde voltear ni cómo decir que no tienen con qué pagar.

Por fin llega el Muerto y todo el mundo se sorprende. Piensan que aquel sujeto trae la máscara puesta nomás de verle los ojos sumidos, los pómulos que más bien parecen el resultado de un santo pinche piquete de mosco y la piel pegada a los huesos.

—¡Papá! —dice el Esqueleto.

El Calavera no se queda atrás. Aquella escena por poco hace llorar a los que están ahí reunidos.

Macario agacha la cabeza y agradece que lo haya invitado al norte. El Muerto le acaricia el pelo y quedándose con un piojo le dice "No te preocupes".

—¿Pa dónde está el norte, señor? —le pregunta Macario.

—Queda pa allá —señala el Muerto con el dedo índice.

Los cuatro agarran camino. Padre e hijos van haciendo planes a futuro pa cuando lleguen a los Estados Unidos. Macario levanta la oreja. No quiere perderse detalle. En más de una ocasión una chava de la vida galante se ofrece pa darle bautizo a los tres chavales.

—¡A la chingada! —les dice el Muerto.

Las "prostiprontas" entienden aquello de volada, así que no insisten. Caminan más de diez cuadras por toda la calle Revolución, dan vuelta a la izquierda y agilizan el paso hasta llegar a lo que parece un lote de carros usados donde tres vatos picudos están frente a un gran portón.

—¿Qué se les ofrece? —le pregunta uno de ellos al Muerto, mientras tira un salivazo de color amarillo.

—Vengo a buscar al Cura —contesta el Muerto sin inmutarse. El apodo de su amigo se debe a su costumbre de rezar y persignarse antes de madrearse al que se las debe.

—¿A quién? —preguntó otro de los vatos mientras jugaba con un palillo entre los dientes.

—Dígale que viene a buscarlo el Muerto —contestó el papá de los "huesudos" con sobra de producto de gallina.

—Uy uy uy, qué miedo —dice uno de ellos con sarcasmo, y las risas de los otros no se hacen esperar.

—Dígale que lo estoy esperando —reitera el Muerto.

No hace falta buscar al Cura por obra del Espíritu Santo. Éste sale vestido muy elegantemente, con pantalón negro, camisa morada y un enorme medallón de la Virgen de Guadalupe que, por Dios, es de puro oro. Aquellos zapatos no tienen madre, son como los que usaba mi "agüelito", y trae el pelo tirado hacia atrás con una colita que le llega hasta los hombros. El olor a limón es inconfundible.

El Cura levanta los hombros, como dando gracias a Dios de tener al Muerto frente a él.

—¡Carnal! –le dice con singular alegría, y el abrazo no se hace esperar–. ¡Qué bueno que has venido a visitarme!

—Aquí me tienes, mi Cura.

Después del apapacho sigue un apretón de manos. No hay duda de que son valedores de primera, no importa que los ahí presentes digan que son jotos. El Cura truena los dedos dando instrucciones a sus achichincles de que nadie los moleste. Han pasado más de cinco años desde que ambos se conocieron en la cárcel del Condado de Los Ángeles, tiempo durante el cual el Muerto le tendió la mano como si fuera su hermano.

Unos negros cabrones le estaban dando una buena madriza y el Muerto se metió aventándose un tirito con el más picudo de ellos. Se la partieron todita, pero a partir de ahí lo respetaron por su exceso de huevos.

La vida ha dado muchas vueltas desde entonces. El Cura había sido juzgado injustamente por tráfico de indocumentados. Cumplió su sentencia pero juró que si lo detenían otra vez sería con argumentos sólidos, y a partir de ese día dio inicio a su nuevo negocio: pasar a la raza que tiene ilusiones de ir a los Estados Unidos, pero siempre siendo justo con el más jodido.

El Cura ya no sabe ni qué ofrecerle al Muerto. Nomás le falta decir "¿Te gusta mi vieja? ¡Quédatela!". Aquél era un mafioso y ojete de verdad, pero jamás pudo olvidar lo que el Muerto había hecho por él en la cárcel, además del alimento, techo y apoyo moral que le brindó cuando más lo necesitaba, cuando ya pensaba que se lo estaba llevando la chingada.

—Dime qué necesitas.

—Necesito que me ayudes a pasar a mis hijos a los Estados Unidos.

—De veras, ¿cuánto necesitas?

—No es dinero. Sólo necesito que tú personalmente me hagas ese favor. No quiero que nadie más lo haga. No le tengo confianza a ninguno.

—Te entiendo, cabrón. Despreocúpate. Yo personalmente me encargo de entregártelos del otro lado.

Esa tarde abrieron las de Don Pedro acompañadas de todo tipo de botanas, desde carnitas hasta ancas de rana. La plática de los dos buenos amigos duró hasta altas horas de la madrugada.

—No me vayas a fallar, carnal –le decía ya muy pedo el Muerto al Cura.

Y el Cura no falló. En menos de dos días los puebleriños llegaron al Valle de San Fernando. La ciudad de Van Nuys los recibió allá por la calle de Saticoy. El Muerto presumió a sus hijos con todos sus vecinos. El Macario ya hasta le decía "daddy".

El Muerto no tenía el valor de decirle a sus retoños que la situación en Los Ángeles estaba de la tiznada. Cada día estaba más cabrón conseguir empleo, cada vez estaba más difícil la migra, las leyes hacían que la vida de los indocumentados fuera más canija. Ya ni siquiera se podía conseguir una licencia para manejar. Ya en todos los empleos pedían papeles, aunque fueran chuecos.

El Muerto ya no podía con la renta. Les había dicho a sus camaradas que sus hijos llegaban y les pidió que le dejaran la recámara. Los paisanos no aflojaron. "Nel, carnal", le dijeron. Eso suele suceder entre la raza. A menudo somos medio ojetes con los propios compatriotas. El Muerto entendió y no le quedó más remedio que apretarse los tanates y decirle a sus chavales "Nos vamos a Florida".

Fue un 15 de junio cuando el Muerto, sus dos hijos y el postizo se "jueron" pal estado de los cítricos. Pa el día 18 ya estaban llegando a la ciudad de Plant City, considerada la capital mundial de la fresa. Hasta eso nos quitaron, nos "fueron", ya no era Irapuato. En esa ciudad no les esperaba una casa, se hospedarían en un "traila", pero los tres chamacos seguían felices de la vida. A su edad muchas cosas les valían madres. La humedad y los mosquitos les hacían lo que el viento a Juárez (ni madres). Tampoco les importó que aquello que de ahí en adelante llamarían "hogar" estuviera en pésimas condiciones. En las alacenas de la cocina abundaban las cucarachas, donde uno hacía caca el agua no bajaba; un paso en falso y el pinche "traila" se podía venir abajo… Pero no importaba, estaban en los Estados Unidos. Por más jodida que estuviera la cosa, aquello era mucho mejor que la casa de adobe. ¡Qué jodidos estamos al pensar eso!

Y más felices se pusieron cuando su jefe les dijo que había conseguido empleo para todos en la ciudad de Orlando, Florida. Eso de pizcar naranja, fresa y otra monerías no dejaba, era para los ignorantes o jodidos. El negocio estaba en la construcción, así que consiguieron sus papeles chuecos con una tal "María" cuyo apellido no pongo porque ella sabría a quién me refiero.

–Gracias, papá –le dijeron el Calavera y el Esqueleto

Macario no se quedo atrás y le dio un abrazo.

Los cuatro viajaban todos los días felices de la vida en un carro viejo. Siempre temían que los dejara en el camino, pero no, siempre les respondía.

Entre clavos y tablas se vieron durante los siguiente 60 días. Cuando la gente les preguntaba a qué se dedicaban, siempre contestaban: "Somos ruferos", o sea, que ponen techos.

No pasaba día en que Macario no le diera gracias a Dios por lo que le pasaba, ya le había mandado una feria a su amá y a apá. En unas cuantas líneas les decía "Los quiero mucho!", y aquéllos en el pueblo iban derechito a la iglesia y parados frente a frente al santo patrón del pueblo, con lágrimas en los ojos le decían "¡Cuídamelo mucho!".

Quién iba a decir que algo sucedería. Una de tantas mañanas, el Muerto y sus "tres hijos" se fueron a la chamba. En la radio ponían una que otra de los Bukis, los Temerarios y los Ángeles Azules.

—Apá, ¿usted cree que vamos a trabajar? —le preguntó el Calavera mientras observaba que el cielo se oscurecía.

—Claro que sí, mijo.

A duras penas el carrito llegó a Orlando a eso de las 7:45 de la mañana. A las 8 en punto ya estaban en la obra. Todos listos para entrarle a la chamba nomás el mayordomo diera la orden.

—¡Raza, a darle! —gritó el Rigo, encargado del grupo de trabajadores.

—Va a llover —objetó el Honduras, su colaborador más cercano.

—Es lluviecita, mi buen —justificó el Rigo—. Tenemos que entregar esto a más tardar mañana.

—¿Le paramos si llueve duro?

—Ya te dije, cabrón, tenemos que entregar mañana y le cuelga un buen rato.

Los paisanos fueron agarrando su carretilla, martillos y clavos. A Macario y al Calavera les tocó trabajar en las alturas. Los golpes de los martillos se escuchaban con gran sincronización. Los chavos parecían disfrutar de las gotas de lluvia que les acariciaban la cara.

—¡Qué chingón! —gritó Macario mientras él y el Calavera se aventaban una canción de los Temerarios a la que le siguió otra de los Bukis.

En apenas unos minutos el cielo se puso todo gris, y poco después las nubes tiraban a negras. Las gotas eran cada vez más grandes y gruesas, y muchos de los paisanos fueron buscando refugio. Entre ellos estaban el Muerto y el Esqueleto, pero el Calavera y Macario tardaron en bajar y fueron los últimos en llegar.

—Hay que pararle, Rigo —dijo el Honduras mientras encendía un cigarro metido en la troca.

—Cabrón, ¡déjame en paz! —contestó el Rigo molesto sin dejar de hablar por teléfono. Sólo se escuchaba "ok, ok, ok".

—¿Le digo a la gente que se vaya?

—¡El que se larga eres tú!

—Ah, chinga, ¿y por qué?

—Porque ya me tienes hasta la madre —dijo el Rigo—. Acabo de hablar con el Argentino y me está presionando para terminar. Las lluvias no nos han permitido hacerlo, pero tenemos que acabar.

—¡Pero es peligroso! —decía el Honduras.

Al Rigo le temblaban las manos, le daba duro a la fumada y continuamente se sobaba la cabeza. Desde hacía días decía que le dolía.

—Cuando deje de llover fuerte, llamas a la gente y les dices que vengan —ordenó el Rigo.

Los paisanos seguían refugiados en sus carros destartalados. Aunque la lluvia estaba dura, más de uno abría las ventanas para evitar que se concentraran los pedos y el humo de los cigarros. Pasaron como 45 minutos y de repente salió el sol.

—¡Les habla el Rigo! —gritó el Honduras.

Uno por uno salieron de sus vehículos. En unos segundos, el Rigo ya los esperaba fuera de su troca, que si bien no era del año, sí estaba a toda madre.

—Tenemos que terminar hoy. Que levante la mano el que quiera trabajar.

—Va a seguir lloviendo —susurró el Honduras—, además, todo está mojado…

—¡Que levante la mano el que quiera trabajar! —volvió a decir el Rigo—. El que no, que se olvide de que tiene chamba conmigo. ¡Se me va a la chingada para siempre!

En un principio los paisanos se miraron unos a otros. Ante la última advertencia del mayordomo ni siquiera fue necesario que levantaran la mano. Uno a uno fue agarrando sus herramientas de trabajo. Y es que la necesidad mata clima, mata riesgos, mata todo.

—¡Y tú te me largas! —le dijo al Honduras.

Los paisanos fueron tomando sus lugares de trabajo. El Muerto le pidió al Calavera que no se subiera y que lo dejara a él hacer el trabajo del techo.

—Aguántame —dijo el Calavera—. No pasa nada.

—Yo voy —insistió el padre.

—De verdad, jefe. Estoy bien.

El Calavera y Macario se subieron a aquel techo a varios metros de altura. Le daban duro a la clavada cuando volvió a aparecer una llovizna que así como llegó se fue. Nadie la peló y siguieron dándole duro a la chamba.

Al poco rato el sol volvió a meterse y las nubes aparecieron como por arte de magia. Allá, a lo lejos, se observó un relámpago. Un poco más cerquita cayó otro más. Nadie los peló. La música estaba a toda madre. Persistía la llovizna.

El tercer relámpago sí que le sacó un pedo a más de uno, al Calavera entre ellos.

—¡Vamos a bajarnos, carnal! —le dijo a Macario.

—Dame chance, güey, ya sólo me faltan unos cuantos clavos.

—Vámonos, güey —insistió el huesudo.

El Calavera ya estaba en la escalera y se volvió para insistirle a su camarada que se bajara. El estruendo de otro relámpago le impidió escuchar la respuesta. Él ya estaba abajo cuando se escuchó un grito desgarrador.

Al abrir los ojos, con todo y lo aturdido que se sentía, corrió despavorido a donde se encontraba Macario, tirado en el suelo.

El Muerto corrió también, se postró a su lado y preguntó:

—¡Hijo! Dime qué tienes, por favor, ¿qué tienes?

No había respuesta.

—Abre los ojos, chamaco. Por amor de Dios, ¡contesta! —el Muerto sentía que sus ojos goteaban y sus camaradas, que ya los rodeaban, sólo cerraban los ojos.

—¡Por favor, hijo, reacciona! —insistía el Muerto.
—Ya, carnal —le decía el Esqueleto—. Abre los ojos, cabrón. ¡Ábrelos!
—¡Llamen a una ambulancia! —gritó uno.
—¿Quién tiene teléfono? —urgió otro.
—¡Con una chingada! —dijo alguien más—. ¡Hagan algo!
—¿Qué pasó? —preguntó el Rigo acercándose.
—¡Llamen a una ambulancia! —volvieron a sugerir.

Macario ya no se movía. Los presentes sabían que algo serio estaba sucediendo. La lluvia arreció y los truenos seguían a la orden del día. De ahí nadie se movía. Pasaron más de 15 minutos cuando a lo lejos se dejó escuchar la música infernal de la ambulancia que se acercaba a la construcción.

—What happened? —preguntó un tipo medio fortachón que descendió de la ambulancia.

Los paisanos totonacas no supieron qué contestar. No faltó el que quisiera sacar el diccionario, pero de nada sirvió.

—We don't know! —contestó finalmente El Rigo—. It seems that he fell from the roof.

—¡No lo toquen! —gritaron en inglés los paramédicos al darse cuenta de que unos paisanos querían retirarlo del suelo.

Los estudiosos de la medicina comenzaron a tomar los signos vitales y se comunicaron con alguien por radio.

—No tiene pulso —indicó uno de ellos.
—Búsquenlo —les ordenaron.
—He fell of the room! —decían los paramédicos gringos.
—¡No lo levanten! —fueron las órdenes.

El Esqueleto, el Calavera, el Muerto y los demás paisanos estaban a la expectativa. Ninguno de ellos se movía. Valía madres la lluvia. Valían madres los truenos.

—¿Y el Rigo? —preguntó de pronto el Muerto.
—No sabemos —le contestaron los compas—. Parece que se fue.
—¿Nadie más habla inglés? —gritó el paisano jalándose los pelos.

Ninguno contestó. Los paramédicos seguían haciendo hasta lo imposible para encontrarle los signos vitales al Macario, nomás faltaba que le picaran los ojos y el ya saben qué.

—We got the vital signs! We have them! —gritó uno de ellos cuando llegaba otra ambulancia.

Segundos después, con toda delicadeza y siguiendo las instrucciones de los altos mandos del hospital, los paramédicos subieron a la camilla el cuerpo de Macario, mojado y cubierto de pasto, grava y uno que otro clavo.

—¿Qué tiene? ¿Qué tiene? —preguntó el Esqueleto.
—¿A dónde se lo llevan, cabrones? —gritó el Calavera.

—Fuck you! —gritó alguien por ahí al ver que no había respuesta.

La ambulancia se fue cantando su música fúnebre. Trasladaron a Macario al Florida Hospital, en el centro de la ciudad. Media cuadra antes de llegar, el paramédico informaba por el radio:

—He has good signs! —o en otras palabras, "ahi la lleva, el güey".

Le metieron huarache al acelerador. Era urgente llegar. Iban siguiendo al pie de la letra las instrucciones que les daban por radio. Seguramente era alguien más picudo que ellos, porque sólo respondían "ok, ok…".

Al llegar, todo un grupo de médicos ya los estaban esperando. Entraron por emergencias. Los paramédicos se bajaron como si tuvieran chorro y corrieran al baño.

—Be careful! —se decían unos a otros.

Macario fue bajado muy cuidadosamente. El paisano venía mojado de pies a cabeza.

—¿Cómo está? —preguntó en inglés una doctora mientras llevaban a Macario en camilla a una sala, seguramente la de emergencias. En chinga se lo llevaron y en chinga cerraron la puerta. Sólo Dios y todos los santos y las vírgenes de nuestra cultura sabían lo que estaba pasando ahí dentro.

—¡Apúrale, papá! —le gritaba el Calavera a su jefe mientras tanto, a unas cuadras de ahí.

—¡Métale la chancla, apá! —insistía el Esqueleto.

El Muerto parecía piloto de Fórmula Uno. El mofle se le quedó en el camino y una llanta se le ponchó justo cuando llegaba en chinga al hospital.

Se "parqueó" donde pudo, entraron y preguntaron por la recepción. Ninguno de los tres "huesudos" entendía lo que les contestaban… ¡y eso que les estaban hablando en español!

—¡Ay, Dios mío! ¡Ayúdame! ¿Qué me está diciendo este cristiano? —pensaba para sí el Muerto jalándose hasta los pelos.

Entre la mentada de madres y la pedida a los santos estaba cuando a unos pasos de ahí vio a alguien que estaba trapeando los pisos.

Era un chavo medio chaparrón con bigote a la Cantinflas de cuyo cuello colgaban más de dos cadenas, una de ellas con la medallita de la Virgen de Guadalupe. No era el típico paisano. Éste tenía cuerpo de fisicoculturista. Como se había dado cuenta de todo, peló los ojos, frunció las cejas y dejando a un lado su herramienta de trabajo se les acercó.

—¿Qué le pasa, mi buen? —le preguntó a El Muerto.

—Vengo a buscar a uno de mis hijos que tuvo un accidente —contestó.

—¿Qué le pasó? —preguntó el limpiador de pisos, que se llamaba David.

—Al parecer se cayó de un techo —dijo el Muerto.

—¡No la chingue, mi buen! ¿En serio?

—En serio, en serio —dijo el Muerto, quien no pudo evitar que se le asomaran las de San Pedro. La quijada le temblaba y seguramente los chones ya los tenía en el suelo. El Calavera y el Esqueleto ya de plano no se aguantaron y se limpiaron las primeras lágrimas con la playera.

—Por favor, te lo suplico: ¡ayúdame! —pidió el Muerto.

David miró su trapeador, el balde de agua y aquel enorme pasillo que le faltaba por limpiar.

—Pues si me van a correr, ¡que me corran! —dijo dejando a un lado sus utensilios—. Vengo en un ratito. Espérenme en aquel cuartito.

El Muerto y sus hijos obedecieron y se sentaron en la sala de espera. Estaba padre el lugar, con alfombra y sofá nuevo. Jamás en sus vidas habían dejado caer sus nachas en un mueble tan elegante. Lástima de la ocasión. Mientras tanto, David se fue en chinga al comedor de los "big shots", o sea, de los picudos del lugar.

—Have you seen Linda? —preguntó a los presentes con su acento totonaca.

—Fue a fumarse un cigarro —le contestó alguien.

Linda era su novia y era una de las mejores enfermeras. David ya sabía dónde se encontraban los viciosos y llegó hasta ahí en un dos por tres. Al verlo llegar, Linda trató de esconder la bachita.

—No hay pedo —le dijo David.

—What? —contestó ella, que con todo y susto no podía esconder el gusto de ver a su "latin lover".

Linda se llamaba y pos linda era de cara, nomás que aquellas lonjas no le ayudaban. Aquella muñequita gringa pesaba más de doscientas libras. Al principio David comenzó a andar con ella para obtener la "green card", o sea la tarjeta de residencia, pero con el tiempo comprendió que tenía un enorme corazón y el "feeling" por ella creció.

—Come, come with me —le decía David jalándola, lo que quiere decir "Ven, ven conmigo".

—What? What? —contestaba Linda. Ella pensó que se la quería agasajar en algún cuarto y ya se estaba acomodando el chon, pero se llevó una gran decepción cuando el "mexicanou" le dijo que no.

Después de una breve explicación, ambos apresuraron el paso por aquel largo pasillo, dieron vuelta a la izquierda, subieron al elevador y llegaron hasta la sala de emergencias. Allí la cosa era un verdadero desmadre. Enfermeros, enfermeras y doctores corrían de aquí para allá, pero Linda sabía moverse en aquel lugar.

—Hey, John! —dijo Linda en inglés—. ¿Tú sabes dónde puede estar un joven paciente que llegó hace una media hora?

—¿Cuál de ellos? —contestó el John también en inglés—. Llegaron dos. A uno lo están operando, el otro ya murió.

—I don't know —dijo la simpática gordita—. Do you know? —le preguntó a su galán totonaca.

David se encogió de hombros. No sabía qué contestar.

—¡Come! —le dijo, llevándosela a buscar a sus paisanos. El corazón le palpitaba bien fuerte y llegó sudoroso hasta ellos.

—¿Qué pudo averiguar, amigo? —preguntó el Muerto.

—La verdad no sé qué tanto, pero me gustaría que usted me acompañe —contestó.

—¿Adónde?

—Pues a reconocer a uno de los pacientes.

David y su chava llevan al paisano adonde se encontraban aquellos que ya habían dejado este mundo definitivamente. Subieron a un elevador y bajaron hasta el sótano del hospital. Al Muerto hasta "el chiquito" se le arrugó. Sentía escalofríos.

—¿Adónde me llevan, amigo?

David no contestó, simplemente siguieron el camino. Segundos después un trabajador del hospital les indicó que se pusieran un tapabocas.

El Muerto repentinamente detuvo su paso.

—¿Dónde me llevan? —preguntó otra vez con labios temblorosos.

—A la morgue.

—¿Adónde?

—Donde están los que han muerto.

—¡Pero él no ha muerto!

—Eso espero de todo corazón, pero nos dijeron que uno de los que trajeron hace rato murió.

El Muerto se resignó y siguieron su camino. Poco después llegaron hasta donde se encontraba un cuerpo postrado en una camilla. El cadáver estaba cubierto por una sábana que parecía de plástico.

El Muerto cerró los ojos mientras Linda solicitaba la autorización de un vato que se estaba aventando una hamburguesa.

—Paisano, abra los ojos —le dijo David.

El Muerto abrió los ojos mirando al techo de aquel cuarto fúnebre cuyas paredes habían sido testigos de muchos lamentos y gritos de desesperación en busca de una explicación de Aquel que está en las alturas.

El paisano lentamente fue bajando los ojos hasta encontrarse con aquel bulto postrado en la camilla, aquel cuerpo todavía calientito.

—No… no… —murmuró el Muerto.

—¿No qué? —le preguntaron.

El Muerto abrazó efusivamente a David. ¡Hasta a la gringa le tocó su apretón de chichis!

—No, ¡no es él! ¡No es él! —repitió varias veces—. ¡Bendita sea la Virgen Morena y todos sus santos! —dijo emocionado. Más de una lágrima se asomó por aquellas rendijas llamadas ojos.

Linda y David se abrazaron de felicidad, como si el que estuviera vivo fuera su conocido.

David acompañó al Muerto hasta donde estaban sus hijos, quienes vaya que chillaron al ver llegar a su jefe.

—¿Qué pasó? ¿Qué pasó? —le preguntaron levantándose de volada.

—¡Está vivo! —les dijo el Muerto.

—¿Dónde está? —preguntaron los carnales.

David volteó a ver a su vieja.

—El otro que ingresó por la sala de emergencia está en la sala de operaciones —contestó ésta de volada.

David tradujo a los paisanos.

—¿Por qué en la sala de operaciones? —preguntó el Muerto, pero no hubo respuesta del limpiador de pisos.

—Averiguaré —les dijo después de pensarlo un poco.

—¡Gracias, carnal! —le dijo el Muerto.

—Somos paisanos, carnal. Yo le voy al América.

—Bueno, pues aunque seas de esos putos, eres a toda madre.

Le agradecieron a David todo lo que estaba haciendo por ellos y se quedaron ahí sentados, esperando que en cualquier momento su cuate viniera a decirles qué estaba sucediendo. ¡De verdad que nunca se habían sentado en un sillón tan fino!

Pasaron las horas sin noticia alguna. Las tripas ya les rechinaban, pero ni siquiera tenían lana para comprarse unas palomitas en la maquinita de los dulces que estaba ahí al alcance de la mano. Dios de verdad que ayuda a los jodidos, porque de repente David llegó a avisarles que él ya se tenía que ir y les presentó a otro "compa" que estaría ahí para informarles.

—¡Lléguenle! —les dijo aventándoles su lonche—. Son de frijoles con carne y chile.

—No te beso, cabrón, porque me vuelvo maricón —le contestó el Muerto—, pero algún día te pagaré todo lo que has hecho.

Ya pasaditas de las cuatro de la tarde llegó Linda. De verdad que su sonrisa era angelical y su voz estaba llena de ternura. Los paisanos la vieron llegar y de volada se levantaron de aquellos sillones tan finos.

—Lo siento —dijeron al percatarse de que los habían dejado cochinos.

Ella sólo sonrió y a señas les pidió que se sentaran.

—He's fine! —les dijo, y con muchos esfuerzos logró darles a entender que Macario estaba vivo.

Comprendieron las señas de Linda y también entendieron que ya era hora de irse. Al día siguiente regresarían para que David les explicara cómo estaba la situación. Un amigo del "jale" ya los estaba esperando afuera, tenían que dejar su carro estacionado. No hubo comentario alguno de regreso al "traila", cada uno iba sumergido en sus propios pensamientos.

Uno veía a Macario sentado junto a ellos en el atrio de la iglesia.

—Voy a conseguir mucho dinero pa que los jefes no sufran —decía.

El otro se acordaba de cuando los tres estaban recostados en la orilla del campo de futbol después de haber ganado el campeonato.

—Los quiero como si fueran mis hermanos —les dijo esa vez.

Los dos carnales sentían gacho y chillaron como lo que eran: unos chamacos que jugaban a ser muy machos.

Después de más de una hora llegaron al "traila" y todavía no podían creer lo que había sucedido. Los dos chillaron como cuando lo hicieron alguna vez al reprobar una materia.

Pasaron la tarde y la noche entera sin hacer ningún comentario, pero casi en la madrugada del día siguiente, el Calavera, que era el más joven, le dijo a su apá:

—Hay que hablarle a la familia de Macario y decirles lo que ha sucedido.

El Muerto no dijo nada, pero muy en sus entrañas pensó: "Éste chamaco mío sí que tiene tanates". Observó a su hijo y le acarició la cabeza diciéndole:

—Hay que esperar a ver qué dicen los doctores.

Esa mañana pasaron por ellos. Rumbo a la chamba se dijo poco.

—¿Qué pasó? —les preguntó el Rigo, que ya estaba ahí cuando llegaron.

—Eso quiero saber —le contestó el Muerto—. ¿Qué pasó contigo ayer?

—Nada. Hablé con los patrones y me dijeron que no me involucrara tanto —dijo el Rigo limpiándose los dientes con la lengua.

—¿De qué hablas, pinche Rigo? —preguntó el Muerto.

—Lo que oíste, cabrón. No hay que meterse tanto.

—El chamaco es tu empleado. Algo se tiene que hacer.

—¡Era mi empleado! Creo que ya no va a poder trabajar aquí —el Rigo se saca de los dientes lo que parece ser un pedazo de tortilla—. ¡A trabajar! —le grita a la cuadrilla.

La cuadrilla obedece. Más de uno ha de estar mentando madres, pero hasta ahí, no les queda de otra. Los martillazos se empiezan a escuchar junto con los gritos de "la que sigue".

Al Muerto y sus chamacos no se les quita el dolor de hígado. Requieren de la chamba, pero se sienten humillados, impotentes por no poder hacer nada más por su carnal.

Siguieron los martillazos por aquí y por allá. Al poco rato, desde las alturas, el Muerto alcanzó a ver la llegada de unos vehículos muy chingones de los que bajaron unos güeros y otro con los pelos rizos que buscaban a el Rigo y se pusieron a platicar con él por largo rato. El Muerto peló los ojos, dejó de dar martillazos y poco a poco se bajó del techo que estaba arreglando. Sus hijos lo observaron.

—¿Adónde irá? —preguntó el Calavera.

—Parece que va derechito a donde está el Rigo.

—¿Qué quieres, carnal? —le preguntó el Rigo cuando llegó a interrumpir la plática con los que parecían ser sus patrones.

—Quiero saber qué va a pasar con Macario —dijo el Muerto.
—¡Ya pasó! —contestó el Rigo.
—¿Le piensan ayudar? —les preguntó el Muerto a los tres "ejecutivos" de la empresa.
Los tres se hicieron pendejos, como que no entendían.
—¡Hijos de su chingada madre! —les gritó, provocando que el del pelo rizo se volteara de inmediato.
—¡Te estás vendiendo por unos dólares, cabrón! ¡Macario es tu raza, güey! ¡Es tu sangre! —le gritó el Muerto al Rigo.
—Tú y tus dos chamacos se van a la chingada —dijo el Rigo.
El Muerto sintió que el hígado se le reventaba. Miró hacia donde estaban sus chamacos y sin decir ni agua va, de un puñetazo sentó al Rigo en el suelo, y luego le soltó otro, y otro, y otro…
—¡Déjalo, jefe! —gritó el Calavera.
—¡Espérate! —le dijo el Muerto—. Deja que cuando menos nos pague la quincena —y hurgando en los bolsillos del Rigo, le quitó la cartera. Quiero ver que llames a la policía, cabrón…
Más de un paisano que seguía con el martillo en la mano festejó el momento. El Rigo pagó un poco de lo que tanto debía.
El Muerto y sus hijos salieron de ahí, caminaron hasta el hospital y de volada encontraron a David, quien ya le estaba dando duro a la limpiada.
—¡Les tengo noticias! —les dijo David al verlos.
—¿Buenas? —preguntó el Muerto.
—No sé si sean buenas, pero el vato ya se despertó.
—¿Y cuándo puede salir?
—Eso quién sabe. Creo que no va a ser tan fácil.
—No entendemos —dijeron los tres.
En sus diez minutos de descanso, David les invitó un refresco y Linda les fue explicando. Macario recibió el golpe de la caída en la espalda, así, en seco. Los doctores lo operaron y seguirían haciéndolo. Las fracturas en la columna eran muy serias y los pronósticos no eran nada halagadores.
—¿Se va a quedar paralítico? —preguntó el Muerto.
—Así puede quedar —contestó David—. Aún no lo sabemos, eso dice mi vieja… pero no le crean, de repente es medio mensa —agregó David tratando de darles ánimos.
Ante el aviso de que podrían ver al enfermo hasta dentro de un par de días, el Muerto y sus hijos salieron de ahí y regresaron a la ciudad de las fresas.
—Ya hay que hablarle a la familia, jefe —le recordó el Esqueleto.
Pidieron un "raite" y se fueron al centro. Llegaron a una tienda mexicana con piñatas mal hechas y olores a pan dulce y tacos de buche, cuerito y maciza, de ésas en las que los compas estafan a los paisanos que se dejan y por una buena lana les permiten hacer llamadas de larga distancia.

—¿Bueno? ¿Bueno? —gritaba el Muerto—. Quiero hablar con el señor Nicanor Valencia.

—¿De dónde le hablan? —contestó una chamaca.

—De los Estados Unidos —gritó el Muerto.

—Vamos a ir a buscarlo. Llámele en unos quince minutos.

La chamaca se ajustó el huarache y en chinga se fue. Lo bueno que la casa de los Valencia estaba de bajadita. En más de una ocasión parecía que se iba de hocico, pero llegó en un dos por tres y ni necesidad de tocar hubo porque la puerta estaba abierta.

—¡Don Nicanor! ¡Doña Micaela! ¡Tienen llamada de los Estados Unidos!

No hubo respuesta.

—¡Don Nicanor! Tiene llamada...

Fue Micaela la que apareció con su taco de frijoles en la mano. Su marido aún no había llegado del trabajo.

—¿Por qué tantos gritos, muchacha?

—Le hablan de los Estados Unidos.

La doña, quitándose el delantal, ajustándose el huarache y con el brillo en los ojos, agarró camino. Ya conocía a la perfección las piedras del camino y con un singular zigzag esquivó las cacas de vacas, chivos y hasta perros.

—¿Bueno? ¿Bueno?

—Doña Micaela, ¿cómo está? —dijeron del otro lado de la bocina.

—Bien, ¿quién habla? —dijo ella.

—Habla el papá de Luis y Felipe, los amigos de su hijo.

—¡Casi no le escucho! ¿Quién habla? —gritó la mujer.

Justo en ese momento pasó por aquella calle el que vendía camotes.

—¡Camoteeeeees! ¡Camoteeeeees! —gritaba.

—Doña Micaela, ¿me escucha?

—Sí, sí. Dígame.

Se dio un momento de silencio. En el fondo se escuchaba una voz que decía "Papá, ya dígale".

—¿Decirme qué, don Luis? —dijo Micaela, refiriéndose al Muerto por su nombre propio.

Otro silencio. Micaela sentía que el corazón se le salía. Tenía un presentimiento. Precisamente en ese instante su viejo pasaba por ahí, montando su cuaco muy chingón. Pedro Infante o Javier Solís le quedaban chiquitos.

—¿Qué te pasa? —le dijo éste sin bajarse del caballo.

—Pos que nos hablan de los Estados Unidos, pero no escucho nada.

Nicanor dejó su cuaco a un lado. Tomó de inmediato la bocina y gritó:

—¿¡Quién habla!? ¿¡Quién habla!?

—Soy yo, Luis, el esposo de Esperanza.

—¿Qué pasó?
Y ésas fueron sus últimas palabras porque dejó caer la bocina del teléfono.
—¿Qué te pasa, viejo? ¿Qué te pasa? —gritaba Micaela.
Nicanor abrazó a su vieja, agarró las riendas del caballo y se fue a su casa.
No llegó ni a la segunda cuadra cuando escuchó un grito que llegó a los oídos de todo el pueblo.
—¡Noooooo!
Pa qué les cuento. Micaela supo que su chamaco del alma se había accidentado. Esa noche ella y su marido chillaron. Los vecinos no tardaron en ir de chismosos, pero Nicanor los mandó a la chingada. Y qué bueno que así fue porque algunos preguntaban nomás por puro morbo.
—Su hermano se accidentó —fue lo que le dijeron a los hermanitos de Macario cuando preguntaron qué pasaba.
—Lo quiero mucho —murmuró el más chiquillo, que apenas tenía tres años.
El Muerto nomás agachó la cabeza y se retiró con sus retoños. Compraron algunas cosas y se regresaron a su "traila".
Esa noche, sumergido en sus pensamientos, se fumaba un Marlboro y las donitas de humo se esfumaban en la oscuridad de la noche. La cabeza le daba vueltas y vueltas. Ya hasta sentía una bolita en el cerebro que se sobaba y se sobaba al pensar cómo estaría la familia de Macario.
—¡Pal chamaco! —dijo el paisano que vivía en el "traila" de al lado.
—De mi parte ahí le das esto —dijo otro.
Más de quince paisanos pasaron a dejarle algo de su quincena. El Muerto se agarró un tanate para aguantarse y no chillar.
—¡Gracias! —les gritaba mientras se alejaban.
Al día siguiente por fin le permitieron al Muerto ver a Macario argumentando que era su hijo. Nadie le creyó al huesudo.
—No sea ojete, paisano —le dijo David—. El chamaco no está tan feo.
Y ahí estaba Macario, tendido en aquellas sábanas blancas. Traía tubos metidos por todo el cuerpo, sólo le faltaba en la cola.
Se veía como si el Perro Aguayo y el Hijo del Santo le hubieran dado una santa madriza. Estaba pálido y despeinado. Algunos cuantos pelos le brotaban por la mejilla. Tenía los ojos cerrados cuando su amigo entró.
—¿Qué pasó, mijo? —le preguntó.
Volvió a preguntar pero no recibió respuesta. Ahí permaneció, a su lado, hasta que entraron sus hijos.
—¿Carnal? ¿Cómo estás? —preguntó el Esqueleto.
—¡Soy yo, cabrón! ¡Soy yo! —le tomó la mano el Calavera—. No te hagas pendejo, güey…
El Muerto les dijo que mejor no le hablaran y ahí se quedaron los tres. Después de un buen rato, Macario peló los ojos. Su mirada estaba perdida.

—¡Soy yo! —insiste el Calavera tomándole la mano, acariciándole los dedos y apretándose un tanate para que no se le salgan las de San Pedro mientras le acaricia el pelo.

—¿Qué pasó? —dijo Macario con una voz débil.

No había mucho que decir ni que preguntar. No lo querían agotar. Los doctores les dieron muy poco tiempo para estar con él, pero salieron del hospital felices y de inmediato se lo comunicaron a sus padres.

—¡Ya abrió los ojos! —dijo la madre, y luego luego fue a darle las gracias a todos los santos.

—Ése es mi hijo —dijo el padre—. Tiene carácter.

—Sí que tiene carácter, amigo —dijo el Muerto.

Los días pasaron muy lentamente, tanto en Plant City como en México. El Muerto mantenía oportunamente informados a los padres de Macario sobre lo que sucedía en la tierra del Tío Sam.

Fue muy duro el momento en que los doctores se reunieron con un traductor en el cuarto de Macario, quien estaba como si nada porque aún no sentía el dolor en el cuerpo gracias a las grandes cantidades de morfina.

El chamaco se espantó al ver a tanta gente en su recámara. Apagó el televisor que estaba incrustado en la pared aunque la película de Pedro Infante estaba a toda madre, al Torito se la estaban partiendo todita.

—We need to talk! —dijo el galeno mientras le traducían: "tenemos que hablar".

—¡Has quedado paralítico! —le dijo la traductora.

Poco le importó entonces que al Torito le estuvieran dando en la madre en la tele. No dijo nada, no hubo lágrimas. Su mirada quedó prendida a la ventana que daba hacia una construcción, en la que se veía claramente cómo la raza le entraba duro al trabajo.

Los doctores comprendieron y se alejaron. Uno por uno salieron del cuarto lamentando lo que le había sucedido al paisanito.

Macario había comprendido que era el momento de hablar con sus padres, pero aquí sí que le faltaban tanates. No quería hacerlos sufrir.

Con señas le pidió a la enfermera que lo dejara hablar por teléfono, pero la negrita no entendía ni madres, más bien pensaba que quería algo de tomar.

—No! —le decía.

Fue gracias a David que Macario logró su objetivo. Allá en el pueblo, la escena se repetía. La chamaca de la tienda fue en chinga a buscar a sus padres. En esta ocasión Nicasio llegaba de trabajar y ni tiempo le dio de bajarse del cuaco, más bien fue Micaela la que se aventó de panza para caer en el lomo del animal. En unos cuantos segundos llegaron y se bajaron del cuaco como en las películas.

—¿Bueno? ¿Bueno? —decía Nicasio.

—¡Soy yo! —contestó Macario con voz firme.

—¡Hijo! —Nicasio no pudo aguantar el llanto.

Micaela sentía que se le partía el alma al ver a su viejo llorar de esa forma. De inmediato tomó la bocina.

—¿Hijo? ¿Hijo? ¿Eres tú? —preguntó.

—Sí, mamá.

—¡Bendito sea Dios, bendito sea para siempre! —Micaela parecía tener más huevos que su marido.

—Estoy bien —decía Macario, que dentro de todo, pues sí, estaba bien.

—¿Y cuándo regresas? —preguntó su madre.

—No sé… Aún no lo sé. Los doctores tendrán que darme de alta.

—Que Dios te bendiga —le dijo su madre después de un buen rato de plática.

—¡Te amo, hijo! —alcanzó a gritarle su padre.

Macario no tuvo el valor de decirles a sus padres cuál había sido el diagnóstico. Sin embargo, no se aguantó y se lo platicó a sus amigos.

—¡No se preocupen, cabrones! —les dijo—. Estoy bien. Hay que luchar y salir de esto. ¡Gracias! —le dijo al Muerto—. Usted se ha portado como un padre. Siempre le viviré agradecido.

Allá en el pueblo, Nicanor y Micaela seguían dándole duro a la rezada. Al parecer, los de arriba les estaban haciendo caso, porque su hijo no había muerto y, dentro de toda la tragedia, iba mejorando.

Pasadito el mes del accidente, el Muerto y sus hijos fueron por última vez al hospital. Tenía días que no conseguían nada de trabajo y se les estaban acabando los ahorros. En México, la familia ya gritaba "help!".

—Perdón, carnal —decía el Esqueleto.

—Lo siento, güey —se disculpó el Calavera.

El Muerto le explicó que no había feria y los habían invitado a Carolina del Norte a la pizca del tabaco.

La despedida fue medio gacha. En esta ocasión sí que chillaron. Macario apretaba los dientes.

—No hay bronca —les dijo.

Para acabarla de joder, un día después de la despedida de sus amigos, Macario fue informado de que en los siguientes días lo volverían a operar. Le irían reconstruyendo poco a poco la espalda y le pondrían clavos por todos lados. El chamaco no dijo nada.

La soledad lo estaba matando. Sentía que los clavos le daban derechito al corazón y al cerebro, el cual le daba vueltas y vueltas sumiéndolo en la depresión.

Se pasaba las tardes mirando aquella construcción por la ventana. De vez en cuando, el Calavera y el Esqueleto le hablaban por teléfono.

Fue un lunes cuando Macario estaba postrado en aquellas sábanas blancas y la terapista había terminado con su tarea. El puré de papas, el de manzana y aquella pechuga de pollo le sabían a madres. Retiró la charola giratoria y prefirió cerrar los ojos.

Sus pensamientos fueron interrumpidos porque una mano le acariciaba la cara y el pelo. Sintió que una gota le había caído rociando su mejilla. Abrió los ojos… y lloró.

—¿¡Tú!? –dijo.

—Yo, hermano.

No hacían falta palabras. Lloraron y lloraron. Enrique acariciaba a su hermanito, a su hermano menor. En algún momento se sentó en la pierna de su carnal y pensó que pudo haberlo lastimado.

—¡Perdón! –le dijo.

—No te preocupes –le contestó Macario–. No siento nada. Estoy paralítico.

—¡Perdón! –dijo otra vez Enrique.

Los días y semanas siguientes platicaron de todo. Enrique había dejado su chamba allá por donde andaba. Supo de su hermano por un chismoso del pueblo y en esta ocasión no lo abandonaría. Se consiguió un trabajo en la Florida y visitaba todas las tardes a su carnalito. Los dos acordaron que no le dirían a sus padres que ya había aparecido.

Macario convenció a Enrique de que tenía que regresar.

—Está bien –dijo el que había estado ausente.

Finalmente, meses después Macario llegó hasta la capital guanajuatense en ambulancia aérea. Enrique estaba a su lado. Lo bajaron en la camilla y ya los esperaba la ambulancia terrestre. Horas después llegaron al pueblo. Lo trasladaron hasta el Seguro Social. Más de una vieja chismosa chilló, más de una preguntó, más de una inquirió "Ellos tuvieron la culpa. Pa qué lo dejaron ir a los Estados Unidos".

Nicasio y Micaela estaban ahí junto con sus demás chiquillos. Ya no aguantaban la presión. Cuando llegó la ambulancia se tomaron de las manos, y cuando se abrió la puerta trasera se las apretaron y cerraron los ojos.

—¡No lloren! –les dijo Macario–. ¡Estoy bien!

Sus padres no sabían qué decir. Su hijo regresaba en camilla. Las chismosas seguían chingando: "Es culpa de los padres por dejarlo ir al sueño americano".

Segundos después bajó Enrique y Micaela cayó al suelo de la impresión. Nicasio quedó junto a ella arrodillado.

—¡Perdónenme! –les dijo a los dos.

—¡Te amamos! –le dijeron en cuanto reaccionaron.

Esa noche hubo tamales, pozole y de todo. A Nicanor y a su vieja Dios les regresaba lo que el norte había pretendido quitarles.

¡Gracias, Señor!

II

A principios del siglo XX, a falta de mano de obra, los vecinos del país del norte dijeron que los nuestros eran idóneos para trabajar sus campos y rejuvenecer su agricultura. Al fin que son chaparros y están más próximos al suelo. No tendrían problema para levantar la cosecha, sobre todo aquella que brota de la tierra.

Los paisanos han trabajado los campos no sólo de California, sino también de allá por Texas y un resto de partes de los Estados Unidos. Los químicos y pesticidas fueron apareciendo dizque para matar las plagas, pero también fueron apareciendo las enfermedades en nuestros piscadores prietos. Éstas no han desaparecido y los paisanos han sufrido sus efectos. Más de uno de los nuestros ha muerto por ese motivo, y más de uno también sigue vivo, ignorando que su salud está de la tiznada.

III

Manolo se levantó muy temprano esa mañana, apenas eran las cuatro y media. Su mujer ya estaba en aquella diminuta cocina preparando lo que a su viejo más le gustaba: unos burritos de huevo con nopales. Era medio tragón, siempre le ponía una docena junto con una manzana y un termo con su café en una lonchera de plástico color café.

El "raitero", o sea el que le daba el aventón, llegó muy puntual.

–Ahí me cuidas a la Aurora –le dijo a su vieja al despedirse. Aurora era su primera hija.

–¡Chin! Se me olvidó mi casco –le dijo a su compañero camino al trabajo.

–Te presto el de mi carnal, que hoy no va a venir.

Estarían trabajando en la autopista cinco que lleva de San Diego hasta Sacramento.

John, el mayordomo, les indicó que ellos trabajarían colocando el asfalto.

En algún momento de descuido, a Manolo se le desprende el casco y pretende ir por él. El que maneja la aplanadora está en las nubes y no se fija cuando Manolo estira la mano para alcanzar el casco.

Manolo se desmayó del dolor. La mano le quedó de hamburguesa y se la tuvieron que amputar.

IV

Pedro Pérez, alias el PP, trabajaba en la pizca de la hoja –helechos– en la ciudad de Pierson, Florida. Era dicharachero y muy bromista. Siempre decía "¡Ahí viene la víbora!". Y es que no era común, pero tampoco era tan raro que en ese trabajo aparecieran sacando su lengüita esos animales que se arrastran por el suelo y cuando menos lo piensa uno, ya te han picado y te pueden matar.

—"¡Ahí viene la viborita!" –decía con mucha frecuencia.

La gente dejaba de trabajar y se ponían a la expectativa, mientras que Pedro terminaba siempre carcajeándose.

Aquella mañana todo parecía muy normal. Agarraron sus herramientas de trabajo y se pusieron a darle. Pedro se encontraba en tizna recoge y recoge hoja. En esta ocasión sintió que los helechos se movían. No había viento y él vio que algo se arrastraba.

—¡La víbora! ¡La víbora! –gritó, pero ya nadie le creyó.

Pedro seguía gritando sin que nadie le hiciera caso cuando de repente se escuchó un "¡Ay!" desgarrador.

Juana, que estaba sólo a unos metros de Pedro, levantó el brazo y la víbora le colgaba de la mano. Juana cerró los ojos y para cuando los abrió el animal ya se le había desprendido.

—¡A buscarla! –gritaron los pizcadores.

Pedro sintió remordimiento y fue quien más empeño puso en encontrarla.

Juana fue llevada de volada al hospital y gracias a que se encontró al animalito, ella se salvó.

V

Luis fue embaucado como lo han sido muchos otros. Ante el deseo de irse al norte, creyó lo que le dijo el "coyote":

—Son solamente dos horas de camino para llegar al destino final.

Apenas era un niño. Se fue sin decirles nada a sus padres. Ellos se dieron cuenta de que intentaría irse al norte cuando les habló desde Altar, Sonora.

—¡Estoy bien! —les dijo—. Hoy cruzaremos.

Por más difícil que fuera la cruzada, él era joven, nada le pasaría, pensaba. Eso sólo les sucede a los que ya están rucos o a los que son medios tarugos. Luis se creía más que picudo.

Él era el más optimista del grupo que agarró camino rumbo a los Estados Unidos. Ya el calor arreciaba. Luis se tomó de volada el agua que llevaba. Pronto se la acabó y fue sintiendo los estragos del calor...

Cuando cayó al suelo, los demás se alejaron.

—¿Dónde estoy? —preguntó cuando despertó.

Ya tenía tubos por todos lados. No lo podía creer cuando le dijeron que se le habían dañado los riñones. Fue enviado a un hospital de Tucson, más chingón, donde continuaron dándole las hemodiálisis.

—¡Mi hijo! —sólo alcanzó a decir su madre cuando le avisaron de las condiciones en que se encontraba.

Se hicieron los arreglos para enviarlo a México. Su familia nunca imaginó que cada diálisis costaría tres mil pesos, según les dijeron en un hospital allá en la ciudad de Morelia, e incluso ya con descuento se los dejaban a sólo $2 999.

La familia vendió todo, no les queda nada, sólo un hijo que está a punto de morirse por falta de atención médica.

VI

Cuando salió de su pueblo, Sebastián era de los más machitos. Mal definido el término, pero tenía mujeres por donde quiera. Más de una lloró su partida. Más de una le dijo que tenía ganas de hacer "cuchi chuchi" para que no la olvidara. Claro que no se hizo el sufrido.

Cuando llegó hasta la ciudad de Santa Paula, California, ya lo esperaba la pizca de la fresa. Sebastián le daba duro a la pizcada aunque le doliera hasta la espalda. Le gustaban las cosas buenas, se vestía bien, con unas botas de aquellas, de las más chingonas, texanas y de algún animal extraño. No le importaba gastar lo que fuera cuando llegaban las buenas "tocadas".

Bronco y Liberación eran sus grupos favoritos. No había chava que se le echara para atrás cuando se trataba de mover el bote.

—¡Sí! —le decían de volada, y entre canción y canción les iba dorando la píldora.

En la primera apenas si las tomaba de la manita, pero para la tercera ya hasta bailaban de cartoncito, y para la quinta pa qué les cuento.

Se conquistó a más de una dama por aquellos rumbos de California, pero nunca se puso un condón. A él no le pasaría nada, pensaba. ¡Qué equivocado estaba el paisano!

Al llegar la época de la Amnistía, allá por el 86, fue sometido a exámenes físicos. Esa tarde lloró como nunca se imaginó.

—¡Sólo los jotos! —decía—. ¡Sólo los jotos se enferman de esto!

Efectivamente, tenía sida.

Compensación laboral
y traslado de enfermos

¡Cuántas veces no hemos escuchado el lamento de los connacionales que tardíamente solicitan el apoyo de sus representantes consulares o de las organizaciones de apoyo al migrante para que les hagan valer sus derechos como trabajadores en los Estados Unidos!

¡Cuántas veces no hemos visto a más de un paisano que ya camina "chueco" o tiene poca movilidad en su cuerpo!

"¡Hace más de tres años que me sucedió!", dicen unos. "Mis abogados se vendieron", dicen otros. "Me ofrecieron una miseria", cuentan algunos más.

Es muy importante que sepas, paisano, que estos casos son más difíciles de atender cuando están fuera de tiempo y cuando ya son "manejados" por distintos abogados.

Una lesión o enfermedad causada en el trabajo que no es atendida a tiempo puede tener serias consecuencias en un futuro, y en algunos casos hasta pueden ser inmediatas.

Por eso te invito a que leas detenidamente esta información. Espero que estos consejos te sirvan de algo y te den una idea de lo que tienes que hacer, y si aún así no lo sabes, ¡ve a tu Consulado!

Lo primero es esto: si tu lesión es real, lucha por tus beneficios. Si es más "ficticia" que real, síguele trabajando, paisano. No busques unos cuántos dólares mal ganados. No entres en los juegos sin escrúpulos de algunos abogados que dicen querer defender a la raza.

Fingir lesiones o accidentes laborales hoy en día te puede causar una multa muy fuerte, y a veces hasta a la cárcel puedes ir a parar.

En todos los estados de la Unión Americana existe eso que se llama "compensaciones laborales", aunque no todos los estados ofrecen los mismos beneficios pues varían en algunos conceptos.

En general, las siguientes preguntas pueden ayudarte a resolver algunas dudas.

¿Qué es la compensación laboral?
Es un seguro que por ley debe tener todo patrón para asistir a sus trabajadores en caso de que se hayan lastimado en el trabajo, o bien hayan enfermado a consecuencia del tipo de trabajo que realizan. Todo empleador con más de un trabajador debe contar con el seguro de compensación laboral. La cobertura comienza desde el primer día de trabajo.

¿Qué es una lesión de compensación laboral?
Cualquier lesión o enfermedad que sufras debido al trabajo es una lesión de compensación laboral. Bajo la ley de compensaciones laborales, tienes derecho a recibir ayuda si te lastimaste o enfermaste, sin importar quién haya tenido la culpa.

¿Quién cubre los gastos médicos?
Si calificas para compensación laboral, no habrá ningún cargo para ti. Todos los gastos médicos serán cubiertos, además de cualquier otro beneficio al que tuvieras derecho por incapacidad temporal o permanente.

¿Qué es el Fondo de Seguros de Compensaciones del Estado (State Compensation Insurance Fund)?
Es el seguro que tu compañía ha seleccionado para proveer a sus trabajadores los beneficios que le correspondan.

¿Cómo afecta eso a mi seguro personal?
Las compensaciones laborales son completamente independientes de tu seguro médico personal. En caso de compensaciones laborales, no existe deducible. Todos los gastos médicos aprobados son pagados.

Si me lastimo, ¿estoy obligado a presentar una forma de reclamo?
Después de la lesión o accidente, debes presentar a la menor brevedad posible una forma de reclamo. Notifícale a tu patrón que te has lastimado o que estás enfermo. Él te entregará una solicitud de reclamo en la cual debes describir tu lesión, cómo, cuándo y dónde sucedió. Regrésale la solicitud para que él la remita al Fondo de Seguros de Compensaciones Laborales.

¿Cuáles son mis beneficios?

- Todos los gastos médicos y de hospital te serán cubiertos.
- También se te pagará parte del salario perdido si no puedes continuar trabajando. A este beneficio se le llama "incapacidad temporal".
- Si tu incapacidad es permanente y disminuye tu capacidad para trabajar, se te pagarán los beneficios de una "incapacidad permanente".

- En caso de muerte ocasionada por accidente de trabajo, tus dependientes recibirán los beneficios.
- Los beneficios por muerte se pagarán hasta que el menor de los hijos alcance la mayoría de edad (18 años, aun cuando se rebase la cantidad estipulada).

¿Cuándo se me otorgará incapacidad temporal?
Si te encuentras incapacitado para trabajar por más de tres días, el State Compensation Insurance Fund te pagará parte de su salario perdido. También si no puedes trabajar por más de 14 días siendo paciente no interno en un hospital, es decir, que te encuentres atendiendo citas con médicos. Los pagos se recibirán quincenalmente durante el tiempo que sea elegible. La compensación terminará cuando el doctor te dé de alta para empezar a trabajar o cuando determine que tu lesión llegó al mejor grado de su recuperación. El monto por incapacidad temporal está determinado por la ley y es, generalmente, de dos terceras partes de tu salario.

¿Cuáles son los pagos por incapacidad permanente?
Los pagos por incapacidad permanente son la suma adicional que se te otorgará para compensarte por cualquier incapacidad permanente causada por una lesión o enfermedad de trabajo. La cantidad dependerá de lo grave de tu incapacidad. Además, la edad y el tipo de trabajo que realizabas en el momento en que sufriste la lesión son factores a considerar para determinar el monto de la compensación. La Ley de Compensaciones provee guías para determinar los montos correspondientes.

¿Adónde puedo acudir para recibir tratamiento o atención médica?
Si antes de sufrir la lesión le diste por escrito a tu patrón el nombre de tu médico particular, puedes ir con él para que recibas el tratamiento inmediato después de sufrir la lesión. Si no notificaste a tu patrón, él será el responsable de hacer los arreglos para que se te atienda. Si tu patrón te refiere a un médico que no te pone la atención necesaria, puedes seleccionar la clínica y hospital de tu preferencia.

Si estoy inconforme, ¿qué hago?
Notifica a un representante de reclamos del Fondo Estatal. Él hablará con el doctor para buscar una solución a tu problema.

Si la lesión o enfermedad persiste y requiero más atención médica, ¿qué hago?
Si requieres mayor atención médica después de haber sido dado de alta, puedes solicitar que se reabra tu caso a partir de las siguientes fechas: un

año después de que fuiste dado de alta o cinco años a partir de la fecha en que sufriste la lesión.

¿QUÉ HAGO SI TENGO QUE CAMBIAR MIS HÁBITOS O MI TIPO DE TRABAJO POR HABER SUFRIDO UN ACCIDENTE LABORAL?
Si no puedes regresar a tu trabajo por haber sufrido un accidente de trabajo (compensación laboral), eres candidato a recibir los beneficios proporcionados mediante una rehabilitación vocacional. El plan de rehabilitación puede ir desde sugerirte cambios simples en tus hábitos de trabajo hasta ofrecerte un entrenamiento para realizar nuevas funciones en tu empleo.

¿PUEDO PERDER MI TRABAJO POR HABER SUFRIDO UN ACCIDENTE LABORAL?
La ley prohíbe a tu patrón despedirte o discriminarte por haber sufrido un accidente de trabajo.

¿QUÉ HAGO SI NO HE RECIBIDO LOS BENEFICIOS A LOS QUE TENGO DERECHO?
Si no los recibes, solicita una explicación al representante de Reclamos del Fondo Estatal. Los malos entendidos o errores se pueden presentar, pero en su mayoría pueden solucionarse a través del representante. Si no estás de acuerdo con la información que éste te proporciona, consulta a un abogado.

Si tu lesión es legítima y la compañía en que trabajas cumple debidamente, de acuerdo con todos los procedimientos, para ofrecerte un tratamiento médico y asegurar tu regreso al trabajo productivo, si ves que actúa con la mejor intención de ayudar a tus intereses como trabajador, acepta su ofrecimiento. No le hagas caso al amigo que te dice que demandes para obtener una buena lana. Recuerda que no toda demanda deja dinero.

Estás en todo tu derecho de presentar una demanda con un abogado si crees que no se han respetado tus derechos, pero recuerda que los resultados no se dan de un día para otro. El promedio de tiempo que tarda en llegarse a un arreglo en este tipo de casos es de un año ya que debe presentarse documentación sustancial si se desea obtener una buena compensación. La documentación debe comprobar que existe una lesión seria y que requiere de un tratamiento médico extenso, y que el trabajador se encuentra convaleciendo a consecuencia de la lesión. Los reportes médicos deben demostrar que la lesión o enfermedad es permanente.

Por lo tanto, debes tener en cuenta que:

- El monto de la compensación se determinará de acuerdo a los reportes médicos, el tipo de lesión y tu edad.
- Los representantes legales, tanto del trabajador como de la compañía, son los que negocian el monto total de la compensación.

- En la mayoría de los casos no es el trabajador el que determina el monto, sino el médico.
- De la compensación que recibas tendrás que reembolsar los beneficios que te dio el Seguro Estatal por Incapacidad.
- Con el dinero restante tendrás que pagar los honorarios del abogado, los cuales son fijados por el Comité de Compensaciones.

En resumen, si sufriste una lesión o enfermedad a consecuencia de tu trabajo, ejerce tus derechos. Pero si ésta no amerita una demanda, ¡piénsalo, paisano! Es probable que los beneficios no sean los que esperas y corres el riesgo de cerrarte las puertas a otros empleos.

Si vas a pelear por tus derechos, debes saber tres cosas importantes:

- La ley protege igual a todo empleado que se lesione en el trabajo en el cumplimiento de sus labores, tenga papeles o no, sea nacional o extranjero "indocumentado".
- También puedes ser elegible aunque seas un empleado temporal.
- El derecho a presentar el reclamo perdura por dos años, y en ciertos casos, hasta por tres.

También conviene que tú y tu familia sepan que:

> Las familias de empleados mortalmente lesionados también reciben beneficios. Se paga hasta $7,000.00 por gastos de entierro. Además, un cónyuge dependiente económico del/de la fallecida (o), recibirá beneficios de por vida o hasta volverse a casar. Igualmente los hijos dependientes del /de la fallecida (o) pueden calificar para beneficios hasta los 18 años o hasta los 21 si el menor de edad es estudiante de tiempo completo. Si no hay ningún cónyuge o hijos dependientes, otros parientes tales como el padre/madre, abuelo, hermano (a) podrán calificar para beneficios parciales si dichas personas habían sido mantenidos económicamente por el/la fallecida (o). Los beneficios parciales son pagados por seis años. Todos estos beneficios son a la vez limitados y ajustados a razón de los beneficios recibidos del seguro social. Si un cónyuge sobreviviente se vuelve a casar y no hay hijos dependientes, ni menores de edad, ni mantenidos, una liquidación igual a los beneficios de dos años se pagará (menos cualquier suma líquida previamente pagada). Si hay hijos dependientes, aquellos beneficios que corresponden al cónyuge serán repartidos entre los dependientes restantes.[1]

---

[1] Folleto elaborado por la licenciada Bárbara J. Furutani. Denver, Colorado.

Por eso es bien importante que toda persona que reciba dinero de un familiar que viva en los Estados Unidos guarde *todas* las pruebas de que depende económicamente de él. Así que, por favor, no las tires o pídele a tu gente que no lo haga.

Ahora bien, dependiendo de tu lesión o enfermedad existen diferentes tipos de incapacidad:

> INCAPACIDAD TOTAL TEMPORAL. Cuando hay una incapacidad total por más de tres días ordinarios de trabajo.
> INCAPACIDAD PARCIAL TEMPORAL. Cuando las lesiones le permiten al afectado trabajar, a pesar de una capacidad limitada, o disminuida, a medio tiempo.
> INCAPACIDAD PARCIAL PERMANENTE. Cuando la recuperación total no es posible. Por ejemplo: pérdida de un brazo o de su uso, o de la integridad física mayor de la persona lesionada.
> INCAPACIDAD TOTAL PERMANENTE. Cuando el trabajador resulta ser incapaz de percibir salario alguno en el mismo u otro empleo.
> DESFIGURAMIENTO FACIAL O MUTILACIÓN CORPORAL. Cuando hay mutilación grave en la cabeza, cara o partes del cuerpo normalmente expuestas a la vista de los demás.
> GASTOS DE ENTIERRO. Cuando el trabajador fallece a consecuencia de sus lesiones.[2]

Un buen abogado es una pieza clave en estos casos, ¡pero mucho ojo con ellos! Las siguientes preguntas pueden ayudarte al momento de elegir uno.

¿DE QUÉ MANERA PUEDE AYUDARME UN ABOGADO?
Puede ayudarte a proteger tus derechos, a planear una estrategia para obtener los beneficios que te corresponden, a defender tus derechos, a recopilar la información para apoyar tu reclamo, a llevar el registro de las fechas límite, a representarte en audiencias ante el juez de compensación, a darte información acerca de otros beneficios o reclamaciones que pudieran estar disponibles.

¿CÓMO COBRAN LOS ABOGADOS?
La mayoría de los abogados dan la primera consulta gratis. Si contratas a un abogado, seguramente no le pagarás por adelantado, sino que sus honorarios se descontarán más delante de tus beneficios. Usualmente, esos honorarios son entre el 9% y el 15% de la compensación final o del acuerdo

---

[2] *Idem.*

extrajudicial o incapacidad permanente más un monto adicional si recibes beneficios para rehabilitación vocacional. Un juez de compensación del trabajador tiene que aprobar los honorarios. Una aclaración importante es que a menudo los abogados no aceptan casos en los que el trabajador no tenga una incapacidad permanente.

¿Cuándo necesito un abogado?
Cuando creas que tu empleador o el administrador de reclamaciones te está tratando injustamente o reteniendo tus beneficios; cuando tengas una incapacidad permanente que te limite o te cause dolor; y cuando no sepas cómo continuar con tu caso y nadie más te ayude.

¿Cuáles son las posibles desventajas de contratar a un abogado?
Sus honorarios serán descontados de tus beneficios. Además, es posible que a otras personas involucradas en tu caso sólo se les permita hablar con él acerca de asuntos importantes y que no se les permita hablar directamente contigo.

¿Cómo elijo un abogado?
Elije a alguien que tenga experiencia en compensación laboral y que esté certificado por la Barra de Abogados del estado en el que te encuentres. Puedes hablar precisamente ahí, a la Barra de Abogados. Un consejo que ellos mismos dan es el siguiente: "Elija a su abogado cuidadosamente. En su primera cita, vea si tiene una buena comunicación con el abogado y sus empleados".[3] Pero eso sí, ojo: si contratas a un abogado y luego decides cambiar, posiblemente te será difícil encontrar a otro abogado que quiera tomar tu caso.

Por último, llama a tu Consulado de México. Ellos cuentan con un grupo de abogados consultores.

Traslado de enfermos

La protección consular es una labor compleja, llena de sabores y sinsabores. Muchos de los casos que se atienden dejan huella, más aquellos en los que hay muerte o el paisano queda jodido para siempre. Esos paisanos que vinieron al norte en busca de mejorar su suerte no sólo no lo lograron, sino que ahora ya están postrados en alguna cama de hospital pidiéndole a Dios hasta la muerte

---

[3] Folleto de la Barra de Abogados del estado de California.

en algunos de los casos. Otros no saben ni siquiera dónde están, y otros puede que ya no despierten, aun cuando su corazón no deje de palpitar.

Pero no solamente en los hospitales encontramos a nuestros enfermos listos para que se los lleven de regreso a su "terre". Más de uno está en alguna cárcel, y otros tantos siguen en espera de que Migración los deporte. Sí, la repatriación de enfermos es de esos asuntos que te pueden causar muchos dolores de cabeza, pero también a veces muchas satisfacciones.

La gente puede decir "Bueno, ¿cuál es el problema? Si hay un enfermo en algún hospital de Estados Unidos y al parecer es mexicano, pos hay que regresarlo a México y ya".

Eso de "al parecer" es el indicador de que habrá mucho trabajo por delante. Una vez recibida la llamada telefónica del hospital o centro de convalecencia para solicitar el apoyo de la representación consular, inicia un proceso en el que habrá que entrevistar al connacional y asistirlo en su regreso a México.

El primer paso, que consiste en determinar la nacionalidad, será fácil siempre y cuando el enfermo esté consciente, pueda hablar, mantener un diálogo y proporcionar información sobre su familia y su lugar de origen. ¿Qué pasa cunado el enfermo tiene problemas de tipo mental, cuando no logra hilvanar ideas o tiene dificultad para hablar? "Es mexicano, tiene un tatuaje de la Virgen de Guadalupe en la espalda", dirán los trabajadores sociales, y uno tendrá que hacerse menso, como que no escuchó.

El Consulado mexicano tendrá que agotar todos los recursos para localizar a los posibles familiares y solicitará el apoyo de las Delegaciones de la Secretaría de Relaciones Exteriores en la República Mexicana. Remitirá fotos y demás datos bajo el programa SIRLI e incluso pedirá ayuda a los medios de comunicación para ubicar aunque sea a un amigo.

Generalmente, los traslados de enfermos se realizan en virtud de que el familiar más cercano –los padres o la esposa– se encuentran en territorio nacional. Aun cuando la posibilidad existe, es difícil que se presente un caso de este tipo cuando esos parientes directos radican con el enfermo en los Estados Unidos.

Una vez que se localizó al familiar, el siguiente paso es brindarle apoyo a los familiares que se encuentran en México. Dependiendo de la gravedad del caso, las autoridades del hospital requerirán de la presencia de los familiares y en coordinación con el Consulado mexicano gestionarán un permiso temporal o una visa humanitaria para que estén presentes y puedan tomar decisiones críticas.

La Delegación de la Secretaría de Relaciones Exteriores del estado de donde sea originario el paciente apoyará en la expedición de los documentos correspondientes y en las gestiones del permiso temporal para entrar a los Estados Unidos.

Existen muchas posibilidades de que los familiares en México sean de escasos recursos económicos. Ante esta situación, se pedirá a la Oficina de Apoyo al Migrante del estado que otorgue recursos económicos dentro de sus posibilidades para cubrir el traslado de los familiares a Estados Unidos.

El que ninguno de los familiares directos pueda trasladarse a los Estados Unidos no interrumpirá las gestiones para un posible traslado. Será más complicado, pero finalmente se cumplirán los objetivos.

Cuando los familiares son trasladados al país del norte y llegan al hospital –quizá con el apoyo de algún amigo de su familiar, de otros miembros de la familia o del propio Consulado mexicano, pues todo mundo debe apoyar–, el paciente contará con una Trabajadora Social, quien será el enlace con los familiares y se encargará de informarles sobre su evolución.

Cuando el paciente sale de terapia intensiva y se encuentra estable, la Trabajadora Social informará tanto al hospital como a los familiares que médicamente ya no se puede hacer nada por él y su rehabilitación deberá realizarse en otro lado.

La familia suele espantarse. Ven a su familiar que sigue en cama, todo jodido y con poco o nada de movimiento y naturalmente se preguntan "¿Y así quieren que nos lo llevemos?".

No hay que espantarse, paisano. Llegará el momento en que las autoridades médicas notificarán que ya hay que darlo de alta pues no se requiere su hospitalización. Generalmente, quienes no cuenten con algún tipo de seguro médico no podrán ser internados en alguna casa de convalecencia.

Las siguientes preguntas pueden ayudar a orientarte.

¿Hay que sentirse desamparados?

Si como familiar te sientes impotente por lo que está sucediendo o no comprendes lo que se te está explicando, busca el apoyo del Consulado mexicano más próximo. Ellos pueden ayudarte y explicarte las alternativas. Los representantes consulares llegan a convertirse en tus mejores aliados. Ellos serán el puente de comunicación entre la trabajadora social y la familia, aunque a veces también intervienen los doctores y los administradores del hospital.

La representación consular tratará de agotar todos los recursos para que el connacional pueda permanecer el mayor tiempo posible internado y para que continúe con el tratamiento. Seguramente esto se hará en alguna reunión con la Trabajadora Social, con los administradores del hospital y con los médicos encargados del paciente.

De agotarse los recursos para que el paciente permanezca más tiempo, se propondrá el traslado del enfermo a territorio nacional.

¿Qué se requiere para trasladar al enfermo a territorio nacional?

Es indispensable contar con una carta compromiso de los familiares en la que manifiesten su deseo incondicional para recibir al pariente una vez que se encuentre en territorio nacional. En caso de que el paciente sea soltero, serán los padres quienes la firmen. Si está casado, será la esposa quien dé su consentimiento. También es necesario contar con la historia clínica del paciente expedida por las autoridades médicas de los Estados Unidos. Este documento será remitido por el Consulado de México directamente a la Secretaría de Salud del estado de origen del connacional o a la Delegación de la Secretaría de Relaciones Exteriores en la República Mexicana.

Una vez analizada la petición, será la Secretaría de Salud en México la encargada de decidir y comunicar al Consulado mexicano los datos del hospital en México que recibirá al paciente en territorio nacional.

Es muy importante recordar que si ningún familiar quiere o puede hacerse cargo del paciente en México, las autoridades de salud no podrán apoyar en designar un hospital para su atención.

En todo momento, la Delegación de la Secretaría de Relaciones Exteriores del estado auxiliará en los trámites que se realicen. En caso de que los familiares no se hayan trasladado a los Estados Unidos, los apoyarán en el envío de la documentación requerida, que consiste en la carta de autorización, el acta de nacimiento del paciente y las identificaciones de los familiares y del paciente. La Delegación será el puente de comunicación entre los familiares y la representación consular.

¿Cómo trasladan a los enfermos?

Dependiendo de la condición, la gravedad y el destino final del paciente, existen diferentes transportes:

- *Ambulancia aérea.* Un pequeño avión acondicionado con lo necesario para atender una emergencia médica. El paciente será acompañado de una enfermera o paramédico.
- *Vuelo comercial.* Los doctores determinarán las condiciones de vuelo del paciente. Su opinión es fundamental. También es imperativo contar con el visto bueno de las autoridades de las aerolíneas. Se recomienda que el paciente vaya acompañado por un familiar o asistente médico. Se ha dado el caso de que retiran los dos últimos asientos de la aeronave para colocar ahí una camilla.
- *Ambulancia terrestre.* Una unidad terrestre llevará al paciente a su lugar de destino, dependiendo de la distancia que deberá recorrer.

¿Mi familiar será internado en México?

Las autoridades médicas de la Secretaría de Salud en México determinarán el tipo de asistencia médica que se le proporcionará al paciente. Son ellos quienes deciden si se interna o se le traslada a un domicilio particular para tratarlo como paciente externo.

Paisano, no te sientas solo ni desamparado. Si llega a suceder una situación como la que aquí se trata, solicita el apoyo de la Secretaría de Relaciones Exteriores.

Y, por favor, no te sientas presionado por firmar la carta compromiso mediante la cual autorizas el traslado de tu pariente. Consúltalo con tus familiares más cercanos y hasta con el cura del pueblo si hace falta.

¿Quién cubrirá los gastos en caso de que se requiera de una costosa intervención en un hospital de Estados Unidos?

Paisano, ésa es una de las cosas por las que no debes preocuparte. Las autoridades médicas, al recibir a connacionales en estado de indigencia o emergencia, saben perfectamente que no habrá recursos para cubrir las deudas. Ellos buscarán mecanismos dentro del gobierno estatal para cubrir los gastos. En lo personal, aún no tengo conocimiento de que un familiar de algún paisano haya sido encarcelado por no cubrir las deudas.

Y para cerrar el tema de la repatriación de enfermos, no podemos olvidarnos de aquellos paisanos que en su intento por cruzar la frontera han sufrido alguno tipo de accidente o de severos daños en órganos vitales como los riñones.

Es imperdonable, lamentable, triste y muy penoso que nuestros paisanos que no la hicieron en el intento regresen a territorio nacional sólo a morirse. Los tres niveles de gobierno –federal, estatal y municipal– deben proporcionar una mejor atención médica a estos connacionales. Su tratamiento en México es demasiado caro, entre 1 200 y 2 mil pesos por cada diálisis. Los paisanos regresan a morirse y no se vale. Si se destina dinero para el traslado de cadáveres, los que aún están vivos merecen también su apoyo.

¡No se olviden de ellos, please!

Sin palabras
Retiro de menores

El cuarto está cerrado...
Alguien abre el cuarto.
El cuarto permanece a oscuras.
Una mano impide que alguien grite
Transcurren más de 10 minutos.
Alguien sale....
El cuarto vuelve a ser cerrado.
Ahora huele a pecado
y ese pecado no tiene madres.
Fueron solamente unos minutos,
pero bastó para darle en la madre a alguien.
Quizá ese alguien guarde silencio.
Quizá lo haga porque nadie le hará caso.
Y así vivirá hasta que diga "¡Ya basta!".

El aguacero arrecia en esta parte del Estado de México, acá donde nació el indio Juan Diego, hoy en día San Juan Diego. Cuautitlán de Romero Rubio se encuentra totalmente empapada y azotada por el granizo. Las calles están desiertas, lo que está a reventar es el gimnasio Benito Juárez. ¡Hoy hay lucha libre!

Tanto los de gayola como los del ring side se están comiendo unas patitas de pollo con su salsa picante "Búfalo".

–¡Cervezas! –grita un hombre cincuentón, chaparro y algo prieto al que lo que más le aflora es la enorme panza. Su grito provoca que más de uno levante la mano para pedir una–. ¡Por acá, mi buen!

En el ring, el Negro Casas está a punto de quitarle la mascara a Fuerza Guerrera, quien en un pasado reciente fue su pareja inseparable. Ya le mordió la frente y hasta la panza, pero se detuvo cuando llegó cerca de los tanates.

La gente está que rabia de emoción, principalmente los que le van a los técnicos. Todos se espantan cuando finalmente le quitan la "tapa" al rudo del momento y comprenden de inmediato por qué se la tiene que poner.

—¡Pónsela! —le gritan al Negro Casas.

El Negro corre de esquina a esquina buscando la aprobación del respetable. La gente se levanta y agita las manos. Se ven pancartas aprobando al luchador técnico. El muy güey se descuida y Fuerza Guerrera aprovecha el momento para propinarle un derechazo en las purititas "bolas" y ponerlo de espaldas.

—¡Uno! ¡Dos! ¡Tres! —cuenta el referi levantándole la mano al encapuchado, quien sale de ahí despavorido por miedo a que la gente se lo agarre a cocolazos.

Mientras llega la lucha estelar, hacen su aparición los vendedores de camarones, de pepitas, de patas de pollo, de dulces, de chelas, y no pueden faltar las máscaras y las revistas que tienen algunos años de antigüedad, ahí nomás de cuando el Santo aún era joven.

La gente aprovecha el momento para descansar la garganta. Hay que agarrar aliento porque en la lucha principal se presentan los Misioneros de la Muerte contra los Cadetes del Espacio. ¡Qué chingonería!

Con cerveza en mano y su coctel de camarones está Pancracio, quien tiene un gran parecido con Valentín Trujillo, junto con algunos camaradas. Son cinco en total y le van a los rudos.

Pancracio nació en Tepito pero desde chico se lo llevaron a vivir ahí a Cuautlitlán. Siempre le gustaron las luchas, él quería ser como su papá, quien en sus años mozos azotó el lomo en las mejores arenas chicas de la región bajo el nombre de el Reo. Sin embargo, nunca pudo lograr que el profesor de lucha le diera el visto bueno. Por tamaño y musculatura no se quedó atrás. Las chelas y las viejas siempre fueron su perdición. Llegaba tarde a la lección y terminaba en la lona.

Pancracio es el que más grita. Seguramente ya está medio jarra y se emociona al ver a la chica de tez morena que con su pequeño bikini enseña parte de la nacha y se pasea por el ring para anunciar la siguiente lucha. Detrás de ella van llegando los Misioneros de la Muerte. El Negro Navarro, el Signo y el Texano entran con sus rostros cubiertos con una capucha de la inquisición color negra.

—¡Ésos son los míos! —grita Pancracio.

Los pobres Cadetes del Espacio no se dan cuenta cuando los rudos les llegan por la espalda y en un dos por tres los tienen ya con las espaldas planas. En la segunda caída los rudos son descalificados. Al Negro se le ocurrió pegarle en los tanates al Solar, el capitán de los técnicos.

Para la tercera caída a los técnicos ya les escurre el mole por la frente. Las máscaras las traen todas hechas pedazos. Los rudos les escupen y les dan de sillazos. Una pobre viejita es la que más sufre, y aprovecha la ocasión para darle una patada en la panza al Signo en cuanto lo tiene cerca.

—¡Pinche vieja! —grita Pancracio sin importarle la edad de la anciana.

Está que se lo lleva la chingada y con su actitud se gana la rechifla del respetable, pero no sólo le cae la mentada de madre, sino también orines, escupitajos y un chingo de patitas de pollo.

—¡La suya! —les grita poniéndose en guardia por si algún valiente quiere aventarse un tirito. Se desabrocha la camisa y se le asoma la panza que le ha venido creciendo por el consumo de las chelas.

Pancracio sale del gimnasio Benito Juárez con la máscara del Kaos en la cara y una chela. Sus cuates caminan a su lado. Agarran camino rumbo a donde se pone el mercado. A la vuelta de la esquina se encuentran con su lugar favorito: la cantina La Incapaz.

—¿Qué onda, mi Calenturas? —lo saludan desde el baño algunos parroquianos que ya lo conocen a la perfección.

Así le llaman a Pancracio: el Calenturas, porque de cualquier cosa se calienta, y más cuando ve a una mujer.

En más de una ocasión se ha aventado un trompo con alguien que le reclama por haberse metido con su hermana. Dicen las malas lenguas que las mujeres del mercado por ahí lo andan buscando.

Pancracio saluda a todo aquel que le grita o le levanta la mano. Se sienta con sus camaradas y de inmediato pide que los atiendan.

Ya lo conocen y la Lucrecia les lleva unas Coronas.

—¡Salud! —dice Pancracio—. ¡Que vivan los rudos y que vivan las viejas!

Lucrecia ya le sabe sus mañas y en cuanto Pancracio busca acercarse para meterle mano, ella se hace a un lado.

—¡Te madreo, cabrón! —le dice la mesera.

—Se te acabó el sex appeal —dicen sus cuates soltando la carcajada.

Pancracio vuelve a levantar su cerveza, mira a su alrededor y les dice a los camaradas:

—Ésta es la última función de lucha a la que los acompaño.

Nadie lo pela.

—Me voy a los Estados Unidos —insiste—. Me voy de mojado. Voy a buscar otros horizontes. Aquí en Cuauti no hay ni madres. Eso de andar vendiendo pollos en el mercado ya me tiene hasta la madre. Además, las gallinas ni siquiera son mías.

Los amigos siguen sin pelarlo. Ya en más de una ocasión los ha amenazado con irse y al siguiente día lo encuentran en el mercado cortándole la cabeza a los pollos, sacándoles las tripas y gritando "¡Pollo fresco!".

Los pollos ya no le vieron más. Hubo alguien más que los encuerara y después los amontonara como si fuera una orgía. Los amigos no daban crédito de que efectivamente el Calenturas se hubiera ido al norte. Para la siguiente función de lucha, en la que estaba anunciada la tan esperada presentación del Hijo del Santo, Pancracio ya se encontraba en la ciudad de Tijuana buscando quien lo pasara.

Y para cuando al Hijo del Santo le levantaban la mano tras haber derrotado con la de a caballo al tan temido can de Zacatecas, el Perro Aguayo, Pancracio ya estaba en la cajuela de un vehículo que lo llevaría derechito al norte.

A su ídolo esa noche le dieron una santa paliza, pero él llegó a los Estados Unidos sin ninguna bronca. La ciudad de Van Nuys lo esperaba. Cruzando la segunda revisión de San Clemente lo sacaron de la cajuela.

—¿Dónde estoy? —preguntó.

—¡En la gloria! —le dijo quien lo metió, a quien le decían el Brujo.

Pancracio miró al cielo, respiró profundo y vio el horizonte. De cerca y de lejos se veían unos edificios regrandotes.

—¡Sí que estoy en la gloria! —dijo mientras le daba un fajo de billetes al Brujo.

—¡Yo soy quien está en las alturas! —le responde el Brujo al ver la feria.

Serían como las once de la noche cuando Pancracio llegó al departamento ubicado en la calle de Delano. El barrio no parecía muy hospitalario. Se veían algunos vatos vestidos con ropas sueltas, algunos con un paliacate en la cabeza y otros con tatuajes.

En las paredes del barrio no sólo se ve la plaqueada de los vatos locos, sino también hermosos murales, entre ellos uno de la Virgen Guadalupana, pero el que más llama la atención es uno en el que se ve el entierro de unos vatos. La huesuda se los llevó. Los vatos y sus morras ven a Pancracio de arriba a abajo. Él aprieta la quijada y agiliza su paso hasta llegar al departamento 204.

—¡Jefe! —grita Pancracio abriendo los brazos al ver a quien le dio la vida. En sus años mozos la lucha le dio musculatura, pero hoy luce una enorme panza. El diente de oro siempre fue su distinción.

—¡Pásale, mijo! —le contesta.

Se funden en un fuerte abrazo. Hacía años que no se veían. Pancracio apenas tendría unos 13 cuando se vieron por última vez. Ya han pasado más de 10 años. El chavo observa a su padre y ve que ya no es el mismo. Pela los ojos al ver que en la cocina hay una mujer: pelo pintado de rojo, parece que de chamaca tuvo acné, se le nota, tiene el rostro algo cacarizo. Y también parece que de chamaca fue luchadora porque tiene problemas al caminar. O quizá sea el peso el que no le permite dar un paso más ágil.

La muy desgraciada pesa más que su propio papá. El taco no lo suelta. A la primera mordida aquella tortilla se le desfonda y los frijoles van a dar al suelo.

—Una amiga —dice su papá.

Pancracio no cree lo que ve. No entiende cómo su jefe se olvidó de ellos por tanto tiempo, ni cómo se olvidó de su madre por... aquello.

—¡Soy tu vieja, cabrón! —corrige ella—. ¡Bienvenido! —le dice a Pancracio—. Ésta es tu casa.

Esa noche padre e hijo platicaron toda la madrugada. En el barrio hubo balazos, en más de una ocasión llegó la ambulancia. Algunos vatos corrían de aquí para allá. Don Justiniano le platicó a su hijo que no tuvo otra salida que casarse con aquella mujer. La conoció durante el tiempo en que trabajó en el Olympic Auditorium de Los Ángeles limpiando la arena y los vestidores. Ella era luchadora de las buenas, se hacía llamar la Perra Gringa. Un buen día calculó mal una plancha desde la tercera cuerda y cayó de tal forma que se fracturó la columna. Él estaba en primera fila cuando eso sucedió. Fue él quien de inmediato se dio cuenta de lo seria que era la lesión y aventó su prieto y panzón cuerpo sobre el de ella para que ya no la siguieran golpeando la Justiciera.

—I love you! —le dijo ella en ese momento.

Justiniano le sonrió. Sus ojos no lo podían engañar. Aquella mujer de verdad era fea, pero era su única salida para ya no tener que estar escondiéndose de la migra. Ella le conseguiría su "green card".

—¿Y por qué no regresaste por lo menos a vernos? —le pregunta.

Justiniano ve por la ventana que está llegando una nueva ambulancia. Guarda silencio como si de verdad le importara lo que sucede allá afuera. Obviamente le vale madres, lo que pasa es que no sabe qué contestar.

Quizá nunca regresó por vergüenza de que nunca pasó de ser quien limpie una vieja arena de lucha libre. Tiene años lavando los baños de aquel lugar, limpiando los orines de un chingo de borrachos que se divierten mientras alguien arriba del ring se parte la madre. El trabajo nunca le ha dado más que para irla pasando.

Quizá él ha sido de los pocos que se han sentido fracasados, ya que la mayoría de los paisanos regresan a sus lugares de origen sintiendo que lo han conquistado todo. Justiniano tal vez fue justo con él mismo. Quizá no quiso mentir.

—Los años se me fueron sin darme cuenta —contesta tímidamente.

Justiniano se levanta de aquel sofá floreado acariciándole el pelo a su hijo. Pancracio acepta la caricia de su viejo y que lo cubra con una cobija cuando se queda jetón.

Pancracio trabajará con su padre en eso de la limpieza. Sólo le pide algunos días para descansar e ir conociendo el rumbo. El recién llegado recorre aquel barrio lleno de paisanos, en su mayoría zacatecanos. Los vatos que lo ven pasar no le dicen absolutamente nada. Apantalla con aquel físico y nunca les retira la mirada. No le causan ningún miedo, y los vatos del barrio quizá están locos, pero no tienen un pelo de pendejos.

Realmente disfruta aquellos primeros días en los United, aun cuando no ha salido del barrio. Se pone sus mejores garras, aquellas playeras pegadas al cuerpo que, aunque no es Mr. Tepito, sí resaltan su musculatura. Se compra sus chelas y se sienta a la entrada de los departamentos donde ahora vive. El panorama de las 3 y media de la tarde y hasta ya entrada la noche es de primera. Por ahí desfilan las chavitas de la "high school" que van a clases en la preparatoria del rumbo. Para la primera chela nomás las ve, pero ya para la tercera los piropos van subiendo de tono. Algunas ni lo pelan, otras se sonríen y unas más hasta voltean a verlo.

Por ahí de las 5 de la tarde, poco a poco van llegando las mujeres que regresan de su trabajo. Algunas de ellas son algo feas, otras ni se diga, pero también las hay que ni aun casadas pierden la figura. Con éstas Pancracio no se mete, pero a las solteras les dice hasta lo que no. "Ya son mayores de edad", dice el Calenturas.

Los suspiros del Calenturas son interumpidos por su padre que le dice que ya tiene que acompañarlo para irse a trabajar. A Pancracio no le gusta la idea, pero se tiene que aguantar. Al día siguiente se va con su jefe allá por los rumbos del Parque Mc Arthur, donde adquieren su tarjeta de residente, su identificación del Estado con la fotografía pegada con un chicle Motita y, no puede faltar, la del Seguro Social. ¡Y todo por no más de 100 dólares!

–Y ahora, ¡a ganar un chingo de dinero! –dice Pancracio frotándose las manos.

Los dólares no llegan tan rápido como él pensaba, pero no se desespera. Él no tiene compromiso alguno con ninguna vieja o con hijos allá en Cuautitlán. Su compromiso es él mismo: su ropa que nunca combina y sus diversiones, que son las faldas, las chelas y las pachangas.

Sabe que el trabajo con su padre es pasajero. Mantener limpio y arreglar las butacas de la vieja arena de lucha libre no es precisamente su sueño. Lo hace sólo por el momento.

Y no pasa mucho para que alguien lo invite a conocer los rumbos del Valle de San Fernando. Justo esa noche en que lo invitan se presenta en el Valle la sensación del momento, unos chavos originarios de Ario de Rosales, Michoacán, los Bukis.

–¿Qué onda, vato? ¡Vamos! –le dice un compa del 305 mientras Pancracio se avienta una chela esa tarde de verano en el estacionamiento de los departamentos.

A Pancracio de entrada el vato aquel que lo invita al baile le parece algo naco, tiene finta de ser un pobre diablo bajado del cerro a tamborazos.

–¡Bueno, sale! –dice de todos modos.

Pancracio se gasta sus primeros dólares en aquel reventón. Toda su ropa es nueva, su loción es de las de "aquellas". Se siente muy chingón cuando sale del departamento de su padre. Voltea a todos lados pensando que lo ven, y no se equivoca. En el departamento de enfrente está Lucía, una chamaca que no pasa de los 16 años. Pancracio no pierde oportunidad para coquetear con aquella chiquilla que aún no tiene ni tostones, mientras que ella recibe un fuerte jalón de orejas de su madre cada vez que se distrae con el Pancracio en vez de ponerle atención al rosario que rezan en memoria de un primo al que le dieron en la madre allá en Michoacán por andar vendiendo yerba de la buena.

—¡Pon atención! –le grita enfadada su jefa.

Lucía no se queja. Aguanta que su madre se quede con un buen mechón de pelo en la mano. Vale la pena. Solamente se acomoda la greña despeinada.

Los padrenuestros, los avemarías y los ruega por nosotros no son pronunciados por la boca de aquella chamaca, cuya mente está en otro lado, suspirando por Pancracio e imaginándose con él en un baile de los Yonics.

Pancracio es medio torpe para bailar, pero poco le importa. Agita las manos de aquí pa allá y cierra los ojos como si le hubieran almidonado los calzones. "El Palacio" está a reventar y las cervezas y los nachos se venden al por mayor.

En el escenario, el Buki mayor deleita a la concurrencia, mientras abajo el Calenturas ya le tiene puesta la mira a aquella chamaca vestida de rojo.

—A esa de rojo yo me la... –dice Pancracio, y a las primeras notas de *Necesito una compañera* se levanta y le pide a la paisana que lo acompañe en aquel ritmo romántico.

La de rojo acepta de volada y en un principio se muestra recatada, pero ya para la de *Yo te necesito* está bailando con él "de a cartoncito".

—Me encantas –le dice él plantándole un "kikirico" en la oreja.

Y hasta ahí llega el buen Calenturas, porque cuando está a punto de decirle "Te amo" llega otro paisano con sombrero y greña hasta los hombros y le avisa a la chava que ya se van.

—Es mi hermano –le dice la chava a Pancracio, quien al principio no entiende ni qué onda.

El baile acaba con un chingo de paisanos cuyas novias los retiran casi cargándolos. Por allá otros no pueden levantarse del suelo.

—¡Viva México! –salen gritando.

—¡Son los mexican rolling stones! –se dicen uno a otro unos policías gringos que los están mirando.

De ahí pal real no hay quien detenga a Pancracio. Hace acto de presencia en los principales bailes que se presentan, ya sea en el Sports Arena o en lugares menos importantes. Nunca lleva pareja.

—Pa qué llevar torta al banquete –dice.

La que le sigue suspirando es Lucía. Se pega al cristal de su ventana cuando lo ve salir de su departamento. Él le sigue cerrando el ojo. Sabe que quizá aún no es el momento, pero él escogerá cuándo cortejarla. Está seguro de que la chamaca le tira los perros y que en el momento en que él quiera, bastará con tronarle los dedos.

Ese viernes por la tarde que llega del "jale" ella le vuelve a cerrar el ojo cuando se baja del carro. Él no retira la mirada, tal vez ya es el momento.

—¡Está chavita, cabrón! —le dice su compañero de baile, que ve cómo la sigue con los ojos.

Pancracio no contesta y sigue su camino. Sube las escaleras para llegar a su "house" y desde ahí sigue coqueteando con la chamaca, que está platicando con una anciana conocida como doña Calditos a la que todos quieren porque siempre está en la mejor disposición de ayudar al más jodido, que en su mayoría son nuestros paisanos recién llegados.

A Pancracio se le calienta la cabeza y seguramente algo más. El departamento está solo, su jefe y la luchadora se fueron a la "Marketa" para comprar la despensa. Abre el refrigerador, saca una cerveza y no puede dejar de pensar en aquella chamaca. Le da un gran sorbo a la chela, luego dos tragos más y se la acaba. Apachurra la lata, el respiro es profundo. Se asoma por la ventana y la chamaca sigue ahí. Cuando siente su mirada, voltea hacia arriba y se cruzan las miradas, se cruzan los pensamientos.

Pancracio va a buscar otra cerveza, pero ya no hay. Sale del departamento y va a la tienda de la esquina. Los nervios, quizá provocados por un pensamiento lleno de lujuria, se apoderan de su cuerpo. Baja las escaleras en busca de la chiquilla, la encuentra, sigue ahí... Aprieta las mandíbulas al ver más de cerca a Lucía. Traga más saliva y se va a comprar más bebida embriagante.

—¡Chingada madre! —dice cuando vuelve de la tienda y ve que la chamaca ya no está, y sigue mentando madres desde la sala del departamento. A cada rato corre las cortinas para ver si la mira por ahí, a cada rato se talla la cara.

Ya han pasado dos horas y ya está medio pedo. Tiene un buen rato escuchando música, pero la verdad es que eso le vale madres porque no logra quitarse de la mente a Lucía. De repente se levanta en chinga al ver que la chamaca está abriendo la puerta de su departamento. Corre las cortinas para verla mejor. Ella entra y segundos después también recorre sus cortinas. Él no le sonríe, su rostro está duro. A ella se le dibuja una leve sonrisa y se aleja.

Otra vez mienta madres cuando ve que ya llegó la familia de Lucía. Las esperanzas de que ella saliera se esfuman, como también se esfumaron las cervezas que se compró esa tarde.

A partir de ese viernes y durante las siguientes semanas, Pancracio no perderá ninguna oportunidad de buscarla, cerrarle el ojo y hasta mandarle besitos.

—Es guapo, ¿verdad? —le pregunta Lucía a su amiga de la "high school" mientras caminan rumbo a la tienda de la esquina.

—Sí —le dice ésta—. Pero está muy grande para ti.

Lucía no contesta nada. Mira de reojo y siente que Pancracio en cualquier momento les dará alcance. Se pone nerviosa. Su amiga le sugiere que caminen más aprisa, pero Lucía no hace caso. Parece que desea que por lo menos le diga por fin "Hola".

—¿Las acompaño? —les pregunta Pancracio, quien esa tarde viste sus mejores trapos.

Como no recibe ninguna respuesta, Pancracio se hace el pendejo y sigue caminando a la par. Ellas guardan silencio y él trata de ser gracioso. Se ve educado cuando llegan a la tienda, hasta les abre la puerta. Ellas se van de inmediato adonde están los discos.

—¿Cuál te gusta? —le pregunta Pancracio a Lucía.

—¡Éste es mi favorito! —responde ella enseñándole un disco.

—¡A mí también me gusta Joan Sebastian! —le dice él.

Ella se va de volada cuando su amiga la llama. Tienen que cumplir con los encargos, que van desde leche y frijoles hasta papel de baño. Y parece que más de uno tiene chorro porque compran más de diez rollos.

Cuando terminan sus compras Pancracio ya las está esperando. Sigue caminando a su lado aunque no haya sido invitado.

—Toma —le dice a Lucía cuando están llegando a los departamentos.

A ese primer regalo, ella le obsequia una sonrisa.

Con el paso de los días, él le entrega una rosa y ella permite que la tome de la mano. Luego se sorprende al verlo afuera de la escuela. Los chocolates son el tercer obsequio. Ella cierra los ojos y él la besa.

—¡Está muy viejo para ti! —le insiste la amiga.

A ella le valen madres sus comentarios. Nada ni nadie le hará cambiar su forma de pensar sobre "Pank", como le dice de cariño.

La pobre chamaca ya dice que lo ama. Lo ve como el hombre más bueno del mundo, como su galán de cine. Además, más de una le envidia que ande con Pancracio.

—¡Por favor no le vayas a decir nada a mis papás! —le ruega a su amiga—. Ya sabes cómo son. Nada les parece.

Pancracio no pierde oportunidad para ganarse el cariño de la chamaca. A las semanas de que le dio el primer regalo ya está diciéndole "Te amo". Poco a poco va tomando el control de la situación.

—No vayas a la escuela —le dice Pancracio un jueves por la tarde—. No vayas mañana —le insiste.

Ella acepta con gusto. Su novio la está invitando a conocer Disneylandia. ¡Se va a tomar fotos con Pluto y con el ratón Mickey! No puede dormir esa noche, le emociona pensar que pasará todo el día con Pancracio.

Él tampoco puede conciliar el sueño, pero por su mente no pasan cosas tan decentes. Las calenturas de Pancracio están ahí, presentes.

—¡Vámonos! —le dice Justiniano a su hijo a la mañana siguiente.

—Jefe, me siento un poco mal —le dice Pancracio.

A Justiniano no le molesta que su hijo no vaya a trabajar ese día. Ya tiene lista la arena de lucha libre para la temporada que inicia en apenas una semana. Solamente irá a darle una buena lavada al ring. Vienen desde México los hijos del Santo y del Perro Aguayo.

La mujer de su padre se va una hora después. Él se levanta en chinga para darse un regaderazo. Se pone galán, el desgraciado.

Esa mañana curiosamente se levanta con ánimo de limpiar el departamento, ¡hasta la recámara de su jefe! Los minutos van pasando, constantemente observa el reloj de la cocina. Ya son las 8:30. Cuando termina de levantar lo necesario ya son las nueve.

Se pone nervioso y mira por la ventana. Observa todos los movimientos del departamento de enfrente. Los padres de Lucía ya se fueron a trabajar. Sus hermanos menores están en la escuela. Pela los ojos cuando sale la chamaca. Acordaron verse en el parque que está a una cuadra.

Lucía está sentada a unos pasos de los columpios. Como pudo, convenció a su mejor amiga de que la alcanzará en la clase de mecanografía.

—¡No me mientas! —le dijo ella—. ¡Él está muy grande para ti!

Pero ella no hace caso. Siente que hasta los chones se le caen cuando unos brazos cubren su cuerpo rodeándola por la espalda.

—¡Hola! —dice Pancracio.

—Hueles bonito —dice ella—. ¡Vámonos!

—¡Tengo que regresar! ¡Se me olvidó el dinero! —dice Pancracio mientras hurga en sus bolsillos y pone cara de frustración.

—¿Te espero? —pregunta ella.

—¿Por qué no mejor me alcanzas en unos cuantos minutos? —dice él.

—No, te espero —insiste ella.

—No me gusta que estés aquí sola. Mira, allá están esos vagos —señala Pancracio.

Lucía mira a su alrededor y el panorama no es alentador. Junto a los baños está una bola de vatos locos. Se les nota algo alegres. Seguramente ya se aventaron su toque de mota. Más allá hay unas chavas que también le están entrando duro al cigarro. Por aquel lado está un pordiosero empujando su carrito de mercado llevando en él todo lo que tiene en el mundo: latas de aluminio, botellas de plástico y periódicos que por la noche le sirven de cobija.

—Está bien —dice ella.

Pancracio agiliza el paso. Entra al departamento temblando de pies a cabeza. Hace como que busca pero no encuentra nada porque nada está buscando.

Corre la ventana para ver si ya llega Lucía, y cuando ve que ésta se acerca, de inmediato le abre la puerta y observa que nadie la haya visto.

—¿Nos vamos ya? —insiste ella.

—¿Cuál es la prisa? Toma asiento un momento, chiquilla.

Ella no quiere. De verdad quiere irse. Él regresa de la recámara y le pide que cierre los ojos. Ella cede por un momento y siente cómo Pancracio le coloca una cadenita dizque de oro. Él aprovecha y le da un beso en la nuca. Ella lo acepta. Él le toca el pelo. Ella aún no abre los ojos.

—¿Nos vamos? —insiste.

—¿Cuál es tu prisa? —dice Pancracio, que ya tartamudea al hablar—. Ya nos vamos —dice mientras le besa la oreja.

Lucía se siente incómoda. Pancracio la toma de la mano. Ella insiste en que es hora de irse. Pancracio no entiende. La toma de la mano y le pide que lo acompañe a la recámara porque le tiene un hermoso regalo.

Pancracio logra convencerla. La recámara se cierra.

Ella cierra los ojos.

Él los abre como caricatura japonesa.

Ella le pide que la deje.

Él no escucha sus palabras.

Ella le retira la mano.

Él le coloca la otra.

Ella insiste en que es hora de irse.

Él no entiende. Nunca entendió.

Ella llora.

Él no la escucha.

Tenía fijas sus intenciones.

Y las satisfizo aun cuando la haya dañado.

Ella quiso impedirlo, pero él era más fuerte.

Quiso gritar, pero el miedo la paralizó.

Comenzaron las lágrimas y el dolor.

Él se olvidó de las palabras de amor.

Comenzó a lastimarla.

Ella quiso huir.

No lo logró.

Quiso ser más grande para defenderse.

Él se sintió todo un hombre.

Ella perdió a la niña.

—¿No vas a ir a la escuela? —pregunta él al final.

Ella se retira llorando. Recoge sus cosas de la escuela y se le cae su cuaderno de apuntes, ese que tiene la caricatura de Mickey Mouse. Ella pensó que ese día conocería al ratoncito. Sale corriendo rumbo al parque. Ahí se refugia y termina llorando al lado del pordiosero.

Éste la observa. La mira de pies a cabeza. Debería ser él quien estuviera llorando. La vida lo ha despojado de todo. Hace años tuvo familia, tuvo una hija. Se le queda mirando nuevamente. Esa niña podría ser su hija. El pordiosero guarda silencio y toma entre sus brazos una vieja cobija. Es lo único que hoy tiene en el mundo.

Lucía sigue llorando, sus lágrimas escurren. Los labios le tiemblan. No tiene palabras. Trata de acomodarse el pelo y la ropa. Ahí se queda Lucía. Los cholos, los vatos locos y demás visitantes del parque son testigos de aquellos momentos tan de la chingada para ella.

La vida del barrio no se va a detener por lo que le ha pasado a Lucía. Esto puede estar sucediendo en cualquier parte del mundo, hasta en las mejores familias.

—¿Qué te pasa? —le pregunta más de una vez su mejor amiga. Le extraña que ya no hable de Pancracio y que ya no sea aquella chava tan alegre—. ¿Qué te hizo? —le insiste—. Ten cuidado: él es mucho mayor que tú…

Los meses van pasando. Lucía se traga su dolor, se traga con saliva agria su verdad. Pancracio la busca en más de una ocasión. Lucía no tiene palabras para decirle a su mejor amiga que no se retire. "¡No te vayas! ¡No me dejes sola, por favor!", parecer decirle con la mirada.

—Nos vemos al rato —se despide Dolores sin entenderla.

Lucía se siente incómoda al lado de Pancracio, pero no tiene fuerzas para salir corriendo. Camina lentamente.

—¿Cuándo nos vemos? —pregunta el muy cabrón.

Lucía agiliza el paso dentro de sus posibilidades.

—Tengo ganas de estar nuevamente contigo —insiste Pancracio—. ¡Ándale! No te hagas. A ti también te gustó…

Lucía no se detiene. Él la toma del brazo y la amenaza.

—¡Le voy a decir a tu familia! Sólo te pido que nos veamos una vez más. Después de eso, te dejo. ¡Te lo juro!

Lucía nunca entenderá cómo es que esto está sucediendo, pero la puerta se cierra… por segunda ocasión.

La puerta se cerró nuevamente.
Su cuerpo reconoció al hombre y al temor.
La confusión en su mente, dolor.
Ansias de correr detenidas por el llanto.
La misma puerta.
El mismo hombre.
El grito que vuelve a convertirse en lágrimas.
Una marca que se ahonda en ella.
Un momento que nunca la dejará libre.
El mismo hombre que regresa.
La puerta que deja afuera las ganas de luchar.

El miedo no puede marcharse.
Las lágrimas y el dolor vuelven a ella.
Pancracio no cumple su palabra. La puerta se cierra otra vez.
Palabras de amor que se convirtieron en amenazas.
Ilusiones y promesas quedaron del otro lado de esa maldita puerta.
No hubo lágrimas.
Ahora sólo era el cuerpo de una mujer.
Una mujer ocultando una pequeña niña en llanto desesperado.
Un llanto que no encontró consuelo en el tiempo.

La temporada de lucha libre en el Oympic Auditorium estaba en sus meros moles. Los Villanos III, IV y V apostarían sus máscaras contra las de los Brazos. Sería un buen agarrón.

Pancracio se estaba metiendo una muy buena lana en los bolsillos. Su única preocupación era comprarse las mejores "garras" e irse de reventón con su camarada a las tocadas. Lucía seguía en su mente, pero también otras chavas ya un poco más crecieditas que llegaba a conocer en cantinas o bailes populares.

La noche en que los Villanos destaparon a los Brazos, Pancracio llegó a su departamento. Segundos más tarde salió con chela en mano y se sentó en las escaleras del edificio. Su mirada buscaba a Lucía, pero el departamento de su familia estaba a oscuras. Seguía empinando el codo y esperando a que la chamaca apareciera por algún lado.

La que apareció finalmente fue Dolores acompañada de amigos del barrio... Regresaban de refinarse unos tacos de asada y ella venía sacándose el cilantro de entre los dientes cuando escuchó que Pancracio la llamaba.

—¿Y tu amiga? —le preguntó.

—¡Ya se fue! —contestó Dolores en un tono en el que parecía que estaba enterada de lo que había sucedido. Pero no, ella sólo estaba encabronada porque ese güey cambió para mal a su mejor amiga. Después de que empezó a andar con él, Lucía nunca fue la misma.

—¿Y pa dónde? —preguntó Pancracio apachurrando con las manos el bote de cerveza.

Dolores hizo como que no escuchaba la pregunta de Pancracio y agilizó el paso para llegar hasta donde estaban sus amigos, pero sus muecas lo decían todo. "¡Te chingaste!", parecía decirle al Calenturas.

Esa noche Pancracio no supo de sí. Las chelas lo dejaron más que mareado y las rolas lo pusieron romántico. Sus gritos causaron desagrado entre los vecinos, quienes estuvieron a punto de llamar a la policía y darle unos madrazos.

—¡Pinches viejas! — fue su último grito de la noche.

Apagó las luces del departamento y se quedó jetón. Seguramente soñó con Lucía, seguramente se lamentó de que ésta se hubiese ido. Nadie se enteró, nadie supo, ni siquiera Dolores porque la familia de Lucía se fue hasta Salem, Oregon.

Para Pancracio, Lucía fue una de tantas conquistas. Le valió madres que le hubiera destruido la vida a una chiquilla. Él solamente recordaría los buenos momentos. Nunca la escuchó, fueran cuales fuesen sus lamentos.

Mientras tanto, las cosas en el barrio no cambian. Los viernes llegan los pandilleros de enfrente, tiran balazos, pintarrajean las paredes y ya se sienten chingones. Pancracio no deja de ir a las fiestas y en cada tocada se encuentra otra conquista. Pero ninguna como Lucía, que apenas era una niña.

La noche en que Fuerza Guerrera le quita la cabellera al Negro Casas allá en la capital mexicana, precisamente en la Arena México, en el estado de Oregon Lucía pierde a su hijo. Sólo Dios sabe por qué suceden las cosas, quizá fue lo mejor. Sus padres la apoyan y lloran juntos. Su padre nunca juró venganza, pero dentro de su corazón y de su alma le pedía al que se encuentra allá arriba que castigara al culpable.

—¡Te lo dejo a ti! —dijo.

Quien no perdía oportunidad de seguir en su vida de conquistador era el fantoche de Pancracio, quien en todo momento coqueteaba con la cajera de la "Marketa" Tres Sierras. Según él lo que le distinguía, era ese pelo que le llegaba hasta los hombros. No olvidaba en ningún momento traer consigo su peine dorado. El chicle era otra de sus distinciones.

—¡Buenos días! —le dijo a Silvia, la encargada de la caja 8.

La chamaca ni lo miró. Tomó el billete de a 20 dólares y se cobró. Y para no perder la costumbre, el Calenturas había comprado cervezas.

—¡Te cuidas! —le dijo Pancracio.

Los días fueron pasando y el Calenturas ya no hallaba pretexto para pasar por las Tres Sierras. Ya hasta se conocía el horario de Silvia.

Las compañeras de ésta poco a poco le fueron metiendo la idea de que Pancracio no era nada feo, que tenía su sex appeal.

—¡Nomás lo educas un poquito! —le decían.

Silvia era muy distinta a todas las viejas que Pancracio había conocido. No tenía el cuerpo espectacular, pero todo lo tenía muy bien en su lugar. Su vestir siempre era discreto. Nunca enseñaba ni siquiera los tobillos.

Allá en Guadalajara estudió hasta la preparatoria y pasó los exámenes para ir a la universidad, pero su padre se "petateó" y ya no hubo quien le sostuviera los estudios. Su única oportunidad fue irse para el norte. Su carnal mayor le pagó el "coyote".

—Bienvenida —le dijo su brother.

—Mija, ésta es tu casa —le dijo su cuñada.

Vieja desgraciada. Silvia aún no desempacaba cuando ya estaba diciendo que era tiempo de que buscara chamba.

Así es de gacha de repente nuestra gente al otro lado de la frontera. Nos dan la mano a medias y cuando menos te lo esperas, nos meten la zancadilla para que nos vayamos derechitos de hocico.

Silvia no tuvo otra salida que ir buscando chamba. Al principio le incomodaba estar de cajera en una "Marketa" de segunda. Sabía que se exponía a las peladeces y vulgaridades de más de uno. Las aguantó muchas veces.

También aguantó a Pancracio, pero éste era medio vivillo y nunca se pasó de la raya con aquella chava que de verdad era bonita. Siempre se vio decente. Le hablo bonito al oído. Le dijo cosas bonitas. Fueron seis meses de coqueteo.

—Te invito a salir —le dijo un día Pancracio.

Ella sonrió y aceptó mientras le daba su cambio.

Durante los primeros meses Silvia babeaba por aquel sujeto al que le decían el Calenturas. Ella le decía "mi osito" y él se dejaba querer. Pancracio le daba algo que el corazón de Silvia pedía a gritos: cariño.

Así que un buen día, allá van los dos tórtolos, rumbo a la Iglesia de la Placita Olvera. Ante la Guadalupana, aquel 12 de diciembre, él la toma de la mano y jura que la llevará hasta el altar.

—¿De verdad? —pregunta ella.

—¡Claro! —contesta él.

Hay abrazos, "te quieros" y hasta esa frase que puede engañar a cualquiera: "te amo". Ella se deja llevar por las palabras. De verdad confía ciegamente en su "osito", pero el "osito" ese día de festejo para los mexicanos se pasa de cariñoso con la inocente, por no decir taruga, chamaca. Ella no pone reparos para que él le haga "cuchi-cuchi", pero no lo disfruta. Es su primera vez…

—¡Te quiero! ¡Te amo! —dice él.

Ella se recuesta y se queda jetona junto al hombre de su vida. No se queja por lo jodido que está aquel motel sobre la San Francisco Road, con las puertas todas despintadas y las toallas del baño descoloridas por el uso constante. El diminuto jabón ni siquiera alcanza para los dos. Él se lava lo que puede. Ella sólo se enjuaga.

—¡Carnala! ¿Qué horas de llegar? —dice su carnal.

—¡Perdóname! Se nos hizo tarde. Fuimos con Pancracio a las mañanitas de la Virgen —contesta ella con voz temblorosa.

El carnal quiere creerle, aunque algo le dice que está mintiendo. No la hace de pedo, pero quien no pierde momento para hacerlo es la cuñada de Silvia, quien siempre la tiene bien vigilada.

Después de que Silvia le da la "prueba de amor" a su galán, éste no se conforma y le pide la segunda. De ahí pal real, él fija la hora y el lugar.

—¿Y cuándo nos casamos? —pregunta ella mientras entran en el hotelucho de siempre.

Pancracio ya gana mucho más porque la hace de todo en la arena de lucha libre. Sólo falta que le ponga la máscara al Hijo del Santo y que le dé en la madre al Hijo del Perro Aguayo.

—¡Muy pronto, mi amor! Ya verás…

Ella nunca se cuida cuando tienen relaciones. Él tampoco porque es macho de verdad. Pero ella comienza a sentir cosas raras, como que la visión se le empaña. Se talla los ojos y ya siente uno que otro mareo, pero se come sus galletas saladas.

—¿Qué tienes? —le pregunta Pilar, la de la caja 6.

—¡Nada! —contesta Silvia mientras le cobra al paisano que acaba de comprar *La Opinión* y un kilo de carnitas.

Nadie se atreve a cuestionar más de lo necesario. Silvia no se mete con nadie, ella llega a trabajar y a darle duro a la cobrada. No es alguien a quien le gusten los mitotes ni que ande de argüendera.

Pero por más que quiere no puede ocultar los síntomas en su casa. Su cuñada se asoma hasta cuando va al baño, y en una de esas visitas Silvia termina agarrada de la pared mientras se avienta una guacareada.

La cuñada cierra los ojos y hace muecas de asco, pero su mente de inmediato se pone a dar vueltas. La única explicación es que esté embarazada.

—¿No que muy decentita? —murmura.

Silvia no puede mentirle a su hermano cuando éste le pregunta:

—¿Has tenido relaciones con Pancracio?

—Sí, pero me ama y dice que nos vamos a casar —le responde.

El carnal de Silvia no puede ocultar su disgusto por lo que le acaba de decir su hermana. Mienta madres y dice un chingo de majaderías. Toma a Silvia de las manos y le da un beso en la frente.

—¡Espero que te cumpla ese hijo de la chingada! —le dice.

Los días van pasando y Silvia no sabe cómo decirle a Pancracio que está embarazada. Por momentos, él es muy indiferente con ella. No oculta su mirada cuando pasa junto a él una buena nalga y no le da ninguna explicación. Ella no se las pide, tiene miedo de que se vaya a enojar.

—Te invito una hamburguesa aquí con el Cholo —le propone él una tarde de verano.

—Sí —contesta ella tímidamente.

En la ventana de los pedidos, Silvia no aguanta los olores. Le causa náuseas la forma en que los "cocineros" preparan las hamburguesas.

Uno de ellos se limpia el sudor de la frente con la mano y en ese preciso momento le entra duro a partir los jitomates. ¡Y no se diga aquel que ya se embarró un moco en la muñeca de la mano!

Silvia se retira abruptamente de la ventana e inclina su cabeza justo cuando su estómago queda vacío y el piso lleno de una mezcla medio amarillenta.

—¿Qué te pasa? —pregunta Pancracio por puro compromiso, porque en su tono se nota que le vale madres.

—¡Estoy embarazada!

Pancracio recibe su pedido en el preciso momento en que Silvia le da la noticia. Azota las hamburguesas contra la pared del negocio y el jitomate y las cebollas se van resbalando. Las papas acaban regadas por todos lados. El ganón es un perro flaco que está ahí pelando los ojos. Ni "guau" dijo. En chinga se va sobre el manjar.

—¡¿Qué?! —grita él—. ¡¿Qué?! —vuelve a preguntar jalándose los pelos—. ¡¿Qué?! —dice por tercera vez mientras le da un patadón en el hocico al perro tragón.

Pancracio se aleja del lugar completamente encabronado. En ningún momento permite una explicación de quien le daba sus "muestras de amor". Silvia se queda ahí y unos segundos después camina en sentido contrario.

Como puede llega hasta su casa. Como puede oculta su dolor mientras su cuñada le pregunta sarcásticamente "¿Cómo estás?".

Por más que Pancracio disimula que no pasa nada, sus actitudes lo dicen todo. Él había andado de aquí para allá con todo tipo de mujeres. No todas habían sido esculturales ni mucho menos hermosas. Pancracio había agarrado de todo. Su verdadero objetivo era sacarles la famosa "prueba de amor", pero le sacaba de onda pensar que en unos cuantos meses nacería un chamaco o chamaca que en el futuro le diría "papá".

Se jala de los pelos en aquel sofá del departamento de su papá. La mesa de centro tiene ya varias latas de cerveza vacías. En los Estados Unidos reafirmó su vicio del cigarro, pero esta vez hasta los Salem se le han acabado.

Voltea constantemente hacia el edificio de enfrente. Recuerda a Lucía.

—¡Ni esa pinche vieja me salió con estas chingaderas! —murmura.

Justiniano y su mujer llegan de la "Marketa" y no se imaginan lo que le está sucediendo a su hijo. El tiradero ya es costumbre.

—Vas a ser abuelo, jefe —le dice en tono sarcástico.

Justiniano escucha perfectamente, pero no quiere darle importancia al comentario de su hijo al que, a juzgar por el tono, el líquido amarillo ya le hizo efecto. Va varias veces al carro a sacar las provisiones y más bien se encabrona porque su hijo en ningún momento tiene la intención de levantarse para ayudarle. ¡De verdad que es un huevón!

—Vas a ser abuelo —le repite.

—Ya le desgraciaste la vida a alguna chamaca —contesta el jefe.

De un solo sorbo, Pancracio se acaba su última chela y le pregunta a su jefe si trajo más. Justiniano lo mira y le entrega una recién traída de la "Marketa".

—Le desgraciaste la vida a una chamaca –le dice de nuevo.

—¡No! Pienso casarme –le contesta Pancracio.

—Entonces tienes intenciones de desgraciarle toda la vida –remata Justiniano, quien en los dos años que su hijo lleva viviendo con ellos lo ha conocido como el despilfarrador de dinero y, por qué no decirlo, fanfarrón, que es.

Durante todo ese tiempo, nunca le ha dicho nada. Se ha sentido en la obligación de darle para compensar tantos años de olvido, pero sabe perfectamente que su hijo es un cabrón, y más con las chamacas.

—Vas a ser abuelo –insiste Pancracio.

—¡Tú sabrás tu cuento! –le dice su padre mientras toma una cerveza y se va a su cuarto.

Silvia de verdad se queda sin palabras cuando Pancracio le dice que se van a casar. Siente que hasta los calzones se le caen y no da crédito a lo que está escuchando. Todo el mundo le decía que la dejaría panzona, pero no, el Calenturas cumpliría.

—No tenemos dinero para ninguna fiesta –le advierte–. No podemos invitar a nadie. Sólo nos casaremos por el civil.

—No necesito nada de eso –le dice ella–. Sólo quiero que tú estés ahí.

El día de la boda llega y de verdad que no hay ni para totopos. Los nachos hubieran sido un lujo. Los únicos presentes son los pocos familiares de los novios. La ceremonia tiene lugar en la Corte de Van Nuys. Los contrayentes poco entienden, no saben contestar ninguna de las preguntas que les hacen. Sólo se miran el uno al otro, y el juez da por terminada la ceremonia en un dos por tres.

—No hay mucho que decir –dice el juez al verle la panza a Silvia.

A ella le brillan los ojos. Él observa continuamente su reloj como si tuviera prisa. Luciano, el hermano de Silvia, finge la sonrisa cuando ella corre a su lado para que la felicite.

—¡Soy feliz, hermano! –dice ella.

Los primeros meses, y ante las inclemencias de la economía, los recién casados se ven obligados a irse a vivir al departamento de Justiniano. No les queda de otra y tienen que dormir en la sala, lo cual no le impide a Pancracio saciar su instinto sexual. Sólo le pide a su Silvia que se ponga de nachas y él se encarga de todo lo demás. Eso sí, ella no puede ni siquiera pujar.

Y pujar es lo que sí tiene que hacer en el hospital cuando le llega el momento.

—It's a baby girl –les dice el doctor.

Ni él ni ella entendieron ni madres, pero al percatarse de que al bebé le falta un trocito de carne, se dan cuenta de que se trata de una niña.

Pancracia fue la primera de las hijas. Al año siguiente nació María y un año más tarde de la panza de Silvia saldría Talía. Dos años después vendría Patricia y finalmente, Estefanía.

Increíble el tino del Calenturas. Cinco chamacas en menos de seis años. Ya para entonces vive con su familia en su propio departamento. Durante ese tiempo perdió a su jefe. A Justiniano le dio un infarto mientras se le aventaba de plancha a su mujer desde el clóset al momento culminante del "cuchi-cuchi". Pancracio le lloró. Se lamentó de no poder realizar el viaje a México para darle ahí sepultura. De herencia le dejó unas máscaras y otras tantas cabelleras que ganó en sus tiempos de luchador. Pancracio guardó las máscaras y tiró las greñas, que ya hasta piojos tenían.

Luciano visita con mucha frecuencia a Silvia. En raras ocasiones se encuentra a su cuñado, pero ella lo defiende diciendo que trabaja mucho.

—¿Hasta cuándo lo vas a defender? —le pregunta Luciano.

—¡De verdad! Trabaja mucho —dice ella.

—Si trabaja tanto, ¿por qué las tiene tan amoladas?

—Estamos bien, hermano. De verdad…

—¡Con una chingada! ¿Esto es estar bien? —responde Luciano pidiéndole a su hermana que abra los ojos—. Ve: las alfombras están llenas de hoyos, los muebles los compraron en una tienda de segunda, el refrigerador y la estufa están todos jodidos. ¿A esto le llamas vida?

Silvia no sabe qué responder.

—Mírate —sigue diciendo Luciano—. En seis años tienes cinco niñas. ¿Dónde está aquella muchacha que yo presumía en Guadalajara? ¿Dónde está mi hermana que quería ser doctora? ¿Dónde? El norte te jodió la vida, y más te la jodió ese hijo de la chingada que te ha venido embarazando año tras año sin misericordia alguna.

Silvia sabe que su carnal tiene razón. Su marido no ha cambiado la vida que llevaba de soltero. Se empeda cada fin de semana. Nunca falta a los bailes y rápido encuentra con quien agasajarse. Si no fuera por su trabajo de cajera, las cosas en casa estarían de la fregada.

—¿Y qué hago? —le pregunta a su hermano.

—No sé… —no es nada fácil aconsejarle que deje a su marido. Son demasiadas bocas que alimentar como para pensar que ésa sea la solución.

Luciano no puede aconsejar a su hermana, pero a partir de aquella plática ella abre los ojos y pone mayor atención a lo que sucede a su alrededor. De verdad que su carnal tenía razón: su marido sigue con su vida de soltero. Cada viernes llega borracho. Los sábados también, y oliendo a perfume de mujer. Y los domingos se avienta unas cuantas cervezas para quitarse la resaca del día anterior.

Bonita vida lleva el muy desgraciado. Ella trata de darle lo mejor a sus cinco hijas, pero de verdad es muy poco. En ningún momento se atreve a reclamarle algo a su marido o pedirle que le aumente el gasto, seguramente le iría peor, como en más de una ocasión le ha sucedido.

—¿Por qué no estás más tiempo con nosotras? —pregunta ella.

—¡Estás loca! —contesta él.
—¡No tomes más!
—¡Deja de estar chingando!
—¡Mira cómo vienes!
—¡Qué te importa!

Los insultos son constantes. Los desprecios son cosa de todos los días y a las niñas las ve como si fueran de la vecina.

—¡Estoy hasta la madre de ti! —le dice un día.

A partir de entonces conviven poco como pareja. Sólo cuando a él le conviene, cuando él quiere. Lamentablemente, es sólo para saciar el deseo de "ponchar". Ella cierra los ojos cuando Pancracio acaba. Ya no llora. No le dará ese gusto jamás.

Silvia se queda sola en aquella pequeña recámara. Él desde hace meses va a dormirse a la sala. Le vale madres lo que sucede alrededor. Prende el televisor y ve las películas de viejas encueradas. El salario le ha dado para comprar un canal donde pasan ese tipo de programas.

Una noche Pancracio no logra conciliar el sueño. Las chelas ya se le acabaron y ya está enfadado de las películas pornográficas. La inquietud lo lleva a la recámara de sus hijas.

El cuarto se cierra. Él las observa y las observa.

Una semana después, el instinto lo lleva nuevamente hasta el cuarto de sus hijas. Ellas están ahí y pelan sus ojitos inocentes cuando lo ven entrar.

Recuerdo que estábamos jugando en el cuarto.
Es lo que hacen los niños, ¿no?
Él entró y cerró la puerta.
Dijo que jugaría con nosotras.
Supe que no estaba jugando con mi hermanita porque ella empezó a llorar.
Y él no paró.
Tuve miedo porque no supe qué estaba pasando.
Una niña aún no sabe de eso.
Pero el dolor y el miedo que sentimos no fue juego.
Yo quería detenerlo pero él era más grande que yo.
Oculté a las otras tres.
Perdóname. Yo quise defenderte.
Pero sólo éramos unas niñas.

Pancracio empieza a llegar a casa más temprano de lo acostumbrado, cuando Silvia aún está dándole duro al trabajo. En más de una ocasión, Pancracio corre a doña Matilde, quien cuida de las niñas.

—Cuando llegue yo, usted se me larga —le dice Pancracio.

Cuando Silvia se entera de esto se arma de valor y le reclama. No le da miedo que a Pancracio se le pase la mano, aunque sabe que con un buen madrazo de su marido ella seguramente acabaría en el hospital.

Cuando ella alza la voz, Pancracio ya tiene la mano en el aire. Ella traga saliva. Es ahora o nunca. Él frunce la boca, siente que se le seca. También hay saliva amarga. Ella vuelve a gritar, él la toma del cuello.

Pancracia, la hija mayor, comprendió bien la lección que le dieron en la escuela y, sin que sus papás se den cuenta, marca el 911.

—¡No! —grita la niña y corre a encerrarse con sus cuatro hermanitas.

Pancracio suelta a su vieja. Ella termina hincada en la alfombra, pero no llora. Se incorpora.

—¿Muy machita, no? —le grita Pancracio desde la cocina. Abre el refrigerador y ya se está empinando una "fría".

Ella no dice nada, pero no le retira la mirada, cosa que le provoca a Pancracio un dolor de hígado. Llega hasta donde está Silvia, la toma del pelo y se le queda mirando.

—¡No vales la pena! —le dice y la avienta al suelo.

Silvia se queda con un pedazo de camisa y sus uñas le dejan marcado el pecho a su marido.

—¡Hija de tu…! —no termina la frase. En esos momentos se escuchan unos toquidos en la puerta.

—Open the door! —gritan desde afuera—. ¡Abran!

No eran los vecinos. Generalmente los paisas buscan no meterse en rollos ajenos porque piensan que eso también los puede llevar a la cárcel.

Los que están gritando son de la policía. Uno de ellos es paisano y el otro afroamericano.

Por poco tiran la puerta al no haber respuesta. Por poco entran tirandose maromas y apuntando a los peligrosos criminales. Cargan de todo en sus cinturones, ¡hasta cortaúñas!

—¿Qué pasa? —dice el oficial Romero—. ¿Qué está pasando? —vuelve a preguntar.

Silvia trata de lamerse el pelo de un salivazo. También procura cubrirse el cuello. A él lo agarran infraganti, la chela está en su mano.

—¿Está bien, señora? —pregunta Romero.

Ella sólo le enseña el cuello. Las huellas están ahí, no requieren palabras. Después se toma del pelo, como diciéndoles "¡Vean!".

Romero interroga también a Pancracio. Él es más chillón y maricón que su vieja.

—¡Miren! —gime enseñándoles el pecho—. ¡Es una desgraciada! —poco falta para que llore—. ¡Llévensela! —les grita.

—Acompáñenos, señora —dice Romero.

Pancracio se ríe. "Ya chingué", pensó.

—Usted también, señor.

—¿Y mis hijas? —pregunta ella.

El pobre oficial afroamericano no sabe ni qué pedo.

—What's happening? —le pregunta a Romero.
—Wait! —le contesta su compañero gesticulando.
—¿Cuáles hijas? —pregunta Romero.
—Las que están en el cuarto —contesta Silvia.

Romero le pide a su camarada que vaya a la recámara y traiga a las niñas. Al abrir la puerta, Davis se encuentra a las cinco chamacas abrazadas en uno de los rincones. Las cuatro más chiquillas chillan, Pancracia tiene el rostro duro.

—Come with me! —les pide Davis en inglés.

Pancracia es la que más entiende el idioma de los gringos. Toma a sus hermanas de las manos y lentamente se van levantando.

Parecen animalitos indefensos. Los mocos se les escurren confundiéndose con el llanto. Pancracio busca apapacharlas, pero Pancracia se lo impide.

—¡No! —grita—. ¡Mamá! —implora.

—Será mejor que llame a un familiar para que cuide de las niñas —le indica Romero a Silvia.

A los Aguilar los detienen y los llevan a prisión por problemas de violencia doméstica. Ella sufre un chingo cuando le toman las huellas y las fotografías. Se siente la peor de las criminales. No entiende por qué la han encerrado.

—¡Señor! —reza en aquella celda. Su compañera, una negra, le respeta el momento.

—She looks like a good woman —dirá después.

El rezo es profundo. Sólo le pide al que se encuentra allá arriba que cuide de sus chamacas. Hasta pide clemencia para el marido. "En el fondo es bueno", dice.

Las cinco chamacas quedan a disposición del Departamento de Menores, que es algo así como el DIF en México, pero con mucha más lana, mejores instalaciones y mejor todo.

Silvia tuvo que haber rezado un chingo, porque apenas a la semana de detenidos ella y su marido son llevados ante una corte. La juez es una mujer medio chonchita, su secretaria está peor y el alguacil que la cuida tiene finta de luchador.

—¡Al frente! —dice la dama vestida de negro.

Ella camina lentamente hasta donde le indican. A él, en cambio, no se le quita lo fanfarrón.

—La Corte considera que, habiendo estudiado detenidamente su caso, ustedes no representan ningún peligro para la sociedad. Sus antecedentes les ayudan. Serán puestos en libertad, pero tendrán que ir a terapias antes de que les puedan regresar a sus hijas.

Tanto Silvia como Pancracio tuvieron que tomar terapias para padres, de alcoholismo, de violencia doméstica, de paciencia, y hasta de cómo hacer sus cochinadas a escondidas.

Ninguno de los dos faltó a las terapias. Ella de verdad lo hacía para ganar nuevamente la custodia de sus hijas. Él para no meterse en pedos mayores. Y lo hicieron tan bien que a los dos meses comenzaron a tener visitas a sus hijas, aunque éstas fueran supervisadas por gente del Departamento de Servicios a Menores.

—¡Mamá! —gritó Pancracia al ver a su jefa. A su padre ni siquiera lo miró.

Las demás chiquillas corrieron detrás de su hermana y en un dos por tres la tenían abrazada hasta de las piernas.

—¡Las adoro! —decía ella mientras se le derramaban las de San Pedro.

Pancracio intentaba unirse al júbilo, hasta les sonreía a las trabajadoras sociales.

—¡Miren cómo las quiero! —decía abrazando a la más chica de sus hijas.

A los tres meses les fue devuelta la custodia de María y Talía.

—Señora Aguilar, a partir de mañana podrá ver a sus otras tres hijas sin supervisión alguna seis horas una vez a la semana —le dijo la trabajadora social tres semanas después de que María y Talía les fueron entregadas.

Silvia cerró los ojos y alzó el puño en señal de júbilo, pero poco le duró el gusto. Fue precisamente en una de esas visitas no supervisadas cuando se dio cuenta de que su hija Patricia tenía una irritación en los genitales.

En chinga la llevó a una clínica y habló con la trabajadora social para que le llevaran a cabo los estudios necesarios.

Días después fue la trabajadora social quien citó a Silvia y a Pancracio.

—Su hija tiene herpes en el área genital —les dijo.

Silvia frunció las cejas y apretó las quijadas. Ella tenía meses tratándose la infección que le transmitió su marido.

Pancracio se puso nervioso. Volteaba para todos lados. Se levantó e intentó prender un Salem.

—No puede fumar aquí —le dijo la trabajadora social—. Necesitamos hacerles a ustedes los exámenes —agregó.

—¡No! ¿Para qué chingados sirve eso? ¡No lo permitiré! —dijo él haciendo añicos el cigarro.

—Yo estoy de acuerdo —dijo Silvia.

—¡Tú cállate, pendeja!

—¿Cuándo nos los hacen? —preguntó ella.

Los resultados de los exámenes —que en realidad no eran necesarios porque en su oportunidad Silvia le dijo a la trabajadora social que ella padecía de lo mismo— fueron, para qué decirlo, positivos.

Los siguientes días fueron muy inquietos para el Calenturas. No había ido a trabajar en todo ese tiempo. Incluso tenía pensado viajar a México. Ya había puesto hasta los calzones en una maleta que lo esperaba a un lado del sofá.

Pancracio tenía todos sus pensamientos hechos bolas. Miraba por la ventana la vida de los paisanos en aquel barrio del Valle de San Fernando. Las cosas no habían cambiado desde que él llegó ahí hacía ya diez años. Los cholos con sus rucas en el mero agasajo, otros fumando y algunos más simplemente echando la hueva.

Sintió medio ojete cuando enfrente de su casa se estacionó una patrulla de la policía y detrás de ella un carro particular del que descendieron unos que también tenían finta de chota. Su presentimiento tenía motivos. Segundos después ya se escuchaban los toquidos en la puerta.

—Open the door! —gritaron desde afuera.

Fue Silvia quien les abrió. Él se quedó recostado en el sofá, haciendo circulitos con el humo del cigarro. Pronunciaron su nombre.

—¡Aquí estoy! —les dijo.

Pancracio se levantó lentamente. Le permitieron ponerse una camisa y lavarse los dientes. Los olores de los borrachos de verdad apestan.

Silvia vio por la ventana cómo metieron a su marido en la patrulla. Él la vio también. Su mirada no era de arrepentimiento, sino más bien de "Ya ni modo".

Fue la declaración de Pancracia, su hija mayor, la que condujo al arresto de Pancracio.

Por lo general era de noche.
Él abría la puerta de la recámara que estaba oscura.
No encendía las luces para nada.
Se recostaba al lado de mis hermanitas.
"¡Shhhh!", les decía.
No había ruido.
Yo lloraba.
Él les decía que las amaba.
Patricia no protestaba ante la promesa de que le daría un dulce.
Pero yo sabía que ella sufría.
Hubiera querido ser grande para defender a mi hermanita.
Pero nunca pude.
Él salía acomodándose los pantalones.

Ahora Silvia tiene que luchar por recuperar a sus hijas. Nadie se las va a quitar, aunque no sepa de leyes. Alguien le tendrá que ayudar.

Ella visita muy seguido la iglesia de Santa Elizabeth que se encuentra a unas cuadras de su casa. Parece que el de arriba sí la escucha porque siempre sale con ganas de luchar.

Con un ejemplo se dice todo. No se requiere más. Con un caso basta para decir "¡Basta!". Allá en los Estados Unidos, lo mismo que acá en nuestro México querido, en estos momentos un niño o una niña están siendo víctimas de abuso. ¿Y qué hacemos? Que quede en nuestra conciencia...

Retiro de menores

El Departamento de Protección al Menor es el brazo derecho de los mandatos de la Corte y el que le da seguimiento a las estipulaciones de la ley de cada estado.

Principios fundamentales de la protección a menores

Se decreta que todo menor tiene derecho a vivir una vida libre de abusos y maltratos, previsto de sus necesidades emocionales, físicas y educativas.

Los padres siempre serán las personas más indicadas para proveer al menor de sus necesidades básicas y de una protección adecuada.

Cuando los padres no están dispuestos o están incapacitados para proteger a sus hijos de actos de negligencia o abuso, o son ellos mismos los que someten a éstos a los menores, la sociedad, a través de sus leyes de protección infantil, debe involucrarse para contrarrestar el comportamiento de dichos padres o tutores. No debe esperarse que el menor se quede callado o se cuide por sí solo. Ante la ley, los niños nunca quedarán desprotegidos.

Los Servicios de Protección Infantil han sido autorizados por la Corte Juvenil para servir como mecanismo de protección en cualquier caso donde se sospeche la existencia de abuso o negligencia infantil. Esta protección por lo general comienza cuando llega algún reporte de abuso, maltrato o negligencia a las Oficinas del Departamento de Protección Infantil.

La mejor manera de proteger a un menor es fortaleciendo y amoldando las costumbres y prácticas de los padres, para que ellos a su vez puedan ser más capaces de proveer a sus hijos de un nivel de protección y cuidado apropiado.

En un esfuerzo por traer normalidad a la vida caótica y desorganizada de las familias afectadas, el Trabajador Social representará la calma, el razonamiento y el apoyo para que la familia ponga su vida en orden, siempre apegados a los parámetros y estipulaciones de la ley, con la meta de alejar a las familias de una cultura de maltrato y desacato a las leyes.

Para asegurar el éxito de cada caso, el Trabajador Social deberá entablar una relación sana con cada familia. La mayoría de los padres tienen la capacidad de cambiar su comportamiento con una ayuda apropiada.

A pesar de que lo mejor para un infante es vivir con sus padres, en situaciones donde es evidente que no se puede asegurar o garantizar su bienestar y seguridad, la Agencia de Protección al Menor llevará a cabo un plan de alejamiento temporal. Éste será instalado en casas de crianza o en albergues para menores.

¿POR QUÉ SE LLEVAN A LOS NIÑOS?

Siempre que se sospecha de abuso infantil, cuando se detecta una situación de riesgo o la falta de actuación o de protección por parte de los padres o tutores, la ley estipula la separación temporal del menor de su hogar o la separación del menor de ese riesgo latente o potencial. Ésta es siempre una medida precautoria.

La Corte Juvenil no requiere de las mismas pruebas que la Corte Criminal. En muchos de los casos, la simple sospecha de abuso infantil puede provocar el alejamiento del menor de su hogar o de su padres o tutores.

¿CUÁLES SON LOS TIPOS DE ABUSO INFANTIL?

Los casos de abuso infantil están divididos en varias categorías:

Sospecha de abuso físico
Abuso físico es cualquier sospecha de que un menor ha sido maltratado al punto de mostrar moretones, rasguños o lesiones internas. Las lesiones se clasifican y se evalúan de la siguiente manera: las recibidas en cuello y cabeza son las de mayor preocupación, en tanto las del tórax se consideran dentro de una categoría menor, y las de piernas y extremidades aún más porque pueden ser causadas por tropezones ya que las habilidades motoras de los menores son hasta cierto punto limitadas.

Los menores tienen una mayor tendencia a caídas y tropiezos, sin embargo, un moretón en el ojo, la mejilla o el cráneo son motivo de gran alarma en una criatura de poca edad. Los moretones o lesiones en el tórax que el menor no puede explicar por sí mismo también son alarmantes ya que pueden comprometer los órganos internos a edad tan temprana.

Negligencia, negligencia severa o negligencia médica
Cualquier situación en la que el menor ha carecido de los cuidados mínimos para garantizar su bienestar es considerada negligencia. Los casos en que aparecen efectos secundarios a causa de la negligencia se consideran

de negligencia severa. La negligencia médica conlleva la falta de cuidados médicos o la falta de seguimiento a los tratamientos recomendados por el facultativo médico.

Ejemplos de negligencia: un menor de dos años es dejado solo en el hogar; un niño de tres años se sale de su casa mientras su madre dormía la siesta porque la puerta estaba abierta; un menor se quema con la estufa porque tenía hambre y sus padres estaban borrachos encerrados en la recámara.

Ejemplos de negligencia severa: un menor que pierde el 50% de su peso a falta de una alimentación adecuada y sus padres tienen un historial de negligencias previas; un niño que ha perdido su cabello a causa de piojos; un menor que pierde alguno de sus dientes por falta de higiene bucal.

Ejemplos de negligencia médica: los padres no siguen el tratamiento establecido por los doctores o no llevan a su bebé al chequeo médico de rutina; los padres no vacunan al menor a su debido tiempo; los padres de un niño diabético no le administran la insulina en los intervalos o dosis preestablecidos por el endocrinólogo.

Abuso emocional
Si existe sospecha de que el menor teme a sus padres por la manera en que éstos lo tratan, si es expuesto a abuso verbal o es ridiculizado en público o en privado.

Se considera consecuencia del abuso emocional la pérdida de autoestima en el menor, lo mismo si no se desarrolla emocionalmente de acuerdo a su edad, si es expuesto a violencia intrafamiliar, es amenazado por sus padres o es forzado a callar situaciones que ha presenciado en casa.

Abuso sexual
Cualquier situación entre un adulto y un menor con fines de morbo, malicia o estimulación sexual es considerada abuso sexual, lo que incluye tocar inapropiadamente a un niño por encima o por debajo de la ropa.

El que haya o no penetración digital o del pene no disminuye la gravedad de una acusación de abuso sexual. Si el menor es expuesto a material pornográfico o es el sujeto de fotografías con motivos sexuales, también se considera abuso sexual.

La ley protege a cualquier menor de 18 años contra el abuso sexual de cualquier adulto. Si la diferencia de edad entre la víctima y el perpetrador es mayor de siete años, habrá cargos extra contra el perpetrador.

Las sentencias por abuso sexual deben ser cumplidas en su totalidad y no hay posibilidad de excarcelación por buena conducta. Estas sentencias conllevan de tres a 24 años de encarcelamiento y no hay reducción de condena por ninguna razón.

Abuso físico severo
Cualquier agresión física que exceda los parámetros normales de lo que pueda considerarse un castigo apropiado a la edad del menor es considerada abuso físico severo. Por ejemplo: un menor nace con convulsiones porque su madre usó drogas o consumió alcohol dos días antes del alumbramiento; un menor nace con drogas en su sistema sanguíneo; a una niña de cuatro años le pegan en la cabeza con un teléfono porque no quiere comer; a un niño de diez años lo queman en la estufa porque no quiere ayudar a lavar los trastes; un menor es quemado en la espalda con un cigarro porque no puede hablar.

Es importante aclarar que los casos de maltrato físico severo por los que el menor debe ser hospitalizado se catalogan como tortura. En dichos casos la Corte Juvenil negará la reunificación familiar y el menor quedará bajo la jurisdicción de la Corte Juvenil hasta que cumpla 18 años.

Muerte inexplicable de un menor
Si en un hogar un menor muere sin que medie explicación alguna, se removerá a todos los menores que habiten en dicho hogar hasta que se esclarezcan los hechos como medida precautoria.

Categoría NPG (no padre o guardián)
Cuando se encuentra un menor sin padres o guardianes capaces de cuidarlo, éste pasará a la jurisdicción directa de la Corte Juvenil, quedando bajo los cuidados de la Corte hasta que se determine si hay adultos responsables o familiares capaces de cuidarlo.

Ejemplos: un padre es arrestado por manejar bajo la influencia del alcohol y la madre del menor está de vacaciones en México; un menor llega ilegalmente a Estados Unidos y no tiene padres ni familiares; un niño con discapacidad mental no sabe dónde vive ni quiénes son sus padres; un menor se queda solo en Estados Unidos porque sus padres fueron deportados.

Petición de hermanos

En muchos casos, si un menor es removido del hogar a causa de cualquier tipo de abuso, se requiere que todos los menores que viven en ese hogar también sean removidos.

Por ejemplo: un menor que fue víctima de abuso físico es removido de su hogar y se demuestra que su padre cometió contra él abuso físico severo y su madre no lo protegió. A consecuencia de esta situación, todos los menores serán removidos de ese hogar como medida precautoria, pues es obvio que la madre no puede proteger a sus hijos y no hay garantías de que en una situación similar pueda interceder por ellos.

¿Quién cuida de los niños?

Cuando los niños son retirados del hogar, siempre son removidos por el Trabajador Social encargado de la investigación o a cargo del caso de reunificación familiar. Los niños son llevados a Albergues Especializados en el cuidado de menores o a casas de crianza, que son hogares de familias especialmente escogidas para cuidar de los menores mientras se investiga la situación de cada caso. Estas familias son seleccionadas muy cuidadosamente por las autoridades de Protección Infantil y puede decirse que son expertos en el cuidado de menores y en los casos de la Corte Juvenil. Trate a los padres de crianza como sus aliados. No olvide que ellos están cuidando de sus hijos. Las casas de crianza ayudan mucho a los menores que se colocan en ellas ya que vivirán en un ambiente de familia en el que por lo general hay un papá y una mamá que los cuidarán hasta que el Trabajador Social o la Corte Juvenil lo decidan.

¿Puedo visitarlos?

En la mayoría de los casos se permiten visitas entre los padres y sus hijos. Por lo general, las primeras visitas son supervisadas por un Trabajador Social o un especialista en la supervisión de visitas. Conforme vaya progresando la investigación, las visitas podrán ser libres y sin supervisión.

Las visitas se llevan a cabo una vez por semana y suelen ser de una hora. Dependiendo de la cooperación de los padres, puede incrementar la frecuencia y la duración de las visitas.

También existe contacto telefónico entre padres e hijos. Muchas veces las llamadas son supervisadas por trabajadores de la Agencia de Protección Infantil o por los mismos padres de crianza.

En casos extremos de abuso infantil severo o abuso sexual, no se permiten visitas de los padres a los hijos.

¿Qué hace un Trabajador Social?

El Trabajador Social es un experto en materia de abuso infantil y en las maniobras relacionadas con la reunificación de la familia. El Trabajador Social es su mejor contacto para comunicarse con sus hijos y presentar su caso ante el juez de la Corte Juvenil.

El Trabajador Social es completamente imparcial en lo que respecta a su caso. Es de gran ventaja tener una buena comunicación con él ya que esa buena disposición será reportada al juez de la Corte Juvenil, quien a su vez tendrá la última palabra con respecto a su caso.

Mis tres hijos fueron removidos, ¿pueden vivir juntos mientras están fuera de casa?

Siempre se trata de mantener a los hermanos juntos. Muchas veces, debido a la edad de los menores, esto no se puede lograr. Si los menores no son colocados en la misma casa de crianza o en el mismo albergue, el Trabajador Social tratará de que los hermanos sigan en contacto estableciendo visitas semanales o quincenales entre ellos.

¿Qué puedo hacer para recuperar a mis hijos?

Temerle a la autoridad, no cooperar con ella, mostrar desconfianza o ignorarla, no aceptar la responsabilidad por lo ocurrido o no creer en la sospecha de abuso a un menor, son las principales causas de que no se lleve a cabo una reunificación exitosa entre padres e hijos que han sido separados por las autoridades de protección infantil. El que la madre se alíe con su pareja en vez de proteger a sus hijos o que no acepte que éstos han sido víctimas de maltrato o abuso son otro obstáculo para la reunificación.

La Corte Juvenil trata cada caso de manera diferente dependiendo del grado de maltrato o abuso al que fue sometido el menor, pues cada tipo de abuso requiere de un Plan de Reunificación distinto. Por lo general, los casos de abuso sexual y de drogadicción por parte de los padres suelen ser los que más tiempo tardan en resolverse.

Tan pronto la Corte Juvenil abre un caso, el juez toma cartas en el asunto y determina los pasos a seguir para que los padres recuperen a sus hijos. El Trabajador Social recomienda a la Corte los pasos más adecuados para que los padres se recuperen de los errores cometidos. Este plan diseñado por el Trabajador Social se conoce como Plan de Caso.

El Plan de Caso estipula muchas condiciones, entre otras, cuántas veces los padres podrán ver a los hijos y en qué tipo de visitas (libres o bajo vigilancia). También puede determinar la obligación de los padres de participar en ciertos programas de recuperación, tales como: clases para padres, cursos de control del enojo o de la violencia doméstica, terapias individuales, grupales, de pareja o familiares, análisis y evaluaciones psicológicas, análisis psiquiátricos, chequeos de laboratorio para controlar el alcoholismo y la drogadicción, etcétera.

La Corte Juvenil otorga tiempo suficiente para que los padres recuperen a sus hijos y completen los diferentes programas que se han estipulado.

No asistir a los cursos o ignorar el Plan de Caso establecido se considera desacato a la Corte y conlleva serias consecuencias, entre ellas que la reunificación familiar no se lleve a cabo, pues la Corte interpreta el desacato como una falta de interés de los padres para recuperar a sus hijos. Esto también incluye el no presentarse ante el juez durante las audiencias establecidas a los 6, 12 y 18 meses de iniciado el caso.

Es importante recordar que los padres siempre tienen el derecho de recomendar a algún familiar o amistad cercano para colocar a los menores, los cuales pueden vivir en Estados Unidos, en México o en cualquier otro país. En muchos casos, es común que los hijos sean colocados con familiares en México u otros países. Para realizar la colocación de un menor en México se solicita la colaboración del DIF y en algunos casos incluso el apoyo de la Secretaría de Relaciones Exteriores del estado para llevar a cabo una evaluación de las condiciones reales de la familia en la que se pretende colocar al niño. El DIF lleva a cabo un estudio socioeconómico para determinar la posibilidad de colocación, y también se requiere una investigación para cerciorarse de que los familiares no tengan antecedentes penales. Para ello, se les pedirá a los familiares una carta de no antecedentes penales, la cual podrán obtener acudiendo a la Procuraduría General del estado más cercana a su hogar. En muchos de los casos, el traslado de los menores a México corre por cuenta de la Agencia de Protección Infantil.

En los casos de abuso sexual por parte del padre, la Corte muchas veces requerirá que la madre se separe de él antes de considerar el regreso de los menores a la casa. Ante un abuso sexual, la madre deberá elegir entre seguir con su pareja o proteger a sus hijos.

SI NO ME ENTREGAN A MIS HIJOS, ¿QUÉ FAMILIARES PUEDEN RECLAMARLOS?

Puesto que los padres siempre tendrán el derecho de recomendar a algún familiar o amigo para ubicar a los menores en tanto se aclara el caso, la Corte considera como requisitos para ser elegidos los siguientes: que prueben ser personas de bien, que no tengan ningún tipo de antecedente de abuso infantil, que no tengan antecedentes penales, que estén en posibilidades de probar su fuerza física y moral para cuidar apropiadamente al menor, que prueben su capacidad financiera para atender sus necesidades básicas, que cuenten con una vivienda de tamaño apropiado para alojar al menor, y que estén dispuestos a acatar cualquier orden del juez y a seguir los mandatos estipulados en el Plan de Caso.

¿POR QUÉ MOTIVOS LOS HIJOS PUEDEN SER RETIRADOS DE LOS PADRES?

Es ley federal en todos los estados de la Unión Americana que un menor sea removido como medida precautoria en casos donde se sospeche de abuso infantil.

Cuando un menor es removido de su hogar, la Agencia de Protección Infantil tiene un periodo de 48 horas para presentar su argumento ante el juez de la Corte Juvenil. Este primer reporte presentado al juez se conoce como Reporte de Detección.

Al leer el Reporte de Detección, el juez decidirá si los alegatos tienen fundamento y si son o no procedentes, así como si el caso se cierra o sigue abierto. Si el juez determina que la sospecha de abuso es infundada, el menor regresa a casa inmediatamente, pero si los alegatos son válidos el juez autoriza el seguimiento del caso.

Cuando el caso se mantiene abierto, la Agencia de Protección Infantil tiene un periodo de 30 días para preparar un estudio minucioso sobre los asuntos que afectan a el o los menores. Al terminar esos 30 días, la Agencia presenta un reporte aún más detallado que se conoce como Reporte Jurisdiccional o de Disposiciones.

Estas primeras audiencias son quizá las más importantes en la vida de un caso de este tipo porque en ellas se determinará la pauta a seguir en el proceso. Es indispensable que los padres acudan a estas primeras audiencias ya que la Corte les otorgará abogados para proteger sus derechos constitucionales o civiles. Es importante conocer al abogado que defenderá la causa y exponerle a éste desde el principio los verdaderos factores o causas que trajeron el caso ante la Corte Juvenil.

¿Cómo es el proceso final para recuperar a los menores?

Si los padres han demostrado cambiar su comportamiento, si han cooperado con la Corte y con la Agencia de Protección Infantil y han seguido al pie de la letra el Plan de Caso, la Corte autorizará que los menores regresen a casa por un periodo de 60 días al que se le llama Visita de Prueba. Cuando un caso se encuentra en este periodo, está en la recta final. Si el menor y los padres responden bien durante esos 60 días, la Corte ordenará que la visita sea permanente y definitiva. La Corte a su vez ordenará al Trabajador Social que siga monitoreando la situación de la familia por un periodo de 6 meses, al cabo de los cuales, si no hay ningún incidente irregular, el caso se cerrará.

¿Quiénes pueden reportar abuso infantil?

La ley de los Estados Unidos estipula que cualquier persona cuyo trabajo requiere estar en contacto con menores es requerido por ley para reportar cualquier incidente o sospecha de abuso infantil. La gama de personas que deben reportar abuso infantil incluye bibliotecarios, doctores, profesores, consejeros, dentistas, choferes de transportes escolares, trabajadores sociales, policías, miembros eclesiásticos, conserjes, terapistas, trabajadores de cafeterías o restaurantes, etcétera.

¿Por qué el juez de la Corte Juvenil otorga un abogado?

El juez de la Corte Juvenil otorga un abogado a todas las partes involucradas en el caso. La mayoría de estos abogados son miembros del Departamento de Defensores Públicos de cada ciudad o condado. Las partes que reciben representación legal son los padres y los menores.

¿Qué puedo hacer si me quitan a mis hijos pero mi esposo está en México?

El padre o la madre de los menores tienen el mismo derecho de ser escuchados por la Corte Juvenil sin importar dónde residan. Es importante notificar a todos los padres o madres de los menores cuando se abre un caso ante la Corte Juvenil. Si el juez está enterado de que existe un padre en el extranjero, le otorgará a éste un abogado para que respalde sus derechos de padre y proteja sus derechos civiles y constitucionales.

Mis padres son ilegales, ¿la Corte puede autorizar que mis hijos vivan con ellos?

A la Corte Juvenil lo único que le interesa es que las personas sean gente de bien, sin importar su situación migratoria en el país. Si el estudio socioeconómico es positivo, los familiares estarán aptos para recibir a los niños hasta que la Corte decida o dictamine sobre cada caso.

Me deportaron por un delito menor, ¿puedo regresar a Estados Unidos a rescatar a mis hijos?

En ciertos estados de la Unión Americana existe un permiso especial para que los padres puedan estar presentes durante las audiencias de la Corte Juvenil. Estos permisos son llamados "Parole letters" y otorgan a cada padre un permiso de 24 horas de duración para presentarse a las audiencias, después de las cuales deben regresar voluntariamente a su país. El no hacerlo antes de que termine ese plazo de 24 horas los excluye automáticamente de regresar a los Estados Unidos.

Ya me regresaron a mis hijos, ¿me los pueden volver a quitar?

Los menores pueden ser removidos cada vez que se reporten alegatos de abuso infantil. Cada vez que esto suceda será más difícil recuperarlos. Los casos para recuperar a un menor cuando ya existe un historial de abuso previo incrementan las dificultades para reunificar a los menores.

Nunca me casé con el padre de mis hijos y nunca ha vivido conmigo, ¿qué derechos tiene?

Todos los padres tienen el mismo derecho a ser escuchados en la Corte independientemente de su estado civil, si ha vivido o no con los menores o si ha contribuido a su manutención. Dependerá del juez de la Corte decidir qué tipo de servicios y derechos le otorgará al padre.

Con mi primer esposo tuve un hijo y con el segundo dos. Si su padre falleció, ¿con quién pueden ir mis dos hijos menores?

Todos los menores se pueden colocar con un padrastro o con una madrastra, ya que la Corte intentará siempre que sea posible mantener a los hermanos y hermanas juntos.

Paisano o paisana, si te encuentras en la penosa situación de que el Departamento de Servicios para Menores haya retirado a tus hijos menores y dudas de que el Trabajador Social o el abogado estén haciendo lo que deben para resolver la situación, por favor preséntate al Consulado Mexicano y solicita su apoyo para que se investigue el estado que guarda el caso. El Consulado de México puede ser un puente de comunicación muy importante con el Trabajador Social o con el abogado, así que, por lo que más quieras, pide ayuda.

Es muy importante que cuando solicites el apoyo confíes en el empleado consular y le hables con la verdad sin ocultarle ninguna información.

Violencia doméstica

Sigo sin entender algunas de las situaciones que se dan dentro de la comunidad mexicana migrante en los Estados Unidos. Comprendo que definitivamente el tema de la violencia doméstica sea algo que se da en todas partes del mundo, mas no podemos decir que como también sucede en China debe darse en nuestra comunidad.

Resulta muy frustrante que en visitas a los centros de detención migratorios y cárceles del condado y otras de más alto nivel, encontremos connacionales que fueron encontrados culpables de agredir en cualquiera de sus manifestaciones a su pareja, sea esposa, concubina o novia.

Como en alguna ocasión escribí en el libro *Tortillas duras: ni pa frijoles alcanza:*

> [...] atrás se dejaron miles de kilómetros recorridos, familiares, hijos enfermos, amigos, trabajos aunque fuesen mal

pagados; pedimos prestado para pagarle al coyote, con la ilusión de regresar tal vez no con las manos llenas, pero sí con algo de lana para progresar. Arriesgar la vida en el cruce, en la cajuela, camión de carga, río o desierto, en donde hasta matan víboras y alacranes. Le pidieron mucho a Dios y a todos los santos y vírgenes que tenemos en "cartera" en México, que nos sobran, para que la migra no nos agarrara. Ya llegamos a los Estados Unidos y, como quiera que sea, ya tenemos chamba. Son unos cuántos dólares los que se llegan a ganar en un principio, pero la paga puede mejorar. Ya nos trajimos a la "vieja". Hay que juntar para traerse a los chamacos y mientras tanto hay que dejarlos con la madrina. Y si estamos solteros, ya nos enamoramos en el norte y nos juntamos con una chava.

Es imperdonable, pasiano, que después de todo lo que pasaste termines en el bote por haber agarrado a cocolazos, piquetes de ojos y hasta patadas voladoras a tu vieja. No se vale que quieras maltratarla, insultarla o agasajártela sin su autorización.

Creo que ya lo sabes, paisano, y si no, te lo recuerdo: si llegas a cometer violencia familiar en contra de tu pareja te van a meter en la cárcel por un buen tiempo.

Así que fíjate en lo que haces, paisano. Una vez cumplida tu sentencia en la "grande", seguramente te entregarán a las autoridades migratorias para que te deporten, y ahí sí se acabó todo, posiblemente hasta tus hijos.

Y si piensas que por ser residente legal ya te salvaste de muchas consecuencias, ¡pos te equivocas! También irás al "bote" y puedes ser sujeto a deportación. Te quitarán tu "green card" y te deportarán. Recuerda que si te deportan perderás tus derechos a los beneficios del Seguro Social. Puedes perderlo todo.

Y para la paisana: si el abusador de tu pareja es residente legal y pretende amenazarte con llamar a migración para que te deporten o te intimida diciéndote que no te arreglará la "verde", mándalo a la ¡*"@%&. Las leyes de migración de los Estados Unidos protegen a las mujeres que son víctimas de violencia familiar. Consulta con un abogado especializado en asuntos migratorios. Te pueden dar tu tarjeta de residente.

Y para que sepas o confirmes lo que ya sabes sobre este delicado tema, lee lo que sigue.

La violencia doméstica y el abuso verbal o físico en general no deberían ocurrirle a nadie, nunca, pero pasa más seguido de lo que uno piensa, tanto a la gente de la "high" como a la del barrio. ¡A las ricas también se las tiznan!

La violencia doméstica y el abuso emocional son comportamientos usados por una persona en una relación para ganar control sobre la otra persona:

- Poniéndole apodos o "etiquetas" que ridiculicen a la persona.
- Limitándole la comunicación a la persona abusada con su familia o amigos.
- Reteniéndole el dinero.
- Interfiriendo con el trabajo o con la búsqueda de empleo de la persona abusada.
- Daño físico o amenaza de daño físico.
- Asalto sexual.
- Intimidación.
- Acoso.[1]

Paisana, de verdad que no tienes por qué permitir ninguna de estas cosas. ¡Denuncia!

Algunas estadísticas alarmantes sobre violencia doméstica

- Cada 12 segundos una mujer es maltratada por su esposo, novio o pareja.
- El maltrato ocurre en todas las culturas, edades, razas, nacionalidades y niveles socioeconómicos.
- El 93% de las víctimas de violencia doméstica son mujeres.
- El 64% de todas las mujeres serán maltratadas alguna vez en su vida.
- El 60% de las mujeres golpeadas son golpeadas en estado de embarazo.
- El 81% de los hombres que maltratan a sus parejas tuvieron padres que abusaban de sus madres.
- Las golpizas son la mayor causa de heridas en las mujeres. Son más frecuentes que los accidentes automovilísticos, asaltos y violaciones *todos juntos*. Ésta es la principal causa por la que las mujeres son atendidas en las salas de emergencia.[2]

Mitos y realidades sobre la violencia doméstica[3]

Mito 1: Algunas personas merecen ser abusadas verbal o físicamente.
Nadie merece ser abusado verbal ni físicamente, punto. Eso de que "me lo merezco por ser como soy, por no hacer las cosas mejor, por haber quema-

---

[1] www.ambientejoven.org/temas/2004/violencia_domestica.htm
[2] *Idem.*
[3] *Idem.*

do la comida", es totalmente falso. La única persona responsable del abuso es el abusador mismo. La violencia física o verbal no tiene justificación alguna y el primer paso para salir de una relación abusiva es entender lo que acabas de leer.

Mito 2: La furia causa la violencia doméstica.
Aquellos que maltratan no sienten más furia que el resto de la humanidad. Ellos utilizan la furia como excusa y justificación para su comportamiento. Todos sentimos furia en algún momento, pero no debemos expresarla abusando de otros.

Mito 3: Los abusadores "pierden el control" sobre su temperamento.
La violencia no es una "pérdida de control", es el ejercicio de poder y del control de un compañero sobre el otro. Los abusadores generalmente sólo son violentos con sus compañeras o con sus hijos. Se cercioran de que otras personas no se enteren pues ejercen el abuso a puerta cerrada y se aseguran de que nadie hable de esto. Si cometen un asalto físico, los abusadores tratan de infligir heridas en partes del cuerpo que quedan cubiertas por la ropa, jalan el cabello o ahorcan, heridas que por lo general dejan marcas menos obvias.

Mito 4: La violencia doméstica sólo ocurre en familias de bajo nivel educativo, pertenecientes a una minoría o con problemas.
La violencia doméstica toca todos los grupos demográficos, sin importar raza, etnicidad, nivel económico, clase social, orientación sexual, ocupación o nivel de educación. Aproximadamente, el 50% de todas las parejas sufre violencia doméstica en algún momento de sus vidas.

Mito 5: La violencia doméstica es problema de mujeres.
Aunque es cierto que el 93% de las víctimas de violencia doméstica son mujeres, éste no es un problema exclusivo de ellas.

Mito 6: Las drogas y el alcohol causan la violencia doméstica.
El consumo de drogas o alcohol puede incrementar las posibilidades de violencia doméstica y está presente en por lo menos el 50% de los casos. Sin embargo, muchos alcohólicos y personas que usan drogas no maltratan, y muchos de los que maltratan no consumen drogas ni alcohol.

Señales de advertencia

Los abusadores con frecuencia presentan una imagen de "buen proveedor" y suelen tener una baja autoestima. Es común que se nieguen a aceptar su responsabilidad por la violencia e intenten racionalizar su causa o culpar a la víctima de ser la causante.

El abusador presentará posiblemente las siguientes señales: celos, comportamiento violento, comportamiento controlador, abuso verbal, cambios de ánimo, hipersensibilidad, actitud machista hacia las mujeres, amenazas de violencia (incluida la amenaza de suicidio).[4]

¿Qué hacer?

Si sientes que estás en una relación abusiva y quieres salir de ella, o conoces a alguien que esté en una situación así y quieres ayudarla, puedes averiguar si en tu comunidad existen servicios comunitarios que ofrezcan ayuda a personas víctimas de abusos domésticos. Esto varía de acuerdo a cada condado o ciudad. También puedes llamar a la policía.

¡No te dejes, paisana! Y, paisano, fíjate en lo que haces. Aunque es difícil reconocerlo, si crees ser un abusador, pide ayuda y ayúdate para que no pierdas lo que tanto te ha costado.

---

[4] *Idem.*

¿Y LOS SUEÑOS?
DETENIDO POR LA MIGRA
Y DOCUMENTOS FALSOS

I

En el momento en que lo esposan, siente que todo se acabó, que todo el desmadre de soñar, de ilusionarse, se esfumó. Se siente como el peor de los criminales, aun cuando no ha robado y mucho menos matado. Aquellas dos roscas de acero así lo hacen sentir. Lo más gacho y dramático que hizo fue tirarle de patadas voladoras a su suegra al estilo del Santo.

Sus dedos ya están embarrados de tinta entre azul y negra, uno por uno los va depositando en una cartulina azul de cuadritos a rayas... El chiquito lo pone mal, el agente lo ve de reojo y ha de pensar "So stupid!" –claro que en inglés, es gringo–. Termina de imprimirlos, se los observa y sigue sintiendo regacho. En ese momento le indican que se apure para que le tomen las fotos del recuerdo. Aquí no habrá número ni uniforme a rayas, pero la foto surtirá el mismo efecto. La tecnología ya ha avanzado, su imagen quedará almacenada en una computadora: el paisa ya tiene antecedentes. No le dan tiempo para limpiarse los dedos y termina embarrándolos en aquel pantalón que le prestaron. El flash no se hace esperar, ni tiempo le dan de lamerse el gallo que trae parado en la choya. "¡Vale madres!", piensa.

Pasa un segundo, agacha la cabeza y voltea a ver a aquel mamado vestido de verde al que se le dibuja una amplia sonrisa y en cuyo gafete se lee Cuevas, aunque él dice que no habla ni entiende ni una pizca de español.

–Excuse me? –contesta cuando algún detenido le habla en español, pero eso sí, cuando le mientan la madre, de volada dice "¡Qué pasó!".

El paisano sigue pensando y por su mente cruzan muchas cosas. Por fin había conseguido una chamba, aquel era su primer día y le pasa esto. "¡No puede ser, carajo! ¡No puede ser!", se lamenta.

La cabeza le comienza a dar vueltas, no crea usted que como al *Exorcista*, pero sí que sus ideas van de aquí para allá. Se acuerda de su vieja, de sus tres chilpayates y hasta de su suegra, pero más de las personas a quienes les pidió prestado para pagar su sueño del norte.

Ya no quiere pensar más. Este paisano de nombre Margarito, humilde y jodido hasta las muelas, es originario de un pueblo cerca de Ixmiquilpan, Hidalgo, donde todavía hablan dialecto y dicen que ése es su idioma.

El paisano tiene su orgullo, no quiere que los agentes de la migra vean que la está pasando de la jodida. Simplemente aprieta puños y muelas —estas últimas despacio, si hasta eso no es tan güey, porque le falta un pedazo a una de ellas— y sigue las instrucciones del agente de la migra.

—¡Hijo de tu pinche madre! —piensa en ñañu o náhuatl—. Tú acabas con un chingo de sueños e ilusiones. Tú les das en la madre de fea forma. Sólo basta que alguien sea prieto y chaparro, o hasta con un poco de lonjas, para que lo detengas. Ni siquiera creo que sientas gacho. Si hasta se te ve la sonrisa.

Margarito sigue viendo aquella oficina que realmente es pequeña. Aquí no entra cualquiera. Está reservada para dos tipos de personas: agentes de la migra y paisanos detenidos. La burocracia gringa es muy peculiar. Pareciera que es una regla que en las oficinas de gobierno la recepcionista sea la más fea, y también que sea de color. Algunas más tostaditas que otras, pero finalmente minoría. Esta oficina no era la excepción: a la dama se le salían las lonjas de su lugar y tenía un pinche mal humor.

Los agentes de la migra también tienen sus características particulares: predominan los güeros, altos y mamados, algunos de ellos son reservas de la armada de los Estados Unidos, y no se crean, ven la captura de paisanos como una guerra; le ponen *feeling* al asunto. Muy pocos de ellos fueron a la universidad. Este trabajo es sencillo —dicen—, solamente hay que agarrar mojados. Aquí no se requieren mayores estudios, con el *high school* es más que suficiente.

Pero por disposiciones del gobierno, se siguen las instrucciones y hay que contratar a minorías, no importa que no midan los seis pies de altura. De un tiempo para acá, ya se ven más con ojitos rasgados y hasta uno que otro bigotudo y prieto. En esta oficina también los hay, y aunque usted no lo crea, el más cabrón de todos es ese de apellido Cuevas, que con mucho dizque orgullo dice que su apá es del norte y su amá de Jalisco.

—¿Tienes papeles? —le pregunta en su momento, en inglés.

Margarito se observa las manos, pela los ojos y gesticula porque no entiende nada.

No sé qué es lo que efectivamente les pasa a los hijos o nietos de mojados o migrantes —pa que no se escuche de la fregada—, porque muchos de ellos, cuando ingresan a los cuerpos policiacos o de migración son más cabrones que los propios güeros. Es como si tuvieran que demostrarles a sus superiores que pueden ser duros y hasta ojetes con su propia raza. Los friegan, los joden y los humillan. Han de pensar que así les va a llegar más rápido el ascenso.

Pues sí, en efecto fueron los agentes medio prietos los que hicieron el arriesgado operativo de detener a este peligroso criminal cuando salía del baño de la gasolinera 7 Eleven. Han de estar presumiendo a sus superiores que se quebraron la cabeza para realizar la investigación que los llevó a detener al paisano. A algunos de estos vestidos de verde –por no decir que a muchos, porque luego dicen que uno es medio exagerado– les vale madres a qué horas o cuándo hacen sus detenciones.

Margarito sigue su camino custodiado muy de cerca por el agente Maldonado, quien lo dirige a una pequeña oficina donde resalta un enorme cuadro de un anciano canoso con barba de chivo y un enorme sombrero de los colores de la bandera de Estados Unidos. "I want you!", señala.

–Siéntate –le dice el agente Maldonado, de origen puertorriqueño. Se le nota por lo prieto, por el pelo chino y por el acento.

Detrás de ellos va el que se siente más picudo, el que coquetea con más de una chava diciéndole que si le da "aquello" no la va a deportar. El oficial Cuevas llega con un café en una mano y un titipuchal de cuestionarios en la otra. Su caminar es seguro y su sonrisa burlona, ya que va a entrevistar a un paisano que se ve más jodido que otros. Le va a decir sus derechos constitucionales, pero la mueca de burla permanece en su cara.

–¿Cuáles derechos? –parece estar pensando–. Te vamos a deportar.

Cualquiera diría que lo disfruta. Llega a su silla, le da una limpiadita con los cuestionarios y no se quita los lentes oscuros –ha de haber un chingo de sol en la oficina– e inclina la cabeza para ver a Margarito.

–¿Cómo te llamas? –pregunta.

–Margarito –contesta tímidamente, con un español salpicado de dialecto.

Cuevas lo observa cuidadosamente. Da un sorbo al café, muerde su dona y apunta.

–¿Apellido? –le pregunta.

–Nube –contesta Margarito.

–¿Qué no entiende? ¿Cuál es su apellido?

–Nube –vuelve a contestar.

Cuevas se talla nerviosamente la barbilla y los cachetes. Se quita los lentes y como que se remueve la lagaña. Está que se lo lleva la chingada. Piensa que el paisano le está viendo la jeta, no cree que efectivamente se apellide Nube. Le está entrando un arranque de encabronamiento, porque aunque parezca increíble, los agentes de la migra se enojan, dicen chingaderas, ven a los paisanos como sus peores enemigos, más de uno ha querido tirarles un buen trancazo, y no falta quien se los dé, total, cuando vienen las investigaciones que se inician en la oficina local y llegan hasta los Washingtons D.C., dicen que fue en defensa propia, que el paisano los vio mal, aunque lo que sucedió era que el paisano estaba visco.

141

Y efectivamente, en ese momento Cuevas tira un manotazo al aire y por allá sale volando el café que se estaba saboreando. En una de las paredes quedan las huellas, la mesa volteada, los cuestionarios también. Algunas gotas le caen en aquel uniforme que porta con tanto orgullo. ¡Hasta el cuadro del Tío Sam sufre las consecuencias! Maldonado simplemente suelta la carcajada.

—You just don't stand them, do you? —lo que en totonaca quiere decir que no los aguanta.

—Nuevamente… ¿Cómo te apellidas? ¡No quiero tu nombre indio!

—Nube —vuelve a contestar Margarito.

—Fuck you! —grita Cuevas.

Margarito se queda perplejo, no sabe ni qué onda. Pela los ojos, pero luego luego se le quita la mueca de "no entiendo".

—¡Vete a la chingada! —le grita Cuevas en perfecto español—. La entrevista ha concluido.

Para ese momento ya había otros oficiales además de Maldonado y a ninguno parecía sorprenderle el carácter de su colega. A Margarito aquella situación le hizo feliz, sin querer queriendo había hecho encabronar al oficial, pero de inmediato pensó que eso podría tener consecuencias.

Maldonado, que entiende perfectamente el español, se da tiempo de traducirle a los compas güeros, que también festejan las respuestas de Margarito, lo que hace enojar aún más a Cuevas.

—Pinche mexicano —le dice en español—. Te estás burlando de mí.

La sonrisa que Margarito lleva por dentro se esfuma de inmediato, ya le empieza a preocupar el enojo del oficial.

—¡No, señor! Así me llamo… Mire usted…

Margarito saca de su bolsillo una bolsita de plástico. La abre muy despacio e igual de lento extrae su contenido. Desdobla su acta de nacimiento que está llena de manchas por todos lados, hasta pipí de su chamaco tiene.

Cuevas la toma con desgano y la suelta al ver las manchas amarillentas. Se pone los guantes de plástico y hace muecas. Le da miedo que aquellos microbios lo enfermen. "Margarito Nube Agua", dice el papel, nacido en Ixmiquilpan, Hidalgo, en 1958.

—Toma —le dice devolviéndole el acta de mala gana—. ¿Cuánto tiempo llevas en los Estados Unidos?

—Una semana.

—Te lo agarraste novato —le gritan.

—¡Como siempre! —secunda alguien más.

—Fuck you! —les grita.

—¿Usted cree que pueda quedarme a trabajar aunque sea un año? —pregunta Margarito.

La ingenuidad de Margarito irrita aún más a Cuevas, quien sin siquiera decirle sus "derechos" lo invita a que se levante.

—¿Me pudieran dar un permisito aunque sea por un año? —insiste Margarito, que en efecto cree que se lo pueden dar. No intenta burlarse de nadie, ésa nunca ha sido su intención. Lo que necesita es pagar sus deudas y mandar un poco de dinero a su casa—. ¡Nomás un año! —pide.

Cuevas lo mira y entre dientes dice "Shit!", pero en su mente le mienta hasta la madre, pasando por su padre, sus hermanos y hasta su suegra.

Irritado, pero con una sonrisa burlona, Cuevas encamina a Margarito al área de aislamiento de aquella Oficina de la Patrulla Fronteriza. Es una celda aunque no tenga barrotes. Se trata de un cuarto cerrado por una fuerte puerta de madera y una pequeña ventana de vidrio. El aislamiento es total y el espacio es reducido, tiene dos banquitos de cemento incrustados al muro, un escusado y una media pared que te permite estar en la intimidad, o bueno, media intimidad porque cuando te bajas los calzones se te ve la rayita y cuando te levantas los fisgones pueden darse perfecta cuenta de que no has sido muy cuidadoso en eso de la limpiada.

A Margarito ya le quitaron las agujetas y el cinturón. Dicen las autoridades que es una forma de asegurarse de que los detenidos no se lastimen, según para que no se ahorquen.

Son muchas las causas de muerte entre nuestros compas que se van a los Estados Unidos: ahí están a los que una pinche víbora les mordió una nacha, o los que quedaron tiezos en el desierto con la lengua de "juera", o los que después del panzazo en el río ya no salieron, ¿pero ahorcados en una celda? Hasta el momento no sé de ninguno.

En ese cuarto sólo hay soledad, pensamientos que te hacen encabronar. Margarito está parado en medio de esas cuatro paredes y no sabe qué va a pasar con él. Simplemente lo metieron ahí. Se pone en cuclillas y al cabo de un rato termina recostado en aquella fría banca de cemento. Mira su reloj de a dólar con la cara de Mickey Mouse. Son las 2 de la tarde. Han pasado más de seis horas desde que lo agarraron. Ya no puede aguantar el coraje que trae dentro y le tira un chingadazo a la pared, puja, se chupa el puño y se le hincha un dedo. Parece que chilla, y sí, está chillando, pero no de dolor, sino de impotencia.

Escucha ruidos afuera. Se levanta de volada y se limpia los mocos. Lo último que quiere es que los agentes se den cuenta de lo que está pasando. Ya metieron las llaves en el agujero. La puerta se abre.

—Te vamos a dar el año que querías —le dice Cuevas.

—¿En serio? —pregunta Margarito.

—Sí... pero encerrado —Cuevas se ríe.

A Margarito no le queda de otra más que aguantarse la burla de Cuevas, aunque le duela más que el trancazo en la pared.

—Déjalo en paz —le dice Maldonado.

—Te importan mucho los mojados, ¿verdad? —le dice Cuevas.

—Hay que tratarlos bien. ¿Qué ganamos con maltratarlos?

—Yo no los maltrato —responde Cuevas—. Simplemente los trato como se merecen. Ellos son los que se burlan de nosotros cuando los detenemos y nos dicen que regresarán en unos cuantos días —Cuevas se calla un momento, como pensando qué dirá después—. They fuck me, man! Me chingan y me encabrona que cuando uno los detiene se hacen las víctimas, algunos chillan, otros agachan la cabeza. Les faltan "balls", huevos, como dicen ellos, para mirarnos a los ojos.

Hace otra pausa. Se le nota el enojo. Margarito sólo lo observa.

—Cuando los detienen en grupo, escucho perfectamente cuando dicen "pinches gringos pendejos, mañana me regreso". Eso me encabrona, por eso yo también disfruto cuando los detengo, y más cuando es de a uno, me encanta ver su reacción. Llevo el conteo de los que he detenido.

—You're fucking crazy! —le dice Maldonado—. You're fucking crazy —le vuelve a decir.

Cuevas ya no pela a su cuate. Se limita a ver a Margarito. Camina hacia él, aprieta los dientes y procede a ponerle otra vez las esposas.

—¡Vámonos! —le ordena.

—¡No se preocupen! —les grita a sus compañeros mirándolos de reojo—. Todos son iguales: borrachos, huevones y apestosos.

Margarito sigue las instrucciones. Camina y camina en silencio. De repente es bueno no ser bilingüe porque los insultos le valen madre. Total, ni los entiende. Su caminar es lento. Sale de la oficina y le dicen que suba a aquella camioneta con la insignia INS. Se sienta a un lado suyo un oficial de color que sobrepasa los 6 pies y pesa más de 250 libras. No dice nada. Cuevas conduce.

—¡Qué bonita es la ciudad! Hermosas avenidas, grandes áreas verdes y un clima a toda madre. Orlando… Aquí es donde vive Mickey Mouse…

Ya llevan más de 15 minutos dando la vuelta al boulevard John Young Parkway. Dos minutos después llegan a la cárcel del condado. Margarito pasará aquí la noche. Al día siguiente será llevado al centro de detención migratorio.

Hasta aquí Margarito había aguantado los insultos, pero al ser bajado de la camioneta blanca de migración siente la mayor de las humillaciones. Del estacionamiento a la entrada principal hay más de 50 personas, y todas parecen mirarlo pensando que es un pinche criminal de "aquellas". ¡Si supieran que solamente es por estar de ilegal en el país! Unos hasta mueven la cabeza como diciéndole "ya te fregaste", y segundos después cada quien vuelve a su rollo, unos ríen, otros se carcajean, y Margarito cree que es de él de quien se están burlando. Intenta apurar el paso, pero Cuevas lo detiene del brazo. Se tiene que aguantar, y más cuando entran a la recepción y ésta está a reventar.

Aquí nadie fuma, ni toma refresco y mucho menos come. Todo eso está prohibido. Predomina el silencio, aunque de repente se escuchan los murmullos de la gente que ya está enfadada. A los que se sientan en aquellas sillas de plástico ya les duelen hasta las nachas.

La gente le abre paso al agente de migración y a su "peligroso" detenido.

−¡Detención migratoria! −dice Cuevas al sheriff a través de una pequeña rendija en aquella ventana de cristal llena de huellas de dedos, manos completas y hasta lengüetazos, porque uno tiene que poner la boca cerquita para que lo escuchen.

A Margarito lo detienen por el brazo. Momentos después se abre una puerta eléctrica desde adentro. El "pssssssss" que hace al abrir se siente gacho, pero es peor cuando se cierra.

Margarito ya está adentro, pela los ojos al ver a sus nuevos compas, la mayoría negros, carajo, todos miden más de dos metros y están bien mamados. Por allá se ven otros greñudos que aún creen que están en la época del "peace and love" y la marihuana. Pero no vayan ustedes a pensar que los paisanos son unos santos. Aunque sólo son unos cuantos, se notan con sus uniformes anaranjados. El movimiento interno es constante, algunos internos van jalando un carrito de metal con las toallas recién lavadas; otros empujan otro igual, sin embargo aquí va el refine: estos carros no traen ropa limpia. El repollo que llevan no tiene figura, y de la sopa pa qué les digo: huele a enfermedad.

−¿Adónde me llevan? −pregunta por fin Margarito.

El oficial de color no contesta, es más, ni lo pela. Cuevas disfruta todo aquello.

−¿Adónde me llevan? −insiste Margarito.

Nadie contesta. Margarito siente más gacho todavía. Espera respuesta, pero no la hay. El que entiende español se hace güey, o tal vez lo sea.

Han llegado al área de los elevadores, su destino final será el segundo piso. Ninguno de los tres habla, sólo miran fijamente la luz que anuncia la llegada de la caja de metal. Cuando se abren las puertas salen del elevador y dan vuelta a la derecha y luego a la izquierda en una serie de pasillos muy reducidos. Se encuentran un reo dándole duro al trapeador. Éste les sonríe, parece que no se ha limpiado los dientes en un buen tiempo y en el brazo lleva un tatuaje que dice "pussy".

Margarito ya ni pregunta. Sólo ve, y ve, y ve...

−¡Es todo tuyo! −le dice Cuevas al oficial de color que lo acompaña hasta una pequeña oficina con un viejo escritorio de metal y una silla de plástico.

—¡Señor! —Margarito quiere preguntar algo, pero ahora sí siente que se lo lleva la tiznada.

Cuevas sólo lo observa, sonríe y se aleja dejándolo con la palabra en la boca. Margarito obedece cuando le indican con el dedo que debe tomar asiento. Recarga los codos sobre sus piernas y cubre su rostro con las manos. Por más que le piensa, por más que busca explicaciones, no entiende ni qué pedo. Hace unas horas pensaba en hacerse rico, ahora quién sabe. A la distancia ve un reloj. Ya son las cinco de la tarde. Se escucha perfectamente el tic tac. Los segundos parecen eternos y regresa a su pose inicial sin dar crédito a lo que le sucede. Al poco rato entran en aquella oficina sin puertas un civil y un oficial que camina como si se acabara de bajar de su cuaco.

—¡Párate! —le dicen en un español cargado de acento.

Margarito hace lo que le dicen sin dejar de ver el reloj. La manecilla avanza lentamente.

—¡Quítate la camisa! —le ordenan.

Después de escucharle el corazón, tomarle el pulso y revisarle otras monerías, le piden que se baje los pantalones. ¡Zácatelas! El médico le toma los tanates y los mueve de aquí para allá. Se retira el guante y lo guarda en su bolsillo ya que seguramente lo usará para revisar a otros paisanos.

—¡Abre la boca! —le dicen.

¡Qué arrepentida se dio el galeno de haber dicho eso! El paisano abre la boca, dice "Ah-ah" y salen unos aromas de aquellos, entre chilaquiles y enchiladas. Pa qué les digo de las muelas picadas.

Después de otros cinco "¡ah-ah!", el doctor guarda su palito de paleta. La revisión de piojos no se hace esperar. ¡Qué humillación para la raza! Siempre nos han querido ver como una bola de piojosos. Margarito murmura algunas palabras, seguramente ni en español porque ninguno de los dos entendió.

—What? —le dijeron.

Parece que les mentó la madre en el idioma de los aztecas. A Margarito se le dibujó una pequeña sonrisa. Por primera vez, comprendió lo chingón que es ser bilingüe.

El reloj marca ya las 5:30 de la tarde. El doctor y el oficial se han ido. Margarito sigue ahí solo, abrochándose la camisa. La falta de alimento comienza a causar los primeros estragos. Le rechinan las tripas y se le salen algunos aires apestosos. Por años ha padecido colitis. Vuelve a disfrutar de aquel defecto. El guardia que pasa por ahí hace muecas y dice chingadera y media.

—Shit! Shit! Shit! —grita mientras hace todo tipo de gestos. Se pone más prieto de lo que estaba. Del negro se pasa al morado—. Let's go! Let's go!

Margarito no necesita conocer el idioma de Shakespeare para comprender que le están dando instrucciones de que salga y tome camino. No son más de 30 pasos lo que tiene que recorrer. Le abren una celda de aquellas para él solito. Ésta sí tiene barrotes de acero, el piso rechina de limpio y hay más de 30 camas de acero o metal, cubiertas con una sola colchoneta y una sabana color verde. ¡Tenía que ser verde! Estaban muy cómodas, las desgraciadas. Aquí nadie se levanta con dolor de espalda. Es más, hasta teléfono tiene. Ésta es la celda que la migra le renta a las autoridades del condado para encerrar a los peligrosos indocumentados.

Los únicos ruidos en aquella celda son los de sus tripas, que no dejan de rechinar. Nuevamente en náhuatl, Margarito mienta madres y dice fregadera y media.

—¡Tengo hambre! —grita en su desesperación con la poca fuerza que le queda.

—Shut up, mexican! —le gritan desde otra celda.

—¡Cállate el hocico! —le grita otro con acento puertorriqueño.

Margarito vuelve a gritar y segundos después su viejo conocido, el oficial de color, le exige silencio.

—No hotel! No hotel! —le sentencia.

Qué jodida ha de ser la resignación cuando ni siquiera sabes por qué te está yendo de la chingada. Margarito no es nada güey, entiende que muy seguramente está ahí por mojado, por estar en un país que no es el suyo, pero es que así no se la pintaron. Le dijeron que si lo agarraban, de inmediato lo pondrían en la frontera y él se regresaría al segundo día.

El reloj sigue su marcha. Ya son las 8 de la noche. Margarito camina de aquí para allá. Se le caen los pantalones porque no trae cinturón. Ya ni maldice. Hurga en los bolsillos para ver si trae algo de morralla. Le quiere dar uso a aquel teléfono negro, ya medio viejo, que apesta. Nunca lo limpian, así que seguramente ha de estar lleno de microbios de sífilis, tuberculosis o gripe. Margarito sigue buscando pero no encuentra nada. Se le olvidó que los agentes de migración le quitaron sus dos únicas monedas… de diez centavos. Sólo encuentra un pedazo de papel con el número telefónico de los compas que le dieron posada durante la última semana. Se queda pensativo, rascándose la choya.

—¿Ahora qué hago? —se pregunta.

Nunca fue a la escuela pero conoce los números, aunque a veces se le confunde el dos por el cinco. Se sigue rascando la choya. Allá en el pueblo siempre había una "leída" que le hacía el favor de marcar. Aquí no hay nadie. Está solo. En un arranque de desesperación levanta la bocina, y como si Diosito se lo hubiera indicado, marca el cero. Espera unos segundos…

—Operador —contesta una dama.

Margarito se asusta y suelta la bocina de inmediato. Ahora sí que se resigna y se dirige a la cama que le asignaron. Se recuesta. El bip bip del teléfono sigue y sigue, hasta que alguien grita:

—Fuck with that shit! —o lo que es lo mismo, "a la chingada con eso".

Margarito cuelga la bocina y se queda jetón, pero el gusto le dura poco porque a las cuatro de la mañana los gritos de otro oficial de color lo levantan.

—Get up! Get up!

Margarito se levanta de volada y se da un buen chingadazo en la cabeza con la litera de arriba.

—Breakfast —le dice, anunciando el desayuno.

—¿Qué? —pregunta—. No inglés. ¿Qué?

—Tú no hablas inglés, ¿verdá? —le dice el oficial.

—No.

—Aquí está tu comida —le dice aquel oficial, ya tirándole a viejo, con canas y panza de pulquero, que pela los ojos al ver con qué habilidad Margarito le entra duro al refín y la facilidad con que se lo termina.

Ni tiempo le da de aventarse un eructo. Seguramente no le agarró sabor a nada. Todo entró derechito a la panza sin haberlo masticado.

—¿Me regala otro? —pregunta.

—No hay —le contesta.

—Sí hay, mire. ¡Hay muchos! —insiste.

—Es para los otros detenidos —explica el oficial dándose media vuelta para empujar el carrito con aquellas charolas de desayuno.

De repente se detiene y de reojo mira a aquel individuo que se ve tan indefenso, tan inocente, tan falto de todo y con esa mirada de "yo no fui".

—¿Por qué estás aquí? —le pregunta.

—No sé —contesta Margarito agachando la cabeza y tallándose las manos. Le causa pena el solo hecho de estar detenido.

—¿Le pegaste a tu mujer?

—¡No!

—¿Te agarraron borracho, como dicen ustedes?

—¡No!

—¿Qué hiciste?

—¡Nada! —contesta mientras se retira los rastros de leche que aún le quedan en aquellos cuatro pelos que orgullosamente presume como bigote.

Al oficial Negron —no por su color, sino porque ése es su apellido— le llama la atención aquel sujeto que es muy distinto a muchos de los que ha visto en ese lugar. No dice "fuck", ni "shit", ni "putas", ni tiene tatuajes ni se cree muy chingón.

—¿Quién te detuvo?

—Dos uniformados que iban vestidos de verde. Tenían cara de paisanos, de ésos que viven en México, como yo.

—¿Pero vestidos de verde?

—Sí, de verde.

–¡Te detuvo la migra!

–No sé, iban de verde.

–Ellos son la migra. Te agarraron porque no tienes papeles para vivir en este país –le explica Negron, quien ve su reloj y apresura el paso porque hay que darle de comer a los demás gorrones–. ¡Vengo al rato! –le grita antes de dar vuelta al pasillo.

Ya son las 4:30 de la mañana. Margarito regresa a su cama y se tira boca arriba mirando aquel techo amarillo. De repente se levanta en chinga porque siente cosquillas en la pata. Es una cucaracha que está a punto de llegarle a la rodilla. El pobre bicho también se levantó temprano a ver si alcanzaba desayuno. Margarito no le dejó ni madres, aquel sí que tenía hambre. Esta cucaracha corrió con suerte, ya que en otras ocasiones ellas han sido parte del desayuno, comida o cena, y cuando eso sucede, quien está encargado de preparar la comida solamente suele decir "Shit!". Las autoridades pelan los ojos y dicen "What? No!". Para qué le digo cuando aparecen colas de rata o ratón. Los empleados de la institución nomás se hacen los ofendidos. Pero eso es solamente parte del show de los paisanos que están detenidos. Fuera de eso y otras tantas cosas, lo demás está "fine".

Margarito busca otro lugar donde depositar ese cuerpo cansado y apestoso. Hace más de dos días que no se baña, ya le pican las patas y a ratos la espalda, las nachas y hasta los tanates, los cuales se rasca y disfruta de aquello que al principio es un placer, pero al poco rato se convierte en roncha. Le da comezón y tiene que ocultar aquella necesidad, así que se mete debajo de la cobija verde y le da duro a su inquietud. No falta un oficial que pasa por ahí y le grita a lo lejos "You're sick!" –"¡Estás enfermo!"–. Seguramente ha de pensar que se la está... ya saben ustedes.

Al paisa le vale madres porque no entiende inglés. Nomás le pone salivita a aquella roncha. Se acuerda de cuando era chiquito y su mamá le ponía para aliviar cualquier tipo de golpe. Pasan los minutos, su mirada se queda prendida de aquel techo. Sigue sin dar crédito a lo que le está sucediendo. Cierra los ojos.

Margarito no se imagina lo que sucedió aquella mañana que sería su primer día de trabajo. No tiene ni idea de que fueron los mismos amigos que lo recibieron, le brindaron comida y le dieron cobija, los que provocarían su detención con aquel estúpido jueguito.

–Ya mero llegamos, cabrones –les grita Plutarco, mientras maneja y se acaricia el pelo largo y negro que le llega hasta los hombros para sujetarse la cola –del pelo– con un pedazo de cinta.

–Oye, Tarco –le dice Jeremías mientras le sigue el ritmo a Los Reyes del Norte–, vamos a la gasolinera por unos "cafeces".

–Sale, pero no me toca bajarme.

—Pos que se baje tu compa Margarito, pa que se vaya entrenando.

—No seas cabrón, apenas está llegando —replica Plutarco.

—Que aprenda —le revira Jeremías.

La gasolinera que acostumbran visitar está a sólo cincuenta metros de distancia de la Oficina de la Patrulla Fronteriza de la ciudad de Orlando. Desde ahí se puede "wachar", como dicen los mexican americans, la entrada y salida de las patrullas, y el movimiento de agentes bien vestiditos, equipados y listos para detener a los peligrosos delincuentes. Obviamente, es la favorita de los de la migra, quienes acostumbran visitarla para comprar sus donas.

—No la chingues, que vaya otro —dice Plutarco.

—No te rajes, güey. No le va a pasar nada.

La canción *De paisano a paisano* ya había terminado cuando el vehículo se estacionó a una cuadra de la gasolinera. Plutarco y Jeremías de vez en cuando practicaban el jueguito ése de "La migra me la pela", incluso hasta apostaban. Plutarco llevaba la delantera 15-12. En esa ocasión, Jeremías dobló la apuesta y los demás paisas le entraron al desmadre. Margarito sólo pelaba los ojos.

—¿Verdad que sí, compadre? —le decía Jeremías.

—Sí —contestaba Margarito, sin entender nada.

Claro que esta apuesta era especial. Se trataba de un paisano recién llegado, con facha de campesino medio jodido, lleno de ilusiones e inocente.

—Toma estos cinco dólares, Margarito. Nos vas a traer cuatro "cafeses" y cinco donas. ¿Entendiste? Ve, aquí te esperamos —le dijo Jeremías mientras Plutarco apretaba los dientes, porque por primera vez sentía gacho por los posibles resultados de su pinche jueguito. Sentía a Margarito como de su familia, era del "terre", pues, pero no se podía rajar. Las apuestas ya estaban dadas.

Buscó en la guantera el caset de los Bukis y mientras tarareaba *Mi cárcel* vio alejarse a Margarito, quien caminaba como niño feliz, nomás le faltó aventarse el pasito aquel de "Somos los exploradores". Veía a cada paso aquel billete. "Muchos de éstos voy a tener", se decía. Su pensamiento se vio interrumpido cuando por poco lo atropellan al cruzarse un semáforo en rojo.

—Asshole! —le gritaron los del carro.

El pobre paisano ni se enteró de la mentada de madre que le acababan de decir.

Plutarco, Jeremías y los demás compas estaban pendientes de todo lo que sucedía. Tenían un ojo en la gasolinera y el otro en la Oficina de la Patrulla Fronteriza.

—¡Ya entró a la tienda! —dijo uno.

—¡Falta lo bueno! —dijo el que estaba al lado.

—Si se tarda un poco más, quién sabe lo que pueda suceder. Recuerden que los de verde siempre salen a eso de las 7 de la mañana —dijo Jeremías, mientras veía su reloj. Margarito ya llevaba más de 10 minutos dentro y el tiempo corría.

—Voy a ver qué pasa —dijo Plutarco.

—¡Te esperas, cabrón! —lo detuvo Jeremías.

—Tú ganas la apuesta, güey, pero quiero ir a ver qué pasa. Pobre vato —dijo.

Jeremías se prendió un cigarro, respira muy hondo y le baja el volumen a la quinta canción de los Bukis, vuelve a darle al cigarro y de plano apaga el estéreo. Observa su cigarro. Aún no se ha fumado las letras pero lo tira por la ventana. Ve de frente a Plutarco, a quien se le dibuja en la cara una mueca de encabronamiento.

—¿Y ahora por qué tan buena gente, mi Tarco? Duele el compa del pueblo. Duele el amigo de la infancia. Duele un anciano. Duelen un chingo de cosas...

Jeremías enciende otro cigarro.

—Tú comenzaste el jueguito —continúa—. Yo fui tu primera víctima. Lo recuerdo perfectamente, como si hubiera sido ayer. Así como tu compa, iba yo feliz de la vida, cuando en realidad me mandaban derechito a la migra. También contra el abuelo apostaste. Te valió madres. ¿Ahora por qué no lo disfrutas? Vamos, Plutarco, disfrútalo.

Plutarco callaba. No tenía respuesta. Él sabía a lo que se refería Jeremías. Él se inventó ese estúpido juego en el que se apostaban las ilusiones de los recién llegados, y ahora pasan los minutos y de Margarito ni sus luces.

—Ahora te aguantas, cabrón —le dijo Jeremías apretando los dientes—. Si quieres ir, pues ve. Sólo mira quiénes están entrando a la tienda.

Todos guardaron silencio mientras miraban atentos a lo que pudiera suceder. Los oficiales entraron y no salían. Margarito no aparecía por ningún lado. Seguramente tuvo problemas al servir el café. La maquinita era muy sofisticada.

—¡Ya salió! —gritó uno de repente.

—¡Y trae los "cafeces"! —dijo el otro.

—Si no es tan pendejo... —comentó Plutarco—. No es tan pendejo —insistió sintiendo un gran alivio—. A este güey le va a ir bien en los Estados Unidos —dijo mientras abría la puerta y ponía media chancla fuera del coche. Estaba a punto de gritarle cuando sintió el jalón de alguien.

—Espérate —le dijeron.

Plutarco detuvo el paso y observó cómo dos agentes vestidos de verde se aproximaban a Margarito. El más chaparro de los dos es el más canijo. Se cuentan historias de él en la ciudad de Apopka. Su fama ya llegó a otros condados. Y por cierto, es latino y le va al PRD.

—Ya se lo chingaron —comenta uno en el carro.

Se ve que Margarito no sabe ni qué pedo. A lo lejos se le nota sonriente. De repente baja el café y las donas al suelo, se hurga en los pantalones. Seguro le preguntaron si tenía papeles. Se busca y se busca, y no encuentra nada.

—¡Corre, cabrón, corre! —se escucha un grito desesperado desde el carro, el cual ya está encendido.

—¡No chingues, cabrón! ¡Cállate que también nos pueden agarrar a nosotros! —le dicen.

—Me vale. ¡Corre, cabrón! —le grita Plutarco.

A lo lejos ya no se ve a Margarito tan contento. Los "cafeces" ya quedaron desparramados en el suelo, las donas están todas pisoteadas. Efectivamente, los agentes de la migra, sobre todo el chaparro desgraciado, no se tragan ninguna de las fintas que Margarito está haciendo. Y eso que el paisano había jugado en la selección de su pueblo.

A la tercera finta por poco se les va, pero el migra se avienta como el mejor de los porteros y lo toma de los tobillos. El paisa cae de panza. Sólo se escucha el "¡Ahhhh!". Le ponen las esposas inmediatamente.

—¡Arráncate! ¡Arráncate, pinche Plutarco! —le grita Jeremías.

—¡Apúrale! —le dicen los demás.

Plutarco y los compas ya no pudieron ver la denigrante escena en la que suben a Margarito al vehículo de la Patrulla Fronteriza. Margarito busca a lo lejos a sus compas, aquellos con los que iba a ser rico. Si el pobre hubiera sabido en ese momento que todo era un juego, seguramente les hubiera mentado la madre en náhuatl y en otros dialectos.

Pero nunca sabrá qué fue lo que originó su detención. Sigue recostado en aquella cama del condado de Orange, aún tiene los ojos cerrados y los abre al instante en que siente las patas de la cucaracha. Por un momento no sabe dónde está, pero sólo le basta ver aquel techo para volver a su triste realidad. Está detenido. La impotencia jode, hace chillar, y a punto está de que se le salgan las de San Pedro cuando la celda se abre.

—¡Nos vamos! —dice el guardia.

—¿Adónde?

—No preguntes. Sólo sígueme.

Allá va Margarito acompañado por el guardia. Recorre aquellos pasillos de la cárcel y sus vecinos parecen tenerle envidia. Han de pensar que ya se va para su house. La caja de metal lo lleva al primer piso donde el desmadre es singular. Se encuentra ya sentado en una de las sillas de plástico color naranja. Cree que ya la hizo. A los que están ahí les están dando sus pertenencias. Se emociona. Respira profundo... pero el sentimiento de alivio se le esfuma cuando reconoce al agente de la migra que se aproxima.

—Come! —le dicen, o sea "Ven".

Margarito se hace el güey. Cierra los ojos y le pide a Dios que no sea a él a quien llaman.

–Come! –le repiten.

Ni la Virgen de Guadalupe le hizo el favor. El oficial se aproxima. Lento es su caminar y lenta es la forma en que toma las esposas, aunque de volada se las pone. Nuevamente es tratado como uno de los peores criminales. El vietnamita que está a su lado le partió la cara a su suegra, pero puso una fianza y good bye! El jamaiquino que está junto al bebedero le cambió la cara a su vieja a golpes, pero él también, good bye!

Ellos se le quedan mirando al paisano. "Oh, fuck! –han de pensar–. Éste debe ser un peligroso narcotraficante en su país".

Si supieran que el único pecado de este *wetback* –o guarachudo, como muchas veces nos han dicho– fue querer trabajar para darle de comer a los suyos.

–Apriétenle bien las esposas –dice el jamaiquino–. No se vaya a escapar.

–Yes, yes –lo secunda el otro cabrón, que tuvo la fortuna de que su familia fuera víctima de una guerra y los americanos, para decir "I'm sorry" les dieran la tarjeta verde.

Pero Margarito ya ni agacha la cabeza. Ya para qué preguntar. Dios dispondrá. Pobre Dios. Este paisano ya lo puso en apuros. Él se encuentra muy preocupado pensando en Irak porque los norteamericanos ya entraron a Bagdad. ¿Ustedes creen que el de arriba tendrá tiempo para este paisano?

De seguro lo van a deportar, y no por culpa de todos los santos, sino por la terquedad de los güeros de sacar a nuestros compas para, entre otras cosas, taparle el ojo al macho, a la opinión pública.

Y sí, pa qué preguntar. Margarito ya conoce al chofer que entiende nada de español. Lo suben a una camioneta blanca que dice "Border Patrol". Sigue esposado, lo toman de la choya para que no se vaya a dar un madrazo al entrar. En ese momento se avienta un pedo, o un aire, como dicen los más pípiris nais. Agarran la carretera I-4, donde los paisajes son verdes y hermosos. Hay muchos pinos que plantan sólo para no pagar impuestos. Y de charcos no se diga. Algunos dicen que son lagos, y en alguno de ellos hay hasta lagartos.

Ya salieron de Orlando, se están aproximando a Disneylandia. El paisano sólo ve de lejecitos Epcot Center y Reino Animal. A Mickey Mouse no lo ve por ningún lado. Una hora y media más tarde llegan al centro de detención migratorio, un edificio entre color crema y beige, ubicado dentro de la oficina del Departamento del Sheriffato de la cuidad.

Se abre una puerta metálica en forma de reja. Los dos oficiales de la Patrulla Fronteriza se creen muy chingones.

—One more? —les preguntan al ingresar.

—Yes —contestan, y siguen con su caminar muy fufurufo.

Margarito sólo ve aquel hermoso edificio. Sus paredes están cubiertas con fotografías de quienes han sido sheriff a través de la historia. Todos tienen cara de ojetes. Seguramente lo fueron. Al que está ahora encargado del changarro se le atribuye más da alguna tiznadera en contra de los paisanos.

Efectivamente, como la migra paga la renta del espacio en la cárcel, el sheriff es el que manda. Ha habido quejas de que en la comida les han salido cucarachas o colas de ratas. "¡No! —ha de contestar—. Lo que sí les puedo asegurar es que el repollo lo hierven para que no sepa tan mal".

Margarito entra por la puerta principal. Los oficiales del sheriffato ni lo pelan, es un mojado más. Parece que esto es rutina de todos los días. Después de dos puertas, entran a un elevador que los lleva al segundo piso.

—Wait here! —le dicen.

Se sienta en una silla de plástico. Se acerca una oficial a la que le cuelgan las chichis y las lonjas. Si se agacha, seguro se le revientan los pantalones, y si se le ocurre respirar con ganas, de la blusa se le caerían más de dos botones. Ella se siente con mejores nachas que la encueratriz de los años 80, la que estelarizó películas como *Bellas de Noche*, Lyn May. La que camina a su lado es negra, pero tengan cuidado de decirle así en los Estados Unidos. Allá se les dice "gente de color", mas no hay que decir el color, porque de lo contrario te tachan de racista.

—¿Cómo te llamas? —le pregunta la morena.

Por fin alguien le habla en su idioma. Levanta levemente su rostro, pero de inmediato vuelve a clavar la mirada en aquel piso de cemento. Se soba el pelo y de reojo le contesta:

—Margarito.

Aquella uniformada le da confianza. Tiene finta de paisana. Así lo indican sus ojos cafés, su pelo castaño y su piel morena. Efectivamente, se llamaba Guadalupe Sánchez y es oficial del Departamento del Sheriffato.

Guadalupe Sánchez ya tiene su edad, pasa de los 50 años. Le soba la espalda a Margarito como diciendo "Otro más", o "Ay, mijo, pa qué se vienen".

—Acompáñame —le dice.

—Oiga, usted tiene cara de buena.

—Gracias.

—¿No podría conseguir que me quede unos días aquí, a trabajar un ratito? Usted se llama igual que la Virgen.

Aunque no es totalmente totonaca, Guadalupe sabe a qué se refiere. Su madre se lo ha inculcado, pero traga saliva y simplemente toma del brazo al paisano. No puede demostrar tanto sentimiento. Tiene que ser fuerte y demostrarle a sus jefes que trata de igual forma a sus medio paisanos que a los de otros rumbos.

—Yo no soy nadie aquí —le dice muy quedito al oído—. Vente. Vámonos.

—Pero usted conoce al que manda, ¿verdad?

—No soy nadie aquí —le repite—. Vámonos —dice la tocaya de la Guadalupana.

Detienen su lento caminar porque suena el *walkie talkie*. Margarito se queda tieso, su cara no tiene ninguna expresión. Guadalupe toma el aparato. Se escucha varias veces el "Yes... yes". Regresa junto con el peligroso criminal.

—Están preguntando por ti. Dicen que dónde te tengo.

—¡Diles que sé trabajar! ¡Diles que quiero trabajar!

—Ay, mijo, no te van a dar nada. Pa qué se vienen. Quédense allá.

—Diles. A ver qué te dicen.

Margarito es llevado a una pequeña oficina donde un güero con guantes en mano (no de box, no vayan a pensar que le iban a dar en la madre) lo revisa otra vez. En la cabeza no le encuentran ningún piojo. Al abrirle la boca le hallan más de dos muelas picadas y de nuevo le revisan los tanates. ¡Quién sabe pa qué se los revisan! Tal vez por aquello de que nos dicen "ilegal aliens", como si fuéramos extraterrestres, se piensan que tenemos tres tanates.

En menos de cinco minutos Margarito está más que "fine", listo para ser llevado al dormitorio donde permanecerá hasta que lo manden de regreso a México. Guadalupe agiliza el paso llevando del brazo a Margarito. El elevador se abre y en unos segundos se cierra. Ahí Guadalupe no puede ocultarse más y se le sale un moco que después son dos. No ha de ser catarro porque también hay una que otra lágrima.

Le encantaría presionar el botón que dice "lobby" y dejar a Margarito libre, pero cierra los ojos y por mera costumbre presiona el 5.

El quinto piso es el que le fue asignado a Margarito. El elevador ya llegó. Se abre y de frente se ve una cabina desde la que controlan todas las celdas. Todo huele a desinfectantes de piso. Hay maquinitas donde se pueden comprar chescos y papitas con una tarjeta, sí, como una de crédito.

Margarito pela los ojos cuando se abre la celda y ve a seis negros que lo miran con indiferencia porque toda su atención está en el televisor. Se están aventando una película de vaqueros. Los balazos están en su mero mole. Le han disparado al villano, que ya cayó de su cuaco y está a los pies del galán quien le apunta con una pistola de 8 tiros a la que no le faltan las municiones a pesar de que ya ha disparado más de cien balas. El villano ha muerto. El galán se monta en su caballo blanco y en ancas se lleva a la guapa.

Margarito está impresionado. Pocas veces ha visto gente de color. Sus trenzas son largas, parecen largos gusanos. Huelen a rayos, probablemente hace días que no se bañan. Uno de ellos se rasca la nalga y se huele el dedo. El que está a su lado se acaricia los tanates. El que se huele los sobacos no se queda atrás. Todos festejan el final de la "movie".

Margarito recorre el lugar con la mirada. En el fondo de aquel dormitorio se ven algunos prietos, pero no tanto como los que ven el televisor. Son más chaparros, de pelo lacio y uno que otro quebrado. Mamados no hay tantos. Nomás unos cuantos. Lucen algunos tatuajes. Éstos son los que vienen de la grande, de la cárcel de donde vienen los criminales de alto calibre, de la Federal. Éstos miran con curiosidad al nuevo inquilino, otros siguen su juego de baraja. Las cartas ya están viejas, se les nota porque están todas arrugadas.

—Tú tomar la cama cuarrentah —le indica el oficial que se encarga de cuidar aquel piso.

—¡Cuídate! —le dice Guadalupe.

—¿Cuándo salgo? —le alcanza a preguntar Margarito.

—Oficial, ya llevo más de dos meses —grita uno por allá.

Guadalupe parece estar acostumbrada a ver miserias. La mayoría de los detenidos andan por ahí presumiendo las longas que les cuelgan y los pechos adornados por unos cuantos pelos. De la greña ni se diga. Unos cuantos sí tienen cuerpos atléticos... Los de la esquina siguen haciendo sentadillas, y tienen tatuajes hasta en el cuello.

Otros andan nomás en calzones. Al que está saliendo de bañarse le vale madres que esté ahí la empleada federal y se seca las bolas con singular alegría. De verdad que la Guadalupe ha visto de todo, es más, ha habido algún detenido que se ha masturbado en su presencia.

Cada vez que la ven, todos le suplican —algunos en forma decente, otros no tanto— que les investigue cuándo pasarán a ver al juez de migración. Quieren saber cuándo se van a su casa. La Lupe no se da abasto. No hay respuesta segura para ninguno de ellos.

—Ya veremos —les dice.

Los jamaiquinos y los cubanos son los más tercos.

—¡Dígales que solamente quiero trabajar! —alcanza a decirle Margarito.

Guadalupe y el encargado de la celda se van. Margarito busca y encuentra la cama asignada. Se retira de ahí y se va a parar a la ventana. Termina con el rostro pegado al cristal que da a la calle. Ni cómo aventarse un clavado. Están en un quinto piso. Parece soñar.

—Todo está muy bonito —susurra en su dialecto.

Los minutos pasan y después de una hora termina en cuclillas. De verdad que se ve como un verdadero criminal. Aquel uniforme anaranjado lo delata.

—¡Comida! ¡Comida! —grita uno cuando escucha el "pssss" eléctrico de la reja.

Por lo menos dos pedazos de pan, una ensalada de una semana atrás y el platillo fuerte del día: espagueti a la "migra". Nadie hace fila, se hace una bolita y uno por uno va recibiendo su "lonche" junto con su vaso de agua fresca que no sabe a nada.

Margarito sigue en cuclillas, no se mueve aun cuando tiene la panza medio vacía, pero su presencia no ha pasado desapercibida. Uno de los paisanos le dice al agente de la migra que si le da uno para Tizoc, así ya lo habían bautizado por su aspecto indígena. El Chicles, un oriundo del Distrito Federal, le lleva la comida. Tiene cara de cabrón.

—¡Toma, carnal! —le dice.

Margarito toma la comida que lentamente va desapareciendo. En esta ocasión no salió ninguna cola de rata ni patas de mosca, y si salió ni cuenta se dio. No levanta la mirada en todo el día. Pasan las horas y acaba tirado en la cama que se le asignó, en la parte de arriba.

En más de una ocasión se levanta a mirar por la ventana y permanece ahí largo rato. Todo está en silencio y él sigue soñando despierto. Termina sentado a la orilla de la cama, recordando a los suyos, la cajuela en la que lo metieron, la pobreza en que vive su familia, la deuda que tiene. Quiere chillar, pero se aguanta. No quiere hacerla de tos porque en la cama de abajo le tocó un jamaiquino enorme. Está agotado. Los recuerdos lo han cansado.

Los días parecen eternos, y eso que apenas han pasado dos. Margarito deambula. Siente la incertidumbre. Nadie le ha dicho nada, no sabe cuándo se va y le da miedo preguntar a los compas que hablan español. De alguna manera le molesta que éstos lo miren con lástima, porque efectivamente eso les ha de causar. "Pobre indio pata rajada", parecen pensar cuando lo ven, y no entienden ni madres de lo que le pasa.

La tercera noche está sentado a la orilla de la cama y su poca o mucha imaginación se ve interrumpida por unos angustiosos gemidos que vienen de la cama de abajo. Se asoma lentamente y se da cuenta de que el enorme jamaiquino se está masturbando, como también el de la otra cama, y la que está al lado y la que está más lejos.

Estos morenos tienen más de cuatro meses encerrados, algunos son cubanos. No han tenido vieja en un buen rato ni la tendrán. Muchos no tienen fecha para ir con el juez de migración, por eso le dan duro a aquello.

Estos vatos sí que envidian a los mexicanos. Quisieran ser de nuestro país y se ríen de lo maricas que somos, o al menos eso dicen algunos.

—Mexicano, tú no sufres —dicen—. Mañana te mandan a tu país y mañana mismo te regresas.

Pos sí. Margarito se talla la cara y se lame el pelo, no por verse guapo, eso le vale madres, sino de puritita desesperación. Quiere chillar, quiere largarse. ¡Cuál sueño americano!

La siguiente mañana se despierta con una gran ansiedad y no se puede explicar cómo pueden estar tranquilos aquellos paisanos que se encuentran en la mesa de metal color gris jugando cartas. Apuestan millones de dólares, se imaginan estar en Las Vegas con una cuantas chelas, ¡qué chelas!, ni madres, con un coñac u otra bebida fina y unas viejas buenotas a su lado, enseñando parte de la chichi para hacerla más de emoción. Las cartas ya están bien traqueteadas. Al trébol ya se le cayó más de una hoja. Eso sí, el desmadre es sano. Hay mucha gente de Michoacán, pero predominan los de Hidalgo y hay uno que otro de Guanajuato.

—¡Gané dos millones! ¡Te chingué! —grita uno.

De las regaderas sale un tipo encuerado tratando de averiguar qué es lo que pasa. Se limpia "el asunto" sin ninguna pena o tapujo. Le da vuelo a la hilacha. Nadie se atreve a decirle nada al encuerado porque acaba de salir de la grande y es muy picudo. Seguramente estuvo encerrado por mucho tiempo. Su cuerpo está lleno de tatuajes: en el pecho lleva un guerrero azteca, más abajito el nombre de su chava y en la espalda, no podía faltar, la imagen de la Virgen de Guadalupe.

—¡Pinches vatos locos —dice.

Margarito no juega cartas, ni ve la tele ni se avienta las dos mil sentadillas diariamente. Respira profundo, sigue observando, cierra el puño y le tira el primer trancazo al catre viejo que cubre aquella cama de metal. El Chiles, el David o el Pelos y el Navidad, que siguen en su sueño de grandes apostadores, le piden al Tizoc que le baje, que no se encabrone. Tira el segundo changadazo, pero no le pega al colchón y se lastima.

—¿Qué te pasa, carnal? —le pregunta el Navidad, un tipo muy simpático que no mide más de metro y medio. Su apodo le queda a la perfección. En los últimos ocho años la migra lo ha deportado en fechas decembrinas. Ya hasta han de pensar que busca su detención para agarrar viaje gratis.

Margarito no le contesta.

—¿Te dolió, Tizoc?

—No me llamo Tizoc. Me llamo Margarito.

—Está bien, Margarito —le dice dibujando una media sonrisa y tomándolo del hombro—. Paisano, aquí hay que ponerle huevos, muchos huevos para salir adelante.

—Yo solamente quería trabajar —dice Margarito mientras se talla el puño lastimado—. Sólo quería ganar un dinerito para ayudar a mi familia. Sólo quería darles de comer.

El Navidad lo escucha y se pone serio. Las palabras del Margarito lo hacen reflexionar. Éste no tiene finta de ojete ni de cabrón.

—¿Por qué te agarraron, mi Margarito?

—Me dicen que por no tener papeles, de esos pa trabajar. ¡El permiso, pues!

"¡Pobre cabrón!", piensa el Navidad mientras inclina la cabeza. A éstos son a los que no debería agarrar la migra. Éstos no son criminales, aunque, bueno, para muchos gringos todos lo somos. Éstos son gente buena cuyo único pecado es estar jodido, ser pobre y no tener qué darle de comer a la familia. Estos cabrones deberían quedarse, ya que gracias a cientos y miles como éste es que este país ha salido adelante.

"Debería existir un santo o una virgen de los indocumentados", sigue pensando el Navidad, pero Dios está muy ocupado con tantas guerras por todos lados, tratando de solucionar otro tipo de broncas.

"Yo para qué me quejo –piensa el Navidad cerrando los ojos–. Si supiera este pobre güey por qué estoy aquí, por qué me van a deportar en dos días… Mejor ni le digo, me daría pena."

–¿Verdad que puedo pedir un permiso? –le pregunta Margarito.

–No, carnal. Eso es mentira. Puedes pedir lo que quieras, pero ya todo está dicho. Te van a deportar.

Los días pasan y el paisano sigue en aquel encierro. Los negros y uno que otro mexicano se siguen masturbando. El Chicles y el Pelos ya se fueron. Los deportó migración. Les permitieron ponerse las ropas con las que fueron detenidos y les entregaron su bolsa de papel con sus demás pertenencias. Fueron transportados en aviones militares, seguramente esposados. ¡Pobres! En caso de que el avión se vaya en picada, lo único que les quedaría sería rezarle a la Virgen morena y gritar de a madres.

Ya han pasado más de tres semanas y Margarito se ha convertido en uno de los huéspedes más viejos. Sigue sin jugar cartas, sigue contemplando la calle desde la ventana. Aún tiene fe en que le darán un permiso para trabajar. Él no ha cometido ningún delito. En aquellas jugadas de cartas escuchó perfectamente cuando el Chicles explicó por qué fue detenido: le había parado una santa madriza a su vieja, y todo porque le había puesto demasiada sal a sus frijoles. Juró que los golpes fueron sólo esa vez, pero nadie le creyó. Ese día que le avisaron que ya lo deportarían, confesó que casi a diario le daba sus "cates" para que entendiera quién era el jefe de la casa.

El Pelos tampoco era un santo: lo agarraron vendiendo credenciales, seguros sociales, tarjetas de residentes, matrículas consulares y hasta pasaportes chuecos. Hizo un chingo de feria y la mandó toda a México.

–¡Yo sí me chingue a los gringos! –gritó en más de una ocasión.

Lo que no sabe es que a los que en primer, segundo y tercer lugar jodió no fue a los gringos, sino a un chorro de paisanos que muy ilusionados dejaron una fuerte lana en sus manos. El Pelos, en cambio, les dio papeles chuecos que tarde o temprano serían la causa de que más de uno de ellos terminara en la cárcel y luego fueran deportados. Así es la vida de los paisanos allá en el norte, unos se joden a otros.

El Pelos levantó una residencia allá por el barrio de Tepito, pero el día en que se le acabe el chupe y las viejas regresará al norte a llenarse los bolsillos con billetes verdes a costa de la ilusión de otros.

Margarito tenía fe. Muchas veces los jodidos es lo único que tienen. Con su poca escuela y las cinco letras que conocía, tardó más de tres semanas en leer aquel papel que le habían dado en el que decían que tenía derecho a explicar su caso al juez y a no sé cuántas cosas más. Mantenía el papel aquel muy bien guardado, siempre lo llevaba en las bolsas de su pantalón naranja. Ya estaba todo arrugado, algunas letras ya se perdían, pero ya no importaba porque se había memorizado aquellas sugerencias. No se las comentaba a nadie, tenía miedo de que se burlaran. Probablemente pensaba que había sido el único notificado, o quizá simplemente no quería compartir aquello.

Cuando Margarito vio a Guadalupe aproximarse a la celda, se emocionó tanto como si hubiera visto a su vieja encuerada. Casi casi se le cuelga del cuello y por poco le babea su uniforme verde.

—¡Te tengo buenas noticias! —dijo ella.

—¿Muy buenas? —preguntó él.

—¡Ya tienes fecha de audiencia!

—¿Qué es eso?

—Que el juez va a hablar contigo.

—¿Y le puedo pedir un permiso?

Guadalupe ya ni dijo nada. Margarito quería gritar de gusto, pero se limitó a tomar la mano de la oficial que había sido a toda madre con él y a cubrirla con sus manos en expresión de cariño y respeto.

Esa noche Margarito no pegó un ojo. Poco le importó escuchar aquellos ruidos de satisfacción. Más de dos le estaban dando duro a su placer sexual, pero él ni los peló. Se concentró y se aventó el padre nuestro hasta en ñanú.

Los minutos pasaron. Las horas se le hicieron eternas, ya sin el tic tac de ningún reloj y sin forma de saber la hora. Los únicos ruidos eran los ronquidos o pedos que se aventaban los detenidos en sus respectivos idiomas. Entre unos y otros, un oficial se aproximó anunciando el desayuno:

—Breakfast! —gritó.

Ya eran las cinco de la mañana. Sí, porque a esa hora les servían el desayuno. Hasta en eso son inteligentes los gringos. Se ahorran un titipuchal de dinero. ¿Quién jodidos va a querer desayunar a esa hora? Lo más que se toman es el juguito de naranja. Muchos ya ni se molestan en levantarse. Ya conocen de memoria el menú.

Margarito tenía la panza vacía, pero poco le importó. Levantó aquel cuerpo chaparro y ya un poco desnutrido y se fue a bañar todo emocionado. En un dos por tres ya se sentía guapo, aunque siguiera vestido de naranja, con aquellas sandalias de plástico y los mismos calzones que ya hasta tenían su marca. Pero se sentía distinto. Había llegado el día.

Pegado al cristal de la ventana, se imaginaba pidiéndole al juez una oportunidad para quedarse en el país. Le diría que él es pobre y que no le ha pegado a nadie, que no es ningún borracho, que ni toma ni fuma, que sus manos están llenas de callos porque le gusta trabajar, que no es ningún criminal. Le diría todo, hasta que iría a misa. A Margarito se le dibujaba una que otra sonrisa al pensar en todo eso. Él estaba en su mundo.

Sintió un escalofrío que le recorrió desde el cuello hasta las nachas cuando vio abrirse poco a poco aquella puerta de barrotes. Cerró los ojos y cuando los abrió vio delante de él a la oficial Guadalupe, quien con su lista en mano lee el nombre de los beneficiados para ver al juez de migración ese día. Margarito no entendía lo que pasaba. Él pensaba que sería el único que tendría la oportunidad. "Todos le pedirán lo mismo", pensó.

El clic de las esposas sonó por todos lados. Catorce huéspedes de la migra fueron formados en dos filas. Iban custodiados por dos oficiales del sheriffato.

Guadalupe hizo más de una mueca. Seguramente sentía gacho por lo que sucedía. En más de una ocasión quiso largarse de ese empleo y de plano seguir la tradición de la familia: vender tacos y enchiladas, pero se quedó pensando que estando ahí podría ayudar más a sus paisanos más jodidos, por lo menos para echarles porras y rezar uno que otro padre nuestro por ellos.

La primera puerta de barrotes de acero se abrió, le siguió otra igual y ya estaban fuera de aquel dormitorio dirigiéndose al elevador. Margarito iba por todas las canicas, a fin de cuentas, él no había hecho nada malo. Fue el primero en subirse a la caja de acero. Sería el primero en ver al juez de migración.

—¿Es buena gente el señor juez? —le preguntó a uno de sus oficiales pues por su color pensó que era veracruzano, pero no, porque no hubo respuesta. Como otras tantas veces, el negrote fortachón se limitó a enseñarle la mazorca amarilla.

A paso lento, finalmente llegaron a la Corte de Migración. Se abrieron las puertas. La sala no era grande. Había dos hileras de asientos, pero no bancas de madera, sino sillones que cualquier ejecutivo podría envidiar. No eran más de 20. Aquello rechinaba de limpio, los pisos eran de madera, había sillas y sillones de primera, y ni qué decir del asiento del juez, que era de estilo colonial. Seguro que el juez se sentía bien picudo y fregón.

Uno por uno los peligrosos criminales se fueron sentando, pelando los ojos como lamentándose de ensuciar aquellos muebles. Ya no estaban esposados. Se quedaron ahí, quietecitos, como niños de kinder recién regañados por la "miss".

Allá en el fondo estaba una persona madura que ya le tiraba a viejito, las arrugas en la "face" y las canas lo delataban... Unos dijeron que ése era el juez. Realmente no se veía tan cabrón. Tenía cara de buen abuelito, a cada momento observaba su reloj. Ya eran las ocho de la mañana y faltaba que llegara el abogado que representa a Migración, o sea el que argumentaría que los paisanos tienen que largarse por ser peligrosos criminales de la peor calaña.

—¿Dónde está el señor Miller? —preguntó el juez.

La pregunta agarró por sorpresa a la secretaria, quien se estaba aventando unas donas con su tradicional café de la mañana que le chorreaba la chichi derecha.

—No sé —le contestó encogiendo los hombros.

A las ocho y media, los detenidos seguían ahí, callados, tallándose las manos, el pelo y la cara. De repente a Margarito le entraron ganas de ir al baño y se aventó el primer pedo. Después vino un segundo igual de silencioso, pero más apestoso.

—No la chinguen, cabrones —dice muy bajito algún paisano—. Nos van a deportar por cagones.

—Oh, shit! —dice el guardia negro, que no se aguanta el comentario.

Margarito fue descubierto porque el quinto pedo además de ruidoso salió apestoso. No supo cómo decir "lo siento" en inglés, por lo que se limitó a dibujar una leve sonrisa.

El juez ya estaba más que enojado cuando por fin hizo su aparición el abogado migratorio, quien con un "I'm sorry" pensó que ya estaba todo arreglado. El guardia invitó a Margarito a ir al baño. El paisano sufría, le rechinaban las tripas de los nervios. Finalmente aceptó el ofrecimiento y fue tomado del brazo para ser llevado al baño. Parecía que el guardia quería entrar también, pero el paisano, temeroso de que lo fuera a violar, le rogó con señas que lo esperara afuera.

Mientras Margarito estaba en férrea lucha con su estómago, en la Corte aquel viejito parecido a Santa Claus invitó al abogado a pasar a la oficina.

—Pase usted —le indicó.

—Con su permiso —contestó el abogado de forma muy fanfarrona, limpiándose de la boca el azúcar que le dejó la dona.

El juez caminó lentamente a su sillón, se despojó de su bata negra, ésa que le da autoridad, y con todas sus fuerzas, que por cierto ya eran pocas, la azotó contra su escritorio provocando que los expedientes salieran volando.

—¿Quién se cree usted? —le preguntó muy enojado.

—¿Yo? —contestó el abogado, que seguía limpiándose su saco de segunda mano.

—¡Que sea la última vez que hace lo que hizo hoy! —le advirtió.

—Yo no he hecho nada —se defendió el abogado—. Sólo llegué un poco tarde.

El juez tenía la mirada puesta en la ventana, perdida en quién sabe dónde, pero su mente estaba en ese lugar. Quería mentarle la madre a aquel irresponsable, pero se aguantó, no era tan güey.

—Usted insultó a mi corte, a mi trabajo y a toda esa gente que está allá afuera —le reclamó.

—A usted probablemente —respondió el abogado—, pero por lo que se refiere a esa gente que dice usted, sólo son criminales que no deben permanecer en este país. ¿No es así, señor juez?

—¡Cállese! —le dice el juez.

—Me callo sólo porque estamos en su corte, pero fuera de ella le diría esto y muchas cosas más.

—Pues le autorizo a que me las diga.

—No. Después puede tomar represalias en contra mía.

—Entonces se lo ordeno. Dígame lo que piensa.

—Pienso que todo esto es realmente una farsa. Usted, yo, la Corte, la secretaria. ¡Todo! Lo único real son aquellos individuos que están afuera. Aquí los citamos para deportarlos solamente. No estamos aquí para impartir justicia, eso aquí es una fantasía, no existe...

El juez sólo calla.

—¿Quiere que continúe? —pregunta el abogado.

Ante el silencio del juez, el abogado sigue hablando.

—En primera y última instancia, estamos aquí para deportarlos. De diez indocumentados que se presentan, los diez nos cuentan historias llenas de tragedia y lágrimas que no nos interesan. Terminamos diciéndoles que han violado las leyes de Estados Unidos y con eso los enviamos de regreso a su país. Sus lágrimas, su llanto, no les sirven de nada. ¿No es así, su señoría?

El juez se puso su bata y ya estaba listo para impartir... justicia.

—Me gustaría ver a cuántos de estos inocentes les permite usted quedarse en el país —lo reta el abogado antes de salir de la oficina.

Dieron las nueve de la mañana. Así lo indicaba el enorme reloj ubicado a un costado del escudo que representa a la justicia del Estado de Florida. El juez tomó su lugar. La secretaria ya había terminado de limarse las uñas y la taquígrafa de arreglarse la greña. Todo estaba listo para que se impartiera justicia... Todo en orden para iniciar el show. Margarito no supo utilizar el aparato para secarse las manos y se las tallaba afanosamente en su pantalón.

El juez tomó su martillo de hule y dio el primer trancazo sobre su escritorio pidiendo orden en la sala y dirigiéndose a su secretaria para que llamara al primer caso.

—Caso número 96-354657. ¡Margaritou Nube! —gritó la mujer.

Margarito peló los ojos, creyó haber escuchado su nombre.

—Margaritou Nube —insistió la secretaria.

Todos dirigieron su mirada hacia Margarito, que por fin entendió que al que llamaban era a él. Se levantó lentamente. El guardia lo tomó del brazo y lo acompañó al lugar que le correspondía.

—Levante su mano derecha y repita —le dice la traductora a instrucción del juez—. ¿Jura decir la verdad y solamente la verdad?

—Sí —dice después de escuchar con toda atención a la traductora.

Los demás paisanos observaban nerviosos, a la expectativa. Parecía que ni respiraban. Algunos nomás le pedían a Dios que su paisano no se aventara sus pedos.

El Margarito sufría, efectivamente el estómago lo estaba traicionando, pero se aguantó y comenzó el interrogatorio.

—¿Su nombre?

—Margarito Nube.

—Antes de iniciar, se le indica que usted tiene el derecho de contratar los servicios del abogado que usted quiera.

¿A poco los jueces no se dan cuenta de lo jodidos que están los paisanos detenidos? De verdad es una burla.

—¿Eso cuesta mucho? —preguntó tímidamente Margarito.

—En caso de no contar con recursos para contratar los servicios de un abogado, se le va a dar una lista de organizaciones que le pueden brindar asesoría gratuita.

Margarito sonrió al recibir la lista. Había más de diez nombres de organizaciones, algunas católicas y otras más pípiris nais. Sin querer queriendo, Margarito tomó la mejor decisión, ya que la mayoría de ellas no tienen tiempo pa ayudar a los compas jodidos, o probablemente lo que pasa es que son tantos que no hay tiempo para ayudarles.

—¿Entiende lo que se le está ofreciendo? —pregunta la traductora.

Margarito se limita a afirmar con la cabeza.

—Tiene que contestar más fuerte.

—Sí —dice débilmente Margarito mientras sonríe—. Sin abogado.

—Margarito Nube, usted está acusado de haber ingresado a los Estados Unidos por la frontera sin inspección alguna. ¿Eso es cierto?

—Sí —contesta.

Y así fue todo el desgraciado interrogatorio. Margarito decía que sí a todo. Seguramente en muchas ocasiones no entendía ni madres de lo que se le estaba diciendo. La traductora era portorriqueña y se comía algunas letras.

El abogado de migración no le retiraba la mirada al juez... Su mirada era retadora, como diciéndole "A ver, güey, ayúdale a este jodido". El de negro se daba cuenta de ello.

Apenas habían transcurrido diez minutos y todo indicaba que ya se habían ejecutado a Margarito. Los espectadores tenían una idea de lo que les esperaba a ellos.

Cada vez que Margarito contestaba, levemente levantaba su mano derecha como queriendo preguntar algo, pero en ningún momento le hicieron caso.

—¿Hay algo que quiera decir? —preguntó el juez al final a través de la traductora.

—¿Verdad que me van a dar permiso de quedarme en este país a trabajar?

No hubo respuesta alguna. Se dio un silencio absoluto en la sala. Todos se miraban unos a otros. El abogado de migración dibujó una amplia sonrisa. El juez levantó su vaso de agua y tomó la mitad de su contenido, como que traía algo atorado, a lo mejor todas las deportaciones que había autorizado.

Hay que imaginarse cómo se siente el viejito. Tiene más de 20 años como juez federal y durante esas dos décadas, cada miércoles, en el 99.9% de los casos, su veredicto ha sido el mismo: "deportado". De un chingadazo con su martillo de hule termina con un sinfín de sueños de un titipuchal de paisanos humildes, que en su mayoría tienen callos en las manos y mugre en las uñas, de esos que no saben ni leer ni escribir.

—¿Verdad, señor, que me van a dar un permiso? —insiste Margarito—. No quiero mucho, sólo necesito que me dé cinco años. En ese tiempo creo que puedo juntar para ponerle techo a mi casita, de ése de lámina, y comprar aunque sea un animalito.

El juez y todos los presentes le ponen un chingo de atención al paisano, como si estuvieran viendo una película de Sara García y los Soler, ésa de *Cuando los hijos se van.*

—¡Cinco años, señor juez! ¿Qué le cuesta a usted?

De repente Margarito se calló. Volteó a ver al abogado y al juez, quien no emitió respuesta alguna.

La secretaria tenía las manos flotando sobre el techo de aquella peculiar máquina de escribir. Vio a los paisanos que en algún momento de la audiencia hasta la ola se aventaron en apoyo a Margarito, y luego uno por uno se fueron sentando lentamente, cada quien en su lugar.

Efectivamente, una ola como la que hicieron miles de mexicanos que en el estadio de Monterrey vieron cómo los paisanos fueron fallando los penaltis ante la poderosa escuadra alemana... hasta Hugo Sánchez falló esa vez.

Aún existía una pequeña esperanza. El juez todavía no daba su fallo. Había silencio en la sala. El juez se acomodó en su asiento negro de piel y dirigiéndose directamente a Margarito dictó su sentencia:

—Margarito Nubes, después de haber escuchado los argumentos del fiscal del gobierno de los Estados Unidos de América, se ha determinado que usted sea deportado del país por no contar con los argumentos económicos, legales, de arraigo y de cultura para permanecer en ese país…

Las palabras del juez siguieron y siguieron. Sólo faltó que agregara "y de deportes y de cocina…". Margarito no entendió ni madres de lo que le dijeron, aun cuando la traductora le puso *feeling* a todo y procuró que las palabras fueran perfectamente claras para él.

—¿Tiene algo más que decir? —preguntó el juez.

—Sí —dijo Margarito.

Nuevamente todos los presentes pelaron los ojos para ver qué decía el paisano.

—Ya que no me puede dar cinco años de estar aquí, déme nomás uno pa juntar el dinero que le debo al coyote que me trajo. ¡Sólo eso le pido!

—Le repito que el gobierno ha determinado que usted sea deportado inmediatamente —dijo el juez en forma tajante—. Ahora que usted puede solicitar el apoyo de cualquiera de las organizaciones que aparecen en la lista que se le dio al principio.

Margarito vio aquella lista, pero su corazón le decía "¿pa qué?". Lentamente fue arrugando la hoja y la dejó sobre aquel escritorio. Se chupó los dientes, se acomodó el pelo y se dio la media vuelta. De inmediato fue abordado por un oficial de la corte, que estaba ahí justo pa que el paisano no se escapara.

Ocupó el lugar asignado y permaneció con la cabeza inclinada durante las audiencias de los demás paisanos. No había nada interesante que observar. A cada uno de ellos se les sentenció a ser deportados.

Con un fuerte martillazo sobre el escritorio, el juez dio por terminada aquella agobiante jornada en la que determinó la deportación de doce paisanos.

Uno por uno fueron saliendo de la sala de audiencias. Al día siguiente, muy por la mañana, bajaron al primer piso donde los esperaba un oficial de migración para entregarles sus pertenencias en una bolsita de papel color café. Sí, en una pinche bolsa de papel. Ellos que habían arriesgado tanto para entrar al país, ellos que habían soñado tanto… se quedaban sólo con eso.

En las últimas horas Margarito no habló con nadie, a pesar que de que los paisanos se solidarizaron con él y más de uno, por muy cabrón que fuera, entendió su dolor y le ofreció los pocos o muchos dólares que traían. No aceptó ninguno.

A las ocho de la mañana, mientras esperaba a ser ingresado en aquel camión blanco y negro, vio la llegada de un autobús del que bajaban uno a uno los nuevos detenidos. Alguien llamó su atención… parecía ser Plutarco.

Plutarco también se percató de la presencia de su amigo y aproximándose a él le pidió perdón.

"Adiós, Margarito, lo siento mucho", parece decir también el juez, que lo observa desde su oficina.

II

David está en cuclillas en el Centro de Detención Migratorio del "Downtown" de Los Ángeles. Está molesto y muy pensativo. Aún no puede creer que se encuentre encerrado con otras 50 personas.

Transcurridas tres horas, aquello apesta. Se arremolinan cuando les llevan la comida, que consiste en un sándwich y unas galletas junto con un diminuto jugo. Él no come y alguien más le mete el diente a su parte.

Ya los están procesando. Los agentes están en friega tomando los datos en las máquinas eléctricas. Les han tomado la foto, las huellas ni se diga.

–¿Cuál es su nombre? –le preguntan.

–David –contesta.

–¿Quiere firmar para que se lo lleven en unas cuantas horas o quiere ver a un juez?

David se va por la primera opción. Sigue encabronado, no con la migra, ni con los gringos, sino contra uno de los mismos paisanos, que fue quien los delató.

–¡Voy a llamar a la migra para que los deporten a todos! –dijo Epifanio cuando lo despidieron porque reiteradamente llegaba crudo al trabajo.

A eso de las 6 de la tarde, uno por uno de los detenidos fueron subidos en aquel autobús color blanco con franjas negras de la migración. Tres horas más tarde ya se encontraban en Tijuana. Más de uno se dirigió al "bordo" para recordarle su madre al que los había delatado.

III

En una ciudad de Florida, para ser más precisos, allá donde vive Mickey Mouse, había un oficial de la Patrulla Fronteriza de apellido Treviño. En la pantalla de su computadora tenía la bandera mexicana. "I am from Mexico", decía.

El tipo era prieto, chaparrón, pero eso sí, tenía sus músculos. Galán se sentía, y eso les decía a las pobres paisanas que conocía. Nadie se lo ha podido comprobar, ni siquiera se atreven a mencionarlo, pero dicen las malas lenguas que a las paisanas que estaban medio buenas se las pedía.

—¡Abran! —gritaba golpeando la puerta del departamento de más de un paisano.

Segundos más tarde, los connacionales eran llevados a la oficina de la Patrulla Fronteriza. Esas malas lenguas seguían diciendo que cuando Treviño le ponía el ojo a alguien, éste ya debía darse por detenido y eventualmente deportado.

Hubo más de uno que se le puso al tú por tú, pero qué bueno que nunca le tiraron ningún trancazo, aun cuando el oficial los retaba.

—¡Pégame! ¡A ver, pégame! —decía.

Mucha de nuestra gente fue detenida por este agente que sigue por ahí haciendo de las suyas. A estas alturas del partido, posiblemente ya hasta es jefe.

IV

Hipólito Rodríguez vivía en la ciudad de Atlanta, Georgia. Le avisaron que su carnal Manuel había sufrido un accidente en Tampa, Florida. Se estaba muriendo.

Llegando a la estación de autobuses en Jacksonville, Florida, bajando del autobús, fue interceptado por los oficiales de la Patrulla Fronteriza. Quiso pasar desapercibido agachando la cabeza y fue precisamente esa actitud la que lo delató.

Dos oficiales de verde lo detuvieron y se lo llevaron a la estación. En las cosas que llevaba le encontraron algunos documentos, entre ellos sus tarjetas falsas de residente y del seguro social. Hasta eso, los de la migra no se vieron tan gachos porque le permitieron ver a su carnal que ya estaba en las últimas.

El día en que Hipolito fue sentenciado a seis meses de prisión, allá en Tampa, su carnal dejaba de existir.

V

Eufemia aprendió rápidamente el oficio de costurera en su tierra natal. Su madre se lo enseñó. Eso le permitió conseguir chamba en una maquila en el este de Los Ángeles. La fábrica era pequeña, sólo trabajaban ahí ella y cinco compañeras más.

A eso de las 2:30 de la tarde, al arribo de la troka que la hace de restaurante rodante, fueron víctimas de una detención accidental por parte de Migración.

No eran a ellas a quienes buscaban. Traían sus documentos falsos en sus bolsos y en más de una ocasión explicaron que tenían hijos.

El director distrital comprendió la situación y les dio una fecha para presentarse ante el juez de Migración. El de negro decidió no presentarles cargos por posesión de documentación falsa.

Todas firmaron sus salidas voluntarias. ¡No siempre la migra es gacha!

VI

Mariano Manríquez, fotógrafo de profesión, era oriundo de Puruandiro, Michoacán. Sus fotos eran las mejores allá en el pueblo; todo mundo quería con él.

Una noche de borrachera en la cantina La Frontera, en una mesa de juego con baraja y dominó, perdió lo que le daba para llevarse un bocado a la boca: su cámara.

La mala racha empeoró cuando su vieja le dijo con lágrimas en los ojos que le habían detectado cáncer en la garganta. "¡En la madre!", dijo él.

Decidió irse a San José, California, donde un amigo lo invitó a trabajar con él en un estudio de fotos. "Ése es mi mero mole", pensó.

Nunca se imaginó que aquel lunes por la mañana, cuando más trabajo tenía sacando fotos para pasaportes, entrarían uniformados de todos los colores.

–¿De qué se trata? –preguntó Mariano.

Los uniformados no le hicieron caso y le pidieron que levantara los brazos. Algunos otros se fueron hasta el fondo del negocio, revisaron de pies a cabeza el local y encontraron cajas llenas de documentos falsos.

Mariano fue arrestado, procesado y sentenciado. De su amigo Luis por mucho tiempo no supo nada. Al cabo de unos meses le llegaron noticias desde Puruandiro de que ya había comprado medio pueblo.

Detenido por la migra y documentos falsos

Dicen los que conocen el fenómeno migratorio que aproximadamente son 400 mil paisanos lo que anualmente buscan ingresar al norte, y se estima que de ellos 100 mil lo logran. Esta cifra que se suma a los 6 millones que ya radican en Estados Unidos sin documentos. Eso quiere decir que potencialmente existen 6 millones 100 mil paisanos que pueden ser detenidos por las autoridades migratorias, más los que se siguen sumando año tras año.

Seguramente, muchos de ellos no se han querido imaginar que les puede suceder esto, que los detenga la migra. "¿Qué hago? –se han de preguntar–. ¿Corro? ¿Grito? ¿Tiro trancazos? ¿Me pongo a rezar? ¿Digo que soy gringo? ¡Pero si soy prieto cómo les podría decir eso!".

Qué hacer y qué derechos tienen ante una posible detención. Ojalá que de verdad quien tenga la oportunidad de leer este libro vaya de chismoso y les platique a otros paisanos qué pueden hacer y qué no deben hacer para no meterse en más problemas.

Allá, a finales de los noventa, en 1997 para ser exactos, la Secretaría de Relaciones Exteriores elaboró una guía para los mexicanos en Estados Unidos debido a los cambios a las leyes de migración que se dieron en 1996. La *Guía para el migrante sobre la nueva ley de migración de Estados Unidos*[1] fue el resultado.

Paisano, ahí te va lo que dice con respecto a tus derechos en caso de ser detenido.

1. ¿Qué derechos tengo si soy detenido por el Servicio de Inmigración en el interior del país?
En caso de ser detenido en el interior de Estados Unidos, por ejemplo en tu trabajo, en la carretera, en el tren o autobús, o

---

[1] Secretaría de Relaciones Exteriores, *Guía para el migrante sobre la nueva ley de migración de Estados Unidos*.

en las instalaciones de revisión alejadas de la frontera, tienes los siguientes derechos:

- A comunicarte con tu Consulado.
- A que te informen en dónde te encuentras y a comunicarte con tus familiares o personas de tu confianza.
- A llamar a un abogado.
- A no dar información alguna sobre tu nacionalidad o calidad migratoria. La única información que estás obligado a proporcionar es tu nombre. No debes dar un nombre falso porque tu familia no podrá localizarte.
- Al momento de la detención, o posteriormente en la audiencia de deportación, puedes pedir tu *salida voluntaria*. En algunos casos la salida voluntaria te beneficia en cuanto a que hace más rápida tu repatriación a México. La nueva ley limita el término que el juez puede otorgarte para efectuar tu salida voluntaria a un máximo de 120 días.

En algunos casos, no es recomendable firmar la salida voluntaria sin consultar previamente con un abogado especializado en materia migratoria o con tu Consulado, especialmente si te encuentras en alguna de las siguientes situaciones:

- Tienes tus documentos migratorios en trámite.
- Tu cónyuge es ciudadano de Estados Unidos o residente legal.
- Tiene algún documento legítimo que ampara tu estancia en Estados Unidos, sin importar que el oficial lo rompa o diga que no es válido. Por ejemplo, si solicitaste amnistía o unidad familiar y tu caso todavía no se ha resuelto.
- Tienes más de diez años de residencia continua en Estados Unidos y no tienes antecedentes penales.
- Se te deben salarios de un trabajo que realizaste.

Exige hablar con tu Cónsul o con un abogado de migración antes de tomar una decisión. En algunos casos es preferible solicitar la salida voluntaria y en otros es más recomendable solicitar la audiencia ante un juez. Un abogado especialista en migración o tu Cónsul te pueden asesorar sobre cual es la decisión más recomendable.

Si decides solicitar una audiencia de deportación, a fin de evitar que quedes detenido mientras se celebra la audiencia, puedes solicitar a la autoridad migratoria que considere la posibilidad de tu libertad bajo fianza. La fianza mínima de acuerdo con la ley es de 1,500 dólares. Si tienes antecedentes penales, es poco probable que te otorguen libertad bajo fianza. Para ello habría que esperar para que se te fije una "audiencia de fianza". También es posible que en casos especiales se otorgue la libertad bajo palabra, sin pago de fianza. Un ejemplo sería el caso de una mujer, madre de niños muy pequeños.

Si has solicitado que tu caso sea llevado ante un juez, le puedes solicitar igualmente que te otorgue una salida voluntaria, lo cual será decidido a la luz de las circunstancias del caso.

Si eres madre o padre de hijos menores y no existe quién los cuide, tienes derecho a que no te separen de ellos, comunícalo al oficial y/o a tu Consulado.

Tienes derecho a cobrar los salarios que te deba tu patrón por trabajo ya realizado. Si te deben salarios o te pagaron menos del salario mínimo infórmalo a tu Cónsul.

2. ¿Cómo podría afectar la nueva ley a mis derechos si soy detenido?

Las reformas recientes pretenden limitar los derechos de extranjeros sin la documentación migratoria en regla en varias formas. Entre ellas cabe mencionar:

Audiencias de deportación: De acuerdo con la ley anterior, todo extranjero detenido en el interior de Estados Unidos, por ejemplo en la carretera, el tren, el autobús o en el trabajo, contaba con el derecho a pedir una audiencia con el juez migratorio para examinar si existían elementos que permitieran su permanencia en el país. Sin embargo, la nueva ley establece una nueva figura conocida como "remoción sumaria" que el Servicio de Inmigración aplica en los puertos de entrada (en la frontera y en los aeropuertos) a los que intenten ingresar sin documentos migratorios, con documentos falsos o declarando en falso que son ciudadanos norteamericanos. La "remoción sumaria" consiste en que no les permiten en esos casos la entrada a territorio de Estados Unidos y no tienen derecho de audiencia ante un juez migratorio.

Fianza: Ya mencionada.

Salida voluntaria: Ya citada.

3. ¿Qué derechos tengo en una audiencia de deportación?

La nueva ley pretende limitar los derechos que tienes en una audiencia de deportación. Primero se limitó el beneficio antes conocido como "suspensión de deportación". Ahora sólo los residentes legales que no tienen antecedentes de un delito grave pueden calificar para este beneficio. También se pretende limitar las apelaciones y otros recursos jurídicos en contra de la decisión de deportación emitida por un juez.

No se ha modificado tu derecho a contar con la asesoría de un abogado, pero no hay abogados de oficio o defensores públicos en los casos de inmigración, así que tendrás que contratar a uno. Si así lo deseas, el Consulado te puede referir con un abogado migratorio.

4. S<small>I TENGO SIETE AÑOS O MÁS DE RESIDENCIA INDOCUMENTADA EN ESTADOS UNIDOS, ¿PUEDO LEGALIZAR MI SITUACIÓN MIGRATORIA?</small>
Actualmente no hay ninguna ley que te permita legalizar tu situación migratoria por el puro hecho de tener siete, diez o más años de residencia como indocumentado en Estados Unidos. De acuerdo a la ley anterior, en ciertos casos muy excepcionales, si contabas con siete años o más de residencia continua y además podías demostrar que tu deportación resultaría en una situación grave para ti o para tu familia, podías solicitar al juez de inmigración un beneficio conocido como la "suspensión de deportación". En la nueva ley migratoria desaparece la figura de "suspensión de deportación" y la sustituye otra conocida como "cancelación de remoción". Dicha figura es aplicable en todavía menos casos que la "suspensión de deportación". Sólo podrán calificar para dicho beneficio quienes puedan comprobar: (1) tener un mínimo de 10 años de residencia continua en Estados Unidos y (2) que tu deportación provocaría dificultades sumamente graves e inusitadas para tu cónyuge o hijos, siendo requisito que éstos tengan la nacionalidad norteamericana o residencia legal. La nueva ley limita el número de tales casos a 4000 por año, cuota que incluye todas las nacionalidades. Sin embargo, si antes del 1 de abril de 1997 iniciaste un proceso de audiencia ante un juez migratorio y tienes siete años de vivir en Estados Unidos, podrías obtener una "suspensión de deportación" mientras termina tu juicio.

Cabe señalar que la solicitud del beneficio de "cancelación de remoción", tiene que hacerse ante un juez de Inmigración en un juicio de deportación. Esto significa que tendrías que entregarte voluntariamente al Servicio de Inmigración y exponerte al riesgo de ser deportado. No te dejes engañar por notarios públicos, asesores de inmigración o abogados sin escrúpulos que te aconsejan que te entregues al Servicio de Inmigración. Si el juez no aprueba tu solicitud, como sucede en la gran mayoría de los casos, puedes resultar deportado. Debido a que los casos de este tipo que son aprobados son tan excepcionales, sólo es recomendable solicitarlo en el caso de ser detenido por el Servicio de Inmigración o ya en el proceso jurídico de deportación, y siempre y cuando cumplas con las dos condiciones que se mencionan en el párrafo anterior.

5. Si soy residente legal, ¿puedo ser deportado?

Los extranjeros con residencia legal, sin importar el número de años que tienen en Estados Unidos o el hecho de que tengan cónyuges y/o hijos ciudadanos norteamericanos o residentes legales, pueden ser deportados bajo ciertas circunstancias, como es el caso de los que tienen un antecedente penal.

La nueva ley aumentó la lista de delitos que pueden ser motivo de deportación. Inclusive, ciertos antecedentes que en el pasado no eran motivo de deportación, ahora sí pueden dar lugar a dicha sanción y aún en forma retroactiva. Si eres residente legal y en cualquier momento de tu pasado fuiste procesado por un delito que pudo haber resultado en la privación de tu libertad por un año o más, sin importar la sentencia que purgaste o si te otorgaron libertad condicional (*probation*), recomendamos que consultes tu situación con un abogado. Sobre todo, debe saber si el antecedente te puede afectar en los siguientes casos:

- Si pretendes realizar un viaje fuera de Estados Unidos, ya que el antecedente puede dar lugar a que no te dejen internarte de nuevo en este país.
- Si pretendes presentar una solicitud de naturalización en Estados Unidos.
- Si te están procesando por cualquier delito.
- Antes de declararte culpable de cualquier delito.
- Antes de aceptar participar en un programa de rehabilitación para la drogadicción como alternativa a un proceso penal.

Si tienes antecedentes penales, aunque sean menores, consulta con tu abogado o con tu Consulado antes de acudir con la autoridad migratoria para realizar cualquier trámite.

6. ¿Cuáles son mis derechos si soy detenido en el momento de intentar regresar a Estados Unidos?

Si intentas entrar a Estados Unidos por una frontera o aeropuerto y el Servicio de Inmigración duda que tus documentos sean legales, descubre que tienes antecedentes penales o considera que tiene otra razón para negarte la entrada, podrías quedar detenido para enviarte a una audiencia de exclusión. Si se trata de que presentaste documentos falsos se te puede negar la entrada sin derecho a audiencia. En todos los casos tienes el derecho a retirar tu solicitud de entrada a los Estados Unidos y voluntariamente regresarte a México. Al enviarte a una audiencia de exclusión, las autoridades migratorias te pueden detener, pero también pueden regresarte a México para que ahí esperes la fecha de tu audiencia o pueden permitirte entrar a Estados Unidos bajo palabra de que te presentarás a la audiencia. Si eres residente legal en Estados Unidos, es recomendable que solicites que te permitan entrar bajo palabra. En caso de que quedes detenido y si no hay cupo en los centros de detención en el lugar donde se celebre la audiencia, puedes ser transportado a otros centros en otras ciudades de Estados Unidos.

En la audiencia de exclusión, tienes derecho a contratar a un abogado. La única cuestión que el juez puede decidir es si tienes derecho a entrar a Estados Unidos. Si los documentos que presentaste son válidos o si eres inmigrado legal, el juez está obligado por la ley a permitir tu entrada a Estados Unidos. Tienes derecho a apelar la decisión del juez si no estás de acuerdo con ella, aunque probablemente quedes detenido por el tiempo que dure la apelación. En todos los demás casos, serás expulsado del territorio estadounidense.

De acuerdo con la nueva ley, si eres procesado de esta forma, esto queda en tu expediente y te descalifica para recibir una visa o legalizar tu situación hasta no pasar cinco años fuera de Estados Unidos. Cometer de nuevo el mismo delito te puede descalificar por 20 años y la tercera vez es de por vida.

Si después de haber sido expulsado mediante una audiencia formal de exclusión, vuelves a este país, puedes ser procesado penalmente, lo que puede significar cumplir una sentencia en la prisión que puede variar entre dos y veinte años.

7. ¿QUÉ DEBO HACER EN CASO DE SER MALTRATADO POR UN OFICIAL DEL SERVICIO DE INMIGRACIÓN DE LA PATRULLA FRONTERIZA O DE CUALQUIER OTRA CORPORACIÓN?

Tu integridad física y moral debe ser respetada en toda circunstancia. Cuida también que se respeten los derechos de tu familia. Mientras permanezcas bajo la custodia del Servicio de Inmigración, dicha autoridad no debe:

- Agredirte o insultarte.
- Negarte atención médica.
- Transportarte de modo peligroso.
- Dejarte sin agua o sin comer por más de seis horas.
- Quitarte lentes o medicinas.
- Quitarte dinero, alhajas u otros objetos personales sin que te sean devueltos al momento de ser puesto en libertad.
- Denuncia cualquier violación de tus derechos en tu Consulado o en la Delegación más cercana de la Secretaría de Relaciones Exteriores en territorio mexicano.

- Para evitar incidentes, te recomendamos:
- No resistirte al arresto.
- No arrojar piedras u otros objetos al oficial.
- No llevar en las manos ningún objeto que podría ser considerado como "arma", tales como linternas, desarmadores, navajas, cuchillos o piedras.
- No agredir o insultar al oficial.
- No echarte a correr ni esconderte en lugares peligrosos.
- No cruzar carreteras de alta velocidad.
- No permitas que te encierren en vagones de ferrocarril. No duermas sobre las vías de los trenes. No permitas que te encierren en cajuelas de automóviles.

8. ¿PUEDEN CANCELAR MIS DOCUMENTOS?

El Servicio de Inmigración tiene la facultad de cancelar tu tarjeta de cruce local o visa de turista si el oficial tiene bases para determinar que el propósito de tu visita a Estados Unidos no corresponde al documento migratorio que presentaste. Por ejemplo, la tarjeta de cruce local es válida exclusivamente para visitas hasta de 72 horas de duración y con un límite de 25 millas (40 kilómetros) de la frontera. No es válida para trabajar. La visa de turista es válida únicamente por un tiempo limitado. No te autoriza a trabajar o a vivir permanentemente en Estados Unidos. Si traes algún documento que indica que vives en Estados Unidos, por ejemplo recibo de renta, pago de luz, etc. y pasaste con la tarjeta de cruce local o con visa de turista, el oficial te puede cancelar tu documento migratorio. También pueden cancelar tus documentos si algún miembro de tu familia recibió asistencia pública ("Welfare", "Medi-Cal" o similares) sin ser residente legal en Estados Unidos.

Si tienes tarjeta de cruce local o visa de turista y piensas viajar más allá de las 25 millas, es importante que solicites el permiso correspondiente y pagues el derecho de 6.00 Dls. Este permiso, conocido como I-94, tiene una vigencia de seis meses con entradas múltiples. Al término de la vigencia del permiso (I-94) debes regresarlo a las autoridades migratorias o de lo contrario te pueden cancelar tu tarjeta de cruce local o la visa que tengas.

Si permaneciste por más de 72 horas o pasaste más allá de las 25 millas sin el permiso correspondiente, el oficial de inmigración tiene facultades para cancelar tu visa y devolverte a México.

Nunca está demás insistirte en que, paisano, ¡por favor!:

- *No compres papeles falsos.* Si te agarran con ellos te van a presentar cargos federales y a meter al bote.
- *Si fuiste deportado por orden de un juez de Migración.* ¡Ya no regreses! Si te agarran, te presentarán cargos de reingreso a Estados Unidos e irás a una cárcel federal por años. Quédate en México. No importa que te digan de cosas. En algunas partes de nuestro país, al que regresa con las manos vacías hasta joto le dicen, pero eso es preferible a pasar años en la cárcel.
- *Si ya tomaste la difícil decisión de irte a los Estados Unidos.* No aceptes el ofrecimiento del "coyote" de conducir el vehículo al otro lado de la frontera bajo el argumento de que está cansado y no te cobrará por la pasada. Te pueden acusar de tráfico de indocumentados e irías a la cárcel por años. No pongas en riesgo tu vida ni la de tus hijos menores de edad entregándoselos a los "coyotes", gente sin escrúpulos que los colocará hasta en compartimentos cerca del motor en donde pueden morir. Tampoco intentes cruzar con documentos falsos o declarar que eres ciudadano de los Estados Unidos; eso es un delito federal y te van a mandar al bote.

Otra cosa muy, muy importante: si eres detenido por las autoridades migratorias, es crucial que te comuniques con el Consulado mexicano. El personal consular te visitará o estará en contacto contigo vía telefónica para servir de enlace con las autoridades migratorias y asegurarse de que se respeten tus derechos.

Si es necesario, expedirá un documento de viaje para tu repatriación a México y estará al pendiente de que te entreguen tus pertenencias al momento del traslado. También te asesorará sobre tu situación y te podrá recomendar si solicitar la salida voluntaria o la audiencia ante el juez de Migración, informará a tu familia sobre tu situación, se asegurará de que se te brinde atención médica si lo requieres y vigilará que recibas un trato justo y digno.

Por otra parte, si estás México y te informan que tu familiar fue detenido por Migración:

- Por favor, trata de obtener la mayor cantidad de información posible. Entre mayores datos proporciones, será más fácil que se te brinde ayuda o apoyo.
- Pide toda la información: nombre y teléfono de la persona que te informó, ciudad en la que fue detenido tu familiar, adónde fue llevado, dirección y teléfono de la cárcel o centro de deten-

ción migratorio, y si es posible, hasta el número de registro migratorio, que comienza con la letra A y tiene ocho dígitos (por ejemplo, A87569801). Eso ayudará a su localización.
- Preséntate de inmediato a la Secretaría de Relaciones Exteriores, o a una de sus delegaciones u oficinas de enlace más próxima a tu domicilio, o bien a la Oficina de Apoyo al Migrante correspondiente. La SRE solicitará el apoyo del Consulado a fin de confirmar la detención de tu familiar, investigar los motivos de su arresto y estar al pendiente de su caso.

Algunos de los cargos pueden ser:

Ingreso ilegal a Estados Unidos. Aunque usted no lo crea, por muy injusto que parezca, es un delito federal ingresar sin documentos a los Estados Unidos. Si se trata de una primera ocasión, seguramente la sanción será mínima y la persona será "devuelta" a la brevedad.

Testigo de cargos. Son aquellas personas "elegidas" por el gobierno federal de los Estados Unidos para presentar testimonios que permitan identificar a los "coyotes", mismas que serán puestas en libertad cuando concluya el caso, lo cual puede tardar días o meses. En estos casos es muy importante comunicarse con el Consulado ya que existen "beneficios" para los testigos de cargos. En algunos estados de Estados Unidos, pueden salir obteniendo la carta responsiva de algún familiar y comprometiéndose a presentarse para testificar. También pueden darles un permiso de trabajo, y en otros estados pueden salir bajo fianza. Para conocer cuándo y dónde aplican estos beneficios, consulta a tu Consulado.

Tráfico de indocumentados. Tráfico ilegal de personas. Este cargo implica ser acusado de "coyote" o "pollero".

Reingreso ilegal a los Estados Unidos. Se determina que un reingreso es ilegal cuando el connacional ha sido expulsado del país por orden de un juez de Migración y no obstante se interna nuevamente de manera ilegal en Estados Unidos. Es un delito federal y, de ser detenido, se le presentarán cargos de reingreso que seguramente implicarán sentencia en una cárcel federal.

RESIDENCIA LEGAL EN ESTADOS UNIDOS

A raíz de la reforma a las leyes de migración en 1996, hubo mucha confusión acerca de los requisitos para legalizar nuestra estancia en Estados Unidos o la de un familiar directo, como esposa o hijos.

Siempre que se da un cambio de esta naturaleza, aparecen de la nada "especialistas", "abogados" y "notarios públicos" tranzas y gachos que buscan lucrar con los deseos de los paisanos de obtener su "green card".

Por ello, le echamos otra vez el ojo a la *Guía para el migrante sobre la nueva ley de migración de Estados Unidos* para que, en todo caso, y antes de que la migra te detenga, estés enterado de las posibilidades reales que tienes de legalizar tu estancia en Estados Unidos de manera que puedas tomar la mejor decisión en tu caso particular y no te vean la cara de tarugo.

Es un hecho que la nueva ley ha afectado al paisano porque, entre otras cosas como las que hablábamos antes, ya no es tan fácil arreglar la famosa "green card". Por eso es muy importante que antes de tomar cualquier decisión sobre los servicios que te ofrezcan notarios públicos o personas disfrazadas de abogados, consultes con tu Consulado o con un abogado especializado en servicios migratorios.

Es común que el sueño de contar con un documento que nos permita trabajar de forma legal en el país del norte nos lleve a creer en gente sin escrúpulos que nos ofrecen el tan anhelado papel.

Si alguien llega a tu comunidad en los Estados Unidos ofreciendo servicios migratorios y dándote argumentos como "Tengo años arreglando papeles" o "Tengo amigos en Migración", ¡por favor, no les hagas caso! No harán nada por ti. ¡Mándalos a la jodida!

Evita a los notarios públicos o consejeros migratorios. Muchos de ellos no tienen ni idea de lo que se tiene que hacer y en ocasiones su verdadero trabajo es vender tacos (y que me perdonen los taqueros) o están en el negocio de la construcción.

Por eso, paisano, la *Guía* te da respuesta a las preguntas más importantes respecto a cómo arreglar los "papers" en los Estados Unidos:

1. ¿QUIÉNES PUEDEN OBTENER SU RESIDENCIA LEGAL EN ESTADOS UNIDOS?
Las siguientes personas pueden obtener su residencia legal en Estados Unidos:

- El cónyuge de un ciudadano de Estados Unidos o de un extranjero con residencia legal. También califican los hijos menores de edad del cónyuge, aunque no sean hijos del ciudadano o residente legal.
- El hijo(a) soltero (no tiene que ser menor de edad) de un ciudadano de Estados Unidos o de un extranjero con residencia legal.
- El hijo(a) casado(a) de un ciudadano de Estados Unidos, así como su cónyuge y hijos menores de edad.
- Los padres de un ciudadano de Estados Unidos, siempre y cuando éste sea mayor de los 21 años de edad.
- Los hermanos de un ciudadano de Estados Unidos, siempre y cuando éste sea mayor de los 21 años de edad. También califican el cónyuge y los hijos menores de edad.

- Personas altamente calificadas, con título universitario o con un oficio especializado, que tengan una oferta de trabajo en los Estados Unidos. El patrón debe comprobar al gobierno de Estados Unidos que ningún ciudadano o residente legal de ese país puede realizar el trabajo.

2. ¿Puedo obtener un permiso de trabajo?
Salvo en casos muy excepcionales, las únicas personas que pueden recibir permisos temporales son aquellos que presentan al Servicio de Inmigración y Naturalización una solicitud de "Ajuste de Status" por ser familiares directos (esposos, esposas e hijos) de ciudadanos norteamericanos o por otras categorías y que ya están muy cerca de su "cita migratoria".

3. ¿Cuáles son los requisitos adicionales para inmigrar?
Además de encontrarse en uno de los grupos mencionados en la pregunta 1, los principales requisitos son:

- No tener antecedentes penales: la nueva ley aumentó la lista de delitos que te pueden perjudicar para la obtención de una visa. Como regla general, cualquier delito que resultó o que pudo haber resultado en la privación de tu libertad por un año o más, puede descalificarte para recibir una visa de inmigrante, sin importar que se trate de algo que ocurrió hace muchos años o de la sanción penal que efectivamente se dictó. Existen ciertas excepciones. Si tienes algún antecedente penal, debes consultar con un abogado especializado en inmigración antes de presentar tu solicitud.
- No tener antecedentes de violaciones a la ley migratoria (ver preguntas 5 y 6).
- No haber intentado entrar a Estados Unidos diciendo ser ciudadano de ese país cuando no lo eres.
- Tener solvencia económica suficiente para mantenerte en Estados Unidos sin convertirte en carga pública.
- De acuerdo a la nueva ley, si tu pariente (por ejemplo padre, hijo, hermano o cónyuge) presentó la solicitud para inmigrarte, dicha persona debe firmar un documento mediante el cual se compromete a apoyarte económicamente y a reembolsar al gobierno en el caso que te otorguen algún tipo de asistencia pública (*welfare*). El pariente que firma dicho documento debe contar con un ingreso suficiente para cubrir los gastos que corresponden al número total de personas en la familia del inmigrante.
- Presentar un certificado de vacunas.

4. He estado en Estados Unidos como indocumentado. ¿Cómo puede afectar eso a mi solicitud para legalizar mi situación?
Si te encuentras en una de las siguientes situaciones, no calificarás para una visa de residente legal:

- El juez migratorio ordenó tu deportación.
- Te citaron a audiencia ante el juez migratorio y no acudiste.
- Después del primero de abril de 1997, si permaneces en este país sin documentos o autorización entre 180 días y un año, y después sales de Estados Unidos, puedes ser descalificado para recibir una visa de inmigrante hasta no abandonar Estados Unidos durante tres años. Los 180 días empiezan a contar a partir del 1 de abril de 1997.
- Después del primero de abril de 1997 si permaneces en este país sin documentos o autorización un año o más y después sales de Estados Unidos, puedes ser descalificado para recibir una visa de inmigrante hasta abandonar Estados Unidos durante 10 años. La contabilización del año como indocumentado empieza el 1 de abril de 1997.
- Si solicitaste salida voluntaria y no abandonaste el territorio norteamericano dentro del término que te otorgaron, puedes ser descalificado para recibir una visa de inmigrante hasta no pasar 10 años fuera de los Estados Unidos.
- Si te aplican el nuevo procedimiento de exclusión por intentar entrar a Estados Unidos con documentos fraudulentos, de otra persona o diciendo ser ciudadano de Estados Unidos cuando no lo eres, puedes ser descalificado para recibir una visa de inmigrante hasta no pasar cinco años fuera de los Estados Unidos

Consulta con tu abogado sobre las acciones que debas tomar si te encuentras en una de estas situaciones y crees que pudieras estar en peligro de quedar descalificado por 3 o 10 años. No tomes una decisión sin antes acudir a tu Consulado o consultar a tu abogado.

5. ¿Cuánto tengo que esperar para recibir mi visa de residente legal?
El tiempo que tardes puede depender de la categoría en que estás solicitando tu visa. No hay límite en el número de visas para personas que están solicitando su inmigración legal por contar con un cónyuge, padre o hijo (mayor de 21 años) que es ciudadano de Estados Unidos. Para todas las demás categorías, la ley limita el número de visas que pueden otorgar cada año por país o por categoría.

Ojo, paisano, el haber presentado una solicitud para visa de residencia legal no te da ningún derecho a permanecer o a trabajar en Estados Unidos.

Por favor, recuerda que no sólo en Estados Unidos existen vividores que han hecho su agosto, su septiembre, su diciembre, y pa acabarla de joder, hasta su día de la madre con los paisanos que tienen ilusión de trabajar en Estados Unidos de forma legal. ¡En México también los hay! Éstos argumentan ser contratistas provenientes de Estados Unidos que requieren reclutar a cierta cantidad de trabajadores. ¡Ten cuidado! Pon mucha atención a lo que sigue.

Las H2

Las famosas visas de trabajo H2A y H2B son visas de trabajadores temporales agrícolas. ¡Sí existen!

- Los empleadores de EUA pueden solicitar trabajadores extranjeros capacitados o poco capacitados para atender sus necesidades temporales en los puestos para los cuales no hay trabajadores estadounidenses disponibles.
- La Ley de Inmigración y Nacionalidad de EUA proporciona varias categorías de visas para no inmigrantes, para las personas que deseen trabajar temporalmente en el país. Las visas H2A y H2B son dos clasificaciones de este tipo de visas: la clasificación de visas H2A se aplica a los trabajadores agrícolas temporales o estacionales; la clasificación de visas H2B está disponible para los trabajadores no agrícolas, clasificados o no clasificados a fin de realizar servicios u ocupaciones temporales en Estados Unidos.
- Existen límites numéricos anuales de expedición en algunas clasificaciones de visas. Las H2B están limitadas a 66,000 visas anuales; las H2A no tienen límite.
- Estos programas de empleo temporal en el sector agrícola y de servicios son de carácter unilateral, y hasta el momento, EUA no ha firmado acuerdos bilaterales con ningún país para su instrumentación.
- Las condiciones laborales y de vida de los trabajadores temporales mexicanos en EUA, especialmente en el sector agrícola, han sido objeto de diversos estudios, en el intento por demostrar la problemática que enfrenta la mano de obra en este importante sector.
- Los consulados mexicanos en EUA realizan esfuerzos para vigilar la situación que enfrentan los trabajadores mexicanos portadores de visas H2 para ofrecerles el apoyo necesario.

- En junio del 2004, la SRE firmó dos acuerdos con las Oficinas de Wage and Hours Division (WHD) y Occupational Safety and Health Administration (OSHA) del Departamento del Trabajo, a efecto de reforzar acciones para promover los derechos de los trabajadores mexicanos en EUA. Para ello se han establecido programas de trabajo locales entre los consulados y agencias del WHD y OSHA, a fin de difundir información con respecto a los derechos laborales y condiciones de seguridad e higiene en los lugares de empleo.[2]

Como puedes ver, paisano, las visas H2 van más allá de que se aparezca un "fulano" en el pueblo ofreciéndolas. El ofrecimiento parece ser un regalo de los Santos Reyes y hasta de Santa Claus, cuando los supuestos "contratistas" tan sólo les piden:

- Pasaporte mexicano.
- Un pago de *sólo* 20 mil pesos.
- Ser discreto (o sea no ir de chismoso) ya que el cupo es limitado.
- Asistir a la reunión previa al viaje, que será en la plaza principal del pueblo o en el zócalo de la ciudad.

Las oficinas de los falsos "contratistas" suelen ser un cuarto falto de muebles con una pobre chamaca dizque de secretaria que no sabe ni para qué fue contratada. El contratista nunca llegará.

Las visas sí existen, paisano, pero no son tan fáciles de obtener. Ten mucho cuidado cuando te digan que solamente se requiere lo arriba citado, pela los ojos y ve de inmediato a que te orienten a cualquier Delegación de la Secretaría de Relaciones Exteriores u Oficinas de Apoyo al Migrante. Pero pa que estés más enterado, pon atención: debe existir un patrón en los Estados Unidos que requiera trabajadores mexicanos. El patrón hace una petición al Departamento de Trabajo de los Estados Unidos para que le otorgue la "Certificación Laboral" para cierta cantidad de trabajadores. Para que ésta le sea otorgada, entre otras cosas debe comprobar que los "posibles" contratados no le quitarán el trabajo a los residentes o ciudadanos de los Estados Unidos. Una vez que la Certificación Laboral ha sido

---

[2] Nota informativa del Instituto de los Mexicanos en el Exterior con fecha del 4 de marzo de 2005. Recomendación del CCIME IV.5/LEG/STYPS/SRE-DGAN-DGPAC, "Que se solicite a las instancias correspondientes del gobierno que se dé el seguimiento a las anomalías reportadas en el incumplimiento del convenio de las visas H2A y H2B de trabajadores agrícolas temporales y de servicios".

otorgada, ésta es enviada al Departamento de Inmigración correspondiente para que le sean asignadas las visas, y sólo cuando éstas han sido aceptadas se manda una notificación al Consulado de los Estados Unidos, que puede ser en Hermosillo, Sonora, en Ciudad Juárez o en cualquier otro estado asignado por el gobierno de los Estados Unidos.

Recuerda: si alguien te ofrece la visa de trabajo, por favor comunícate a la Secretaría de Relaciones Exteriores o a su respectiva Delegación, o bien al Instituto o Coordinación de Apoyo a Migrantes de tu estado. Ellos harán las investigaciones correspondientes para saber si efectivamente se cumplió con los trámites necesarios. ¡No te dejes sorprender!

No podemos dejar de mencionar que existen otro tipo de visas para realizar actividades específicas, para estudiantes, profesionistas, artistas, etcétera.

La visa es la autorización que te otorga el gobierno de Estados Unidos a través de su embajada o consulado en México para que viajes a su país. El agente de migración en el puerto de entrada —aeropuerto o frontera— será quien tendrá la última palabra y dirá el tiempo que te otorga para permanecer en el país. Por favor, no discutas con él, eso sólo te puede traer complicaciones.

Si viajas por tierra, seguramente te darán tu permiso en el que se especificará la duración del permiso de estancia en un tarjetón I-444. Por lo general se otorga por un mes. Por vía aérea, existe la posibilidad de que te otorguen la estancia hasta por seis meses en el tarjetón I-94.

Por favor, no dejes vencer el permiso. Recuerda que puedes solicitar una extensión yendo a la Oficinas de Migración más próxima al domicilio de la persona que visitas en Estados Unidos.

Visas humanitarias

Paisano, si tienes la necesidad de ir a Estados Unidos debido a que tienes un familiar delicado de salud o al que se le ha diagnosticado una enfermedad terminal al que le quedan pocos meses de vida, preséntate a la Delegación de la Secretaría de Relaciones Exteriores más próxima a tu domicilio llevando contigo tu pasaporte mexicano y una carta del hospital explicando la situación médica de tu familiar.

La Delegación enviará tu petición al Instituto Michoacano de los Migrantes en el Extranjero (caso Michoacán), quienes te tramitarán la visa de emergencia ante la Embajada de los Estados Unidos de América y/o Consulado General de los Estados Unidos de América en Guadalajara, Jalisco.

A través de este procedimiento, en lugar de esperar hasta 2 meses por una cita, la puedes obtener en 5 días. Otro beneficio de este trámite es que te pueden otorgar la visa por 3 meses y hasta por 10 años. Quien tendrá la última palabra será el cónsul de los Estados Unidos. Recuerda que sólo se expedirá la visa a familiares directos del enfermo: padres, hermanos, hijos o esposos, no a compadres, amigos, abuelos, primos ni nada que se le parezca.

También puedes obtener un permiso de ingreso temporal a los Estados Unidos por razones humanitarias, pero en este caso es importante considerar que aunque seas un familiar directo del enfermo o difunto, si viviste en alguna ocasión en Estados Unidos sin documentos, es muy probable que te lo nieguen.

Asimismo, y aunque se trate de las mismas autoridades migratorias, los requisitos varían en cada puerto de entrada tanto en costos, documentos a presentar y temporalidad.

En términos generales, te solicitarán: identificación oficial (de preferencia pasaporte mexicano), credencial de elector, carta membretada (escrita a máquina o en computadora) del hospital donde se encuentra internado el familiar en la que se explique la gravedad de su enfermedad, carta membretada de la funeraria en la que se llevarán a cabo los servicios funerarios en caso de que ya haya fallecido, acta de nacimiento del enfermo o difunto para comprobar el parentesco, carta responsiva de algún familiar que sea ciudadano o residente de los Estados Unidos en la que establezca el compromiso de asistirte económicamente durante tu estancia en ese país.

Para llevar a cabo el trámite tendrás que presentarte ante la Delegación más próxima a tu domicilio. La Delegación hará la petición a la frontera por la que pretendas ingresar y el Consulado someterá tu petición a la consideración de las autoridades migratorias. En este caso, quien determine el otorgamiento del permiso será el supervisor de migración de la frontera por la que pretendes ingresar. Los permisos temporales por razones humanitarias se otorgarán en puertos de entrada fronterizos. Esto quiere decir, por ejemplo, que si tu familiar se encuentra enfermo en Los Ángeles, California, tu ingreso tendrá que ser por Mexicali o por Tijuana.

A diferencia de la visa humanitaria, este tipo de permisos se da sólo por una ocasión.

Los Consulados de México en los Estados Unidos de igual forma pueden gestionar un permiso de interacción por razones humanitarias.

También es importante que tengas conocimiento de que en caso de suma emergencia, si no tienes tiempo de acudir a la Secretaría de Relaciones Exteriores, tienes todo el derecho de trasladarte al puerto de ingreso más próximo a la ciudad de tu destino final y solicitar directamente el permiso. Hazlo sólo en caso de emergencia. También se otorgan permisos humanitarios para comparecer en audiencias, pero para ello se requiere una orden de un juez.

Como ya se dijo, el costo del permiso varía en cada puerto de entrada, pero la solicitud I-192 para entrar a Estados Unidos temporalmente en calidad de no-inmigrante tiene un costo de 545 dólares; además se debe pagar la I-94, que tiene un costo de 6 dólares, lo que da un total de 551 dólares. Sin embargo, el Oficial de Migración puede autorizar un cobro menor.

Por favor, paisano, ese día llévate unas tortas y unos burritos porque el trámite puede tardar entre dos y seis horas. Se requiere mucha paciencia.

El permiso se puede extender, pero deberás comunicarte al Consulado más próximo para que éste haga la consulta respectiva ante las Oficinas de Migración de esa ciudad. De igual forma, el interesado puede trasladarse al puerto de entrada donde se le otorgó el permiso y tramitarlo ahí personalmente. El Oficial de Migración en turno será quien podrá decidir si lo otorga o no.

Una ultima recomendación: muchos paisanos, ante la desesperación de obtener un permiso de trabajo en los Estados Unidos, son embaucados por notarios y abogados corruptos para que inicien sus trámites alegando asilo político. El abogado o gestor les pedirá que redacten un escrito mediante el cual expongan que su vida corre peligro por sus creencias o actividades políticas. Por favor, no lo hagan, no entren en mentiras. Dicho trámite eventualmente provocará que sean deportados de los Estados Unidos. Será algo inútil e innecesario, ¡además de costoso!

México lindo y querido, si muero lejos de ti
Traslado de cadáver

I

Doña Felipa estaba en friega dándole duro a la lavada de calzones y pantalones llenos de agujeros, pero igual se daba tiempo para mover aquel cuerpo regordete al ritmo de los Tigres del Norte. De repente escuchó que alguien fuera de la casa le gritaba.

—¡Tiene llamada del norte!

—¿Qué? —gritó ella.

—¡Que le apure! Le llama su hijo —gritó de nuevo un chiquillo todo chorreado que no pasaba de los 8 años y cuyo corte de pelo parecía debérselo al burro.

Doña Felipa abrió la puerta con aspecto de recién levantada, las canas todas paradas y el vestido un tanto arrugado.

—¡Qué quieres, chamaco del demonio! —dijo.

—¡Pos que le llama su hijo! —contestó el chamaco, que con gran destreza se limpiaba las fosas nasales y se comía los mocos.

La doña se amarró los huaraches, dizque se acomodó el vestido y se fue aplacando el pelo en el camino. Con uno que otro salivazo, ya tenía la cara limpia.

—¿Adónde va? —le preguntó una señora que vendía fruta verde con chile. Felipa sólo sonrió. Iba toda orgullosa.

—¡Camine con cuidado! —le dijo el don de la tienda de la esquina, pero ella ni contestó.

Siguió caminando con ligereza en aquella calle que aún no estaba pavimentada, llena de cacas de burro y de cuaco y charcos de agua porque la noche anterior había llovido. En tiempo récord llegó a la caseta del pueblo.

—Buenos días —le dijo a la encargada.

—¡Ándele! Conteste que a su hijo le va a salir un poco caro —contestó la encargada.

—¡Bueno! —dijo Felipa a la bocina persignándose.

–¡Mamá! ¿Cómo estás? –le contestó Tiburcio del otro lado.

–¡Bien, mijo! ¿Pa cuándo vienes? –preguntó.

–Pa eso te hablo, amá... Fíjate que el dueño del restaurante me dio vacaciones. ¡Podré estar con ustedes en Navidad!

Felipa no pudo ocultar su felicidad ni aguantarse los mocos. ¡Chico le quedó el rebozo pa limpiárselos!

–¡Va a venir mijo! ¡Va a venir mijo para Navidad! –le dijo a la encargada de la caseta, quien hizo una mueca de felicidad que se esfumó en cuanto Felipa se dio la vuelta.

Esa vieja ya estaba acostumbrada a escuchar ese tipo de noticias. Realmente le valía madres.

–¡Dime que es verdad, mijo! ¡Por favor, dímelo! –gritaba Felipa toda emocionada.

–Sí, amá. Llego para el 22 de diciembre.

–¡Ay, mijo! No sabes la alegría que le va a dar a tu papá y a tus hermanas. Se van a morir de gusto.

–¿Ya me perdonó?

–Él es bueno. Te quiere mucho.

–Salúdamelos, amá, y diles que los quiero.

–Ya verás que sí. Mijo, ¿qué crees?

–¿Qué, mamá?

–¡Te voy a hacer tu pozolito!

Felipa colgó el teléfono no sin antes mandarle la bendición a su hijo. Casi le da un beso a la encargada del teléfono y salió en chinga de ahí, pero de repente se detuvo pensativa a la entrada del lugar. Miró hacia la izquierda y pensó en regresar, y luego miró hacia la derecha, donde se encontraba la iglesia del pueblo.

Le dio hacia la derecha y saludaba a todo el mundo con gran gusto. A más de un desconocido le dijo que su hijo regresaba para Navidad, pero al que tenía que agradecérselo era al patrón del pueblo.

Muchas veces en misa de seis de la mañana, en rosarios o misas dominicales, le había pedido que regresara su hijo. Tiburcio se le había ido cuando apenas era un chiquillo. La última vez que lo había visto jugaba canicas con sus amigos enfrente de la casa. Apenas tenía 15 años cuando decidió irse al norte.

Felipa quiso descansar un poco y se sentó junto al compa que vendía cañas de azúcar. El vendedor de cañas se sorprende de ver a la doña suda que suda y le pregunta si requiere ayuda. Ella simplemente cierra los ojos y le indica que no con un movimiento de cabeza. Felipa ha perdido fuerzas de la emoción. El doctor del pueblo diría que se le bajó la presión.

Pero ella se queda ahí, sentada, con los ojos cerrados y recordando como si hubiera sido ayer el día en que ya no encontró a su hijo en su recámara. Ella y su viejo lloraron todo el día, y al siguiente también y durante muchos más. Tiburcio se había ido a Estados Unidos a ganar unos cuantos dólares.

—¡Cuídamelo, señor! —le dijo esa vez al patrón del pueblo—. ¡Es apenas un niño!

Desde ese día nunca dejó de pedir por él y cumplió su promesa: en su puesto de pozole, le regalaría al niño más jodido su plato con muchos granos y mucha carne; lo haría con mucho cariño, con mucho amor, pensando en su hijo Tiburcio.

Felipa abrió los ojos que estaban llenos de agua.

—¿Qué le pasa? —preguntó el de las cañas.

—¡Nada! —contestó ella—. Lloro de emoción. Es que mi hijo regresa de los Estados Unidos después de 10 años.

Tomó "juerzas" y se fue derechito a la iglesia. Las piernas ya le temblaban y todavía le faltaban unas cuantas cuadras que, ¡pa su madre!, estaban de subidita. Pero a Felipa poco le importó. Lentamente fue llegando. Sintió un gran alivio cuando entró al atrio y unos pasos más adelante se vio en la entrada de la iglesia. Se sentía una gran paz, un enorme silencio. Se dio su última peinada, se puso el rebozo y se quitó el delantal.

A cada paso que daba la imagen del patrón del pueblo iba creciendo. A la mitad del camino, cerró los ojos y lloró. Se recargó un momento en una de las bancas de madera y continuó. Veinte pasos más y sentía que ya podía tocar al santo, con otros diez ya lo tenía cara a cara.

—¡Gracias! —lloró Felipa igual que 10 años atrás, cuando le reclamó al santo por haber dejado ir a su hijo.

El santo parecía mirarla como quien dice "¡Todo está 'fine'!". Ella sintió que la piel se le ponía de gallina y hubiera jurado que al santo también. Fueron 10 minutos en ese estado de gran intimidad, después de los cuales Felipa se levantó y caminó con paso seguro hasta salir de la iglesia. Parecía que los ángeles del cielo iban con ella.

Repentinamente, el cielo se nubló y una tormenta azotó el pueblo. A ella le valió madres que el granizo le cayera en la choya. Disfrutaba cada paso que daba y sentía que hablaba con su meritito hijo. "Te quiero", le decía.

De regreso ya no vio al de las cañas ni al de las jícamas. El rebozo apenas le alcanzaba para taparse de la lluvia y los charcos de agua le llegaban hasta la rodilla, no porque fueran muy grandes sino porque ella era medio chaparrona.

—¿Pos dónde andabas, vieja? —le preguntó su marido, que estaba en la puerta de la casa cuando ella llegó.

—Vengo de la iglesia —contestó Felipa tratando de secarse un poco la ropa.

—¿Y ahora qué le has prometido al santo pa que te haga el milagro de que tu hijo regrese? —preguntó el marido sosteniendo todavía en la mano la rienda de su cuaco flaco y desnutrido.

—Ya no le prometí nada. ¡Lo juro! Espérame tantito.

En tizna se fue a su recámara para cambiarse hasta de calzones, pero no tardó mucho porque deseaba enormemente compartir con su viejo las buenas noticias.

Al salir del cuarto, Chente la abrazó con delicadeza. La quería tanto o más que a su cuaco Vicente.

—Lamento que tus santos te "haigan" defraudado —le susurró al oído.

—¡No me entiendes, viejo! —le dijo ella—. No les fui a pedir. ¡Les fui a dar las gracias!

—Pos no, no te entiendo —contestó Chente, mientras su cuaco relinchaba y por poco le daba en la "face".

A Felipa le temblaban los labios, pero no por el frío sino por la emoción. Lo que le escurría por aquellos cachetes indígenas no era lluvia, sino lágrimas, y de las buenas.

—¡Nuestro hijo va a venir para Navidad! —gritó ella.

Chente se hizo el disimulado —o güey, como dijera mi papá— y con el dedo gordo de la mano se retiró algo de los ojos. Una basurita que le cayó, diría él, pero la pura verdad era que también chillaba de la emoción de que su hijo regresaría.

—¿Quién te lo dijo? —preguntó.

—Él me habló, viejo. Dijo que llega pa el 22 de diciembre.

—¿De verdad? ¿Y preguntó por mí?

—¡Claro que sí, viejo! ¡Claro que sí! —dijo ella emocionada.

—Oye, pues cuando veas a tu santo dile que gracias —dijo Chente, sacando su pañuelo rojo lleno de mocos pa limpiarse las de San Pedro.

Las hermanas de Tiburcio tampoco lo creían. Las dos apenas eran unas niñas cuando éste se fue a los Estados Unidos. Hoy en día ya eran todas unas señoritas. Esa noche fue especial pa los Villalba. El pozole de Felipa le salió como nunca y regaló más de un plato, sobre todo a los chiquillos jodidos de la colonia.

Al regresar de la vendimia acompañada de sus hijas, sacó de una caja de madera muy bien cuidada su álbum de fotografías. Ahí estaba Tiburcio, todo encueradito, recién nacido. Y ahí estaba otra vez con sotana roja, de acólito. Y ésta otra montado en su cuaco, una más con su equipo de futbol en un campo todo pelón, y aquélla en la que está haciendo la primera comunión. Felipa ya no chilla, solamente observa al santo que tiene en la pared principal de la sala. "¡Gracias!", le dice. "¡Gracias!", le reitera.

Chente la observa recargado en el mesquite que se encuentra en el patio trasero de la casa. Le da duro a su cigarro Faro. Él mira al cielo en busca de recuerdos y los encuentra entre la luna y las estrellas. Se agacha, se quita el sombrero y se rasca la cabeza. Dicen que los hombres no lloran, pero Chente en esos momentos se limpia más de una lágrima. Los recuerdos le llegan al alma. Cierra los ojos. Aún tiene muy presente cuando recibió una carta de su hijo desde los Estados Unidos, apenas un mes después de haberse marchado. Él no quería abrirla, todavía estaba encabronado por la forma en que Tiburcio se había ido. ¡Ni siquiera se despidió! Se fue... Se fue.

–¡Ándale! ¿Qué no piensas abrirla? –le dijo su vieja en aquella ocasión.
–No. ¿Pa qué?
–Yo me muero de ganas por saber cómo está –decía ella.
–Pos yo no...

Felipa no pudo convencer a Chente de que abriera la carta. Él aún se encontraba encabronado porque su hijo no se había despedido.

Chente seguía ahí, en el fondo de la casa. Se encendió otro Faro y ante el ruido de los grillos y con cerillo encendido dio lectura a la carta de su hijo, la cual estaba llena de faltas de ortografía, pero qué importaba, Chente tampoco sabía que "ayer" no se escribía con h. Habían pasado ya casi diez años desde que se la mandaron:

Apá:
Le pido perdón por no haberme despedido de usté. Estaba yo seguro de que se enojaría. Yo sólo tenía miedo de que no me dejara venir al norte. Le cuento que llegué bien. No tube muchos problemas en pasar, el coyote que nos tocó era retebueno. Al segundo día ya estavamos adentro. Estoy trabajando en una fábrica con unos amigos del pueblo. ¿Se acuerda del hijo de Pancho, el que le vendió la yunta? El es de los que manda y me dio trabajo. Aquí le mando un dinero pa usté y mi amá. Hojala que ella se compre algo bonito. Lo único que me queda desirle es que lo quiero mucho y lo respeto. Pidale a mi amá que rese mucho por mí. Dele muchos besos a mis hermanas, muchos abrasos y me las cuida. Lo quiero, apá.

La carta tenía un Money Order por la cantidad de 50 dólares que seguía sin cambiarse. Después de prender más de diez cerillos, Chente terminó de leer esas cuántas líneas que años atrás le había escrito su hijo. El Faro ya se le había acabado, pero prendió uno más. Con aquellas manos llenas de callos se retiró aquel líquido que le escurría por las mejillas.

Chente abrió los ojos y su mirada estaba fija en su vieja, quien aún seguía viendo las fotos de su hijo. Entró a la casa, la abrazó y por segundos su mirada quedó fija en aquella fotografía en la que está con su muchacho en la milpa.

–¿Te acuerdas? –le dijo ella.

Él suspiró pero no contestó nada. La tomó de la cintura, que a pesar del paso de los años todavía se le antojaba. Allá iban los dos viejos, el álbum de los recuerdos quedó en la mesa. Ellos se fueron a la recámara tomados de la mano, quizá a recordar, nomás a eso. Ella se tenía que acostar en el suelo para sentir algo duro.

Mientras tanto, en la ciudad de Pacoima, allá en el Valle de San Fernando, Tiburcio esperaba el camión que lo llevaría a la ciudad de Los Ángeles, California, la cual se encontraba a media hora en carro. Tiempo había pa quedarse jetón un buen rato. El frío calaba hasta los huesos y la chamarra de los Dodgers no le cubría nada. Los minutos pasaban y los que esperaban el transporte ya se habían desesperado. Un negro fortachón se tocaba constantemente aquella nariz chata, de seguro quería su toque de cocaína. Otro que tenía finta de paisano no soltaba su bolsa de papel por ningún motivo y su aliento dejaba mucho que desear. La que no podía pasar desapercibida era aquella mujer de baja estatura, con un bebé al que le daba chichi y sus otros cinco hijos que no se le despegaban de las faldas.

El RTD por fin llegó. Uno por uno los pasajeros fueron depositando su morralla en un recipiente de metal. El chofer era de color y mostrándoles la mazorca amarilla les daba la bienvenida. En los primeros asientos se encontraban mujeres con sus escuincles; en los de en medio se veían chavas que mostraban sus minifaldas, y muy en el fondo había dos negros, un oriental y, al parecer, tres latinos.

Tiburcio, por güey, se fue hasta el fondo. Una de las chavas le medio sonrió, pero él no se fijó y se sentó junto al que olía menos feo. La peste en el fondo del camión era de aquellas, y pa su pinche suerte, ninguno de los olorosos se bajó sino hasta el centro de Los Ángeles.

Cuando ya de plano no pudo aguantar más los olores, se bajó en la calle Temple, caminó unas cuadras y llegó hasta la calle Tercera. Giró a la derecha y siguió hasta llegar a la calle Broadway. Aquello no era Estados Unidos, era el puritito centro de cualquier ciudad de México. Allá se veía el cine Million Dollar, acá la librería México, donde se encuentra todo tipo de publicaciones en español, desde la Biblia hasta las revistas de viejas encueradas.

La señora que vende mangos con chile ya se deja ver, y la que vende casets piratas no podía faltar. Tiburcio se sentía como en casa, las marquesinas de los cines anunciaban de un lado películas de los Almada, y del otro la de Lola, sí, *Lola la Trailera V.*

Tiburcio sabe a lo que va. No se detiene hasta llegar a la tienda donde sabe que encontrará lo que quiere comprar. Pa su amá un suéter, pa su apá una chamarra que trae un borrego en la parte de adentro. Pa sus carnalas, un par de zapatos con los que bailarán todas las canciones de la Banda Machos.

Después de las compras se fue derechito a la Placita Olvera, donde se aventó una orden de tacos con guacamole, luego salió de ahí, pidió su raspado y se fue a la parada del camión que lo llevaría hasta su cantón feliz de la vida porque ya tenía todos los regalos pa la familia.

Ya sólo faltaban unos días pa que Tiburcio llegara. Chente se puso a arreglar lo que pudo de la casa. Le cambió las tejas al cuarto donde se quedaría su hijo porque estaban todas "rompidas". También aplanó el piso, que era de tierra y no quería que hiciera polvo. Felipa planchó las sábanas y la colcha de la cama. Sus hijas andaban en chinga. Esos días hasta de los novios se olvidaron. Ya sólo faltaba que llegara Tiburcio.

Allá en el norte, Tiburcio le contaba a sus camaradas de la escuela nocturna sobre su viaje a México. Estaban en receso. Ya iba en el sexto nivel de inglés. No era nada menso, comprendía que para ganar más lana se requería hablar el idioma de Shakespeare. Estaban todos reunidos en el parking de la escuela.

—¡Me voy a ver a los jefes! —les comentaba.

—¡Qué a toda madre! —le decía el Perro, su fiel amigo—. ¿Y qué sientes de ir después de tantos años?

—No sé, tengo miedo, pero también me da gusto ver a mi familia. Quiero abrazar a mis jefes y a mis carnalas.

—¿Y lo de tu jefe?

—No habrá mucho que decirnos. Creo que solamente nos vamos a ver y a abrazar. Eso pienso hacer. No se requieren palabras para pedir perdón.

—¿Y regresas?

—¡Claro!

La plática se vio interrumpida cuando sonó la campana. Se apagaron los cigarros, el café se tomó de un sorbo aunque más de uno se quemara el hocico. Los chavos que estaban en el pleno agasajo tuvieron que dejar la tocadera para mejor ocasión. A él ya le faltaba poquito para llegar hasta el otro lado. "¡Chin!", dijo, mientras se retiraba las babas de la boca.

El "yes, I do" y el "yes, I am" se repetían en el salón de clases. Cuando terminó la última de ellas, los calenturientos buscaron lo oscurito para seguir con su asunto. Los que no tenían otros "business" se fueron despidiendo uno por uno.

—Nos vemos —dijo el Perro—. Voy a ver a mi chava.

—¡Cuídate! —le contestó Tiburcio.

—¿Te llevo? —le preguntó uno de sus compañeros.

—Me voy caminando.

El parking de la escuela se fue quedando vacío. A los más jodidos no les quedó de otra que irse a patín.

—Buenas noches —decían unos.

—Buenas noches —contestaban otros.

—Te lo lavas... —se alcanzaba a escuchar por allá.

Esa noche, como todos los miércoles, sobre la avenida de Van Nuys se llevaba a cabo el famoso *crussing*. Los chavos salían presumiendo sus ranflas o carros muy bien arreglados. Había gritos, rechinidos de llantas, piropos a las viejas que pasaban por ahí. Seguramente también había más de un marihuano. Era inusual que Tiburcio agarrara estos caminos, pero sus pensamientos estaban sumergidos en su ida a México.

Caminó toda una cuadra sin darle mucha importancia a lo que sucedía a su alrededor. Pasos antes de cruzar la calle el semáforo estaba en siga, así que caminó sin preocupación alguna hasta que se escuchó un fuerte rechinido de llantas. El coche no se pudo detener, se le quemaron las llantas delanteras y aun así el impacto fue tan brutal que atrajo la atención de todos los que por ahí circulaban.

—Fuck! —dijo un gringo.

—¡No la chingues! —soltó un paisano.

—¡Cerote! —se le salió a un salvadoreño.

—¡Concha su madre! —agregó un peruano.

Sin importar su nacionalidad, todos se fueron en tizna para ver más cerca el desmadre. El carro siguió su camino perdiéndose por la noche. Tiburcio quedó tendido en el suelo con sangre en la boca. Sus libros esparcidos por el suelo y su libreta de apuntes abierta en la hoja en la que le había escrito una carta a su padre. "Perdón. Te amo", le decía al final.

El cuerpo de Tiburcio ya no se movía. En unos segundos ya estaba ahí una patrulla de policía tratando de retirar a los curiosos. De inmediato hicieron contacto con los de emergencias y en menos de lo que canta un gallo se dejó escuchar la llegada de la ambulancia.

—Move! Move! —indicaba un oficial abriendo el paso a los paramédicos y acordonando el área con una cinta anaranjada.

A Tiburcio le tomaron los signos vitales, le abrieron los ojos para revisarle las pupilas y le buscaron el pulso del corazón sin que hubiera reacción alguna.

La cara de los casi médicos era como diciendo "A éste ya se lo llevó la huesuda". Y para asegurarse de lo que presentían, hasta le picaron la cola. Nada. No se movió, y así lo informaron por radio a sus superiores en el hospital:

—He is dead —decía uno de los paramédicos, indicando que Tiburcio había muerto.

Su compañero simplemente agachó la cabeza y el cuerpo fue cubierto con una sábana blanca. La camioneta del médico legista llegó y se llevó el cuerpo hasta la ciudad de Los Ángeles, la que queda por el bulevar César Chávez.

—Pobre vato —dijo uno de los que seguían de argüenderos.

Uno a uno se fueron retirando. Más de uno se persignó al pasar por ahí. El cuaderno de apuntes de Tiburcio se quedó ahí tirado. La carta que le escribió a su padre jamás sería leída.

Pasadas las 11 y media de la noche, el Perro llegó a su departamento feliz de la vida. Se había dado un buen agasajo con su vieja. Chiflaba a toda madre y hasta entró cantando. El Pulgas tenía pocos minutos de haber llegado; él también tenía con quién besuquearse y en ese momento se estaba preparando unos tacos de frijoles.

—¿Qué onda, cabrón? —le preguntó el Perro.

—Te invito —le contestó su camarada desde la cocina.

El Perro aceptó su oferta, sólo le pidió que lo aguantara un segundo porque tenía que ir al baño. Habiendo terminando de limpiarse la cola, se escuchó que el teléfono sonaba y se metió a contestar a la recámara.

—¿Bueno? —dijo.

—Hello! —se escuchó del otro lado.

—¿Diga?

—¿Ahí vive la familia de Tiburcio Villalba?

—No, su familia vive en México.

—¿Usted lo conoce?

—Sí, vive aquí. ¿Quién habla? —preguntó el Perro.

—Habla el detective Martínez, del departamento de investigaciones de la policía.

—¿En qué le puedo ayudar? —preguntó el Perro oliéndose el dedo. No se había limpiado bien la cola.

—Tiburcio Villalba fue atropellado y murió —dijo Martínez pidiéndoles que se trasladaran hasta la oficina del legista para identificar el cadáver.

—¿Está seguro?

—Por eso es necesario que vengan —reiteró Martínez.

El Perro salió todo pálido del cuarto.

—¿No pudiste hacer del baño? —preguntó el Pulgas mientras mordía el chile de su taco.

—Atropellaron a Tiburcio y dicen que... murió.

El chile se cayó con todo y taco. El Pulgas se sentó en la silla de la cocina. El Perro en el viejo sofá de la sala. Ambos estaban nerviosos, no entendían qué estaba sucediendo.

—¡No puede ser! —decía el Pulgas.

Se subieron a su carro y tomaron la Freeway 5 que los llevaría hasta el centro de Los Ángeles. Llegarían hasta el Barrio Chino y después darían vuelta a la derecha hasta llegar a la oficina del médico legista.

Tanto las calles como el estacionamiento estaban vacíos. El clima era frío. El investigador Martínez ya los estaba esperando en la puerta y él mismo los guió hasta donde estaba Tiburcio. Su cuerpo estaba cubierto por una sábana blanca. Los amigos cerraron los ojos. Ninguno de los dos quería abrirlos. Tenían una sensación extraña y las piernas se les doblaban. Le pedían a todos los santos allá en el cielo que no fuera cierto, que el muerto que iban a ver no fuera Tiburcio.

—¡Es él! —dijo el Pulgas.

—Sí, sí es —confirmó el Perro.

El cuerpo fue cubierto nuevamente y los tres salieron de ahí.

—Hay que notificar a la familia —dijo Martínez.

—Nosotros lo haremos —dijo el Perro.

Al día siguiente, nuevamente el chiquillo mocoso y chorreado llegó hasta la casa de los Villalba.

—¡Doña Felipa! ¡Le hablan de los Estados Unidos! —gritaba el escuincle. Ante la falta de respuesta, el chiquillo insistió hasta que la doña salió.

—Le hablan de Estados Unidos —le dijo cuando al fin la vio.

—Ha de ser mijo —contestó—. ¡Viejo! ¡Apúrale! Parece que nos habla Tiburcio.

Chente apareció de volada con la ropa llena de cal. Estaba tapando las chinches de las paredes en la casa. Lo último que quería era que a su hijo el norteño le picaran en las nachas.

Con la elegancia de todo albañil, tomó de la mano a su vieja y en chinga se fueron caminando muy fufurufos. Al de las cañas y a la de las jícamas nomás les movieron la manita. No tenían tiempo pa quedarse a argüendear.

—¿Bueno? —contestó Chente al levantar la bocina.

—¿Quién habla? —preguntó quien se identificó como el Perro.

—Soy Vicente Villalba. ¿Con quién desea hablar?

—Con algún familiar de Tiburcio Villalba.

—Soy su padre. Dígame.

El Perro sintió que se le caían los calzones.

—Es el papá —le decía al Pulgas, que se encontraba a su lado.

—Tienes que decirle —le decía éste—. Dile, cabrón.

—Lamento informarle que su hijo falleció el día de hoy…

—¡¿Qué?! —gritó Chente.

—¿Qué pasa, viejo? —le preguntó Felipa.

—…Lo atropelló un individuo que andaba tomado.

Chente se mordió los labios y hasta el interior de los cachetes. De reojo miró a su vieja, que sólo pelaba los ojos como suplicándole que le dijera qué estaba pasando. El alma, el corazón y los ojos lo delataron. Repentinamente se soltó a llorar y soltó la bocina. Felipa la tomó de inmediato.

—¿Qué pasa? ¿Qué pasa? —gritaba.

—El joven Tiburcio Villalba falleció anoche. Los fuertes golpes recibidos por el auto fueron la causa.

—¡¿Qué?! —gritó ella.

La bocina se quedó descolgada. Chente y Felipa se tomaron de la mano y lentamente caminaron rumbo a su casa. Los dos iban chillando. Los vecinos, amigos y desconocidos que los veían les preguntaban qué pasaba, pero no les respondieron nada.

Cuando llegaron a su hogar, ella se derrumbó en medio de la sala.

—¡¿Por qué?! ¡¿Por qué?! —le cuestionaba Chente al santo que tenían en la pared principal.

El santo parecía decirle "Lo siento", pero eso no era suficiente. Chente tomó el cuadro con ambas manos y lo levantó sobre su cabeza. Se mantuvo así por casi un minuto. Las lágrimas le escurrían.

—¡Viejo! ¿Qué haces? —gritó Felipa cuando se dio cuenta.

—¡Tirar lo que no sirve! —dijo él.

—¡Por favor no lo hagas! —suplicó ella.

Felipa lo convenció de no azotar el cuadro contra el piso. No había razón para ello. Una vez que lo tuvo en sus manos, volvió a recargarlo en la pared. Felipa se hincó al lado de su marido y ahí se quedaron, sumergidos en su llanto y en su dolor. Así los encontraron sus hijas cuando llegaron.

—¿Qué pasa? —preguntó Lucía.

—¿Qué sucede? —dijo también Leticia, la menor.

Ninguno de sus padres contestó, pero ambas les rogaban que les dijeran qué estaba pasando.

—¡Por favor, dígannos qué pasa! —dijo Leticia, ya espantada.

—De seguro Tiburcio no viene. Lo presentía —dijo Lucía enojada—. Ya se me hacía muy bonito el cuento de que regresaría. No vale la pena —le dijo a sus padres.

—¡Tu hermano murió! —le dijo Chente con los ojos hinchados y sin dejar de abrazar a su vieja.

—¡Nooooo! —gritaron ambas pelando los ojos.

Leticia salió de la casa y corrió como loca por la calle. Los vecinos se le quedaban mirando preguntándose qué pedo. Lucía se arrodilló junto a sus padres y lloró con ellos. Así permanecieron por un largo tiempo. Más de una curiosa entró a la casa a preguntar.

—¿Qué pasa, comadre?

—¡Mi hijo murió… murió! —contestaba Felipa con los labios temblorosos.

—¡¿Cómo?! —insistía la argüendera, como si de verdad le importara.

—¡No sé! —decía Felipa.

Ésa fue la respuesta que le dio a las amigas, comadres y argüenderas. Chente, en cambio, no salió de su cuarto. No le quitaba la mirada al cuadro del patrón del pueblo. No le preguntaba nada. Ya ni siquiera lloraba. No había más lágrimas para llorar.

Leticia y Lucía no dejaron a su madre sola ni un momento, menos cuando se fue a la iglesia a reclamarle al santo patrón, a San Judas Tadeo y hasta al arcángel Gabriel. Sus hijas la observaban desde la entrada del templo y lloraban con ella. Después de más de un grito, Lucía se dirigió a su mamá a paso lento.

—Mamá, es hora de irnos —le dijo cuando llegó adonde estaba Felipa.

Las tres salieron de la iglesia. Algunos vecinos las miraban con dolor, otros con curiosidad y más de alguno con morbo.

—¡Ay, pobrecita! —murmuró una vieja a su comadre, quien se encontraba a su lado metiéndole duro el diente a un elote de a cinco varos.

Al siguiente día, a muy temprana hora de la mañana, el teléfono volvió a sonar. La misma chiquilla contesto y el mismo chiquillo chorreado y mocoso llegó hasta la casa de la Felipa.

—¿Qué pasa? —preguntó Leticia.

—Tienen otra llamada del norte.

La chamaca no quiso molestar a sus padres y se fue sonámbula hasta la caseta de teléfono.

Contestó con gran dolor en su alma, pero a pesar de ello entendía.

—¿Puedo hablar con el señor Villalba?

—Soy su hija, ¿quién habla?

—Un amigo de tu hermano. Me dicen el Perro —le explicó—. Ayer me colgaron. Lo comprendo, pero necesitamos saber qué hacer con el cuerpo.

—¡Mándenlo! ¡Por favor, mándenlo! —suplicaba la chamaca, triste, pero sin arrugarse.

—Pues sí, pero… —murmuró el Perro.

—¡Por favor, nos lo tienen que mandar! —insistió Leticia.

El Perro se rascaba la choya.

—¿Bueno? ¿Bueno? —decía Leticia titubeando para después colgar.

—¿Ahora qué hacemos? —le preguntaba a su compañero.

—Pues quién sabe…

—¿Y quién sabrá, güey?

—Pues una funeraria —contestaba el Pulgas, sintiéndose muy fregón por haber solucionado el problema.

Fueron a la iglesia y nadie supo decirles qué onda. Alguien les dijo que un conocido había sufrido la pérdida de su suegra.

—¡Uy! Nos la llevamos en el carro —les dijo el tipo—. Cuando llegamos a Tijuana les dijimos a las autoridades que iba dormida.

—¿En carro? —se preguntaron uno a otro.

El investigador Martínez les habló en más de una ocasión para decirles que el cuerpo tenía que ser retirado de la morgue. El Perro comenzaba a sentirse presionado por la situación. El investigador les recomendó que fueran a una funeraria, allí podrían ayudarles.

Los mandó a Williams Mortuary, una funeraria allá por el gueto de los negros. La fachada del lugar estaba pintada de negro, como negro era el que los atendió. Era feo el desgraciado y medía más de dos metros. Para verle algo tenía que pelar la mazorca.

—Mexicans? —preguntó el Frankenstein negro.

—Sí —dijeron ambos de forma muy tímida.

El amable recepcionista sacó un enorme mapa y apuntó hacia Canadá preguntando que si ése era México.

—Éste está re güey, imagínate que nos lo mande pa allá —dijo el Perro, y los dos se dieron la media vuelta.

—¿Y ahora? —preguntó el Pulgas.

Agarraron camino hacia el este de Los Ángeles pensando que ahí más de un compa podría decirles dónde encontrar una funeraria. No hizo falta. Dando la vuelta por la Brooklyn encontraron la funeraria La Familia.

"Se habla español", decía el letrero de la entrada. Abrieron la puerta y se escuchó una campanita. En la recepción no había nadie. Predominaban las imágenes religiosas, la Guadalupana, el Sagrado Corazón de Jesús, el Cristo.

—¡Éstos son de los nuestros! —dijeron.

Y no se equivocaron. Segundos después llegó para atenderlos un vato que no pasaba del metro y medio, prieto y feo, pero decía sentir el dolor ajeno y sin conocer a los recién llegados dijo:

—Lo siento mucho. ¿En qué les puedo servir?

El Perro y el Pulgas le explicaron la situación y Funesto les dijo que estaban en buenas manos.

—Nosotros mandaremos a su amigo a México. Queremos mucho a la raza, nos preocupamos por ellos y tenemos los mejores precios —les dijo—. Acompáñenme. Vean lo que tenemos... Éste es de cedro —dijo señalando un ataúd— terminado con los mejores materiales. Tiene chapas de oro e incluye una imagen de la Virgen de Guadalupe para que cuide al fallecido en su viaje.

Los dos amigos pelaron los ojos.

—Éste otro —siguió diciendo Funesto— también tiene chapas de oro y aire acondicionado para que el cuerpo aguante más tiempo.

—Ta bueno —dijeron los cuates.

—Éste último tiene aire acondicionado y unos compartimentos para que los dolientes le escriban sus pensamientos o depositen cosas que al difunto le gustaban... Nosotros queremos mucho a los mexicanos —volvió a decir Funesto, quien fue abordado por un tipo gordo con los dedos llenos de anillos de oro que parecía ser su jefe.

—Diles que por ser mexicanos les damos un descuento —le dijo.

—¿Un descuento? —preguntaron ambos.

—Sí, les vamos a dar las estampitas de recuerdo —dijo Funesto.

—¿Y en cuánto sale todo para que el cuerpo llegue a México? —preguntó el Pulgas.

—Síganme —dijo Funesto dirigiéndose a lo que parecía ser su oficina. Sacó una sumadora y con facilidad hacía la cuenta mientras les ofrecía un café.

—Flores, caja, visita, estampitas, traje, traslado en avión a México, escolta al aeropuerto, obtención de documentos, certificación, rosario…

—¿Cuánto va, carnal? —lo interrumpió el Perro.

—Todavía no termino —contestó.

—Pero cuánto va…

—Van 15 mil dólares.

—Vámonos —le dijo el Perro al Pulgas.

Estaban ya en la puerta cuando el patrón le hizo una seña a su empleado dándole a entender que no dejara ir el negocio.

—¡Esperen! —gritó Funesto—. Para que vean que queremos a la raza, les vamos a ayudar. Les quitamos esto, y lo otro, y lo otro, y les dejamos las estampitas con una caja más económica. Se los dejamos a 5 mil.

Ambos amigos se rascaron la cabeza, los cachetes y hasta las nalgas, y al pensar que no tenían de otra, aceptaron.

—¿Dónde firmamos? —le dijeron.

—Hay que informar a la familia —dijo el Perro, y así lo hicieron.

—¿De dónde vamos a sacar 5 mil dólares? —decía la hermana de Tiburcio cuando volvieron a comunicarse.

El Perro guardó silencio y suspiró.

—¡Es mucho dinero! —decía la chamaca.

El paisano "gringo" suspiró muy hondo, parecía que necesitaba armarse de valor.

—Diles a tus papás que los amigos de Tiburcio haremos todo lo posible por hacerlo llegar con sus seres queridos —le dijo.

—¡Gracias! —contestó ella—. ¡Dios se los pague! —decía con agua en la entrada de los ojos.

—¿Cómo te llamas? —le preguntó el Perro.

—Leticia.

—Pues… Leticia, no te preocupes. Si se necesita algo más yo me comunico contigo.

Los siguientes días estuvieron de la chingada, tanto para los paisanos de acá como para los de allá. Chente y Felipa, desesperados porque ya querían tener el cuerpo de su hijo en casa, hablaron con la Funeraria Romero pa que ellos fueran por el cuerpo a la capital. A cada rato iban a preguntar si ya les habían hablado de los Estados Unidos y cada "no" era una mentada de madres. Chente se refugiaba en su milpa. Se iba de madrugada y llegaba hasta altas horas de la noche.

Pa Felipa las ollas de pozole quedaron vacías. No hubo venta esos días.

—¿Pos qué pasa? ¿Dónde está la doña? —preguntaban algunos, entre ellos los chiquillos que todas las noches le gorreaban.

Allá en Pacoima, el Perro iba de aquí para allá en busca de ayuda. El bote de aluminio con la foto de Tiburcio Villalba ya estaba todo sudado y manoseado. Se paró en más de una tienda de segunda, entró a las cantinas —"Ha de ser pa tu chupe", le decían, pero a él le valía madres—. Durante el primer día de colecta no juntó más de 100 dólares. El segundo día llegó a los 300. Pal tercer día, el Perro, ya en su departamento, vació el contenido de aquel bote de aluminio en la alfombra sucia, sacó una chela del refrigerador, la acarició y comenzó el conteo de los pocos dineros.

—¿Qué pasa? —preguntó el Pulgas.

El Perro simplemente observó su chela, se la empinó y se tragó el líquido hasta terminársela.

—Ya no chupes —le dijo el Pulgas.

El Perro lo miró y lentamente fue al refrigerador donde lo esperaba otra Coors. Vio de frente al Pulgas, agachó la "head" y le dijo "Lo siento".

—Te quieres poner igualito al cabrón que mató a nuestro cuate —le dijo chupándose los dientes—. No te hagas pendejo, mi buen. Ya la policía te dio copia del reporte preliminar donde claramente dice que Tiburcio falleció de golpes contusos en la cabeza. ¡Fue arrollado por un hijo de su madre que iba pedo por el bulevar Van Nuys!

El Pulgas guardó silencio un momento y miró a su cuate, dándose cuenta de que estaba sufriendo.

—¡Chupa! —le dijo—. Chupa, cabrón. Perdóname, por favor.

En ese momento, el Perro no necesitaba porras pa empinar el codo. Él solito sabía el camino. Sólo requería un movimiento pa que el líquido llegara hasta su boca. Lo saboreó hasta que el bote quedó vacío y lo tiró contra la pared.

—¡Un paisano más que muere en este pinche país en busca de hacerse rico! —gritó—. ¡En busca de ayudar a sus padres, en busca de un no sé qué!

—¡Cálmate, cabrón! —le dijo el Pulgas—. Ponerse pedo no es la solución. Falta mucho para trasladar a Tiburcio de regreso con su familia.

—¡¿Y qué crees tú que he hecho estos días?! —gritó el Perro.

El Pulgas comprendió y se sintió de la chingada. Invitó a otros camaradas para que agarraran su bote de aluminio y se fuero de aquí pa allá. Hasta el trabajo de Tiburcio fueron a dar. El patrón se quiso hacer el que no lo conocía para no dar nada.

—No te hagas güey, pinche Bruce Lee. Le debes una quincena de salario y nunca le pagabas el "over time" —le reclamó el Pulgas.

—No! No! —contestaba el chino poniendo cara de inocente.

—Police! Police! —le gritó el Perro insinuando que llamaría a la ley.

El chino comprendió que era mejor pagar lo que debía. Sentía en la mirada del Perro que éste no estaba jugando y que de ser necesario llamaría a la policía.

—Ok, ok –les dijo. El oriental dio más de mil dólares.

Saliendo de la fábrica de telas, encontraron un resto de raza que compraba algo para el refine. Uno de ellos hizo señas a los demás hacia donde se encontraban los dos amigos de Tiburcio.

—Lo sentimos –dijo uno.

Y así le siguieron uno tras otro. Algunos dejaron de comprar sus alimentos y el dinero lo destinaron para el traslado.

—¡Que Dios se los pague! –les decía el Pulgas.

Esa noche, en el departamento, se sentaron a contar el dinero reunido.

—Tres mil dólares –dijo el Perro–. ¡Nos falta un chingo todavía!

—Y ya nadie quiere dar –contestó el Pulgas.

—¿Y ahora qué hacemos? –se preguntaron el uno al otro.

El Mudo, uno de los que vivían en el departamento, se levantó y fue a su cuarto. Regresó con un calcetín en la mano y sacó de él un rollo de billetes.

—Son dos mil cien –dijo.

—¡No mames! –dijo el Pulgas–. ¡Esa feria es para la operación de tu jefita!

—Mi madre murió repentinamente la semana pasada –les dijo agachando la cabeza–. Usen la lana para trasladar a Tiburcio.

—¡Que Dios te dé más desde el cielo, cabrón! –le dijo el Perro.

El Perro fue a la funeraria La Familia a entregarles toda la feria. El dueño del negocio era más que codo y desconfiado, y contó *penny* por *penny* –o sea centavo por centavo– hasta que media hora después movió afirmativamente la cabeza.

—Está bien –dijo Funesto.

—¿Lo podríamos ver? –preguntó el Perro.

El acuerdo terminó en un apretón de manos. El dueño de la funeraria había permitido que sus cuates lo vieran esa misma noche. Uno por uno fueron llegando, no daban crédito a lo que sus ojos observaban. El cuerpo de Tiburcio se encontraba todo tieso, hinchado. Ninguno de los presentes dijo nada. Simplemente guardaron silencio.

—¿Cuándo mandarán el cuerpo al pueblo? –preguntó el Perro a Funesto.

—Para el viernes llega a México –le contestó.

Los Villalba recibieron la que sería la última llamada. Les informaron que el cuerpo llegaría el sábado por la mañana. El viernes por la noche, Felipa, Chente y sus hijas fueron a la iglesia del pueblo. Él se quedó afuera a esperarlas.

Hubieran rezado un poco más. Tiburcio se lo merecía. Todo transcurría a toda madre hasta que el cuerpo llegó al Distrito Federal. El avión hizo un aterrizaje tan padre que todos los pasajeros aplaudieron. El papeleo del cuerpo de Tiburcio llegó a manos de los agentes de Salubridad. Aquel tipo con corbata se sentía muy chingón. No era la primera vez que ponía pretextos. Que si le falta un sello, que si le falta un acento al oficio, que si el papel no es oficial...

—¡Los del Consulado de México son unos pendejos! —decía.

El propietario de la funeraria Romero lo miraba de pies a cabeza.

—¡Siempre es lo mismo! —decía sacando de sus bolsillos unos fajos de billetes con la foto de algunos insurgentes.

—¿Ya ve qué fácil es? —le dijo el uniformado.

A las cuatro de la tarde del sábado la carroza de la funeraria Romero llegó al pueblo. Más de un chiquillo curioso corrió detrás de ella. Cuando se detuvo en la casa de los Villalba los curiosos salieron de sus casas. Al momento en que la caja con el cuerpo de Tiburcio salió del vehículo, ya un chingo de gente estaba alrededor.

Felipa, Chente y sus dos hijas se encontraban en la entrada de su casa. Todos lloraban. La caja de muerto conteniendo los restos de Tiburcio no era de lo más fino. Es más, se tenía miedo de que se fuese a desfondar. La pusieron en medio de la sala de los Villalba con la imagen del patrón del pueblo en la cabecera del féretro, pero Chente la retiró. Cuatro cirios del tamaño del mundo fueron puestos en las esquinas.

Uno por uno, los vecinos y curiosos fueron llegando a dar el pésame. Todos rezaban padrenuestros y avemarías. Algunas viejas lloraban por obligación, otras sí lo sentían.

Esa noche hubo pozole. Había que alimentar a los gorrones y argüenderos. Al día siguiente, después de tantos rezos y plegarias, el féretro fue conducido al panteón del pueblo. Mentiría si dijera que la cola de gente era interminable. Solamente eran unos cuántos, eso sí, todos amigos.

El clérigo, o mejor dicho el padrecito, llegó a tiempo pa aventarse unas cuantas palabras. Parecía que no lo sentía porque eran las mismas del otro día cuando enterraron al carpintero. Los amigos de Chente ayudaron a cargar la caja pero más de uno se quejó a medio camino, por lo que algunos desconocidos terminaron llevándola hasta su destino final.

El panteón los esperaba con sus puertas abiertas. Al pasar por el área donde entierran a los ricos, fueron cuidadosos en no pisar sus hermosas flores o maltratar las enormes lápidas.

Pronto se dieron cuenta de dónde se encontraban los de su categoría. ¡Me cae de madres que a los pobres los entierran uno encima de otro! Más de un hueso se vio fuera de la tierra. Hasta en la muerte los jodidos son discriminados.

Cuando se escuchó el amén final, uno por uno los presentes dejaron caer un puñado de tierra. Felipa se negaba a hacerlo. Chente sufrió más de lo esperado. Las hermanas cerraron los ojos y el puñado de tierra fue aventado al cielo.

—Te queremos —murmuraron.

II

Aquella noche de viernes, día de pago y de parranda, por el rumbo de Chicago, Illinois, Sebastián López, originario del estado de Guanajuato, llegó cansado del "jale" y mentaba madres por el tráfico que le había tocado. Sin embargo, pensar que esa noche iría con sus camaradas a escuchar a los Tucanes de Tijuana lo hacía muy feliz.

Se puso sus mejores perfumes –Siete Machos– y de su ropa ni se diga. Se colgó toda cadena que encontró, nomás le faltó ponerse la del "dog", pero aun así, ninguna de las chavas quiso bailar con él. Se creía muy galán, pero su apariencia no le ayudaba. La pura verdad, daba pena.

Las más jodidas no le hicieron el fuchi y con ellas movió el bote. Se empinó las Coors y las Miller Light hasta que se cayó de hocico. La terquedad no le permitió comprender lo que sus amigos le proponían.

–Vente con nosotros –le decían–. Deja el carro y ya mañana lo levantamos.

–¡Ni madres! –les contestó e intentó cruzar la calle.

El carro que venía de frente no pudo frenar y Sebastián terminó con un tremendo chipote en la frente, contusión que días después le causó la muerte.

III

Darío Jiménez, de apenas 24 años de edad, del estado de Oaxaca, se vino al norte como otros tantos jóvenes para hacerse rico. Éste sí entendió a la perfección que aquí se la tendría que rajar para poder regresar aunque fuese con unos dólares.

Desde el día en que llegó le dio duro a la chamba. Comenzó como lavaplatos en el restaurante El Gallo Giro en el estado de Arizona. Ni el calor ni el frío le quitaron las ganas de ser alguien en la vida. Después fue mesero y finalmente llegó a ser el cocinero. El sazón lo heredó de su abuelita. Todo tenía gran sabor.

En más de una ocasión, agachaba la cabeza y gritaba de dolor dejando la cebolla a medio picar.

−¿Qué te pasa, carnal? −le preguntaba su "pinche".

−¡Tengo días con dolor de cabeza! −contestaba.

Una semana más tarde, mientras se encontraba picando el jitomate, Darío cayó al suelo. Sus compañeros fueron en chinga a levantarlo.

−What happened? −preguntó el dueño al ver al cocinero tirado en el suelo.

La ambulancia llegó y se lo llevó. Fue internado de volada y lo sometieron a todo tipo de exámenes. ¡Hasta en un tubo lo metieron!

Darío cerró los ojos y lloró como un niño cuando los doctores le dijeron que le habían detectado un tumor. Con la ayuda de sus amigos, mandó todos sus ahorros a su gente allá en el pueblo. El migrante murió sabiendo que su dinero tuvo buen destino. Su familia le compró la mejor caja que había en la funeraria La Sonrisa de Dios y le dieron las gracias.

IV

Bulmaro Mendoza era un tipo recio y bravucón nacido en el estado de Tamaulipas. Dicen las malas lenguas que a cada rato se agarraba a tiznadazos a su vieja.

—¡Es que me quiere! —decía ella cuando sus amigas le aconsejaban que lo denunciara.

Una denuncia en su contra por un cristiano, quien dijo que se la había partido todita, provocó que Bulmaro se fuera a los Estados Unidos. No le gustó Florida, por lo que de inmediato se fue a las "Carolinas" —Carolina del Norte y Carolina del Sur—. Sus compañeros de trabajo pronto se dieron cuenta de que con él no se meterían. Era bravo de verdad.

—¡Qué me miras, güey! —le decía a aquella persona que parecía que no le retiraba la mirada de encima, aunque en realidad era ciego.

Bulmaro no pedía disculpas, ¡mucho menos perdón! Aquella noche de cerveza y bailada, unos paisanos se metieron en problemas con unos afroamericanos. Se mentaron la madre, aunque ninguno de los dos grupos entendía lo que se decían. Bulmaro en ningún momento se metió. Él en lo suyo, chupe que chupe. En el momento más caliente del pleito, un paisano sacó una navaja de las que se utilizan para destajar puercos.

—¡Acércate, güey! —le dijo al negro.

Éste peló los ojos y los dientes y se le dibujó una sonrisa. Segundos después sacó la pistola. El "¡pum" simbró el lugar. La bala le atravesó la panza al valiente del cuchillo, pero fue Bulmaro el que cayó de espaldas. Murió. Su vieja no le tuvo ningún rencor e hizo toda clase de gestiones para que le enviaran el cuerpo.

V

Jaime salió temprano de su "traila" para irse a trabajar. El frío estaba de la fregada y se tuvo que arropar hasta los tanates.

La bicicleta era su modo de transporte y agarró una importante high way allá en Raleigh, Carolina del Norte. Aún no amanecía, los rayos del sol todavía ni se asomaban.

–Ponle una luz a tu bici –le dijeron sus compas más de una vez.

–Mañana –respondía siempre.

A las dos millas de pedaleo empezó a pujar. Su edad ya no le permitía irse de un solo jalón. Tenía que tomarse sus descansos. Además, los años ya se le habían echado encima, su vista ya estaba para que se jubilara y eso le dificultaba aún más el trayecto. Tenía que ir al oftalmólogo para que le pusieran unos lentes, pero una vez más, "mañana" fue su respuesta.

Jaime se limpió el sudor y se preparó para seguir pedaleando. Miró hacia la izquierda, pero se le olvidó voltear a la derecha… No hubo "mañana" para el migrante.

Su cuerpo quedó embarrado en el asfalto. Los sesos quedaron a más de 500 metros de donde encontraron su cadáver.

Al enterarse del accidente, sus compas no quisieron ayudar a la la policía a identificar el cuerpo. Le decían "Jaimito", pero hasta ahí. Nadie supo de dónde era o si estaba casado. Lo poco que se pudo levantar del cemento fue cremado. Sus cenizas aún no son reclamadas. Sigue siendo un número.

VI

En sus años mozos, allá por la década de los ochenta, Felipe llegó a tener negocio propio en ciudad de los vientos, Chicago, Illinois. La paletería La Michoacana le dio en su momento para comprarse más de una casa y hasta se trajo a su vieja y a sus tres escuincles. Era una buena familia, como decía el comediante Pompín Iglesias: "¡Qué bonita familia!".

La secretaria de Felipe se vio obligada regresar a México porque su jefa se le estaba muriendo. A los días de haber llegado al pueblo, la anciana estiró la pata.

La secre ya no regresó, prefirió quedarse a cuidar a su padre que también estaba enfermo. La nueva secretaria que contrató de verdad estaba bien buena. Todo lo tenía en su lugar y ella lo sabía. Los encantos de la chava dejaron a Felipe con la boca abierta.

La invitó a desayunar, comenzaron los piropos en el lugar de trabajo, después la cena y más tardecito ella se le entregó. Le dijo que era por amor y el muy tarugo se lo creyó, pero sólo quería su feria.

La esposa se enteró y en menos de lo que canta un gallo se divorció de él. La ley gringa le quitó la mitad de todo lo que tenía y la custodia de sus hijos. Su nueva pareja lo dejó en la calle, así que comenzó a chupar y a consumir droga.

En unos cuantos meses, la calle se convirtió en su hogar. Se fue a Los Ángeles, California, a comenzar una nueva vida, y en sus tres primeros días la iglesia de la Placita Olvera le dio refugio. No necesitó más: al cuarto lo encontraron muerto en el callejón que está al lado de la iglesia.

Nadie lo reconoció porque cuando se registró para recibir ayuda dio un nombre falso. Aún esperan que alguien reclame el cuerpo de Enrique, cuando en realidad se llama Felipe.

VII

Raúl está sentado en aquella silla de ruedas en el Hospital General de Phoenix, Arizona. Su poco cabello, sus arrugas y los pelos blancos que se le asoman por la barbilla nos hacen pensar que ya no es ningún chaval.

Los paramédicos se lo encontraron tirado allá por el downtown. En los días que lleva internado nadie ha venido a visitarlo. Las autoridades presumen que es mexicano por la bandera tricolor que lleva tatuada en la espalda.

Los exámenes médicos indican que tiene sida y un tumor en la cabeza. Ya le dio un derrame cerebral y apenas si puede hablar.

En el hospital buscaron la forma de encontrar a sus familiares, pero ellos seguramente no se presentaron para no tener que pagar la cuenta.

Raúl murió y su cuerpo fue trasladado hasta el médico legista. Fue sepultado en una fosa común para los católicos, porque pensaron que él lo era por el tatuaje de la Virgen de Guadalupe que tenía en el pecho.

Traslado de cadáver

Paisano, soy Tiburcio el de la historia. Como la mía, hay muchas más en los Estados Unidos. Cuando uno muere es noticia. A los días ya dejamos de serlo y la vida sigue su curso. Sin embargo, esos días son cruciales para los nuestros, para nuestras esposas, madres, hijos y seguramente hasta amigos. Quieren regresarnos a México y la mayoría de las veces no saben ni qué onda. ¡Yo ya sé! ¡Escuché a los médicos platicar mientras me abrían la panza!

Esta pobre gente debe ir al Consulado mexicano. Ahí les darán la mano, los orientarán para que se lleven el cuerpo a México. Es más, pon mucha atención a lo que a continuación se escribe. ¡También te puede pasar a ti!

Nunca dejará de ser difícil dar la noticia del fallecimiento de algún familiar al paisano. Sus rostros, su mirada, sus lágrimas, llegan a afectar al empleado que tiene esa función de decir "Su hijo falleció esta madrugada".

Paisana, paisano, si te toca la desgracia de perder un familiar en los Estados Unidos, no sabrás ni qué hacer ni qué decir cuando te den la noticia. Sólo querrás que el cuerpo sea trasladado a México y tendrás muchas dudas:

- *¿Adónde llevaron el cuerpo de mi pariente?* El cuerpo fue llevado al Departamento del Médico Legista del condado donde falleció.
- *¿Es necesario que vaya personalmente a las Oficinas del Médico Forense para identificar su cuerpo?* No, en la mayoría de los casos, la identificación en persona no es necesaria.
- *¿Se me permitirá ver al difunto?* Desafortunadamente, las Oficinas del Médico Forense no están diseñadas para permitir visitas.
- *¿Se le hará una autopsia a mi familiar?* El Médico Forense efectuará una autopsia cuando sea necesario establecer la causa y circunstancias de la muerte. No se practicará autopsia cuando sea posible determinar que la muerte fue por causas naturales, por ejemplo cuando el médico del difunto puede confirmar al Médico Forense que la causa de muerte es aceptable.

- *¿Puedo obtener una copia de la autopsia?* Sí, la debes solicitar al Departamento de Documentos de la Oficina del Médico Forense, en donde te informarán su costo.
- *¿Dónde puedo obtener un certificado de defunción?* En el Departamento de Salubridad del condado o en la funeraria que llevará a cabo los servicios funerarios.

No dejes que las funerarias se aprovechen de tu dolor. Permítele al Consulado mexicano protegerte de cualquier abuso. Muchas funerarias cobran hasta lo que no, desde la velación del cuerpo unas cuantas horas con café, galletas, coca de dieta y cable por si dan algún partido de futbol importante, hasta estampitas del recuerdo, transporte terrestre de la funeraria al aeropuerto internacional con todo y escolta policiaca, un rosario, flores y ataúd con maderas finas y chapa de oro y plata, casi casi con aire acondicionado y cajita pa que los dolientes le dejen su "cartita" al fallecido.

Antes de seguir los consejos de algún amigo, compadre o familiar, si te encuentras en Estados Unidos al momento de la tragedia, preséntate en el Consulado de México más próximo a tu lugar de residencia.

El Consulado te asistirá de diferentes maneras, entre ellas:

- Te referirá a una funeraria que seguramente te cobrará lo justo. Si no te gusta, puedes cambiarla, pero de esta forma pueden monitorearse los servicios y estar al tanto de que la funeraria cumpla su deber, que consiste en: recoger el cuerpo con el médico legista, verificar que sea embalsamado y preparado para la velación (vestirlo, por ejemplo), hacer los arreglos con la línea aérea, obtener los documentos necesarios para el traslado (acta de defunción, tránsito de cadáver, carta de embalsamamiento y carta de enfermedades no contagiosas) y llevarlos al Consulado mexicano para que vise algunos de ellos y certifique la autenticidad del acta de defunción.
- Si tus recursos económicos son escasos, seguramente te proporcionará ayuda económica para cubrir parte de los gastos del traslado.
- Legalizará los documentos requeridos por las autoridades para realizar el traslado a México.
- Entrará en contacto con los familiares en México, ya sea directamente o a través de la Delegación de la Secretaría de Relaciones Exteriores en el estado.

Si te encuentras en territorio nacional y recibes la noticia del fallecimiento de tu familiar:

- Preséntate de inmediato a la Secretaría de Relaciones Exteriores en el estado donde radiques. Por lo general, ésta se encontrará en la capital del estado.
- En la Delegación se te asistirá a través del Consulado mexicano para contactar con la persona que está realizando las gestiones del traslado, la cual puede ser un hermano, primo, sobrino e incluso un amigo.
- Es necesario llevar contigo: acta de nacimiento del difunto; identificación del difunto; acta de matrimonio (en caso de estar casado); identificación de la viuda o de los padres (en caso de estar soltero).
- Se elaborará un documento donde tu paisano (a) autorizará a ese familiar o amigo a realizar las gestiones ante el Consulado mexicano y la funeraria. En caso de no tener a nadie quien te auxilie, el Consulado mexicano puede realizar *todas* las gestiones. Recuerda que no es necesario que te traslades a los Estados Unidos. Eso te puede ahorrar dinero, guárdalo para los gastos posteriores.
- En algunos estados o condados de los Estados Unidos, se requiere que la autorización se haga en un formato preestablecido. En este caso, el Consulado lo remitirá a la Delegación correspondiente para que tú lo firmes. De igual forma, la Delegación enviará al Consulado los datos generales del difunto (nombre completo, ocupación, sexo, escolaridad, fecha de nacimiento, dirección en México, funeraria que recibirá el cuerpo en México y panteón donde será sepultado). En el caso particular de Michoacán, la Delegación te referirá al Instituto Michoacano de los Migrantes en el Extranjero para que te asignen una funeraria gratuitamente en la que puedas recibir el cuerpo de tu familiar. Por favor, recuerda que ningún particular podrá recibir los restos en el aeropuerto internacional.

No está de más decirte que se requiere mucha paciencia y comprensión. Por favor, recuerda que hay muchos trámites por realizar.

Otras cositas que hay que saber:

- Un cuerpo no será trasladado hasta que no haya sido plenamente identificado por los familiares.
- Muchas veces los paisanos fallecidos traen identificaciones cuyo nombre es falso. Con ese nombre se registrará su defunción y una vez que se haya identificado plenamente con su nombre correcto, aparecerá en el acta de defunción con ambos nombres.

- El cuerpo podrá ser trasladado a México aun cuando la causa de muerte se registre como "pendiente". Posteriormente, una vez aclarada la causa, se hará la observación correspondiente.
- Si tu situación económica es precaria y no hay ningún impedimento moral o religioso, recuerda que la cremación es mucho más barata.
- Los traslados de restos de personas que hayan fallecido de una enfermedad contagiosa se llevarán a cabo en una caja doble. La segunda de ellas estará herméticamente cerrada y no se podrá abrir bajo ninguna circunstancia.
- En los casos de paisanos fallecidos víctimas de crimen violento, posiblemente sus cuerpos tardarán más tiempo en ser trasladados.
- El tiempo y costo del traslado dependerá de la ciudad o estado en el que haya fallecido el connacional en los Estados Unidos.

Identificación de cadáveres

Allá en el norte, cuando una persona fallece en el cruce fronterizo, ya sea en la cajuela de un coche, en un tráiler o en un hospital o casa de convalecencia, y no cuenta con ningún elemento para identificarlo, se le conoce como *John Doe*, lo que en México sería algo así como Juan Pérez. Aquí le llamaremos sólo Juan Doe.

Uno de los asuntos más complicados que se presentan en las Representaciones Consulares es justamente el de un Juan Doe, casos complejos que generan mucha impotencia ante la falta de elementos para identificarlos.

Los hospitales, clínicas o centros de convalecencia notifican a las Representaciones Consulares la existencia de una persona en estado de coma o con problemas cerebrales cuya habla es escasa, pero presumen que es paisano porque tiene tatuada un águila en el pecho o a la Virgen Guadalupana en la espalda.

En otras ocasiones serán la Patrulla Fronteriza, los oficiales del sheriffato o la policía quienes contactarán a las Representaciones Consulares para informar el fallecimiento de una persona con aspecto latino.

El Consulado mexicano recabará toda la información posible y solicitará el apoyo de todos los Consulados mexicanos en Estados Unidos y en México, así como de las Delegaciones de la Secretaría de Relaciones Exteriores (SRE), para difundir las señas particulares del occiso o una fotografía que ayude a encontrar posibles familiares o amigos.

¡Cuántas veces a los Consulados mexicanos ubicados en la franja fronteriza sólo se les notifica que se encontró "otro" cadáver en estado de descomposición, o en algunos casos sólo los huesos! Tá canijo esto de los Juan Doe.

También se siente uno bien impotente cuando se presenta alguien en la Representación Consular o en la Delegación de la SRE solicitando el apoyo para la localización de su familiar, padre, esposo, hermano, tío, etcétera, sobre todo cuando dicen que no tienen dato alguno ni saben por dónde pensaba cruzar.

Y las cosas se ponen peor cuando regresan al día siguiente diciendo que recibieron una llamada telefónica de un desconocido que les aseguraba que su familiar sí cruzó la frontera. ¡Sólo que nunca les dijo por dónde!

Y el asunto se complica aún más cuando quien solicita la ayuda piensa que el funcionario consular no hace nada por negligencia. Lo cierto es que no es así, y es importante que la gente que solicita el apoyo para la localización de un familiar –en especial de aquellos que desaparecen en el intento– proporcionen todos los datos posibles, entre ellos fecha en la que supuestamente cruzó, lugar por el que lo hizo y nombres de quienes en un momento determinado proporcionaron esa información.

El Gobierno Federal y la SRE han echado mano de las tecnologías modernas y, ante la necesidad de crear recursos para atender debidamente los casos de desaparecidos, han creado una base de datos a la que se conoce como SIRLI.

Las personas interesadas en dar con el paradero de sus familiares deberán presentarse ante el Consulado mexicano o la SRE en sus oficinas centrales del Distrito Federal o en sus delegaciones y traer consigo: acta de nacimiento, fotografía, señas particulares del desaparecido (estatura, peso, complexión, color de pelo, de ojos, etcétera) y, en especial, si tienen conocimiento de trabajos dentales, tatuajes o cicatrices que permitan identificar a su familiar.

Esta base de datos es compartida por todos los Consulados mexicanos y por las delegaciones de la SRE en territorio mexicano.

A través del SIRLI, lamentable o afortunadamente, se ha logrado identificar a más de un cadáver o sus restos, pues los familiares reconocen las ropas o señas particulares y han dicho "¡Sí! Es mi papá".

Aunque suene ridículo, por favor, antes de que tu familiar se vaya a buscar el sueño americano, el día de su partida:

- Tómale una fotografía.
- Que te diga concretamente por dónde piensa pasar.
- Que te diga la fecha tentativa en la que pretende cruzar.

¡Ya no queremos más Juan Doe! Uno es mucho. 350 son todos. Y pa seguir con esto de las recomendaciones, sería de suma importancia que toda persona que supiera del fallecimiento de algún paisano en el desierto o río lo comunicara al Consulado mexicano, a la Oficina de Derechos Humanos o a cualquier otra autoridad. Eso ayudaría un poquito para que los nuestros no fuesen abandonados, porque con el tiempo se recuperan sólo huesos y muchas veces ni eso. A veces sólo quedan como un número de expediente.

Nuestros paisanos muertos en ese fallido intento merecen todo nuestro respeto, por eso, paisano, ayúdale al Consulado y a tu gente, y si sabes del fallecimiento de un compa, por favor, ve de chismoso.

¡Chin! Por poco se me olvidaba... Ante la constante preocupación del gobierno mexicano por brindar mayores alternativas de apoyo a sus migrantes, en particular a aquellos que buscan a un familiar posiblemente fallecido en su intento por llegar a los Estados Unidos o que están en la identificación plena del difunto, el gobierno ha recurrido a exámenes de DNA para que no haya duda alguna respecto a la identidad del cadáver. Para este procedimiento, los Consulados eligen el laboratorio que ofrezca mayor calidad previa aprobación de la Dirección General de Protección y Asuntos Consulares. Si el familiar radica en México, la SRE y los Centros de Salud serán fundamentales en la localización de éste y en la toma de muestras. El familiar no paga nada.

Tanto el SIRLI como el DNA y el apoyo económico para trasladar los restos de nuestros paisanos son una muestra de que el gobierno mexicano busca apoyar a sus migrantes en broncas. Es importante que la gente sepa que estos recursos existen y pida el apoyo.

La protección consular preventiva ya no es sólo tarea del gobierno federal a través de la SRE y de su red consular y delegaciones en la República Mexicana, también debe ser un compromiso y una obligación de los gobiernos estatales y municipales.

También es importante mencionar que la Comisión Nacional de Derechos Humanos ha buscado la forma de prevenir o advertir de los riesgos que corren nuestros paisanos al cruzar la frontera con el programa "Una llamada... Una voz amiga":

> Porque el consuelo de dar sepultura digna a un ser querido es un derecho de todas las personas, la CNDH (México) ha puesto en funcionamiento una línea telefónica de servicio gratuito para recibir reportes sobre restos humanos hallados en la franja fronteriza de Estados Unidos.
> Ayúdanos a reducir el número de casos de personas que fallecen en la frontera sin que nunca se recuperen sus restos y, por lo tanto, sin que se les identifique, lo que mantiene en estado de angustia a sus familiares al no saber dónde están y ni siquiera si están vivos.

Si en tu camino has visto cadáveres o restos humanos, llámanos y proporciona los datos de tu hallazgo con la mayor precisión posible.

Hay quienes caminaron por el desierto, nadaron por canales y ríos, evitaron ser atacados por animales venenosos y, sin embargo, no lograron cruzar la línea fronteriza.

Piensa en ellos, en sus familias y en su derecho a saber si un familiar o amigo desaparecido está con vida o ya ha fallecido.

Así que ya sabes, paisano, si posees alguna información de este tipo llama desde los Estados Unidos al 866 376 3010.

REPATRIACIONES ORDENADAS Y SEGURAS

Este programa fue diseñado por la preocupación generalizada y fundada en el elevado número de fallecimientos que se han registrado en la zona fronteriza en los últimos años, en particular en el llamado "Corredor de la Muerte". Es decir, su objetivo es evitar fallecimientos de personas que se aventuran a cruzar la frontera en el corredor Sonora-Arizona durante la época de verano, que es cuando se registran temperaturas excepcionalmente altas.

El programa parte del principio de estricta voluntariedad, es decir, el nacional mexicano manifiesta ante personal consular mexicano su deseo de ser repatriado al interior de México. Esto una vez que haya recibido adecuada información sobre sus derechos y sobre las características del programa en entrevistas privadas con dicho personal consular mexicano.

El programa le ofrece al paisano detenido por las autoridades migratorias estadounidenses en el desierto de Arizona la posibilidad de regresar al interior del país, en lugar de ser repatriado sólo a las fronteras mexicanas.

Los connacionales mexicanos son repatriados de manera segura, ordenada, digna y humana, en apego a sus derechos, conforme a los principios básicos a que se refiere el artículo tercero del Memorando de Entendimiento sobre la Repatriación Segura, Ordenada, Digna y Humana de Nacionales Mexicanos del 20 de febrero de 2004.

Los principios sobre los que se basa el Programa son el respeto a los derechos humanos, la preservación de la unidad familiar, y el prestar especial atención a personas con discapacidad, menores no acompañados y otras personas vulnerables.

Los migrantes son trasladados a los aeropuertos internacionales de la ciudad de México o Guadalajara, según sea el caso. Ahí son recibidos por personal del grupo Beta, que se encargarán de orientarlos para abordar los autobuses que los trasladarán a sus lugares de origen.

Por el "Corredor de la Muerte" se da casi el 80% de los cruces de migración indocumentada. Desde la puesta en marcha de este programa en el 2004, son ya 64 mil migrantes mexicanos los que han participado en él. Las autoridades mexicanas que participan en el programa son los Consulados de México en las ciudades de Nogales, Tucson y Yuma y funcionarios del Instituto Nacional de Migración. Este programa se efectúa durante la temporada de verano.

¡Hasta para carne tendremos!
Ayuda económica y pensión alimenticia

I

La noche ya había caído. La tormenta con granizo azotaba sin piedad los rumbos de Janamuato, Michoacán, un pequeño poblado perteneciente al municipio de Puruándiro. Fidencio, un tipo de más de 1.80 metros de estatura que tenía un cuerpo atlético y no era nada feo el desgraciado, entre cigarro, chupe y una mesera regordeta que era la reina del lugar, le platicaba a sus amigos su decisión de irse para los Estados Unidos en aquella cantinucha.

–Tá de la chingada la pasada –decía Javier, uno de sus mejores compas.

–Tu chamba en la Coca-Cola está buena. ¡Ganas buena feria! Tienes suerte de que te la dieran –comentaba Eduardo.

–Está cabrona la vida por acá. No ganamos bien. A veces nos conformamos con las miserias que nos pagan –explicaba Fidencio–. Ya estoy hasta la madre de andar pidiendo prestado para terminar el mes. Los chavos ya exigen más, en la escuela a cada rato les piden lana para cualquier pendejada. Además, ustedes ya saben que el más pequeño está enfermo del corazón. Las visitas a los médicos están bien caras, y qué les digo de la medicina. Me quiero ir para ganar un chingo de dinero, terminar mi casa y que mis hijos puedan estudiar algo, que no salgan tan mensos como su padre y que mi hijo tenga la mejor atención médica. ¿A poco es mucho pedir? –preguntaba Fidencio a sus camaradas mientras se empinaba lo que le quedaba de su Superior, al momento preciso en que la mesera ya le tenía lista otra–. ¿A poco pido mucho? –volvía a preguntar.

–¡Para nada, carnal! –le decían sus carnales–. Pero aunque muchos de los que regresan al pueblo presumen que todo es fácil por aquellos rumbos, también sabemos que hay más de uno que exagera las cosas. La pasada ha de estar de la fregada. El otro día llegó el cuerpo de Manuel, el hijo de doña Lencha la pozolera. No la hizo, dicen que el "coyote" lo dejó abandonado en el desierto.

—Yo no pienso irme por el desierto —dijo Fidencio—. Dicen que en Puruándiro está uno de los mejores "coyotes". Le voy a meter una buena feria pa que me lleve derechito al norte. Dicen que él tiene tratos con la migra y que pasa a la gente por la puritita línea.

Nadie iba a sacar a Fidencio de sus pretensiones. Él tenía muy fija su meta: ganar un titipuchal de feria para que los suyos, vieja e hijos, tuvieran más comodidades. La tormenta no les permitía a los tres amigos abandonar la cantinucha, hablaron de metas y de sueños. Javier y Eduardo le dijeron que se cuidara un chingo y le desearon lo mejor.

—Que ganes muchos dólares. Tu familia los necesita —le dijeron ambos.

Efectivamente, Fidencio fue a ver al mentado "coyote" que vive por el rumbo de La Higuerita, una colonia de Puruándiro. El costo sería de 4 mil dólares, una verdadera fortuna para él. Le partió la madre tener que disponer del dinerito que con tantos sacrificios había guardado. Tenía pensado comprarse un carrito para llevar a su chamaco al médico en Morelia.

—¿Tanto dinero? —le preguntó Elena, su mujer, a la que los partos no le habían dejado huella porque seguía teniendo la mejor pierna de la región. Todavía más de uno babeaba por ella.

—No hay de otra, vieja —contestaba Fidencio—. ¿A poco quieres que me muera en el camino? Tú misma me has dicho que está de la fregada el cruce para el otro lado y que no quieres que me pase nada.

Elena se frotaba la cara. Su marido tenía razón. Esa noche hubo despedida, pero no sean mal pensados, nada de "cuchi cuchi"... La familia entera se fue a cenar con la pozolera, y entre sorbo y sorbo y quemada de hocico, Fidencio escuchaba a aquella mujer que había perdido a uno de sus hijos.

—Cuídese mucho, Fidencio —le decía doña Lencha—, no tanto del desierto, ni del calor, ni de las víboras o los escorpiones. Cuídese de los coyotes, ellos son los verdaderos asesinos de los nuestros.

La pozolera guardó un minuto de silencio. Parecía que chillaba, pero ella decía que no, que era por la cebolla.

—Ellos son los verdaderos culpables —continuaba—, pero nunca podremos con ellos. Mientras falten trabajos y los que se tengan paguen una miseria, los necesitaremos. Además, dicen que son una mafia, una verdadera mafia.

Fidencio movía la cabeza aprobando las palabras de aquella humilde mujer, quien no tuvo que pasar por ninguna universidad para explicar el fenómeno migratorio. La mordida a aquel chile verde no le permitía a Fidencio contestar.

—Se me cuida mucho —terminó diciéndole doña Lencha.

—¿Cuánto le debo? —preguntó Fidencio.

—Mejor me lo paga cuando regrese rico.

Esa noche fue larga para la pareja. Hablaron de todo y recordaron su niñez y la adolescencia que vivieron juntos. El noviazgo fue largo, como los acostumbrados en los buenos tiempos. No se olvidaron de sus chamacos, él juró y perjuró que todo lo hacía precisamente por ellos.

Al siguiente día, muy temprano por la mañana, la familia completa acompañada por Javier salieron rumbo a Puruándiro. Pasaron por la terracería y llegaron hasta la carretera que también estaba llena de baches y hoyos. La cita con el "coyote" estaba prevista frente al templo mayor, casa del patrono del pueblo, el Señor de la Salud.

Cuando el reloj del pueblo marcaba las 8 de la mañana, a lo lejos hubo quien le indicaba que ya era el momento. El llanto no se hizo esperar, no solamente de ella, los chamacos acompañaron con sus respectivos chillidos y él quiso aguantarse como los machos, pero no pudo y con el puño de su camisa se retiró lo que estaba a punto de caérsele del cachete.

Fidencio abordó aquella camioneta negra, la cual arrancó y se perdió por la calle principal del pueblo, esa que lo llevaría a la carretera, esa que lo llevaría muy lejos, hasta el norte, dizque a la riqueza.

Ella cruzó la calle y con sus hijos jalándole del vestido entró al templo. Caminó lentamente sin dejar de observar al crucificado y llegó hasta donde más pudo.

–Cuídamelo mucho –pedía en voz baja, mientras sentía en lo más profundo de su ser que el Cristo no le fallaría en llevar con bien a su Fidencio, para ella el mejor de los hombres en toditito el mundo.

Los rezos de Elena fueron escuchados por el que se encuentra allá arriba, porque su viejo llegó a la frontera sin bronca alguna. En aquella camioneta que salió desde Puruándiro solamente tuvo una parada y fue allá por La Piedad. De ahí pal real sólo se detuvieron para hacer, entre otras cosas, caca.

Llegaron a Tijuana en menos de tres días y en ningún momento le metieron la chancla al acelerador. Fidencio y sus cinco compañeros de viaje fueron hospedados allá por La Libertad. La ciudad hoy en día ya no es la misma de hace 20 años, sin embargo, las prostitutas y los vendedores de cocteles de frutas siguen vendiendo su producto al por mayor. Aun cuando el hotel no era el mejor, las camas estaban limpias. Hubo un volado y uno tuvo que dormirse en el suelo.

–¡Se volverán jotos! –les gritó desde abajo a los que compartirían la cama.

Don Cuco, el "coyote", estaba cumpliendo su palabra de que invirtiendo una buena lana no sufrirían como los demás. A la siguiente mañana, muy temprano, llegó con los compas. Apantallador y picudo se vio don Cuco al llevarles un desayuno fino de Mc Donald's.

–¡Pa que se vayan acostumbrando con la comida gringa! –les dijo.

—¿A poco después de esto ya hablaremos inglés? —dijo uno mientras los demás reían a carcajadas.

Don Cuco, cuyo único defecto era ser "coyote", habló con los cinco soñadores que querían ganar un chingo de dólares.

—Voy a cumplir mi palabra. Ninguno de ustedes va ingresar arriesgando la vida. Entrarán como si fuera su casa, pero será uno por uno. Entraremos por la meritita línea.

Fidencio y los demás como que cerraban los ojitos pensando que ya se encontraban en los Estados Unidos.

—El pago me lo van a entregar hasta que ya nos encontremos allá. No quiero que me quieran ver la cara de pendejo y me digan que no lo traen completo. Saben que soy un hombre de palabra y quiero lo mismo que ustedes —les decía don Cuco mientras hacía pausas para lamerse el bigote—. ¿Tienen alguna pregunta?

—¿Quién va primero? —dijo uno de ellos.

—Ustedes pónganse de acuerdo —contestó mientras les aventaba una baraja.

El Chiquilín, que medía casi dos metros de altura, sacó un "full", tercia de nueves y par de cuatros que le dio lo suficiente para ser el primero. Los cuatro restantes se aventaron otra partidita y Fidencio fue el ganón con una miserable tercia de dos.

El Chiquilín se despidió de los amigos por ahí de las dos de la tarde, cuando salió de aquel cuarto de hotel.

—¡Ahí nos vemos, carnales! —les dijo.

Los cuatro restantes se quedaron muy pensativos y nerviosos a la vez. Los nervios vencieron a Fidencio, quien decidió esperar solo en el rincón de la recámara mirando las fotos de sus chiquillos y de su vieja. Los acariciaba como si los tuviera enfrente, de carne y hueso. ¡Hasta besos les daba!

—Te lo juro, mijo —decía al aire—. Va a haber dinero para visitar al mejor médico.

Los minutos pasaron y las horas les siguieron. La tarde ya había caído y la oscuridad llegó. En las afueras del hotelucho aparecieron las chicas malas de la vecindad. Algunas de ellas tenían buena figura, pero otras hacía años que la habían perdido. Tenían las piernas llenas de celulitis y las chichis ya todas caídas. ¡La peluca ya hasta canas tenía! Ésas dejaron de cobrar caro y hoy recibían limosnas de cualquier cincuentón. Allá en la esquina, el que vendía las jícamas con chile y limón se fue y en su lugar llegaron los de los tacos al pastor.

Ése era el panorama que veían los paisanos desde aquel cuarto de hotel. Ya eran las 9 de la noche y don Cuco hizo su aparición acompañado por una chamacota que no pasaba de los 18 años. Se veía guapa la canija, ésta sí que tenía todo en su lugar.

—En un momento regreso —les dijo—. ¡A su salud!

¡Pobre don Cuco! A los diez minutos ya estaba de regreso con cara de frustración. Seguramente el "pirrurrich" se le aguadó al ver a aquella chamaca encuerada.

—¡Vámonos, Fidencio! —le dijo.

Éste se levantó lentamente y tragó saliva. No faltó la persignada.

—No hay necesidad de eso, ¡ya verás! —le dijo don Cuco.

Abordaron la misma camioneta que los trajo desde Puruándiro. Fidencio sintió escalofríos cuando don Cuco le señaló la frontera.

—Al otro lado están los Estados Unidos —le explicó, y en menos de 10 minutos ya estaban en la línea que los llevaría al otro lado.

Aun a esa hora había vendedores ambulantes, algunos de imágenes de la Virgen de Guadalupe, otros de alcancías con todo tipo de figuras y algunos hasta de macetas, sin faltar los niños que pedían limosnas, de esos que hacen ricos a otros cabrones.

—¡No pongas cara de nervioso! —le decía don Cuco.

—¿Y a qué hora me mete a la cajuela? —preguntaba Fidencio.

Don Cuco hizo caso omiso de la pregunta y buscó en la radio una canción que le gustara. Terminó escuchando una de los Bukis, una que hablaba de los mojados. Fidencio llevaba los tanates hasta la garganta. Ya no se aguantaba. Sentía que el corazón se le salía y ya sólo faltaban tres carros para que recibieran la instrucción del agente de migración.

Cuando ya estaban a menos de 10 metros, don Cuco sacó la mano por la ventana y de forma disimulada levantó el dedo índice. Fidencio se percató de ello. El carro avanzó y don Cuco contestó la breve interrogante del oficial de la migra, que más que de gringo tenía cara de paisano.

—¡Documentos! —dijo el "gringo-paisano" en perfecto español.

—Aquí tiene —contestó don Cuco mientras le entregaba un pasaporte americano y una tarjeta de residente.

El de la migra hizo como que observaba detenidamente los documentos. Ni los revisó.

—¡Que tengan muy buen viaje! —les dijo.

Fidencio no podía creer lo que había sucedido. Él había escuchado y leído que cientos de paisanos fallecen en el intento por cruzar el desierto, otros en cajuela, otros más por el río. Él ya estaba adentro y hasta le habían deseado buen viaje. ¡Los gringos eran a toda madre!

—¿A poco usted conoce al de la migra? —preguntó Fidencio.

Intempestivamente, don Cuco orilló el vehículo frente al Mc Donald's de San Isidro.

—Esto nunca lo viste —le dijo encabronado—. No saldrá de tu hocico. Esto no te importa. ¿Entendido?

Ante el tímido "Sí" de Fidencio, arrancó de nuevo el vehículo.

Al pobre de Fidencio por poco y hasta se lo madrean por andar de preguntón. Nunca se lo comentaría a nadie. Pero él juraría que don Cuco tenía trato con la migra. Se preguntaba si también había corruptos del otro lado de la frontera. No solamente en nuestro país las autoridades son transas... ¡también los del norte le entran!

Después del incidente no hubo mayor conversación. Fidencio embarraba con babas el cristal de su ventana impresionado por lo que observaba. Finalmente llegaron a su destino final, allá por el este de Los Ángeles, a unas cuadras de la Calle Tercera.

—¡Bienvenido! —le dijo un camarada al que le decían el Puerco porque su madre se apellidaba Cerda.

El Puerco era originario de La Quemadita, otro ranchito cerca de Puruándiro. Se habían conocido allá en la secundaria, cuando iban vestidos de caqui y hasta de corbata.

Fidencio agradeció el gesto del amigo y segundos después se bajaba los pantalones y de una bolsita bordada dentro de sus calzones sacó los cuatro mil dólares. Los billetes de a cien fueron contados uno por uno. Don Cuco no les hizo el fuchi aun cuando olían a caca y a orines. ¡Finalmente valen lo mismo!

A la hora de su llegada, ya más de cinco vatos se encontraban en el departamento. Al Puerco de verdad que le dio gusto y uno por uno le fue presentando a los chavos.

—¡Bienvenido, carnal! —le dijeron aquellos que se encontraban en la pequeña cocina haciéndose unos huevos.

El que salía del baño rascándoselos le dio la bienvenida de lejitos. Fidencio se sentía en casa, volteaba por todos lados como revisando el departamento, que de verdad era pequeño. Las paredes eran adornadas por pósters de viejas encueradas, sin faltar el cuadro de la Virgen María en medio de dos de la "Tetanic". Él sentía que ya se encontraba en el paraíso. ¡Qué importaba que las alfombras olieran a caca de rata y estuvieran todas agujeradas! ¡Valía madres que los muebles fueran viejos y estuvieran todos descarapelados!

—¡Carnal! Ven a refinarte unos huevitos —le gritaron los de la cocina.

Fidencio no se hizo del rogar, sólo que a él le tocó calentar las tortillas y ya tenía una Coors en mano al momento de sentarse a la refinada.

Uno por uno se fueron a dormir, uno por uno fueron tomando su lugar. Esa noche, como en las que le siguieron, Fidencio roncaría precisamente en la cocina. Ahí le tocaba dormir al último que llegaba. Esa noche fue de larga conversación con el Puerco, no hubo chelas de por medio, no hubo trago alguno. Sólo mucha plática de sueños y ambiciones.

—¡Me tengo que hacer de dinero, carnal! —decía Fidencio.

—Todos estamos aquí para hacer dinero —le recordaba el Puerco.

Fidencio respiraba profundo, miraba por las ventanas de aquel barrio angelino. No era nada espectacular, puras paredes pintarrajeadas por grafitis, a lo lejos se veían a unos vatos aventando humo hasta por la nariz, seguramente era mota. No era nada halagador el panorama, pero para él estar ahí era la oportunidad soñada.

—Tengo un hijo que está enfermo del corazón. Aún no cumple los diez años. Quiere llegar a jugar futbol en la televisión y ser muy rico. Dice que nos va a comprar una casa.

Un enorme reloj de pared que alguien se había ganado en una feria y que se encontraba en la sala le fue indicando a los dos amigos que ya era tiempo de irse a jetear. Ya eran las 4 de la mañana y se escuchaban algunos ruidos de regadera. Algunos se alistaban para irse a trabajar.

Fidencio supo agradecer el gesto de los compañeros y durante las siguientes semanas él se encargó de limpiar el departamento y hasta preparaba algo de comida y limpiaba los cuadros de viejas encueradas que adornaban las paredes. Sin embargo, a medida que pasaban los días se sentía cada día más jodido por no contar ni siquiera con un cinco para comprase una tarjeta y llamarle a su familia. Aceptaba los préstamos como los "regalos" de los camaradas, quienes le obsequiaban cada uno 10 dólares por hacerla de ama de casa.

—¡Llégale, carnal! —le decían.

—Ya no me den esta feria —les contestaba—. Mejor échenme la mano para conseguir una chamba.

Cada día que pasaba la frustración crecía, pero comprendía que sus camaradas hacían todo lo que podían por conseguirle algún trabajo que le permitiera juntar una feria. Había que juntar para mandarle a la familia, había que ganarse los centavos para algún día operar a su chavo.

Sus rezos a San Francisco de Asís tuvieron sus efectos. Él sabía que rezarle a un santo de menor categoría le rendiría mayores frutos. El mero mero de repente está muy ocupado con guerras y otros desmadres, y con las peticiones de muchos mexicanos de que la selección de Estados Unidos le gane a Trinidad y Tobago para calificar al Mundial.

—¡Ya tienes trabajo, cabrón! —le dijo el Puerco un buen día.

—¿De qué? ¡Platícame!

—Te vas con un cabrón al que le dicen el Barrabás. Se llama Jorge y es del D.F.

—¿Pero qué voy a hacer?

—La vas a hacer de jardinero —contestó el futuro cazo de carnitas.

A las cinco de la mañana del día siguiente Fidencio ya estaba bien peinadito tomándose un Nescafé. Ya le urgía que llegara su nuevo patrón.

A las cinco y media caminaba de aquí para allá fuera del departamento. Momentos después vio la llegada de una camioneta Ford toda descolorida, con unas máquinas de podar y otros utensilios en la parte trasera. No hubo de otra, le tocó sentir el frío de la mañana porque no había espacio para él en el interior del vehículo.

Esa mañana, como casi todas las que le siguieron, hubo donas y café que se compraban en una gasolinera.

—¡Gracias! —le dijo Fidencio al Barrabás.

Esa tarde, al regresar del "jale", habían limpiado diez jardines.

Fidencio demostró que tenía ganas de aprender. A nada le ponía peros. Si le tocaba levantar las cacas de perros que con frecuencia se encontraban en los jardines, ni fuchi hacía. En ningún momento se quejó aunque durante los primeros meses le tocó bailar con la más fea, lo cual era barrer y barrer, como tampoco de que lo que le pagaban a Jorge era una gran fortuna.

—¡Algún día yo también voy a tener! —le decía al Puerco— ¡Un día! —le reiteraba mientras se dirigían a la tienda La Tapatía para adquirir un giro por la gran cantidad de 50 dólares que le mandaba semanalmente a su familia. ¡Había que ahorrar!

Y claro que a la familia esa lana no le alcanzaba ni para los frijoles y Fidencio lo sabía, pero por el momento no había para más. Él tenía que pagar departamento, comida, un pantalón o una camisa. ¡Había que pagar hasta el papel del baño!

—Oye, cabrón, tú nunca sales, nunca te diviertes —le dijo de broma el Puerco un sábado por la tarde en que Fidencio regresaba de la chamba.

—No hay tiempo, no hay dinero, no hay ganas. Así estoy bien —contestó.

—No exageres. Tienes ya casi medio año y no has salido a ningún lado. Todo es trabajo y más trabajo.

—Algún día que encuentre el motivo, tú serás el primero al que invite.

El Puerco comprendió siempre a Fidencio, pero no por eso dejó de estarlo fregando para que saliera de vez en cuando. El cumpleaños del Tiburón fue la excusa.

—¡Vamos, carnal! —le dijeron a Fidencio.

—Vamos, pues —contestó no muy convencido.

Allá fueron los cinco amigos, el Puerco, el Tiburón, Fidencio, Beto y Enrique, quienes no eran precisamente los de Plaza Sésamo. Se pusieron sus mejores ropas, se veía a leguas que habían sido adquiridas en tiendas de segunda mano. Los colores eran chillantes y nada les combinaba, pero ellos se sentían los tipos más galanes del este de Los Ángeles. Y qué decir de la roseada del perfume más barato. Seguramente hasta ronchas les sacaron. Lo más picudo que llevaban eran aquellas tejanas finas y las grandes hebillas de sus cinturones. Iban escuchando muy felices de la vida al grupo Pesado.

Dieron vueltas por todos lados, en algunos se bajaron pero no les gustó el ambiente y de volada se retiraron. Finalmente llegaron a Los Globos, un lugar más corriente que fino, pero eso sí, tenía su "valet parking". Los cinco se sintieron muy fregones cuando hasta el carro les estacionaron.

—¿Qué te parece, mi Tiburón? —le dijo el Puerco mientras se dirigían a la entrada del antro.

—¡Se ve fino, carnal! ¡Se ve fino! —contestó el festejado.

El que no se la acababa era el buen Fidencio, que de verdad estaba impresionado. Era su primera salida en el país del norte y miraba por todos lados el lugar. La música estaba de aquéllas, las chavas enseñaban un poquito más allá de las rodillas y de arriba pa abajo mostraban media chichi. No importaba que la mayoría de ellas tuviera un chingo de celulitis.

Ninguno de ellos se quejó del lugar, al contrario, de inmediato entraron en ambiente y Enrique fue quien levantó la mano para llamar a la mesera que ya se aproximaba. La chava no era gorda pero se le veía más de una lonja. Lo que sí podía presumir era que tenía buen chicharrón y de chamorros no cantaba mal las rancheras. No pasaba de los 30 años pero ya usaba las plastas de pintura para cubrirse el rostro. Llamaba la atención tanto por su pronunciado escote como por la abertura de su falda.

La música estaba a todo volumen y las parejas ya se encontraban en la pista. Sólo algunos bailaban con ritmo, otros se hacían un tanto los güeyes tratando de ligarse a la chamaca, y los que ya habían ligado ya se las estaban agasajando.

Poco importaba la música. Daba lo mismo que fuera de los Tigres del Norte, de los Temerarios, de la Banda Limón o de los Tucanes de Tijuana. Aquí valía madres el "pasito tún tún". Lo que importaba era lo bien que uno pudiera oler y cuánto traía en el bolsillo. Aquí se venía a ligar. También los paisas que están en forma ilegal tienen sus necesidades. También son hombres.

¡Ah, qué paisanos tan güeyes! Se entiende perfectamente que hay que salir de vez en cuando, pero algunos se dejan el cheque de la semana en una sola bailada.

—¿Les puedo tomar la orden? —le preguntó la mesera a aquel grupo de amigos a los que no les podía distinguir el rostro ni escucharlos, por lo que se vio obligada hasta a gritarles.

Tuvieron que esperar a que se terminara la rola. Las luces del changarro se encendieron de volada y ella seguía ahí esperando que le pusieran atención. ¡Y vaya que lo logró! Fidencio no le retiraba la mirada, es más, no podía decirle nada. Estaba como ido, nervioso. Sentía un hueco en la panza.

—¡Se te va a caer la baba! —le comentaron los amigos soltando la carcajada. Él simplemente sonrió.

—Ustedes dirán qué les traigo —dijo Leticia, la mesera, que venía de Delicias, Chihuahua, y ya era ciudadana de Estados Unidos.

—Pues sí —dijo el Tiburón—. Ya que seguramente no vamos a bailar, por lo menos vamos a tomar.

El Puerco aprobó la decisión con un movimiento de cabeza. Fidencio, sin retirarle la mirada a Leticia, pidió una cerveza.

Las cervezas llegaron y la mesera fue depositándolas en la mesa, pero al darle la suya a Fidencio, se le cayó al suelo y lo salpicó todo.

—¡Lo siento! —dijo apenada mientras le prestaba su servilleta de tela.

Fidencio no decía nada. Ella buscaba darle una explicación hincándose para levantar aquella lata de Tecate y él, sin querer queriendo, pudo observarle aquellas fuentes de alimentación para los recién nacidos.

—No te preocupes, fue mi culpa —dijo él finalmente, sonriendo.

Ella se levantó y siguió con su trabajo. El festejado y sus amigos estaban felices de la vida, chupe que chupe y escuchando la música de Lupillo Rivera, un artista pelón a quien los paisanos en el norte ya comparan con el mismísimo Pedro Infante. Nuestra raza busca ídolos y cree encontrarlos en cualquier vato. ¡Pobre Pedro Infante! Después siguieron las de los Alacranes de Durango. Los dedos de Fidencio le daban duro a la mesa tratando de seguir el ritmo.

Beto y Enrique se animaron a sacarle brillo al piso con las chavas que cobraban solamente ocho dólares por pieza. Mientras tanto, como el festejado y el Puerco eran los más feos, se resignaban a que ninguna mujer quisiera bailar con ellos aunque trajeran feria, además tampoco eran muy afectos a la bañada y sólo se ponían desodorante.

—¿Bailamos? —le preguntó el Puerco al Tiburón.

—No soy joto, cabrón —contestó éste y todos se rieron.

Aquella noche marcaría la vida de Fidencio, quien continuó visitando Los Globos con sus amigos y sin ellos. No tenía ningún interés en bailar a lo pendejo ni en aventarse sus chelas. El sólo pensar en aquella mesera lo ponía medio menso. Cada semana estaba ahí. Sólo la buscaba a ella y con el paso del tiempo se hicieron buenos amigos.

Fidencio ya no quería verse tan jodido, por lo que fue gastando algo de su dinero en algunas prendas de vestir, camisas de todos los colores que pa acabarla de fregar tenían hasta flores. Tampoco podían faltar las botas tejanas y los cinturones con grandes hebillas. ¡Parecían cinturones de campeonato mundial de lucha libre! Pero él se sentía galán, el más chingón de todos. Hasta su andar era ya más picudo.

Además trabajaba más fuerte que nunca para poder darse sus gustos y seguir cumpliendo con sus obligaciones. Su salario ya había mejorado considerablemente, por lo que el envío de dinero a su mujer continuaba. Ahora ya no mandaba 50 dólares, sino cerca de 400 cada mes.

—Su marido sí que le manda buen dinero —le decían a Elena en el Bancomer cuando cambiaba sus giros.

Ella salía del banco feliz de la vida. Su Fidencio le cumplía, y de continuar así, pronto tendrían para la operación de su hijo. De la mano de sus chamacos se iba a darle las gracias al Señor de la Salud y después de la rezada se iban a tomar una nieve de limón con todo y barquillo.

Durante los siguientes meses, las visitas a Los Globos se hicieron más frecuentes y los envíos a su gente disminuyeron.

–De seguro solamente se retrasó. ¡Ha de estar enfermo! –pensaba Elena.

Y mientras su mujer pensaba en la salud de su esposo y de sus hijos, Fidencio también pensaba en "salud", pero con la cerveza que estaba a punto de empinarse con Leticia a un lado en el restaurante Los Primos aquel viernes por la noche. Ella había pedido un descanso y aceptó la invitación de Fidencio, quien incluso pidió el carro prestado. Él se vistió bien "nice" y se perfumó al grado de que en vez de oler bonito apestaba. Ella ni se diga, se puso sus mejores garras, la minifalda más pequeña que encontró y una blusa tan corta que mejor se hubiera quedado "bichi" porque el escote le llegaba hasta el ombligo.

Él se quedó más que tarugo al verla. Ella sabía perfectamente que se lo traía medio güey y que sus atributos le ayudarían a conquistar a aquel michoacano de no malos bigotes.

–¡Salud! –dijo él.

–¡Salud! –contestó ella.

Al poco rato llegó la cena. Pidieron una fajita de asada para los dos, pero primero les dieron sus totopos con chile y frijoles fritos, sin faltar el pico de gallo. La comida llegó y se enfrió. A él le valía gorro aquel comal lleno de carne ardiendo. No le quitaba la vista de encima a Leticia, quien en todo momento aceptaba el reto. Esa noche habría variedad. Estaría el imitador número uno de Juan Gabriel.

Siempre en mi mente fue la canción que motivó a Fidencio a pedirle a Leticia que bailaran. La tomó de la mano, pasó el brazo por su cintura y la apretujó contra su pecho. Los de ella parecían reventar. Sólo se escuchó un pujido.

–¿Pos qué estarán haciendo? –se preguntaba la pareja de al lado.

Siempre en mi mente fue sólo el principio. Le siguieron muchas más. A los dos les temblaban hasta las patas. Las palabras ya no eran necesarias. Las manos ya estaban sudadas. A ella poco le valió que hasta una chichi se le saliera al momento de dar una vuelta. Se la colocó muy disimuladamente. Él quería volver a ser un recién nacido.

Esa noche arrastraron sus cueros por el frío piso de aquel motel de paso. Terminaron los dos con las rodillas como de futbolistas de tercera división, ¡todas hinchadas!

–La estás regando –le dijo el Puerco cuando se percató de que los envíos a su familia cada vez eran menos y las visitas a su amiga Leticia iban en aumento.

—No sabes lo que dices —contestó molesto Fidencio—. A mi familia no le he dejado de mandar. Y ultimadamente, qué te importa. Es mi vida.

—No seas malagradecido —le dijo el Tiburón—. Lo que te dice es de cuates, no es para que te encabrones. Sólo te decimos lo que creemos, que la estás regando, pero es cierto, finalmente es tu vida, carnal.

Mientras tanto, Elena buscaba excusas ante los insistentes chismes y dimes y diretes de las comadres del barrio, que ya le calentaban la cabeza diciéndole que sus viejos habían visto a su Fidencio con otra de mejores bigotes.

—Ayer me habló. Dice que ya pronto regresa —mentía Elena, que en realidad estaba preocupada porque creía que podía estar enfermo o no tener trabajo.

Elena ya causaba lástima entre la gente de Janamuato y otra tanta de Puruándiro que conocían a su marido, y más cuando se acordaban de cuáles habían sido las razones de su ida a los Estados Unidos. Su hijo era la prioridad, el que estaba enfermo del corazón. Ya había pasado más de un año y el chavito no mejoraba, al contrario, hasta empeoraba. Los doctores le decían a Elena que ya era urgente que se diera el tratamiento, que muy pronto se requeriría la operación.

—Háblele a su marido, Elena —le recomendaba el galeno—. Dígale que es urgente que se atienda a su hijo.

Elena sólo agachaba la cabeza y le acariciaba la suya al chamaco, Romeo, quien no entendía mucho de lo que sucedía porque siempre salía feliz de la vida con la paleta de limón que le daba el médico.

—No se encuentra —le decía el Tiburón cuando llamaba buscando a Fidencio—. Cuando regrese le diré que usted habló.

Así fueron pasando los días con la misma respuesta. Elena ya no tenía dinero ni para la tarjeta. Fidencio ya sólo mandaba algunos dólares que no alcanzaban ni para el kilo de carne.

—¡La estás regando, carnal! —insistía el Puerco a Fidencio—. Tu mujer te ha estado hablando y tú ni te molestas en devolverle la llamada.

Como en tantas otras ocasiones, Fidencio hacía caso omiso de lo que le decía su amigo porque se estaba preparando para ver a Leticia, quien ya casi le pedía departamento.

—Mañana le hablo —contestó mientras tomaba las llaves del carro que ya se había comprado.

Ya se había endrogado como la mayoría de los paisanos y no tan paisanos. La vida en el norte te da para un chingo de comodidades y muchos lujos, pero nada de eso es tuyo, todo es prestadito.

Con el transcurso de los meses, a Fidencio se le presentó la oportunidad de su vida. El Barrabás se regresaba a México y le vendía su ruta de jardinería. No lo pensó dos veces. Pidió por aquí y por allá y juntó la lana suficiente para convertirse en su propio patrón sabiendo perfectamente que sería una buena inversión.

Fidencio podía tener todos los defectos, menos el ser huevón. Trabajaba con su cuadra de trabajadores desde las 6 de la mañana hasta que caía el sol. Por ese esfuerzo les caía una muy buena lana.

A Leticia se le cumplía su objetivo: Fidencio le pondría su propio departamento allá por el Valle de San Fernando.

—¿Te gusta? —le preguntó mientras abría las puertas de su nuevo hogar.

Estaba picudo el depa. La alfombra era color beige, los baños rechinaban de limpios, la cocina no se diga, y había tres recámaras.

—¡Me encanta! —contestó Leticia recorriendo el lugar.

Ya no tendría que compartir el cuarto con ninguna otra compañera. Ya no tendría que pelearse con nadie porque le robaran su único brassiere Christian Dior. Nunca había tenido algo para ella sola. Siempre había compartido. El lugar le parecía hermoso, aun cuando no lo fuera tanto.

Dejaría atrás muchos años de sacrificio desde que ingresó a Estados Unidos, cuando no pasaba de los 15 años y llegó al "país de las oportunidades". Alguien la invitó, se la trajo a puros engaños y su primer trabajo fue en una cantinucha de segunda mano. En un principio sólo atendía a la clientela con el pedido de sus órdenes, pero después fue obligada a atenderlos de otra manera. Fue una vida difícil la suya.

Leticia observaba detenidamente aquello que sería su hogar, el que tanto había deseado desde que era una chiquilla. Más de 15 años vendiendo las chichis y las nalgas. Un año entero de trabajo sólo para pagarle a Jim, el gringo que se ofreció a casarse con ella por una fuerte cantidad de dinero para conseguirle la residencia legal. Jim le cobró eso y mucho más. Cada vez que el gringo la veía, le exigía que hicieran cochinada y media amenazándola con ir a las autoridades migratorias y reportar cómo había obtenido su residencia. Cómo no le iba a dar gracias a Dios cuando se enteró de que había muerto en un accidente. Así fue como, con el paso de los años, Leticia pudo hacerse ciudadana de Estados Unidos. ¡Ya era gringa! Y sin tener que pintarse la greña de güero.

Durante los siguientes días, ambos recorrieron una de las tantas mueblerías que se anuncian en Univisión, de ésas en las que todo es casi gratis porque a todos les dan crédito, no se requiere más que una firma. De inmediato se hicieron de sala, comedor y, lo que más les importaba, el colchón.

Mientras tanto, allá en Janamuato Elena ya no tenía ni para los frijoles, mucho menos para atender las necesidades más elementales de sus hijos. Ya no había ni para cuadernos, en la tienda de la esquina ya debía hasta los calzones. Le partía el alma cada vez que veía a sus hijos, sobre todo a Romeo. Para ganarse unos cuantos pesos, se ofreció a ayudarle a la señora que vendía pozole.

—No te puedo pagar mucho, mujer —le decía aquella dama a la que ya se le notaban las arrugas y cuya edad ya pasaba las seis décadas.

—Sólo le pido que me pague con pozole, para darle de comer a los chamacos —decía Leticia.

—Habla con Fidencio, habla con él —insistía la mujer.

Así lo hizo Elena. Con lo poco que ganaba en la vendimia, se compró su tarjeta para hacer llamadas de larga distancia.

—De verdad que no está —le decía el Tiburón—. No está, señora Elena.

—Me urge hablar con él. Por favor, dígale que es muy importante.

—Le prometo que se lo busco y le digo que se comunique con usted —contestaba el paisano que había adquirido el apodo por aquello de su dentadura y su corpulencia.

—Te ha estado hablando tu mujer —le dijo el Tiburón a Fidencio en cuanto lo encontró dizque lavando su carro nuevo—. Dice que es urgente que te comuniques con ella.

—Tú siempre jodiendo, carnal —le contestó Fidencio—. No te preocupes tanto, yo hablo con ella hoy mismo. Pondré las cosas en su lugar.

Efectivamente, esa noche Fidencio llamó a la caseta allá en Janamuato.

—Ahora te la vamos a llamar —le dijeron—. Ve en busca de Elena y dile que le habla Fidencio —le pidieron a un chamaco.

El chamaco agarró camino y se dirigió a la esquina donde se vendía el pozole. Ella se encontraba poniéndole un pedazo de maciza al pedido de unos clientes y ofreciéndoles limón y orégano.

—¡Te llaman, Elena! ¡Te llama Fidencio! —le gritaba el chamaco.

Al escuchar el recado, Elena sintió que todo se le caía, que las piernas le temblaban y que hasta la respiración perdía. El corazón se le salía, y sin pedirle permiso a su patrona, se limpió las manos con el delantal y agarró camino para levantar aquella bocina.

—¡Viejo! ¿Cómo estas? ¡Qué gusto! —dijo ella, feliz de la vida—. ¿Viejo? ¿Cómo estás? —volvió a preguntar.

Había silencio del otro lado. El muy jijo de Fidencio estaba agarrando aire para herir por primera vez a aquella mujer a la que le juró amor para toda la vida en aquella iglesia del pueblo de Janamuato, la misma que fue testigo del cariño que se tenían desde que eran apenas un par de mocosos y jugaban en su atrio al bote pateado, a policías y ladrones o a parque-liga-ligazo.

—¿Qué pasa? —insistió ella.

—¡Nada! Sólo quiero saber qué quieres, por qué tanta insistencia en encontrarme —contestó él muy molesto—. Aquí estoy. ¿Qué quieres?

—Pues... hace tanto tiempo que no sabemos de ti que nos tienes preocupados. —dijo ella.

—¡Preocupados! Lo único que te puede preocupar es el dinero. Eso es lo único que te interesa.

—No entiendo. ¿Qué pasa?
—Nunca has entendido y nunca entenderás. Tu cerebro no da para más.
—¿Por qué tanta grosería? —preguntó ella—. ¿Qué pasa contigo?
—Yo te digo lo que quiera, y no creo que sea majadero. Además, ya te mandaré cuando yo quiera y haz lo que quieras —dijo él.
—Pero... —intentó decir Leticia, pero él ya había colgado el teléfono.

Ella no comprendía, se limpiaba los mocos y las lágrimas que le salían. Caminaba como zombi por aquellas calles oscuras de Janamuato y su instinto la llevó directo a su casa. Sus hijos ya estaban jetones cuando llegó y se quedó sentada en aquello que llamaban sala. Su mirada estaba fija en un cuadro que tenían colgado en el lugar principal. Era precisamente la foto de su boda. Aun cuando su vestido era muy sencillo, era blanco y se veía muy guapa. Él tenía el pelo recortado y llevaba una corbata que no combinaba con su saco, pero qué importaba, también se veía bien guapo.

Los recuerdos le retumbaban en el cerebro. Le dolían. No podía creer lo que sucedía. Ella amaba a Fidencio. Cerraba los ojos y le pedía a su santo favorito que no permitiera que la relación con su marido terminara.

Pero su santo en esta ocasión parecía no hacerle caso. Los días pasaron y de Fidencio no supo nada. Las semanas transcurrieron y Fidencio seguía con su valemadrismo, amueblando su nuevo departamento con su "vieja" Leticia y presumiendo lo que él consideraba sus conquistas materiales.

—Esa pinche vieja lo cambió —dijo en más de una ocasión el Puerco.
—¡Pinches viejas! Por eso mejor me vuelvo joto —contestaba el Tiburón.

Fidencio poco a poco se fue olvidando de sus cuates, de aquellos que le dieron la mano cuando recién llegó. Los mismos que le dieron comida y posada, y que en su momento también le prestaron feria para mandar a su casa. Lo había olvidado todo. Él ya era su propio patrón y ganaba mucho más de lo que alguna vez pudo imaginarse. Eso lo envalentonaba con sus antiguos camaradas.

—¡No se metan en lo que no les importa! ¡Váyanse a la chingada! —les decía cuando intentaban recordarle el motivo por el cual había inmigrado a los Estados Unidos.

—Le juro que ya no vive aquí con nosotros —le decía el Puerco a Elena cuando ésta lo llamaba—. De verdad que ya poco lo vemos.

—Por favor, dígame dónde lo puedo encontrar —pedía Elena, ya desesperada porque le urgía hablar con su marido.

Romeo estaba cada día peor de salud. Ya no había para la visita a los doctores ni para los medicamentos. Ella ya debía hasta las nachas a medio mundo, y más de uno hubiera querido cobrarse con lo que tenía, porque aun cuando había parido tres chamacos, conservaba una buena figura.

El Puerco le prometió a Elena que al día siguiente le tendría por lo menos la dirección y ese mismo día se fue a buscar a su amigo. No lo encontró, pero apuntó en un papel la calle y el número y se los dio a Elena cuando ésta volvió a llamar.

Ya había pasado casi año y medio desde que Fidencio conoció a Leticia y seguía cada vez más tarugo por ella. La chava aprovechaba la situación para exigirle muchas cosas más.

Sus chichis funcionaban, daban buenos dividendos, muchos más que el ya opaco recuerdo de la familia de Fidencio allá en México. Poco a poco, era ella la que tomaba las decisiones y le vendía la idea de que lo haría residente legal de los Estados Unidos.

—Yo te voy a arreglar, mi amor, para que ya no tengas que andar escondiéndote de la migra —le decía mientras le insinuaba que ya era tiempo de dar el enganche para una casita.

Elena ya tenía en sus manos la dirección del que hasta hace unos cuantos meses era su "viejo". Una de tantas noches, tomó papel y pluma y teniendo por testigos la torrencial lluvia y los ronquidos de sus chamacos, dio rienda suelta al desahogo y redactó una carta llena de sentimientos confusos y errores gramaticales, por momentos con amor y a ratos con un profundo coraje.

> Fidencio:
> El día de ayer, como tantos otros, fui a la iglesia del pueblo. No había nadie, sólo yo, mis recuerdos y los santos que están ahí nomás viendo quién los visita. Sentí que se me quedaban mirando, como que me querían decir algo. Yo me seguí de largo hasta llegar al altar para hablar con Nuestro Señor, el mismo al que le juramos estar siempre juntos.
>
> Nos quedamos mirando uno al otro. Yo no decía nada en espera de que él iniciara la plática. Nunca dijo nada, nunca retiró su mirada de mí. Yo le hablé muy quedito. ¿Por qué?, le pregunté. No me contestó nada. ¿Por qué?, le volví a preguntar en un tono más fuerte. ¿Por qué?, le repetí a gritos.
>
> Yo ya estaba chillando. No me importaba que el moco se me escurriera por la mejilla. ¿Por qué?, insistía yo. ¿Por qué? Y él sabía a qué me refería, pero no hubo respuesta.
>
> Lo mismo te pregunto ahora, ¿por qué? Nosotros ya no tenemos ni para comer. Qué te puedo decir de Romero, si no hacemos algo, dice el doctor que se va a poner peor. Me da miedo que se muera. Todo me da miedo. ¡Me da miedo que ya no vuelvas!
>
> Por Dios, Fidencio, tienes que venir. Tienes que ayudarnos. Los niños ya preguntan por ti. Romeo quiere verte. Llora mucho y dice que ya no lo quieres.
>
> Te quiero y te extraño.

Elena estaba poniendo su nombre en la misiva justo cuando sintió que su hija mayor estaba detrás de ella percatándose de lo que sucedía. La chiquilla la abrazó y ella correspondió mientras afuera la tormenta eléctrica arreciaba.

—No te preocupes, mamá —le decía su hija mientras le ayudaba a meter la carta en el sobre.

A los 15 días, Fidencio la recibió de manos de Leticia. Ella ya la había leído pero eso a él no le importó, como tampoco pareció importarle su contenido pues la rompió y la tiró a la basura. Leticia le agradecería el gesto aquella noche. Ya no tenía dudas. Ella había sido la elegida.

Los días fueron pasando. Fidencio ya había olvidado por completo a sus amigos. Estaba en lo suyo, trabajando duro para ganar cada día más porque las necesidades eran mayores. Leticia ya no quería comer tacos, decía que eso era para nacos.

Elena, por su parte, iba todos los días al correo.

—No hay nada para usted —le decía Mariano, el encargado.

Esa respuesta siempre le causaba a Elena un gran vacío en la panza, pero con el paso de los días se fue resignando. Hasta dejó de ir a la iglesia a pedirle al Señor. "¿Pa qué?", pensaba, y se iba derechito a su casa.

Ya no sabía qué hacer. El doctor le había advertido semanas atrás que era urgente atender a Romeo, pero ya no había ni para comer.

—Elenita… Si usted quisiera… —le decía el dueño de la panadería, un hombre más que maduro, seguramente con dentadura postiza.

Decían, eso sí, que el señor tenía un chingo de lana. Nunca se había casado. Dedicó toda su vida al negocio para no sufrir cuando llegara a viejo.

Elena se aguantaba de lo que al principio consideraba un atrevimiento. Agachaba la cabeza y aceptaba aquella bolsa llena de bolillos, "besos" y conchas. No tenía de otra, no quería que sus hijos se murieran de hambre.

—Si usted quisiera, Elenita… —le insistía Manuel.

—Nunca nos escribirá papá —dijo Malena cierta noche en que esperó a que su mamá llegara de la venta de pozole.

Elena no tuvo respuesta. Quiso disculpar a su marido diciendo que a lo mejor no había recibido la carta, pero Malena no se tragó el cuento. Ella también sufría por su hermanito Romeo y por su jefita, lo mismo que por Macaria, su hermana menor.

—¡No le importamos! —dijo la niña—. Seguramente los vecinos tienen razón, ha de tener otra mujer.

Elena no dijo nada pero en ningún momento le retiró la mirada a su hija. Cuando ésta terminó de cuestionarla, simplemente la tomó en sus brazos y le besó la frente.

—¡Te quiero! ¡Los quiero! —le dijo—. Todo saldrá bien.

Malena no podía ocultar más el enojo, la rabia y la decepción que sentía por quien unos meses atrás les juraba amor eterno, como dijera Juan Gabriel. Esa noche, tomó papel y lápiz y se recostó junto a Romeo, que ya no asistía a la escuela porque se sentía mal, se había sentido mal por mucho tiempo.

La chavita ya no sabía si mentarle la madre a su propio padre o decirle cuánto lo quería y lo mucho que lo necesitaba. Romeo se dio cuenta de que Malena lloraba y le preguntó qué le pasaba. Ella sólo lo acarició con la mirada y salió corriendo en busca de un refugio para su sufrimiento, dejando sobre aquella cama una hoja de papel en la que sólo se leía "Papá…".

Con las pocas fuerzas que tenía en su flaco cuerpo, Romeo levantó aquel papel y escribió su sentir en unos cuantos renglones:

> Papá:
> Soy Romeo, tu hijo. Ya crecí. Estoy por cumplir los trece años. ¿Recuerdas el día en que te fuiste? Prometiste que me llevarías al doctor para que me alivie. Ya han pasado muchos días y de ti ya no sabemos nada. Yo le pido al Señor de la Salud para que llegues. Todos los días, cuando regreso de la escuela, tengo la fe de que te voy a encontrar. Todos los días sufro por ello. No me importa estar enfermo, lo que más me importa es verte otra vez, aunque no tengamos dinero. Papá, regresa, te quiero. Yo no creo lo que dicen las vecinas, eso de que andas con otra. No lo creo. Tú eres un hombre bueno, tú eres mi papá, y por eso te quiero.

Malena lloró aún más cuando leyó lo que había escrito su hermano. Ella también firmó la carta poniendo junto a su nombre un "No te olvides de nosotros". Macaria también puso su firma y un "Te quiero. Regresa".

Enviaron la carta sin que su madre lo supiera, y llegó una soleada tarde californiana. El ya casi gabacho de Fidencio se encontraba haciendo una "barbacue", o sea una pinche carne asada, para compartirla con sus nuevos camaradas de la vecindad.

El convivio estaba a toda madre. Se veía que Fidencio había invertido una buena lana en hacer sentir como en su "home" –casa, para aquellos que no entienden el inglés– a sus nuevos amigos. Chelas había de todas las marcas, así como botellas de Presidente.

Leticia recibió aquella carta y se la entregó a su "honey". Al ver el remitente, Fidencio dejó de carcajearse. Se levantó con su cerveza y caminó lentamente hacia el "garage", ahí abrió el sobre y leyó el contenido, y ahí mismo hizo añicos el papel. De una sola empinada, se terminó lo que quedaba del líquido amarillo, salió y siguió la fiesta tomando de la cintura a su nueva "vieja" para bailar al ritmo de los Cadetes de Linares.

Las cosas en Janamuato no podían estar peor. Debido al estado de salud de Romeo, Elena se vio obligada a dejar su chamba vendiendo pozole. Quería estar a su lado. No había dinero para seguir llevándolo al doctor ni para comprarle las medicinas. Simplemente no había forma.

—Sólo los ricos se alivian —decía—. ¿De dónde saco cada semana más de mil pesos de medicamentos?

Un 24 de mayo, día en que se celebran las fiestas del Señor de la Salud, Elena soltó un grito desgarrador besando la frente de Romeo, que había fallecido mientras dormía.

—¡¿Por qué?! ¡¿Por qué?! —gritaba.

Sus hijas corrieron a su lado y lloraron junto a ella.

Lo enterraron en la parte más humilde del panteón, ahí donde sepultan a los más jodidos sacando los restos de algún otro difunto para darle cabida al recién fallecido. Las puertas del panteón se abrieron de par en par para recibir a los compañeritos de la escuela y, como siempre, a una que otra vieja argüendera. Ellos rezaron, ellas lloraron.

—Manuel, le juro que pronto le pago lo que me prestó para la sepultura de mi hijo. Le juro que le pagaré todo lo que le debo —le decía Elena al panadero.

—No me debe nada —le contestaba él tomándola de la mano.

El sentimiento de Manuel hacia Elena no era para saciar ninguna calentura. Posiblemente el "pirrurrich" ya ni le funcionaba. Con el paso del tiempo comprendió que era mucho más que eso, entendió que la amaba.

A los pocos días de la muerte de Romeo, Elena escribió unas últimas letras para quien aún consideraba su marido, a pesar de que meses atrás éste le había enviado unos documentos para llevar el divorcio en Estados Unidos.

> Fidencio:
> Romeo murió hace una semana, con el tiempo se olvidó de ti, dejó de preguntar. Me dio rabia cuando lo tenía en mis brazos sin respirar. Le reclamé al Señor de la Salud. Hoy ya no le reclamo. Le doy las gracias por el tiempo que lo dejó a mi lado. Yo lo disfruté estos trece años, vivimos momentos que siempre llevaré en el alma. Lo siento por ti, de verdad que siento que no hayas estado a su lado cuando dejó de vivir. Él te amó, estoy segura de que lo hizo hasta su último suspiro, aun cuando haya dejado de preguntar por ti.

A Fidencio le llegó la carta días más tarde y la leyó línea por línea. Sus ojos se llenaron de lágrimas. Inclinaba la cabeza y cerraba los ojos recordando a su hijo Romeo. Quería ser futbolista, su mayor ilusión era comprarle una casa a sus padres. Frunció las cejas e hizo un chingo de muecas. En aquel rincón del garaje de su casa quedaron sus sentimientos y recuerdos.

En Janamuato, Elena poco a poco fue restándole importancia a los dimes y diretes de las viejas chismosas que la señalaban como una interesada porque se había convertido en la mano derecha de Manuel en la panadería. Ella le daba duro a la masa para hacer "calzones", "besos", conchas y otras delicias.

—No les hagas caso, mujer —le decía Manuel tomándola de la mano y poniéndole un anillo en señal de compromiso—. No me contestes ahora. Consúltalo con tus hijas.

No hubo bronca alguna ni con Malena ni con Macaria, que ya eran todas unas adolescentes. Ellas comprendían que su madre tenía todo el derecho de rehacer su vida y recuperar la felicidad que se le había ido al norte años atrás.

A Fidencio le llegó de inmediato el chisme, pero comentó que no le importaba. ¡Qué más podía decir teniendo a Leticia en ese momento a su lado!

Con el paso de los años, la vida de Elena con Manuel se fue estabilizando. El viejito salió más que calenturiento. Parecía que había guardado todas sus energías. Su mujer ya le decía "la combi" por aquello de las paradas continuas. Las chamacas ya estaban estudiando en la universidad allá por la ciudad de Morelia. Una de ellas quería ser odontóloga y la otra seguramente doctora. Con un chingo de trabajo, Manuel fue poco a poco comprando algunos terrenos en Janamuato y en Puruándiro. La gente ya murmuraba que era el más rico del pueblo.

Fidencio, en cambio, con el tiempo fue comprendiendo el grave error que cometió al olvidarse de su familia, al no mandarles dinero para resolver sus necesidades.

Leticia, la vieja por la cual los dejó, con los años también lo abandonó y de volada pidió el divorcio. Sus chichis seguían dándole buenos dividendos, con ellas embaucó a un buen abogado que logró quitarle a Fidencio más de la mitad de lo que tenía, viéndose obligado incluso a vender su ruta de jardinería. Había dejado de ser patrón. Con el dinero que a ella le dieron, se hizo la liposucción, se puso implantes en las chichis y dicen que se regresó a Los Globos en busca de un nuevo amor que pudiera cumplirle todos sus caprichos.

Él se refugió en las cantinas, en las chelas, el vino y el cigarro, es decir, en puros vicios. Poco a poco fue perdiendo su buena figura y le apareció una que otra lonja. Atrás quedaron sus dizque ropas finas, medio nacas y llenas de colores. Lentamente se fue quedando sin lana. Ya causaba lástima en aquellos lugares en los que llegó a dejar sus buena propinas. Nadie lo quería, espantaba a la clientela con su cuerpo desfigurado y lleno de olores.

—¡No sean cabrones! ¡Regálenme una fría! —les decía.

Los que estaban ahí jugando carambola ni siquiera lo pelaban, menos los que se encontraban concentrados en sus jugadas de dominó.

—¡Chinga tu madre! —gritó uno cuando alguien puso la mula de blancas cerrando el juego.

En el preciso momento en que el quejoso gritaba, Fidencio caía al suelo de jeta. El madrazo se dejó escuchar en aquel lugar lleno de viciosos. El dueño del lugar saltó al mostrador con la agilidad del Hombre Araña y llegó hasta Fidencio.

—¡Sáquenlo de aquí! —gritó—. ¡Sáquenlo a la chingada! No quiero problemas con la policía.

—¡No la chingue! —dijo el tipo al que le habían cerrado la partida.

—¡Es paisano! —dijo otro que estaba jugando carambola.

—¡Que lo saquen! —gritó el dueño a sus empleados.

Fidencio fue arrastrado hasta la calle. Los parroquianos que pasaban por allí pensaron que se trataba de otro borracho más. Allí permaneció tirado por varios minutos, causando lástima. A eso había llegado aquel michoacano que se fue a Estados Unidos en busca de un chingo de dólares para mantener a su familia. Ahí quedaba otro paisano más, que cayó como tantos otros ante un par de chichis y unas buenas piernas, y sí, quizá seguramente también ante la "green card".

A lo mejor fue una llamada anónima al 911 lo que trajo la ambulancia. Le tomaron los signos vitales y de inmediato se fue al Hospital Sierra Madre, ése que queda por la San Fernando Road. Ahí le practicaron todos los exámenes y resultó que tenía sida.

—¡Sida! ¡Tengo sida! —repetía Fidencio sin poder creerlo. Sus ojos estaban clavados en aquel cuarto de hospital. Las lágrimas fueron pocas. No hubo quien se compadeciera de él. Sólo era uno de tantos enfermos y no había tiempo para sentarse y por lo menos decirle "No te preocupes".

Las ciudades de Pacoima, Sun Valley, Van Nuys y North Hollywood fueron testigos de los últimos días de Fidencio en Estados Unidos. Pedía una moneda aquí y otra por allá. Decía que era para el taco, pero siempre fue para el chupe.

Los chismes tarde que temprano llegaron a Janamuato. Elena daba gracias a Dios de que Manuel hubiese aparecido en su vida. Teniendo al Cristo a sólo unos metros, cerraba sus ojos y con gran devoción le pedía por quien alguna vez fue su pareja. Elena lloró ante el crucificado. Malena y Macaria, que ya eran profesionistas, alguna vez la acompañaron en su dolor, pero ninguna de ellas chilló, parecía que no ya sentían nada por él. No lo pudieron perdonar.

—Dicen que Fidencio ya regresó, Elena —le dijo una vecina en la panadería—. Viene muy amolado, el pobre, se ve que está enfermo.

Fidencio nunca pudo ver a Elena ni a sus hijas a la cara para pedirles perdón. Allá, muy de lejos, las veía.

Cierto día lo encontraron muerto a las puertas del panteón. Dicen las viejas chismosas que murió después de haber llorado en la tumba de su hijo. Dicen también que su último grito fue pidiéndole perdón.

II

Tomás

Originario de un pueblo del estado aquél en que la vida no vale nada, por ahí cerca de León, él también se fue al norte y se despidió de su familia. Él engañó a su vieja con una gringa que pesaba más de doscientas libras. Las tarjetas de residente hacen milagros para los que están faltos de amor. Desde que se fue, nunca mandó ni un pinche cinco. Su familia sigue, y seguirá, esperando.

Ignacio, su hijo mayor, de tan sólo 15 años, se cansó de esperar y fue a buscarlo. El pobre no llegó muy lejos, murió en el desierto. Su madre anda en el pueblo buscando quién le ayude.

III

JULIA Y ESQUIVALDO

Éstos se vieron más gachos que cualquier otro. Se casaron y se juraron amor para toda la vida. En menos de cinco años ya habían procreado tres hijos, pero quisieron seguir los pasos de tantos paisanos que dejan y arriesgan todo para ganarse la vida.

Ellos también se fueron, y nunca han regresado. Las niñas quedaron a cargo de una tía materna, quien con el paso de los meses y de los años ya no sabía qué hacer con ellas. No había para comida, mucho menos para vestirlas. Fue hasta al DIF para que se quedaran con ellas, pero los burócratas le dijeron que había que hacer un titipuchal de trámites para que las aceptaran.

Los padres de las chamacas nunca contestaron sus recados o llamadas. Se hicieron güeyes. A aquella pobre mujer no le quedó de otra y las abandonó. Les dijo que iba por el pan y ya no regresó.

Los padres siguen allá en el norte. Dicen que ya pronto regresarán para hacerse cargo de sus tres preciosas hijas, de las cuales ya sólo quedan dos porque una de ellas murió por falta de alimento.

IV

Hernán

Durante años que estuvo viviendo allá en el norte, no mandó ni un solo dólar a su familia, que por cierto era algo numerosa.

—¡Esa vieja me las va a pagar cuando regrese! —decía—. Ya me cansé de que me esté friegue y friegue.

A los cinco años regresó para Navidad. No llegó a casa de su mujer, prefirió quedarse con su mamá. Desde el día de su llegada no salió de la cantina y a todo el mundo le invitó.

Una vez que ingirió alcohol por más de tres días, se dirigió a casa de su mujer. Las patadas a la puerta no se hicieron esperar, casi la tira. Ella se espantó. Nunca se imaginó que fuera él, sólo que llegó a cumplir su promesa y en cuanto la tuvo enfrente le dio una fuerte paliza.

—Para que no me sigas chillando que te mantenga —le gritaba mientras llovían los tiznadazos—. ¡Trabaja, huevona! ¡Trabaja!

V

PORFIRIO

Éste es distinto a los demás. Nunca fue obrero, ni campesino ni burócrata de segunda. Éste salió fino: estudió en una de las mejores universidades de México, se recibió de médico y se casó con su novia de la universidad. Al poco tiempo nacieron los chamacos, fueron tres.

–Me voy a los Estados Unidos –dijo un día.

Se fue y ya nunca regresó. Nunca mandó dinero para el sostén de sus hijos. Le valió madres que su mujer le llamara para decirle que necesitaba dinero para comprar la medicina porque le habían diagnosticado cáncer.

Ella vendió la casa para poder seguir con vida, pero se le acabó el dinero, y la vida también. Falleció al lado de sus hijos, quienes ante la tumba de su madre juraron nunca perdonar a su padre.

Ayuda económica y pensión alimenticia

Tengo un compadre que dice que la migración es un mal negocio para México. Da muchas explicaciones, pero la principal es que las remesas no lo son todo, tarde o temprano se terminan. El paisano dejará de enviar dinero cuando se lleve a su familia a vivir a Estados Unidos, y ese escenario puede ser ideal: familia reunida y todo el mundo feliz, pero hay muchos casos que no acaban tan a toda madre.

En otras ocasiones las remesas terminan más temprano que tarde porque el paisano deja de enviarle dinero a la familia, léase mujer y chamacos, que a veces ya se encuentran todos desnutridos y enfermos. Estos paisanos, los que dejan de enviar, pueden incluso considerarse a sí mismos buena gente porque alguna vez enviaron.

Sin embargo, también los hay que definitivamente ya llevan en la mente no mandarle dinero a su gente. Desde el primer día buscarán excusas para no mandar nada de lana. Ésos sí que no tienen...

A todos aquellos paisanos que cumplen con sus obligaciones, ¡gracias! La gran mayoría de ellos lo hacen de buena fe y con las mejores intenciones de la vida, lo que explica los miles y miles de millones de dólares de remesas.

Este capítulo va dedicado a los paisanos desobligados que se han hecho los olvidadizos y dejaron de enviar o nunca enviaron dinero para el sostén de sus hijos en México, quizá porque ya se encontraron una gringa que les ofreció la "green card".

Paisana, ¿sabes qué hacer si tu marido o el padre de tus hijos nunca te ha enviado o dejó de mandarte dinero para los chamacos? No te aflijas ni te acongojes.

Existen mecanismos para que tu viejo cumpla con sus obligaciones, aunque es importante que sepas que los procedimientos no son sencillos ni las cosas se solucionan de un día para otro. Sin embargo, finalmente son una posibilidad, así que ahí te van:

Ayuda económica

Existe la forma de "invitar" a tu marido para que te envíe una ayuda económica para el sostenimiento de tus hijos. A esto se le llama "buenos oficios", y quiere decir que te puedes presentar en la Secretaría de Relaciones Exteriores o en cualquiera de sus Delegaciones en el interior de la Republica Mexicana, dirigirte al Departamento de Protección y solicitar el apoyo para localizar y conminar (invitar) a tu pareja a que te envié dinero.

Es importante que sepas que tú como interesada tendrás la obligación de proporcionar datos que permitan localizarlo (dirección y teléfono de donde vive, de su trabajo o de algún amigo o familiar). Sin estos datos es *imposible* localizarlo y por tanto no se podrá atender tu petición.

Además de los datos para localizar a tu marido, se requiere el acta de matrimonio y/o las actas de nacimiento de tus hijos.

Una vez reunida esta información, la Secretaría de Relaciones Exteriores o una de sus Delegaciones enviará tu solicitud al Consulado de México en los Estados Unidos más cercano al domicilio de tu marido. El Consulado enviará los citatorios que sean necesarios invitando a tu cónyuge a presentarse con el fin de "invitarle" para que proporcione la ayuda.

No se pierde nada con intentar que por medio de este mecanismo tu pareja cumpla con sus obligaciones. Las excusas más frecuentes expuestas por los paisanos pa no mandar dinero, son: "¿A poco ya se gastó lo que le dejé hace un año?" (y había dejado mil pesos), "¡El niño no es mío!", "Si quiere se los mando a través de mi mamá. Mi mujer los malgasta", "¡Mi vieja ya tiene otro vato!".

De no lograrse los objetivos a través de la petición de "ayuda económica", existe el procedimiento de "pensión alimenticia" que mencionaré más adelante.

Paisana, por favor ten en cuenta que el apoyo económico que puede brindarte tu pareja depende de su buena fe y de sus posibilidades. No te dejes llevar por los chismes de comadres y conocidos que dicen que tu marido gana un titipuchal de dólares. Habla con él y busca una solución en forma amigable. Es probable que lo que te envíe no sea suficiente, por lo que tendrás que buscarte un trabajo para complementar los ingresos. ¡Ambos tienen que echarle ganas!

Por último, es muy importante mencionar que los Consulados mexicanos interponen "buenos oficios" en los casos de ayuda económica, lo que quiere decir que tratarán de que el paisano reaccione y deje de hacerse tarugo para cumplir con los suyos. En esta primera instancia no hay argumentos legales para obligarlo, pero no hay que desanimarse en caso de que tu viejo se niegue a enviar ayuda económica, porque para eso está el procedimiento de pensión alimenticia.

Pensión alimenticia

El trámite de pensión alimenticia va más allá de una invitación para que tu marido cumpla con sus obligaciones. El gobierno de México, a través de la Secretaría de Relaciones Exteriores, enviará una solicitud a las autoridades correspondientes de los 46 estados de los Estados Unidos con los que firmó el acuerdo Uniform Interstate Family Support Act (o Ley Interestatal Uniforme de Manutención Familiar, conocido como UIFSA por sus siglas en inglés) para que los paisanos irresponsables cumplan con sus obligaciones con su familia en México.

Georgia, Florida, Maryland y Virginia no participan en el acuerdo UIFSA —más que un convenio de colaboración, esta ley es una cuestión voluntaria de los estados—, por lo que si tu pareja se encuentra en alguno de esos estados sólo cuentas con el trámite de ayuda económica antes descrito.

¿Cómo funciona?

¡Pos ahí les va! La interesada —promovente o como tú quieras llamarle—, debe presentarse ante la Secretaría de Relaciones Exteriores o alguna de sus delegaciones en el interior de la República para iniciar el trámite para la obtención de una pensión alimenticia a través del UIFSA. Un juez en los Estados Unidos será quien determine la pensión correspondiente.

¿Y cómo está eso?

A través del UIFSA. Éste es, sin duda, uno de los documentos más importantes que tenemos en los casos de pensión alimenticia entre México y Estados Unidos. No es perfecto, pero es una muestra de la preocupación del gobierno mexicano por buscar una solución al problema de la falta de manutención por parte de "algunos" paisanos hacia su familia en México.

¿Son difíciles los trámites?

No. No son complicados, aunque se puede decir que son tediosos porque hay que llenar formatos, conseguir documentación complementaria y realizar traducciones. Quizá lo más difícil es que la gente se presente a solicitar el apoyo, ya sea porque desconocen que existe la posibilidad, por desidia de la interesada, por el "mañana lo hago" o porque se desaniman al conocer los requisitos.

Lo primero que tienes que hacer es presentarte ante la Delegación de la SRE más cercana a tu domicilio y solicitar el apoyo para los hijos menores de edad, aunque también se puede pedir para los hijos mayores de 18 años cuando están estudiando una carrera técnica y para hijos mayores de edad que están discapacitados, sólo que en este caso se necesita presentar la resolución de un juicio de interdicción. Es muy importante recordar que la pensión es sólo para los hijos, no para la cónyuge.

Los Consulados mexicanos —o las Delegaciones de la Secretaría de Relaciones Exteriores— no cuentan con un servicio de investigación. Los intensados son los responsables de proporcionar datos para la localización de los "deudores".

Y no, no es un trámite que dure días o un mes. Hay paisanas que a la semana de presentar su solicitud, ya están pidiendo información sobre la fecha en que comenzarán a recibir la ayuda. Hay que tener mucha paciencia, ¡esto tarda un buen rato! Así que, paisana, no te desesperes.

Eso sí, ojo: si tu pareja —marido o lo que sea— te está enviando una cantidad mensual por voluntad propia, por favor consulta con el funcionario de la SRE o del Consulado para que te orienten y averigüen si tu petición de pensión alimenticia es "justificada". En muchas ocasiones, la pareja envía más por su propia voluntad de lo que un juez puede obligarle a mandar.

¿Qué documentación se requiere?

Acta de matrimonio, acta de nacimiento y fotografía de los menores, fotografía del "deudor", documentos que acrediten los gastos efectuados para la manutención de los menores, una orden judicial que señale alguna pensión en caso de haberla, y finalmente una carta dirigida a la SRE solicitando el apoyo.

A las interesadas se les proporcionará en cualquiera de las Delegaciones de la SRE unos formularios que deberán llenar proporcionando los datos del "deudor". En la Delegación se les orientará debidamente para llenar los formularios. ¡No teman!

Una vez llenada la solicitud con todo y traducciones y documentos, se enviará a las oficinas centrales de la SRE en la ciudad de México. Ellos la enviarán a la oficina central del condado donde viva el "deudor" y de ahí pasará al fiscal del distrito correspondiente para localizarlo. En pocas palabras, el gobierno mexicano se la manda al gobierno americano.

Ya localizado el "deudor", se le explica de qué se trata y se le pregunta si quiere pagar de forma voluntaria y si no está de acuerdo en hacerlo así, su caso será enviado a un juez para que sea éste quien determine el monto de la pensión.

Suena a que es mucho trámite, pero lo cierto es que la promovente sólo tendrá que cumplir con los requisitos que se le indiquen y esperar, porque tarde o temprano el deudor será localizado.

Uno de los grandes problemas para establecer la pensión alimenticia es la falta de datos para localizar al "deudor". Algunos paisanos, con tal de no pagar, se mudan de domicilio las veces que sea necesario e, incluso, hasta se cambian el nombre. Por ese motivo es que el trámite llega a tardar muchos meses. El "deudor" quizá no se da cuenta de que a los únicos a los que está jodiendo es a sus chamacos. ¡Ellos qué culpa tienen!

Paisana, a través de este procedimiento se han efectuado exitosamente envíos de dinero para el sostenimiento de los chamacos en México. ¡Sí funciona! Pero, por favor, te lo vuelvo a repetir, no te creas los chismes de tu vecina o compadre de que tu viejo está ganando un titipuchal de feria. También es importante decirte que, muy seguramente, lo que te envíen no alcanzará para la manutención total de los chamacos, por lo que tendrás que trabajar tú también allá en México. ¡Adelante, paisana!

¿Y el pago es retroactivo?

No, no se pagarán los meses que dejó de darte pensión. El pago será a partir de la fecha en que el "deudor" haya sido emplazado, o cuando se tenga una sentencia definitiva.

¿Y cómo se cobra la pensión?

El pago puede hacerse de dos formas: *a)* que la pensión sea descontada del salario del connacional, en cuyo caso el Departamento de Pensiones correspondiente lo envía al Consulado y éste a su vez lo manda a México; *b)* que el interesado lo pague directamente en la Corte.

Ojalá que estos casos no existieran. Resulta lamentable que haya paisanos que no recuerden el objetivo primordial por el que se van al norte: ¡el bienestar de su familia! Pronto olvidan las promesas que le hicieron a los suyos y argumentan un sinfín de excusas, dejando a un chingo de niños enfermos, sin escuela y, lo que es peor, sin cariño.

Por lo pronto existen estas dos vías, y esperamos que en México también se encuentren mecanismos complementarios para tener más y mejores elementos que ayuden a que los desobligados cumplan con su responsabilidad.

What? ¿Culpable?
Caso penal

I

Mi nombre es Fernando Aguilar. Nací en la ciudad de México un primero de octubre de 1968, año en que se celebraron las olimpiadas en mi país, por lo que a mi mamá le encantaba decir que tenía un niño "olímpico". Eso es lo único que tengo de olímpico ya que nunca hice deporte, nunca fue mi fuerte. Soy un flaco medio desnutrido. La jefa me decía "mi hijo olímpico", pero de verdad que me hubiera quedado mejor el sobrenombre de Gustavito por nuestro presidente de la República. Creo que mi verdadero padre fue él porque yo tenía la misma boquita que el señor Díaz Ordaz.

Sí, nací en ese año en que el Sargento Pedraza caminó y caminó hasta ganar una de plata y el Tibio Muñoz nadó como nunca y se llevó la de oro. Yo ya tenía 11 días de nacido y recuerdo perfectamente cuando los japoneses nos dieron hasta por debajo de la lengua... ¡No! Nos nos invadieron. Nos ganaron en el futbol dos por cero en semifinales. El muy desgraciado del delantero Kagamoto (¿se imaginan cómo quedó de la cola el pobre?) fue el encargado de meter los goles. En ese año el América todavía no era "águila" y las Chivas seguían ganando campeonatos de futbol a madrales.

Mi niñez fue normal. La compartí con mis dos hermanos, Enrique y Jorge, y mi hermana Martha. Nuestra familia no estaba tan jodida. Nos ponían nuestros pantaloncitos cortos y las mejores brillantinas y lociones para el cuerpo.

La escuela nunca representó grandes problemas para mí. Yo era un niño feo y poco atlético, no lo voy a negar. Nunca visité las escuelas públicas. Mi mamá decía que eran para niños nacos. Tuve la suerte de estar becado en distintas escuelas bilingües y fue en esos lugares donde aprendí a decir desde "hello" hasta "yes". Al terminar la primaria, mis papás me mandaron a California, donde vive mi tía Angelina, para que estudiara el primero de secundaria, o el "7th grade", como dicen los gringos. Mi papá siempre pensó que era necesario hablar el idioma de Shakespeare perfectamente bien y que al mandarme a otro país tendría una experiencia que me ayudaría a crecer y mejorar, Aprendí tan bien y fue tan buena la experiencia que este viaje lo repitieron cada uno de mis hermanos cuando terminaron la primaria.

Mis hermanos y yo pensábamos tener la familia perfecta, como de ésas que salen en las series de televisión. En mi casa mis padres nunca se insultaron. Ir a misa era obligación, y cuando el sacerdote decía "Dense la paz" todos nos abrazábamos y la gente nos decía "¡Qué bonita familia!". Tenía yo 17 años cuando me enteré de que a mi papá lo estaba "enamorando" una mujer que había conocido en su negocio, o quizá no quiero aceptar que posiblemente era mi santo jefe el que enamoraba a la chava. Tampoco puedo negar que de verdad estaba muy buena. A la pobre de mi madre ya le colgaba más de una parte de su cuerpo, ¡pero no se valía!

En misa, él abrazaba efusivamente a mi jefa cuando el sacerdote lo pedía. Me dolió mucho, pero lo peor del caso es que mi mamá se enteró y mi casa se volvió un infierno. Eso sí, nunca hubo golpes; los gritos eran el pan de cada día y aunque no llegaban a las mentadas de madre, había otros insultos. Mi madre tenía un carácter muy fuerte y mi padre no se quedaba atrás. Si Dios me hubiera dado un poco de paciencia en ese tiempo, entonces habría podido navegar en medio de la tormenta como hicieron mis hermanos, pues al final y después de un tiempo mi papá se dio cuenta de que lo que él realmente amaba era a nosotros y regresó a su carril, pero yo, como buen adolescente, terco, necio y sin poder perdonar, me fui a vivir con mis abuelos, me di de baja en la universidad y mandé todo a la chingada, como decía mi abuelita que era muy mal hablada.

Al irme de mi casa, perdí todos mis "derechos" y se me dijo:

—Si eres ya un hombre para tomar la decisión de irte de tu casa, entonces tienes que aceptar todas las responsabilidades que esto acarrea. ¡Desde este momento vas a tener que trabajar para poder pagarte todos y cada uno de tus gastos!

No tuve más remedio que buscar un lugar para trabajar. Se me contrató como cajero de una de las tiendas de Suburbia, en donde trabajé durante tres meses. Durante ese tiempo pude darme cuenta de que eso no era la vida ni el futuro que había soñado para mí, y con la cola entre las patas fui en busca de mi papá y le dije que yo quería seguir estudiando para poder recibirme como ingeniero en Computación. El viejo dijo que le parecía bien, pero que primero tendría que aprender la lección, y recalcó:

—Cuando te diste de baja en la universidad, yo había pagado el año completo, así que primero vas a tener que trabajar conmigo hasta reponer ese dinero, ya que éste no se da en los árboles.

No me quedó de otra más que aceptar y durante un año completo trabajé con él en su negocio. Antes de que se cumpliera el año acordado empecé a buscar una universidad que estuviera al alcance de mis posibilidades y gracias a Dios encontré una que tenía sólo un año de haberse inaugurado. Mi padre cumplió con el trato y pude inscribirme desde el inicio del ciclo escolar.

Pasado un semestre, me encontré con un nuevo problema: el negocio de mi papá estaba a punto de irse a la quiebra. Sentí que "todo se derrumbó dentro de mí", como dice una canción por ahí, cuando me dijeron que no había más dinero, que hasta ahí me podían ayudar. Todo pasó por mi mente, hasta mentarle la madre a mi jefe. Yo sabía que sus amoríos habían provocado las broncas en el trabajo, pero llegué a la conclusión de que yo no era nadie para juzgarlo.

—Gracias por lo que lograste darme —le dije, aunque en el fondo sentí como que le valió madres lo que me pasaba.

Mi mamá comprendió todo lo que me afectaba el no poder continuar mis estudios. Se la hizo chillona a uno de sus hermanos, un tío que, por cierto, me tenía en buena estima y se ofreció a pagar mis estudios a cambio de que trabajara en su negocio.

Fueron casi cuatro largos años en los que el tío me daba mis quincenas. El trabajo se convirtió en algo tedioso, aburrido. El tío se dio cuenta y me llamó la atención en más de una ocasión diciendo que yo ya no daba el cien por ciento. No quise más broncas, por lo que le di las gracias, unas gracias infinitas.

Busqué chamba por todos lados, pero por ningún lado había nada. Fueron esas épocas cuando México entró en una de sus famosas crisis económicas —aunque, bueno, realmente nunca ha salido de ellas—. Todos los proyectos se suspendieron, y lo mismo pasó con los aumentos de sueldo pues no había presupuesto suficiente. Ante tal situación, se me ocurrió traducir mi currículo al inglés y mandarlo al mayor número de páginas en internet de "head hunters". En ese momento la idea que tenía en la cabeza era "a ver si es chicle y pega", pero realmente no tenía gran confianza en que algo pasara. ¡Qué equivocado estaba! Al cabo de dos horas de haber enviado los currículos, ya se habían comunicado conmigo dos compañías de consultores, una en Boston, Massachussets, y la otra en la ciudad de Tampa, Florida.

—¡Demuéstrales lo que puedes hacer! ¡Tú eres un triunfador! —me dijo mi mamá seis meses después en el aeropuerto de la ciudad de México.

Los dos chillamos mucho, ella más que yo. La gente se nos quedaba mirando, pero eso nos valió madre, ya que al final ambos terminamos abrazándonos y dándonos la bendición el uno al otro.

Decidí ir a Tampa ya que siempre me había gustado el clima cálido, el mar y los parques de diversiones. Después de la despedida y las lágrimas reglamentarias de mi mamá —por cierto, mi papá no fue, creo que seguía un poco encabronado conmigo—, abordé el avión y era como un sueño, no podía creer que realmente estaba a punto de emprender una vida totalmente nueva y diferente.

Quedé impresionado al llegar a Orlando, allá en Florida. Su aeropuerto era de verdad hermoso. Bajando las escaleras eléctricas ya me estaba esperando el representante de la compañía para la que iba a trabajar. Sus rasgos eran orientales, pero le entendía perfectamente en inglés. De verdad que yo no era nada pendejo. Durante toda una semana estuvo llevándome a ver departamentos. Acá con los ricos también hay de todo, había unos a toda madre, otros no tanto y unos más que daban pena. Este nuevo amigo también me llevó al trabajo y a cualquier otro lugar al que tuviera necesidad de ir. Finalmente, en menos de que cantara el gallo, yo ya estaba instalado en mi nuevo departamento y trabajando para MMM, empresa en la que había sido asignado como consultor de base de datos.

Yo me sentía muy feliz y orgulloso por todo lo que me estaba pasando. Tenía motivos suficientes para darle gracias a Dios. Yo viviría solo en el departamento. No tendría que pasar tanta penurias de las que pasan la mayoría de nuestros paisanos que se van al norte. No había arriesgado mi físico yéndome por el desierto metido en una cajuela, y además mi trabajo sería bien remunerado. ¡Claro que tenía que dar gracias a Dios! En cuanto localicé una iglesia abierta, aquella mi primera tarde de trabajo, entré y no me senté en la última banca, sino que me acerqué lo más que pude porque quería que me escuchara perfectamente.

—¡Gracias! —le dije, y les juro que sentí que el crucificado me miraba y me decía "¡De nada!".

Aun con todas las facilidades que tenía, el principio no fue nada fácil. Tenía un departamento que no tenía muebles y durante un buen tiempo tuve que dormir en el suelo ya que las primeras cosas en las que gasté dinero fue en platos, cubiertos, toallas y, claro está, alimentos. Tuve que pasar más de 10 meses para obtener crédito.

En ese tiempo se mudó a los departamentos donde yo vivía una pareja de latinos de los cuales me hice amigo rápidamente. Rafael era argentino y Mariana chilena. No estaban casados pero vivían juntos con el plan de casarse en el futuro. Mariana tenía un hijo de un matrimonio anterior, Ronaldo, el cual tenía un pequeño retraso mental, nada serio. Todos los días los veía en la alberca, nos pasábamos platicando en el jacuzzi y en varias ocasiones fui invitado a cenar en su casa. Yo no podía invitarlos a la mía, todavía no tenía muebles en el departamento.

Después de algunos meses, Rafael y Mariana se pelearon porque él le estaba poniendo los cuernos y al final decidió votarla e irse con la otra mujer. Para Mariana eso fue muy difícil, sufrió mucho. Recordé los momentos que vivió mi madre cuando tuvo el problema con mi padre y me convertí en el paño de lágrimas de mi amiga. Todos los días iba a mi casa a tomar café y a platicar, y eso hizo que nuestra amistad creciera. Había días festivos en que Mariana tenía que trabajar y me empezó a pedir de favor que cuidara de Ronaldo. Claro que acepté, no veía ningún problema, además, a mí siempre me han gustado los niños.

Por esos tiempos yo tenía pensado enrolarme al programa de "Big Brother", pero nada que ver con el *reality show* en el que un grupo de gente se vuelve rica a costa de un chingo de mensos que cada día se pegan al televisor para ver a una bola de don nadies que ríen, se enojan, se encabronan, se peinan, se bañan y hacen todo tipo de cochinadas. Ésta era una organización en la que un adulto la hace de hermano mayor de un chamaco que no tiene ni un perro que le ladre. Se trata de ayudar a los niños más necesitados.

Nunca me inscribí en el programa ya que me pasó algo que lo hizo innecesario: un día estaba nadando en la alberca que está junto a un pequeño lago que los niños "pobres" de los alrededores utilizan para pescar. Cuando estaba ahí, uno de ellos se acercó y me preguntó si podía utilizar la alberca. Yo sabía que si los de la administración lo veían nadando podían correrlo de mala manera o hasta llamar a la policía para que lo sacara de ahí, pero no veía ningún problema en que él y un amigo suyo nadaran un rato, así que le dije que se metiera y que yo iba a decir que era invitado mío para que no hubiese ningún problema.

Con el paso de los días, Ángel, que así se llamaba el niño, me empezó a contar sobre la clase de vida que llevaba. Su madre era drogadicta, lo golpeaba, nunca había comida en su casa y ella jamás se enteraba de dónde estaba metido, por lo mismo él tenía problemas de comportamiento y estaba en una escuela especial para niños con ese tipo de broncas.

Su historia me conmovió mucho y le dije que viniera cuando quisiera nadar ya que por mí no había problema. Conforme fue pasando el tiempo me fui encariñando con él, me di cuenta de que necesitaba alguien que le ayudara, que pudiera ser su guía. Fui a ver a su mamá y le propuse que me dejara echarle la mano. La mamá estuvo encantada con la idea, para ella era un problema menos de que preocuparse, así que Ángel empezó a ir todos los días a mi departamento, en donde siempre había comida para él y podía hablar de sus broncas que eran muchísimas. La mamá me puso en la lista de gente responsable en su escuela y yo empecé a participar en las juntas con maestros y a buscar formas de ayudarlo para que fuese un mejor estudiante y controlara su conducta.

Ángel empezó a verme como un papá y yo empecé a verlo como un hijo. Me hice cargo de su sustento tanto en alimento como en vestido, ya que cuando lo conocí sólo llevaba andrajos, ropa sucia, llena de hoyos y apestosa. Los fines de semana se quedaba en mi casa y entre semana con su mamá. Su comportamiento mejoró al cien por ciento, ya no se metía en problemas y tampoco se pasaba el tiempo en las calles. Llegó un momento en que la mamá me propuso darme en custodia permanente a Ángel, lo que nos puso muy contentos.

Mi amistad con Mariana continuó exactamente como antes. La única diferencia era la adición de Ángel en nuestras vidas. Ángel y Ronaldo también se hicieron amigos y todo caminaba perfectamente. La primera Navidad y el año nuevo que pasé en Estados Unidos lo compartí con Mariana, Ronaldo y Ángel. Los fines de semana los llevaba al cine o a comer pizza, o alquilábamos películas para verlas en casa.

Poco tiempo después, Mariana conoció y se enamoró de un americano de nombre Larry, al cual me presentó. Eran un anglosajón alto pero medio panzón, creo que sus buenos tiempos de estar mamado ya habían pasado. De profesión era nada menos que policía. Era seco tanto en su hablar como en su comportamiento. Las visitas de Mariana se hicieron más "constantes" ya que Larry no hablaba español y ella hablaba muy poco inglés, así que me usaban de traductor. También los favores de cuidar a Ronaldo se volvieron más frecuentes, ya que su madre quería pasar más tiempo con su galán.

Las cosas no cambiaban mucho, excepto porque un día Ángel me pidió permiso de invitar a algunos amigos suyos durante el fin de semana. Yo acepté con gusto ya que necesitaba tener amigos de su edad con los cuales compartir su tiempo. Un niño no puede pasársela rodeado de adultos, y Ronaldo era varios años menor.

Llegó el momento en que decidí iniciar el proceso para obtener mis papeles, es decir, la "green card", la tarjeta de residente, pues me estaba yendo muy bien en el trabajo y pensé que regresar a México sería un error, ya que su economía estaba de la jodida. Regresaría a la incertidumbre, sería uno más en las estadísticas de desempleados. Eso me ponía mal y me encabronaba con los políticos de mi país.

Le comenté a Mariana mi plan de comenzar con el proceso de la residencia y ella me contestó que sería más fácil si yo me casara con una americana. Ella había obtenido ya su ciudadanía y estaba dispuesta a casarse conmigo. Mi reacción a esto fue de total negativa, le contesté que ella tenía novio y que él jamás entendería este arreglo, que ni siquiera se lo comentara ya que podía ocasionarme problemas. Los americanos son medios locos y no quería ningún tipo de enfrentamiento con ellos, menos con uno que fuera policía.

Una tarde de la siguiente semana fui a la alberca y me encontré a Mariana y a Ronaldo que estaba nadando. Me senté en la mesa con ella y empezamos a platicar. En eso Ronaldo salió de la alberca y me dijo que ya no tenía permiso para estar conmigo, pero cuando le pregunté por qué no me respondió, sino que le dijo a su mamá que ella me dijera. Le hice la misma pregunta a Mariana y ella me contestó que no sabía por qué el niño decía eso. Se puso algo nerviosa, pero reaccionó inmediatamente diciéndome con sus gestos que no había nada, así que no le dimos importancia y continuamos hablando por más de una hora.

Días más tarde tomé mis primeras vacaciones en casi un año y medio de trabajo, compré un paquete en Orlando y me llevé a Ángel conmigo. Visitamos la mayoría de los parques de diversión de la ciudad y nos divertimos muchísimo. Fue una semana increíble, jamás me pasó por la cabeza el infierno que me esperaba al regresar.

Un miércoles, no recuerdo la fecha exacta, fui despertado por unos toquidos muy fuertes en mi puerta, por un momento pensé que la tirarían a patadas. De inmediato me levanté y al abrir se presentaron ante mí dos sujetos que se identificaron con sus placas del Tampa Police Department. Los dos pasaban del 1.80 de estatura, bien vestidos y peinados. Los dos eran detectives.

—Good morning! —dijo uno de ellos.

—Buenos días —dijo el otro. Por su acento pensé que seguramente era puertorriqueño.

Ni tiempo me dieron de contestar cuando ya estaban dentro del departamento. Pelaron los ojos de inmediato. Poco faltó para que se tiraran al suelo de panza y sacaran su pistola en busca de los malos de la película. No entendía absolutamente nada de lo que sucedía, me limité a cerrar la puerta y a esperar que me dijeran qué pedo.

Minutos después de la inspección ocular, uno de ellos prendió un cigarro y después de hacer donitas de humo me comentaron que estaban haciendo una investigación sobre unas quejas en contra de mi persona. Los invité a sentarse en la sala pues pensé que posiblemente se referían a una travesura de Ángel ya que el domingo había usado el carrito de golf de la administración de los departamentos para impresionar a unas chamacas que se acababan de mudar ahí. Les comenté que ya había hablado con Ángel y él había prometido no volver a hacer una travesura más. Ellos sólo me dejaron hablar y hablar por media hora más.

—Ésa no es la razón por la que estamos aquí —me dijeron.

—No entiendo.

—Tú eres la investigación —dijo el que hacía donitas de humo.

—No entiendo de qué se me acusa —insistí muy tranquilo. No tenía ni una pinche idea de lo que estaban hablando.

—Fuck you! —me dijeron ya encabronados los dos.

En ese momento dejaron bien claro que su visita a mi departamento no era ninguna broma. De verdad estaban muy molestos. El cigarro se le acabó al detective, pero de volada prendió otro.

—Fuck you! —volvió a decir el vicioso.

Intenté levantarme del sofá, creí necesitar un café. Por un momento me fue imposible trasladarme a la cocina porque el vicioso me lo impidió, pero su pareja le dio instrucciones para que me dejara pasar. Llegué a la cocina como pude, hasta las patas me temblaban, y preparé un Nescafé con las manos como si sufriera de Parkinson. El detective casi casi me respiraba por la nuca y se percató de que todo me temblaba. No quería voltear, se daría cuanta de que hasta quería llorar.

—¿Nervioso? —me preguntó.

—No —le contesté, pero en ese momento se me cayó la mitad del café. Me quemé la mano pero me aguanté, sólo me puse un poco de saliva, llegué a la sala y me acomodé como pude.

El vicioso no dejaba de mirarme, me veía con ganas de chingarme. Su mirada me confundía, era mejor no verlo.

—¿Nervioso? —me preguntaba a cada rato.

—¿De qué se me acusa? —insistí.

—¿Conoces a una señora que se llama Mariana?

—Sí —dije—. Somos muy buenos amigos.

—¿Y a su hijo Ronaldo?

—También —contesté sin titubear.

—¿Tienes novia?

—No.

—Quieres mucho a los niños, ¿verdad?

—Sí, claro, ¿eso qué tiene que ver?

El detective tiró el cigarro aún encendido al suelo y lo pisó sin importarle que la alfombra se quemara. Valiéndole madres lo que hacía, caminó lentamente hacia mí, se sentó a mi lado y me volvió a decir:

—Fuck you, ass hole!

Su aliento a cigarro llegó hasta lo más profundo de mis fosas nasales y su saliva me dio de lleno en la cara. El escupitajo me lo retiré lentamente sin quitarle la mirada. Quise verle el rostro.

—Tú abusaste sexualmente de Ronaldo. Hay pruebas, hay testimonios en tu contra, hay testigos… ¡Hay todo, ass hole!

Se me estaba acusando de haber molestado sexualmente al hijo de Mariana, a Ronaldo. No puedo describir exactamente qué fue lo que sentí en ese momento, no podía creer lo que estaba escuchando o que Mariana pudiera hacerme algo así. En la vida uno puede experimentar muchas y muy diferentes situaciones, pero que un amigo te acuse no tiene madre ni nombre. Lo único que le había brindado tanto a Mariana como a Ronaldo había sido amistad, cariño y apoyo siempre que lo requirieron. De verdad que sólo me jalé las greñas, cerré los ojos y en esa oscuridad provocada le pregunté a Dios qué pasaba:

—What's happening? —sí, lo dije en ingles consciente de que me encontraba en Estados Unidos, pero mi murmullo fue lo suficientemente fuerte como para que lo escuchara la chota.

—Violador y religioso, ¡qué bonita combinación! —dijo uno, y ambos se carcajearon.

Inmediatamente les dije que ésa era una acusación falsa, que yo jamás podría hacerle daño a Ronaldo.

—¡Mientes! —dijeron.

—Les juro que les digo la verdad. ésa es mi verdad. En ningún momento hice nada indebido.

Por dos horas estuve escuchando acusaciones de algo que yo no había cometido. El vicioso prendía cigarro tras cigarro y tanto las colillas como la ceniza quedaban plasmadas en la alfombra. Tuve ganas de decirle que no fuera cochino, pero su mirada me decía que lo único que quería era sacarme de mis casillas. Durante el interrogatorio llegó a sonar el teléfono y no se me permitió contestarlo. Me sentía sentenciado sin motivo alguno. Esos dos policías, con toda arrogancia y prepotencia, me acusaban y me sentenciaban, y claro está, según ellos se querían ver bondadosos.

—Si confiesas, te juramos que eso será para tu beneficio. Le diremos al juez que colaboraste y verás que el tiempo en la cárcel no será tanto.

En todo ese tiempo, no se me leyeron mis derechos ni se me permitió hablar con alguien que me ayudara o consultar con un abogado.

Finalmente, uno de los detectives se exaltó y dijo que ya lo tenía harto, que si no "confesaba", iban a recoger a Ángel y a llevarlo a un hospicio diciéndole que era mi culpa, que yo era un criminal y que merecía estar en la cárcel. Después iban a poner a la mamá de Ángel en la cárcel, diciéndole también que era mi culpa, que yo la estaba acusando de negligencia, de mala madre, y que lo único que merecía era precisamente la cárcel. En su versión, yo la acusaba para quedarme con Ángel.

No podía creer lo que estaba sucediendo. Iban a dañar a mi pequeño amigo Ángel para desquitarse de que yo no aceptaba la mentira de su investigación. Ya irritado, les dije que cómo era posible que hicieran algo tan bajo, que yo era inocente y ellos iban a dañar a Ángel si yo no decía lo que ellos querían escuchar. No les importó, su idea era encarcelarme sin importar la verdad.

Seguramente soy un estúpido, pero no podía dejar que dañaran a Ángel. A diferencia de los americanos, los mexicanos podemos ser lo que ellos quieran, huevones, prietos, mantenidos, borrachos y hasta golpeadores de nuestras mujeres, pero en nuestra cultura la familia es primero.

—As you wish! —me dijeron, es decir, "Como tú quieras".

Cuando estaban a punto de salir de mi departamento, ante la amenaza de dañar a Ángel, les dije que estaba bien, que "confesaría" a cambio de que no lo dañaran. Ambos se rieron, sentían que habían ganado la batalla, poco faltó para que se dieran el saludo de los "cinco dedos", como dicen ellos, el "Big five!", y que dijeran "Yes!".

Uno de los detectives me dijo que contara la "historia" de lo que había pasado, a lo que yo contesté que no tenía idea de la "historia" pues no había ninguna, así que se conformaron con hacerme preguntas a las que yo tenía que contestar "sí" o "no". Uno de ellos sacó su libretita y comenzó con el interrogatorio.

–¿Llegaste a cuidar a Ronaldo?
–Sí.
–¿Llegaste a estar solo con Ronaldo?
–Sí.
–¿Rolando se llegó a bañar en tu casa?
–Sí –tragué saliva. Me sentí el peor de los seres humanos en la tierra. Volví a cerrar los ojos y comencé a rezar un padrenuestro. Todo fue en mi mente, ¡todo en mi mente!

Después de la tercera pregunta les dije que era suficiente, que no iba a decir nada más pues era bastante malo el haber contestado "sí" a las tres primeras, sabiendo que eso me estaba dañando. Fue así como comencé mi descenso al infierno.

No me leyeron mis derechos, ésos que ellos llaman "los miranda", "los sánchez", "los romero". En ningún momento escuché la clásica frase "You are under arrest". Simplemente se me indicó que me vistiera para que les acompañara, así que entré lentamente a mi recámara y busqué cualquier cosa para ponerme. Y efectivamente, el descenso dio inicio al momento en que las esposas hicieron "clic".

Me subieron a un vehículo que no era patrulla y pude darme cuenta del gozo que les causaba el verme de alguna forma derrotado. Me llevaron a la cárcel y ahí fui fotografiado, me tomaron las huellas digitales y entré en el proceso por el que pasan todos los criminales. ¡Yo ya era un criminal, y sin haber cometido delito alguno, todo por bocón! El que estaba a mi lado, un negro de más de seis pies, parecía que ya tenía callo porque hasta pelaba los dientes cuando le tomaron la foto, y el que siguió después de mí era un gringo todo greñudo y con varios tatuajes en los brazos, su presencia no podía pasar desapercibida. Cuando volteé a mirarlo me mandó un besito. "¡En la madre!", pensé.

La primera llamada que hice fue a mi amiga Terry, una gringa que se había portado a toda madre conmigo y a la que le tenía confianza. A ella le expliqué todo, exactamente todo lo que había sucedido.

–What? –me preguntó toda sorprendida.

Ella quería hablarle inmediatamente a mi familia en México, pero me opuse rotundamente. ¿Cómo le iba a explicar a mi mamá que su hijo estaba en la cárcel con unos cargos tan horribles? También me recomendó conseguir un abogado, pero tampoco quise pensando estúpidamente que esto iba a tener un pronto arreglo pues todo era mentira. Yo tenía una fe ciega en el sistema jurídico de este país, el más rico del mundo. "Aquí no se violan los derechos humanos de la gente", pensaba.

Ese día por la tarde me hicieron el gran favor de darme una hermosa vestimenta: un elegante uniforme color naranja. Con los días supe que me habían incluido entre los más peligrosos criminales de la cárcel. Yo estaba compartiendo "house", comida, baño, toalla y regadera con los que violaban, mataban, vendían, compraban droga en grandes cantidades y se ponchaban a las suegras. Es decir, si hubiera sido detenido en México, estaría con los Arellano Félix, los Caro Quintero y hasta el Mochaorejas. ¡Que chingón!

Al día siguiente hice mi primera aparición ante un juez en un cuarto lleno de la gente que había sido arrestada el día anterior. El de negro era un tipo al que ya le colgaban las ojeras. Una dama medio gorda, que aún tenía azúcar embarrada en los labios por la dona que se acababa de comer, gritó mi nombre y yo me fui derechito a donde había un pequeño escritorio, enfrentito del juez. En su momento se me pidió que diera mi nombre letra por letra, y así lo hice.

—¿Necesita una traductora? —me preguntó el juez.

—No —contesté, y le agradecí el gesto.

Cuando leyeron mis cargos —"Five counts of child sexual abuse!"—, toda la gente que estaba ahí me empezó a ver bien gacho, hasta el de negro se retiró los lentes y me observó detenidamente.

—Shit! —se escuchó un murmullo.

—Fuck! —se dejó oír otro por allá.

—¡No chingues, cabrón! —alcancé a escuchar a uno que seguramente era del D.F.

A lo mejor pensaron que yo no tenía finta de violador. En ningún momento bajé la mirada. No había motivo para ello, así que la mantuve muy en alto. No pretendía ser ningún fanfarrón ni mostrarme prepotente, sólo quería gritarles que yo no había sido.

Fui trasladado a la cárcel del Condado de Hillsborough. Las cárceles de aquí no son como las de nuestro querido México. Aquí todo está muy limpio, hasta el piso brilla. Cada uno duerme en su litera y comemos a nuestra hora, algunas veces todo desabrido, en otras con la cola de algún bicho en la sopa, pero qué importa, somos una bola de criminales. Me ubicaron en la unidad C (de cabrón, sería) y me tocó estar solo en ella.

Yo no sabía qué iba a suceder los días siguientes. No creí sobrevivir. Daba la impresión de que más de uno de los presos me querían dar en la madre. Sus miradas y actitudes lo decían todo. Durante un buen rato no salía ni a tomar el sol. Dicen que en este lugar los chismes corren más rápido que en la vecindad y que a los que están acusados de cargos como los míos, hasta se los quieren violar. Procuré cumplir cada una de las instrucciones que se me daban y no meterme en problemas. Por las noches lloraba y le pedía a algunos de los tantos santos que hay que no se olvidaran de mí… De verdad que procuré ser bueno, broncas ya tenía demasiadas. Busqué sólo la compañía y la plática de algunos paisanos. Pobres cabrones, yo por lo menos entendía bastante el inglés, en cambio ellos, ni siquiera el "yes" sabían. Es más, la mayoría no sabía ni escribir en su propio idioma.

Un mes pasó sin que me presentara ante un juez. La cárcel es un infierno en la tierra, no te dicen absolutamente nada. Tú preguntas y los consejeros se limitan a decir "I don´t know!". Piensas que aquél en cuya identificación se lee "Ramírez" te comprenderá por dizque ser paisa, pero ese grandulón mamado resulta ser el más ojete de todos. Sólo te dicen "Yo no hablar español", se dan la media vuelta y más de uno se ha de ir pensando "Mexicans!".

Lógicamente, mi familia se enteró de lo sucedido ya que al no encontrarme en casa llamaron a mi trabajo y Terry les contó todo lo que estaba pasando. Me puedo imaginar que mi madre lloró más que aquella mujer que vio a Jesús rumbo a su crucifixión.

—¡Dios! ¡¿Por qué?! ¡No puede ser! —gritó seguramente.

Mi padre también habrá sufrido, pero se tragó el mal momento y, aunque en su interior se sintiera desfallecer, con seguridad se vería muy macho.

—Todo va a salir muy bien, mujer —le habrá dicho a mi madre.

Los dos vinieron a Estados Unidos inmediatamente y fueron a visitarme. Yo había anticipado su llegada y los puse en mi lista de visita. Recuerdo que fue un viernes cuando pude verlos a través de un cristal y con teléfono en mano. Ambos se veían muy afligidos. Ella lloraba, mi papá sólo la consolaba. Les costó tomar la bocina para dar inicio a la plática. Fue él quien la tomó y sentí que se me caían hasta los calzones cuando me dijo:

—¡Hijo, te amo! Te vamos a ayudar, ya verás, ya verás.

Mi mamá, por su lado, no dejaba de nombrar a todos los santos a los que se había encomendado para ayudarme: San Francisco de Asís y San Judas Tadeo llevarían mi defensa. Claro, no podía faltar la Guadalupana por lo que se ofreciera y hasta Santo, el enmascarado de plata, por si se tenían que armar los chingadazos.

—¡Ya la hice! —me dije.

Acá en la tierra y con ayuda de Terry, mis padres consiguieron un abogado. Yo insistí en que no hicieran lo que consideraba un gasto innecesario, yo era inocente y no tenía ninguna bronca en demostrarlo.

—¡Se los juro! —les dije.

Ellos se miraron uno al otro. La decisión ya estaba tomada. Harían lo necesario para que se comprobara mi inocencia y contratarían a un buen abogado. Lo buscaron y lo encontraron. Llegaron hasta el tercer piso de un edificio a toda madre en la ciudad de Tampa. Parecía de cristal. La secretaria estaba a toda madre y los muebles de la recepción ni se diga.

—How can I help you? —dijo.

—Tenemos una cita con el abogado Yolo Sako.

—¿En qué les puedo ayudar? —preguntó el abogado de origen japonés, que vestía un elegante traje negro.

—Nuestro hijo está en la cárcel —explicaron mis padres.

—Me imagino… Prosigan —pidió el abogado sacando una libreta y pluma con la que fue tomando sus apuntes.

A medida que avanzaba el relato de mis padres, Sako pelaba los ojos.

—This is bad! —advirtió cuando terminaron contándole de los cargos por abuso sexual.

Claro que él se frotaba las manos, porque mientras más dizque difícil fuera el caso, mayores serían sus honorarios.

—Diez mil dólares —dijo— y yo saco a su hijo de la cárcel.

Mis jefes se jalaron lo que pudieron, sobre todo las greñas. Diez mil dólares era muchísimo dinero, todos los pesos del mundo.

—¿Nos permite? —le dijeron al abogado para salir de las oficinas acompañados de Terry y pensar en la forma de reunir la feria.

Aquello parecía una reunión de los jugadores de futbol americano, de ésas en las que se forman en círculo para determinar la estrategia a seguir.

—Tenemos la mitad —dijo mi madre.

—Tendremos que pedir prestada una buena cantidad —concluyó mi papá.

Efectivamente, el gringo japonés logró sacarme de la cárcel ya que había pasado el tiempo permitido para tenerme dentro sin que los cargos fueran oficiales. Mis padres estuvieron presentes en aquella audiencia en la que el juez me pidió que me pusiera de pie. Sentía que las piernas se me doblaban y pensé que en cualquier momento me daría en la madre, pero decidí mirar a los ojos a mis padres para que ellos vieran que yo era inocente. Mi madre no pudo observarme, mantenía los ojos cerrados y en sus manos tenía un rosario. Mi padre movía los labios y su mirada era dura. Sólo movía la cabeza de arriba a abajo.

A pesar de mis temores, logré mantenerme en pie. Mi abogado estaba junto a mí, los detectives que presentaron el caso estaban en el otro extremo de la sala de audiencias.

—¡Ya te tenemos, cabrón! —parecían decirme con sus miradas burlonas.

—Está libre —dijo el juez—. Ha transcurrido demasiado tiempo y no se han presentado evidencias en su contra.

Por un momento quise correr y besarle las manos. Mis padres ya estaban a mi lado y lloramos, ¡vaya que lloramos! El que se me declarara libre obviamente no le gustó a los detectives, pues evidenciaba su mentira y su mala investigación.

Nuestro abogado pretendió cerrarnos un ojo en señal de triunfo, pero ni se le notó. Nosotros hicimos una reverencia al estilo oriental.

—Thank you! Thank you! —le decían mis padres.

—Te esperamos en Navidad, hijo —me dijeron a mí días después del veredicto del juez, cuando regresaron a México.

Inmediatamente regresé a trabajar. Ninguna persona que me conocía creyó en los cargos que se me imputaron. Gracias a Dios encontré personas increíbles que pudieron darse cuenta de la verdad.

El juez me había puesto como única condición que no viera a Ángel hasta que el asunto se aclarara legalmente y yo entendí su decisión, aunque fue muy duro.

Un par de semanas después, Ángel me llamó por teléfono sollozando y diciendo que los detectives lo habían sacado varias veces de la escuela y lo habían amenazado para que dijera que yo le había hecho daño a él también, y que lo mismo había sucedido con los amigos a los que invitaba a casa los fines de semana. Yo le dije que no se preocupara, que mientras dijera la verdad nada malo iba a pasar.

A partir de ese día, Ángel me hablaba con frecuencia para decirme que los detectives lo seguían amenazando con llevarlo a la cárcel junto con sus amigos y separarlos de sus familias si no decían lo que ellos querían. Fue cuando decidí grabar esas conversaciones telefónicas como evidencia a mi favor.

Un par de semanas más tarde, estaba en mi oficina cuando me llamaron de Recursos Humanos pidiéndome que me presentara inmediatamente. Yo estaba feliz de la vida, tenía nuevamente mi empleo y estaba rodeado de personas que nunca dudaron de mí. Me fui de volada, no quería hacer esperar a nadie y tenía mucho trabajo, así que agilicé el paso y con una sonrisa en los labios ingresé a la oficina. Al llegar ahí, me encontré otra vez con los detectives.

—You are under arrest! —me dijeron.

No podía creer lo que estaba escuchando. Quise pensar que todo era una pesadilla, pero no. Cerré los ojos y al abrirlos aquellos dos hijos de su pinche madre seguían ahí, y en sus rostros podía ver claramente que la investigación que estaban realizando ya era un asunto muy personal. Tenían cara de placer al verme. No quise darles el gusto de disfrutar el momento, pero no pude. Terry corrió de inmediato a abrazarme y Perry, otro de los gringos que me extendió la mano, se le unió.

—Call my attorney! —les decía—. Call him!

—No te preocupes —decía Terry.

—Shut the fuck up! —me gritaban los investigadores mientras le ordenaban a la gente que no se me acercara.

Querían convertir mi detención en un verdadero circo, hacerme ver ante aquellos amigos como un criminal de bajos instintos, el peor de los seres humanos, y de verdad que se armó un escándalo increíble. Me volvieron a arrestar enfrente de todo el mundo.

—Otros niños han presentado denuncias en tu contra —gritaban para que todos pudieran escucharlos—. Han dicho que también abusaste de ellos.

—¡No! —les decía yo—. ¡No puede ser! —les gritaba sin agachar la cabeza.

Cuando me metieron a la patrulla, ambos detectives estaban carcajeándose. Se burlaban de mí y me decían que el novio de Mariana me mandaba saludos y esperaba que disfrutara mi estancia en la cárcel. No abrí la boca en todo el camino, no quería darles el gusto de discutir con ellos.

Una vez en la cárcel, volví a repetir todo aquel proceso y nuevamente pensé que no iba a sobrevivir ahí dentro.

Según los detectives, cuatro de los amiguitos de Ángel habían dicho que yo los había molestado sexualmente, pero sólo me impusieron cargos por tres de ellos ya que uno se arrepintió de inmediato y confesó que todo era mentira, poniendo en ridículo a los detectives.

Yolo Sako, mi abogado, me presentó ante el juez para que me pusiera una fianza, la cual fue de 72 mil dólares.

—Ya me chingué aquí adentro —pensé al escuchar la cifra—. Jamás hemos tenido esa cantidad de dinero.

Además de pagar la fianza, tendría se estar monitoreado todo el tiempo por un aparato electrónico conectado a la central de policía.

Mi familia no comprendía lo que sucedía. Con la convicción de que era inocente, se empezaron a mover para conseguir el dinero pero, como dije antes, la fianza era demasiado alta y sólo juntaron la séptima parte. De cualquier forma, de nada hubiera servido conseguir la lana porque la policía, no contenta con la cifra irreal que determinaron, se comunicó con Migración y desde ahí impusieron un "hold" a mi persona para impedir que saliera de la cárcel.

—¿Cómo va el caso? —le pregunté a mi abogado.

—Hay que investigar —me dijo Sako—. Hay que estudiar las evidencias.

Pasaron los días sin que mi representante me visitara. Llegué a pensar gacho de él, incluso supuse que ya se había olvidado de mí. Un día estaba viendo la tele cuando me avisaron que tenía visita. Era él y su facha no me gustó nada. Lo vi cansado, acalorado.

—Hello! —me saludó sentándose de inmediato. Abrió su portafolio y sacó unos documentos y una pluma chapeada en oro.

—¿Todo bien? —pregunté.

–La fiscalía te está haciendo una oferta.
–¿Qué oferta?
–Piden que te declares culpable de uno de los cargos.
–¡Yo no hice nada! –le dije poniéndome de pie.
–Siéntate –me pidió.
–¡Te darían solamente cinco años!
–¿Y usted qué piensa? –le pregunté ya encabronado.
–Si te encuentran culpable de todos los cargos, te darán al menos 40 años.
–Le pregunté qué piensa usted de todo esto.
Él no contestó nada.
–Me la juego –le dije–. Yo no hice nada. Que comprueben que soy culpable.
–Necesito cinco mil dólares más –dijo el japonés.
–¿Sigue siendo mi abogado?
–Sí.
Jamás había estado en una depresión tan profunda como en ese tiempo. Navidad y el cambio de siglo estaban cerca y yo los iba a pasar encerrado.
Efectivamente, el 24 de diciembre llegó. Aquí no hubo posadas, ni ponche ni piñatas, tampoco aguinaldos ni cacahuates. Esa noche sólo nos dieron permiso de convivir un poco más entre vecinos de celda. Todos extrañaban a sus familias, algunos se mentaban la madre por haber venido a Estados Unidos.
–¡Nos hubiéramos quedado allá! –dijo un paisano.
–¿Se imaginan un rico pozole? –dijo otro.
–No te olvides de los buñuelos con su atolito blanco –contestó uno más.
Uno de los seis paisanos que estábamos ahí se negó a salir de su celda. Lo buscamos para que se uniera al grupo, al fin y al cabo, era uno de los nuestros, pero lo encontramos hincado junto a una de las camas. Estaba rezando con mucha fe. Todos guardábamos silencio mientras él pedía por su familia en México, por su esposa e hijos, por sus padres, por sus hermanos. A todos les pedía perdón por haberles fallado.
Ninguno de nosotros necesitó invitación para entrarle a la rezada. Uno por uno fuimos tomando nuestro lugar. Algunos no se sabían ni el padrenuestro ni el avemaría, así que se les perdonaba que sólo dijeran "Amén".
En el año nuevo no hubo rezos. Sólo uno que otro abrazo. Algunos recordaron nuevamente su pueblo, yo el Distrito Federal. Todos pensábamos en nuestra familia. No la hicimos tanto de pedo.
Tanta fiesta y festejo fuera de la cárcel detuvo el proceso de mi defensa, pero a partir de la segunda semana del año 2000 mi abogado en chinga le pidió al Estado que presentara a los otros tres chamacos para que se les tomara su declaración. Se les dio una fecha y ninguno se presentó. Cinco

veces sucedió lo mismo y los meses se empezaron a acumular. Dos veces la fecha del juicio se vio suspendida ya que no había testigos en mi contra.

Me cae de madres que mi abogado estaba cumpliendo debidamente con su trabajo presionando a la Corte para que se presentaran las evidencias en mi contra.

Finalmente, transcurridos unos buenos meses, se consiguió que uno de los niños se presentara a declarar y gracias a Dios dijo la verdad.

—¡No me hizo nada! —decía el chamaco—. Nunca intentó hacer ni decir nada —declaraba mientras se le escurría el moco y le temblaban las patas.

Al principio se le veía muy temeroso. No levantaba la mirada, pero ante tanta insistencia de su madre de que dijera solamente la verdad, se armó de valor y señalando a los investigadores dijo:

—Ellos me obligaron, ellos dijeron que si no declaraba lo que querían escuchar iban a lastimar a mi familia. ¡Yo no quiero que le pase nada a mi familia!

¡Mi abogado era un chingón! Mis cuates que se encontraban en la sala de audiencia hasta la "ola" hacían.

Los detectives ya no sabían qué hacer. Quisieron defenderse pero no se les permitió. No era el momento de que ellos declararan. Yo me sentí muy chingón al ver lo que sucedía. Yo más que nadie sabía que era inocente.

—¡Ya la hice! —me dije—. Seguramente hoy me dejan libre.

Pero luego me enteré de que aun con esta declaración a mi favor, el Estado quiso continuar el juicio.

—¡Qué pinche sistema tan gacho! —pensé entonces.

Exactamente el día en que iba a comenzar esta nueva fase del juicio, se presentó otro de los niños y en su declaración confirmó lo que había dicho el primero, que jamás le había hecho daño alguno y que los detectives lo habían amenazado para obligarlo a mentir.

La mamá del tercer niño habló con el fiscal y le dijo que se negaba rotundamente a presentar a su hijo ya que había hablado con él y estaba enterada de las amenazas de los detectives y de las mentiras de todo el caso.

Al escuchar todo esto, el supervisor del fiscal a cargo obligó a que se retiraran inmediatamente todos los cargos y me pusieran en libertad.

Sólo Dios sabe lo que sentí en esos momentos. Levanté el rostro hacia el cielo, dije "gracias" y lloré. Terry y otro amigo estaban a mi lado. Lentamente bajé la mirada y vi a los detectives que me habían acusado. No les quité la vista de encima, ellos fueron los que se voltearon de volada. A ellos no les hicieron nada. Así de fácil pueden acusar a alguien sin que nadie los castigue por sus pendejadas. Fui llevado de nuevo a la cárcel en espera a que terminaran con el papeleo de mi liberación.

Como ya tenía el "hold" migratorio, o lo que es lo mismo, una detención migratoria, me enviaron a un centro de detención migratorio ubicado en la misma ciudad. Ahí pasé otros cinco días. Le expliqué todo a un juez y el tipo se vio buena onda, muy humano, y no me deportó. Sólo mi impuso una fianza para que yo saliera y regresara a trabajar.

No puedo describir lo que sentí el día en que quedé libre. Mis padres fueron a la Basílica para dar gracias a la Virgen Morena. Mi padre volvió a pedirme perdón por teléfono. Yo lloré, los dos lloramos. Terry hizo lo mismo.

−¡Vente a México! −dijo mi madre.

−Estaré con ustedes en Navidad −le dije.

Espero que quien lea esto se dé cuenta de que Estados Unidos tiene tanta o más corrupción como nuestro país. Aquí también destruir la vida de una persona es increíblemente fácil.

Mi recomendación para los que quieren venir a trabajar acá es ésta: ven, trabaja duro, aprende de su tecnología, ahorra lo más que puedas y, después de un tiempo, regresa a tu país. En Estados Unidos vas a encontrar mucho dinero, pero jamás vas a encontrar un "alma" en esta sociedad. Al final, perdí un año de mi vida, mis ahorros y los de mi familia, mi nombre y mi honor.

Efectivamente, yo ya estoy afuera, pero aún no tengo trabajo. Hasta eso perdí. No quise volver a pedir empleo a la empresa que me trajo a Estados Unidos. Tengo ganas de iniciar una nueva vida y quizá hasta me mude a California.

Sí, ya estoy libre y aún le doy gracias a Dios por darme fuerza y por iluminar el corazón de esos niños y de sus madres, cuyas declaraciones finalmente hicieron posible que se me declarara inocente.

Cuando salí de la cárcel, caminé no más de 50 metros y volteé a mirar aquel edificio que tiene facha de todo menos de encierro. ¡Hasta diría que se ve elegante! Me le quedé mirando un buen rato, cerré los ojos y le pedí a Dios por todos los paisas a los que conocí ahí dentro y por otros tantos que se encuentran en muchas de las cárceles de Estados Unidos.

II

Candelario no requiere apellido. Es del estado de Hidalgo y pronuncia mal el español, pero habla su dialecto a la perfección. De estatura no pasa del metro cincuenta. Trae la greña como si fuera el príncipe valiente. Está orgulloso de ser prieto y de tener sangre azteca, aun cuando ésta no sea azul.

En 1998 se vino al norte y no sufrió en la pasada a pesar de que cruzó el desierto. A él no le afectó el calor ni las viboritas ponzoñosas que salían.

—Allá en el pueblo nos las comemos —le decía a otros que caminaban al lado frunciendo la jeta.

Desde que llegó se puso a trabajar como los buenos. No tenía otra cosa que hacer más que juntar su feria. El chupe, el cigarro y las viejas no le importaban. Sus cuates hasta le decían que posiblemente era joto, pero a él le valía gorro lo que dijeran. Él nomás iba junte y junte su feria. Nunca la mandó al pueblo. La tenía por ahí, guardadita detrás del cuadro de la Virgen de Guadalupe. Su objetivo era traerse a su mujer.

De verdad que le echó ganas y en menos de un año ya tenía feria suficiente para pagarle al mejor "coyote" de la región. El Teclas, originario de los mismos rumbos de Ixmiquilpan, se frotó los bigotes al conocer el movimiento monetario. Se efectuó el arreglo y se comprometió a pasar a Magdalena por la meritita garita o por el puente internacional.

El cajuelazo fue breve y unos kilómetros más adelante la paisana ya estaba en Estados Unidos con tarjeta verde y todo. El documento tenía finta de bueno, pero la pura verdad es que era tan chueco como los demás. ¿Será cierto eso que dicen de que más de un agente de la migra allá en el norte está coludido con los desgraciados "coyotes"?

La pareja finalmente se reunió. Él ya le tenía su pequeño departamento con todo y alfombra y hasta teléfono. Como todos los enamorados, comenzaron a hacer sus cochinadas y en unos cuantos meses ella ya estaba toda panzona.

Fue en el mes de diciembre cuando nació la chamaca y la registraron en el hospital como María Guadalupe. Los pocos amigos de la pareja los visitaron y les llevaron unas cuantas chambritas. Eso sí, a la chamaca no le faltaría nada. Candelario se dio a la tarea de ir de compras a la K-Mart y a otros lugares de segunda.

—¿Cuándo bautizamos a la niña? —preguntó ella.

—¡Cuando digas! —contestó Candelario—. Sólo nos faltan los padrinos.

—Que sea tu patrón. Felipe puede ser un buen padrino.

La plática continuó mientras ella se sacaba la chichi para darle de comer a la recién nacida. El pobre de su marido ponía cara de hambriento pero no le quedaba más que aguantarse y se limitaba a jugar con su cámara de fotos recién adquirida, una Kodak de ésas que cuestan $9.99 dólares.

—¡Tómale unas fotos a la niña! —sugirió Magdalena.

Candelario sonrió ante la idea y se le asomó su diente de oro. Tomó pose de fotógrafo fregón y a la frase de "Pajarito, pajarito" fue tomando las primeras fotos de su retoño.

—Las vamos a mandar a la familia —decía ella ocultándose la chichi ya que accidentalmente ese pedazo de músculo saldría en la foto.

—¿Te tomo una foto con la niña? —dijo ella.

A Candelario también le pareció buena idea y de inmediato fue a posar junto a su chamaca, aunque al momento de tomarla en brazos éstos se vieron escurridos de líquido amarillo. Dicen que a los padres no les huelen las pestilencias de sus chamacos, pero a Candelario sí que le causó más de un gesto y rápidamente puso cara de fuchi.

—¡Así no puedes salir! —dijo ella—. Tienes que sonreír. ¡Van a pensar que no la quieres!

Él no pudo sonreír, menos cuando notó que su chamaca también había hecho del dos. No dejaba de gesticular ante aquellos olores. Su mujer no dejaba de reírse y hasta de carcajearse.

—¡Cámbiala mientras te tomo la foto! —dijo Magdalena.

Candelario no respondió. Se dio a la tarea de retirar aquel pañal lleno de caca y por su falta de habilidad la mano le quedó toda embarrada. Su vieja seguía con sus risas y él con sus maniobras.

—Van a pensar que no la quieres —reía la mujer.

Candelario terminó con su tarea y ante la insistencia de que le diera un beso a su hija, inclinó su cabeza y le dio un beso a la chamaca una milésima abajito de su ombligo.

Ambos quedaron felices con las fotos que se tomaron. Ella aún no podía creer que en tan poco tiempo la vida les hubiera sonreído tanto. Tenía un departamento, un marido medio feo pero que para ella era Superman, y una hija a la que adoraba.

Al día siguiente Candelario se fue derechito a uno de esos lugares en los que revelan fotos en menos de 24 horas. Regresó a su casa y había acordado con su mujer ir a la iglesia a preguntar los requisitos para bautizar a la chamaca. Ese domingo se aventaron unos tacos de asada en la troka cerca de su casa.

Nunca se imaginaron lo que les esperaba a las primeras horas del día siguiente. Ella estaba desde muy temprano en la cocina haciéndole su "lunch", unos burritos de huevos con frijoles y algunos otros de nopales. Él se estaba echando un regaderazo. Aquí no tenían que calentar el agua ni bañarse a jicarazos. ¡Ya eran ricos!

Como a las 7:20 de la mañana, se escucharon fuertes toquidos en la puerta. Desde afuera les gritaban en inglés y, ¡pos claro!, los paisanos no entendían ni madres.

—¡Dios mío! ¿Quién será? —dijo ella.

Los toquidos estaban en su mero apogeo cuando Candelario decidió abrir. Nunca imaginó que al hacerlo unos hombres vestidos de azul marino se le aventarían encima. De inmediato lo sometieron y lo mantuvieron boca abajo, mientras otros policías fueron en chinga a hacer una revisión en el pequeño departamento.

Ella no dejaba de gritar, de llorar y de pedirle a Dios que le dijera qué onda. Más chilló cuando los policías sacaron en brazos a su hija y le gritaron a ella que se callara.

La chota salió del departamento llevando a Candelario casi a rastras. Su vieja gritaba. Él le pedía que llamara a Felipe, su patrón. Lo condujeron directamente a la cárcel del condado, donde se llevó a cabo la rutina de todo arrestado: fotos y huellas le fueron tomadas a este peligroso criminal. La celda lo esperaba y Magdalena ya no tenía fuerzas ni para llorar. Esa noche ya no lloró, aun cuando no sabía adónde se habían llevado a aquel pedazo de su alma.

Al día siguiente un desconocido vestido de negro le dijo a Candelario que estaba acusado de abuso sexual contra su propia hija. Las fotos que tomaron eran la evidencia. ¡Qué poca madre!

III

Salud era oriundo de Guanajuato y menos chaparro que su paisano Candelario. Él llegó al estado de Florida y a falta de amigos, conocidos o familiares en el rumbo, terminó caminando solo por las calles de una pequeña ciudad.

En su andar se encontró con un gringo ya medio arrugado de la cara, quien sufría mucho al limpiar su yarda (jardín). Como pudo, Salud se ofreció a ayudarle y el gringo aceptó gustosamente. Quedó tan satisfecho con el trabajo de Salud, que le dio unos cuantos dólares, mismos que se le hicieron una fortuna al paisano.

¡Salud ya había conseguido chamba! Al poco tiempo, ya era el jardinero oficial de varios gringos del rumbo. Bill, su patrón inicial, le ofreció su garaje para que ahí pusiera todas sus pertenencias, o sea, ¡nada! Claro que no sería gratis, le costaría una corta feria.

El paisa estaba feliz con el catre viejo que le prestaban, no importaba que éste apestara a orines de perro y de gato.

Con el paso de los días, el gringo le fue tomando cariño a Salud.

—Mexican! —le decía de cariño.

El paisano respondió con creces a la confianza que el gringo le daba. Nunca le tomó nada de la "house" ni abusó de ella aun cuando tenía llaves de la entrada.

Cierto día del verano, como a las 10 de la noche, Salud observó que llegaron tres tipos en motos. Todos ellos vestían gacho y apestaban más gacho todavía. Pusieron la música a todo volumen, Salud la podía escuchar perfectamente, no podía conciliar el sueño.

Cuando sintió que se encontraba ya algo jetón, sintió la mano peluda de su patrón.

—Mexican! Come with me! —le dijo.

Salud entendió perfectamente que su jefe le pedía que se levantara y lo acompañara. No puso reparos, se puso sus viejos zapatos y lo acompañó hasta su habitación. Nada cruzó por la mente del paisano, nunca se imaginó lo que había pasado.

Cuando llegaron al cuarto, Bill le pidió que lo ayudara a levantar un bulto que estaba cubierto por dos enormes bolsas verdes de esas que utilizan en el ejército. Ambos pujaron al levantarlo. Bill no dijo nada y Salud nada preguntó. Aquel bulto verde fue puesto en la parte trasera de la camioneta del gringo.

La manejada fue leve. Se fueron por la carretera principal y luego por una de terracería. Al bajarse, Bill tomó una pala y le ofreció otra a Salud.

Sin decirse una sola palabra —al fin y al cabo ni se entenderían—, le dieron duro a la excavada. Al poco rato ya estaba listo el hoyo, que más bien parecía una tumba, y al cargar nuevamente el bulto se dejaron escuchar los pujidos. Un golpe seco se oyó cuando el bulto llegó al fondo y después rellenaron el hoyo con la tierra.

Los siguientes días, Salud volvió a su rutina ganándose sus dólares cortando el pasto de los vecinos. Al tercer día de que se llevaron el bulto, Salud regresaba empujando aquella vieja podadora de pasto y llevando al hombro un rastrillo y una escoba para barrer las hojas. Peló los ojos cuando vio que frente a la casa de Bill se encontraba un titipuchal de patrullas. Sintió gacho mientras se aproximaba. El corazón le latía bien feo, las piernas le temblaban y comenzó a sudar como si se hubiera "ponchado" a una vieja.

—¿Qué estará pasando? —se preguntó deteniendo repentinamente su andar cuando estaba a punto de llegar—. De seguro algo le pasó al gringo. ¡Se le habrán pasado sus toques de mariguana...

Dejó su carga en el suelo, se rascó la choya, se limpió el sudor y sintió de pronto la mirada de algunos agentes. Él no quiso mirarlos. Se hizo güey mirando un punto fijo en el horizonte, pero dos de los de azul se le aproximaron. Uno de ellos hablaba un español medio raro que a Salud se le dificultaba entender.

—No entiendo —les decía.

El oficial puertorriqueño sentía que el paisa se estaba burlando, y ya un tanto enfadado, le habló muy despacito, como si Salud fuera pendejo.

—¿Entiendes mi español? —le preguntó.

Salud comprendió lo que se le preguntó. Eran preguntas muy sencillas, como "¿Vives en esta casa?", "¿Conoces al señor Bill?". Lo que nunca entendió fue por qué lo esposaron y lo llevaron detenido a la estación de policía. Tampoco comprendió por qué tomaron sus huellas digitales y lo fotografiaron, y mucho menos por qué lo metieron preso en aquella cárcel de una ciudad cuyo nombre ni siquiera sabía "prenunciar".

—Seguramente estoy aquí por ser indocumentado —se decía—. ¡En la madre! Tan bien que estaba, ya tenía mi trabajito.

Salud se sentía bien ojete en aquella celda. Nadie hablaba español, ¡nadie le decía qué onda! Él aseguraba que se encontraba en aquel desmadre por ser ilegal, pero los días pasaban y nadie sabía confirmarle absolutamente nada.

Fue hasta siete días después de su llegada a la cárcel cuando fue llevado ante un juez. No había temor alguno por su parte cuando entró en aquel recinto en cierta forma lujoso y bastante limpio. Un par de mujeres medio viejas fungían como secretarias y una tercera haría la función de traductora. Todo mundo se levantó, aunque la pura verdad no eran muchos. El juez entraría en acción. A la señal del vestido de negro, todo mundo se sentó.

Salud sólo hacía gestos como de "¿y a mí qué?" cuando escuchaba la traducción, pero sintió que hasta los calzones se le cayeron cuando la traductora le dijo que estaba acusado de ser cómplice de un asesinato en segundo grado.

No dijo nada. Se quedó mudo. Fue escoltado por dos agentes del sheriffato que lo introdujeron a la patrulla y lo llevaron de vuelta a su celda. No daba crédito a lo que le estaba sucediendo.

IV

Juan Pablo, un chamaco que no pasaba de los 17 años y que había nacido en el estado de Michoacán, era bueno para limpiar platos en aquel restaurante dizque de comida mexicana, El Jacal. El chavo tenía altas aspiraciones. Sabía que si no se atarantaba podía llegar a ser el cocinero del lugar y le pedía a Jerónimo que de vez en cuando le permitiera cortar la verdura y preparar los frijoles, no le aunque que fueran de lata.

Juan Pablo tenía como afición coleccionar casets de su música favorita, desde los Tigres del Norte hasta los Temerarios. Había acordado con uno de sus compas prestarle algunos para que los copiara. Saliendo de la chamba se irían derechito al departamento de su amigo, y así lo hicieron. A eso de las 11, le dieron rienda suelta al guarache pues ya no había quién les diera un aventón. La caminada fue larga, llegaron hasta la medianoche.

Fue grato ver que al abrir la puerta había otros compas que disfrutaban de una forma alegre. Había chelas y una música a toda madre, como también tacos de asada y de buche. Había que utilizar el abanico para eliminar del aire el humo de los cigarros que se consumían. Entre recuerdos y más recuerdos y las pláticas sobre sus viejas, las horas se fueron de volada.

Juan Pablo no le entró al chupe. Aún no era su onda, estaba medio morro. A eso de las seis de la mañana se despidió de sus camaradas porque tenía que trabajar esa mañana. Hubo quien se ofreció para darle un aventón, pero él no aceptó porque se daba cuenta de que a los compas se le habían pasado las chelas.

—Gracias, carnal —les decía—. Me voy caminando.

—¡Ta bien lejos, güey!

—A ver si caminando se me quita el sueño.

El chamaco tomó camino por la avenida principal y en el trayecto se iba retirando las lagañas y arreglándose las greñas. Continuamente observaba el reloj de un dólar que se había comprado en un tianguis callejero. Fue agilizando el paso al percatarse de que se le estaba haciendo tarde y por momentos se fue trotando. Después de los cuarenta minutos ya iba con la lengua de fuera y pa ganarle tiempo al tiempo quiso cortar camino por un complejo de departamentos.

Su reloj marcaba las 7:45 de la mañana, le quedaban solamente 15 minutos para entrar. Al llegar al edificio A4 dio vuelta a la derecha y observó a unos cuantos pasos que una chamaca güera y pecosa que no pasaba de los 10 años jugaba con su bicicleta dando círculos. Juan Pablo se acercó, ella siguió con su juego y él evitó ser arrollado por la chamaca que en ningún momento metió freno. El paisano quiso evitar que ella cayera al suelo y trató de detenerla, pero su flacura no le permitió lograrlo y ambos cayeron al suelo.

—Help! —gritó ella.

—¡Lo siento! ¡Lo siento! —decía él.

La chamaca siguió gritando como loca. Juan Pablo sólo pelaba los ojos y en un dos por tres se incorporó sacudiéndose la ropa. Ya eran las 7:50 y de verdad se le estaba haciendo tarde, así que tomó camino. Seguía escuchando que la chamaca gritaba como loca. Hubo quien vio el incidente y en chinga bajó de su tercer piso para asistir a la pobrecita niña que aún se encontraba en el suelo. La vecina desgraciada, una güera con pecas hasta las nachas, al ver a la chamaca toda espantada regresó de volada hasta su departamento y marcó el 911… Efectivamente, la policía.

Después de su acto heroico, regresó hasta donde se encontraba la chamaca, quien ya se encontraba en los brazos de su madre.

—I saw everything! —o sea, "Yo lo vi todo", dijo.

—¿Quién fue? ¿Quién fue? —preguntaba la exagerada madre, a quien aún no se le había explicado lo que había sucedido pero dramatizaba el evento.

La policía llegó de volada. Eran tres patrullas las que llegaron hasta el lugar de los hechos. Poco faltó para que llegara el SWAT. Los de negro bajaron deteniéndose los pantalones, que por poco se les caen con tanta madre que llevan siempre colgando.

—¿Qué paso? —pregunto uno de ellos.

La niña no dejaba de llorar. Parecía como su hubiera visto al mismito diablo. La escurridera de moco estaba en su mero mole.

—¿Qué te pasa? —le preguntaba su afligida madre.

—¡Se va a escapar! —gritaba la vecina mitotera señalando con el pulgar en dirección adonde iba Juan Pablo.

—It was a mexican! It was a mexican! —decía agitando la mano, mientras en sus momentos de descanso le daba duro a su cigarro More.

¡Qué fregona la gringa! Sólo porque dijo que el chamaco era medio prieto, de inmediato asumió que era mexicano.

Dos de los policías se quedaron en la escena del crimen y los restantes se subieron a la patrulla acompañados de la vecina mitotera para buscar al peligroso criminal.

—¡Es él! ¡Es él! —gritó la vecina a todo pulmón a menos de cinco minutos de camino, señalando al paisano que, para evitar llegar tarde, a ratos trotaba y en otros agarraba carrera.

La policía quemó llanta y pensando que Juan Pablo quería huir se bajaron de la patrulla como si tuvieran chorro. Uno de ellos, sin decir "ahí te voy", se le aventó encima al chamaco y de inmediato le puso las esposas.

Juan Pablo no tuvo tiempo ni para preguntar qué pedo. Le leyeron sus derechos —los "miranda", "sánchez" o "lópez", da lo mismo— y él sólo pelaba los ojos sin entender qué estaba pasando.

Otro paisano más que pisa la cárcel, no sin antes tomarle fotos y huellas. Entre las pertenencias del paisano encontraron una credencial de esas que tienen la fotografía pegada con chicle. Según ese documento, él tenía 20 años, aun cuando seguramente apenas si le estaba saliendo el vello allá por el arco del triunfo, así que fue llevado a la grande.

Al día siguiente, como suele suceder, fue llevado ante un juez y le presentaron los cargos: ¡abuso sexual a una menor de edad!

Caso penal

Lamentablemente, en las cárceles de condado, estatales y federales, hay un buen número de connacionales detenidos en espera de que se les presenten cargos, se les imponga fianza, se les enjuicie o se les dicte sentencia.

Para algunos, principalmente para la familia, ésos que esperan son "inocentes". La madre dice que su hijo es inocente, el hijo está seguro de que su padre no hizo nada y el hermano jura que su "brother" no tuvo nada que ver. Y ese familiar andará en friega buscando quién lo escuche y le resuelva el problema. En estos casos, la petición más común quizá sea "¡Pues que me lo manden para México!".

Es muy importante que la gente sepa que los Consulados de México *no* tienen la facultad para sacar a los connacionales de las cárceles de Estados Unidos ni para evitar un proceso jurídico. No será el Consulado quien represente al paisano en la Corte pues para ello se requiere de un abogado.

Espero que esto no desanime a la gente para pedir ayuda al Consulado mexicano. El hecho de que el funcionario consular no pueda llevar directamente el caso no significa de ninguna manera que los Consulados no puedan hacer nada por su gente.

Ahí les va lo que los Consulados *sí* pueden hacer por un paisano detenido.

- Contactar al detenido vía telefónica o visitarlo en la cárcel del condado o donde se encuentre para proporcionarle asistencia consular.
- Ser el puente de comunicación, enlace o intermediario con la oficina del defensor público, es decir, con el posible abogado asignado por el Estado en caso de no contar con recursos para contratar los servicios de uno particular.
- De ser necesario, asistir al defensor público reuniendo los documentos de México que ayuden en la defensa del caso (actas de nacimiento, cartas de no antecedentes penales, documentos de empleo, entre otros).

- Comunicarse con los familiares en México para explicarles la situación, ya sea directamente o a través de las Delegaciones de la Secretaría de Relaciones Exteriores (SRE).
- Ser intermediario con las autoridades carcelarias a fin de que se respeten los derechos del acusado (alimento, higiene, salud en caso de estar enfermo, etcétera).
- Estar presente en las audiencias para, de alguna forma, presionar al defensor público para que le eche más ganas al asunto.

Si bien el personal del Consulado no representa a los paisanos en la Corte, estas acciones ayudan mucho para velar por sus derechos.

¿CUÁLES SON LAS CAUSAS PRINCIPALES POR LAS QUE LOS CONSULADOS SE VEN IMPOSIBILITADOS DE BRINDAR AYUDA OPORTUNA A LOS CONNACIONALES DETENIDOS?

El Consulado no puede brindar ayuda oportuna a los connacionales cuando:

- El paisano detenido abre la boca demasiado pronto, es decir, se autoincrimina por presión o por nervios al ser interrogado por las autoridades. Es muy preocupante que los paisanos hagan esto. Deben entender que tienen derecho a guardar silencio. ¡Háganlo, por el amor de Dios! Aun cuando parezca repetitivo, pidan hablar con el Consulado o con un abogado.
- La solicitud de ayuda llega demasiado tarde. La petición debe hacerse lo más pronto posible tras el arresto del familiar. ¡No se tarden! En muchos casos los familiares de los detenidos solicitan la ayuda del Consulado cuando el proceso penal ya está muy avanzado o el paisano ya ha sido sentenciado.
- El connacional ya hasta se declaró culpable. Ante esto no hay siquiera proceso de apelación.

EN CASO DE HABER SIDO ENCONTRADO CULPABLE Y SENTENCIADO POR UN JURADO, ¿QUÉ PUEDE HACER EL CONSULADO MEXICANO?

Seguramente se interpondrá el recurso de apelación, y de ser así el Consulado entrará en contacto con el abogado asignado en la apelación y vigilará que ésta se dé dentro del marco de la ley.

Es muy importante que recuerdes que si eres inocente no debes aceptar ningún acuerdo de culpabilidad a cambio de una reducción de sentencia. ¡POR FAVOR, NO LO HAGAS!

También es importante que recuerdes que en Estados Unidos un alto porcentaje de los casos se resuelve gracias a la negociación entre el fiscal (quien te acusa) y tú y tu abogado defensor. No pienses que es un engaño para que te hagan admitir un crimen. Ten cuidado, analízalo con tu abogado, con tu Consulado y hasta con tu conciencia. ¡Tú sabes mejor que nadie!

Vale la pena mencionar que el gobierno mexicano, ante la preocupación por atender las necesidades de nuestros connacionales que por desgracia se ven envueltos en problemas de índole penal, ha creado dos programas para fortalecer la protección de los paisanos detenidos que se manejan a través de la SRE y la Red Consular en los Estados Unidos. En lo personal, considero que ambos programas son una fregonería y son una clara manifestación de que se le quiere ayudar a la raza en el país del norte.

Poco a poco, el gobierno mexicano ha incrementado los recursos económicos para reforzar las actividades de protección que realizan los Consulados porque está plenamente convencido de las bondades de la protección consular aun cuando más de uno diga que no se hace nada.

En un documento elaborado por la Dirección General de Protección y Asuntos Consulares, Servicios de Asistencia y Protección Consular se hace referencia a:

> PROGRAMAS DE ASISTENCIAS LEGALES EXTERNAS. Lo más interesante del programa es que se dan consultas y orientaciones gratuitas a los mexicanos que las requieren. Los Consulados mexicanos contratan los servicios de abogados especialistas que pueden ser en asuntos penales, migratorios o civiles, y son los propios Consulados los que canalizan a los abogados aquellos casos que tengan ciertas características:
>
> - Que en opinión del abogado existan elementos que hagan pensar que se puede obtener un resultado positivo (fallo favorable).
> - Proceso legal al que se enfrentan.
> - Por la gravedad del caso.
> - Que los mexicanos carezcan de recursos económicos suficientes para cubrir los honorarios de un abogado para hacer valer sus derechos.[1]

Paisano, si hay pruebas suficientes de que tu pariente no es culpable del delito que se le imputa, no cuentas con dinero y el caso es grave, comunícate al Consulado. Quizá tu familiar pueda recibir apoyo a través de este programa.

---

[1] Servicios de Asistencia y Protección Consular. Dirección de Protección y Asuntos Consulares.

Programa de asistencia jurídica a mexicanos sentenciados a pena de muerte. A través de este programa se busca evitar que los mexicanos acusados por un delito grave sean ejecutados o reciban la pena de muerte. La Secretaría de Relaciones Exteriores contrató los servicios de un despacho de abogados importante en los Estados Unidos. Se les brinda dicho apoyo a los siguientes connacionales:

- Que ya fueron sentenciados a pena de muerte.
- Cuya sentencia puede ser la pena de muerte.
- Que están en proceso, ya fueron sentenciados y se presume que son inocentes.
- Que fueron sentenciados por la mala representación del abogado anterior.
- A los que por circunstancias especiales, tales como retraso mental o porque eran menores cuando cometieron el delito, se les pueda perdonar (o conmutar) la sentencia.[2]

Aquí es muy importante que los familiares del connacional que está en esta difícil situación de ser sentenciado a pena de muerte por la gravedad del crimen estén dispuestos a colaborar con el Consulado de México.

El Consulado trabajará de la mano con el abogado defensor "asignado" al caso. Ayudará en la localización de los familiares, en asistir a la defensa en la obtención de documentos que ayuden en el caso (acta de nacimiento, antecedentes penales, constancias médicas, testimonios de familiares, entre otros), y a coordinar viajes de los investigadores de la defensa a México.

Otro tipo de situaciones y preocupaciones

Cuando los paisanos emigran a Estados Unidos dejan atrás a la familia, a la esposa, a los hijos, padres, novias o amigos. Venden sus cosas para buscar lana, piden prestado y llegan a la frontera metiéndose en cajuelas o tráilers llenos de gente, cruzando ríos de aguas negras, caminando por el desierto con las temperaturas extremas, exponiéndose a que los "coyotes" les roben o les den sus buenos cates o madrizas, arriesgando a sus mujeres e hijos, y con el peligro de que los detenga la policía, los encarcele y eventualmente los deporte. Se lo juegan todo, y ya estando en Estados Unidos, es lamentable que por cometer cualquier tarugada o irresponsabilidad los metan a la cárcel.

¿A poco no? Ahí les van algunas de estas tarugadas:

- Quizá en nuestro pueblo resulta hasta gracioso andar chuleando a una chava que va saliendo de misa de siete. Aun cuando

---

[2] *Idem.*

los piropos a veces son un poquito subidos de tono, no pasa de que ella se ría o te mande a la fregada. Pero, ojo, paisano, en Estados Unidos eso puede ser acoso sexual. Si la mujer a la que chuleas se molesta, puede ir a la policía.

- A lo mejor en México no hay ninguna bronca de que tú, siendo mayor de edad, andes de novio con una menor de 18 años. Mi abuelo tenía 60 años y mi abuela 14 cuando se casaron. ¡Pero ten cuidado! En Estados Unidos la menor o sus padres te pueden demandar por abuso sexual y hasta la cárcel puedes parar por muchos años.
- Si al llegar a Estados Unidos un amigo o familiar te da alojamiento por unos días y tú te das cuenta de que anda en asuntos sucios (como venta de drogas o de documentos chuecos), aléjate de inmediato. Esos compas te pueden meter en serios problemas. En caso de que sean detenidos, te expones a que te presenten cargos de complicidad y conspiración.
- Tal vez en el "terre" es de lo más común que si tienes necesidad de orinar busques la mejor pared o lugar donde no te puedan ver, saques el "asunto", y ya, pero en Estados Unidos este tipo de cosas te pueden meter en broncas. ¡Aguántate, paisano! O ya si no puedes, orínate en los pantalones. ¡Preferible apestar que estar en el bote!
- También puede ser normal que en el pueblo te avientes tus chelas fuera de la tienda de la esquina, pero acá en Estados Unidos te meten a la cárcel por andar tomando en la vía pública.
- Y para qué te platico de los asuntos de violencia doméstica. Cuenta hasta un millón antes de tirarle un trancazo a tu vieja, picarle los ojos, aventarle patadas voladoras, insultarla, gritarle, etcétera. Eso es abuso doméstico, y si la riegas, yo seré el primero en felicitar a tu mujer si te denuncia, te detienen y te deportan. ¡Respétala!
- Piénsale todavía más cuando se trate de educar a tus hijos. Por favor, evita los tiznadazos, a mano limpia o con cualquier objeto, como el famoso cinturón o la chancla. Eso se llama abuso infantil, y si te denuncian, ¡qué bueno! Respeta y quiere a tus hijos.
- En tus fiestas o pachangas, procura bajarle el volumen a tu música, sobre todo si ya son más de las 10 de la noche. Respetar el espacio de los demás es fundamental. Te pueden meter al bote por hacer tanto ruido.
- Muchos paisanos son detenidos por manejar en estado de ebriedad, y otros regresan a México en ataúd porque se mueren. Evita la cárcel y hasta la muerte. ¡No manejes borracho!

- Quizá uno piensa que es chistoso llevar a los menores de edad en el asiento delantero, sentados en las piernas del conductor, sin cinturón de seguridad o en un vehículo que lleva sobrecupo. Aquí en el norte no lo hagas. Aparte de que es un delito, pones en riesgo la vida de tus seres queridos y te pueden mandar al bote.
- Si te agarran por una falta de tránsito, por no traer las luces o porque se te cayó la placa, ¡paga la multa! No dejes que se acumulen. Eventualmente te pueden detener y mandar al bote o hasta deportarte.
- Si estás involucrado en un accidente de tránsito, por favor recuerda que según la ley, tengas o no la culpa, los involucrados deben intercambiar datos personales, como el número de licencia, el registro de vehículo y el nombre de la compañía aseguradora. ¡No huyas de la escena del accidente! Eso es peor ya que te presentarán cargos por huir.
- Si la policía te detiene a bordo de tu vehículo, por favor permanece sentado en el lugar que estabas ocupando y pon las manos sobre el volante en donde sean visibles. No te bajes a menos que te lo pida la autoridad y no realices ningún movimiento brusco al buscar tus documentos. Espera a que el oficial te los solicite.
- No te metas en pleitos, riñas en casa, lugar de trabajo o espacios públicos como el parque o la cancha de fut. Te pueden meter al bote y eso afectará tu calidad migratoria. Te pueden hasta deportar.
- Portar armas de fuego o armas blancas causa un sinfín de problemas. Evítalas. En un momento de enojo, puedes recurrir a ellas y causar serios daños a terceros. Te pueden dar años y años de cárcel si matas a alguien.

Respetando las leyes nos puede ir mejor y no nos exponemos a que nos deporten.

Y si te agarra la policía, ¿cuáles son tus derechos? Sobre todo, tienes derecho a permanecer callado. ¡No hables! No abras la boca, no contestes ninguna pregunta ni firmes ningún documento durante el interrogatorio si no tienes un abogado defensor. Da sólo tu nombre y no digas tu nacionalidad. Es un derecho que te da la Constitución de los Estados Unidos.

Es más, te recomiendo que copies la siguiente frase, la enmiques y la guardes en tu cartera. Dásela al oficial de la policía en caso de ser detenido. Esto lo ha recomendado más de un Consulado mexicano en Estados Unidos como parte del Programa de Protección Preventiva:

Deseo ejercer mi derecho constitucional de permanecer en silencio y consultar a un abogado antes de contestar cualquier pregunta o firmar algún documento o papel. Por favor, permítanme llamar por teléfono a un abogado.

I wish to excercise my constitucional right to remain silent and to consult with an attorney befote I answer any questions or sign any papers. Please, let me use a telephone to call a lawyer and / or the Mexican Consulate.[3]

Así como tienes derechos, ¡también tienes obligaciones!

- No discutas. Eso no resuelve nada y sí te puede causar problemas.
- Al ser llevado a la estación de policía, se te informará la razón por la que te detuvieron, por qué te arrestaron o por qué te están investigando.
- Por favor, pide que te dejen hacer una llamada. Llama al Consulado, a un familiar, a un amigo, ¡a alguien!
- No permitas que nadie utilice tus documentos. Pueden cometer algún delito y acusarte del mismo.
- Si eres inocente, insisto, ¡no te declares culpable! Tampoco aceptes echarte la culpa a cambio de una reducción de sentencia.

Paisano, por favor recuerda que existe la posibilidad de que tu familiar sentenciado en Estados Unidos cumpla su sentencia en México. Uno de los principales objetivos del Tratado de Ejecución de Sentencias Penales es que el sentenciado pueda estar más cerca de sus familiares. En resumidas cuentas, dice más o menos así:

De acuerdo al artículo II, el Tratado se aplicará únicamente bajo las siguientes condiciones:

- Que el delito por el cual el reo fue declarado culpable y sentenciado sea también generalmente punible en el Estado Receptor.
- Que el reo sea nacional del Estado Receptor.
- Que el reo no esté domiciliado en el Estado Trasladante.
- Que el delito no sea político en el sentido del Tratado de Extradición de 1899 entre las partes, ni tampoco un delito previsto en las leyes de migración o en las leyes puramente militares.

---

[3] Protección Preventiva. Consulado General de México en Chicago, Illinois.

- Que la parte de sentencia del reo que quede por cumplirse en el momento de la solicitud sea de por lo menos seis meses.
- Que ningún procedimiento de apelación, recursos o juicio en contra de la sentencia o de la pena esté pendiente de la resolución en el Estado Trasladante, y que el término prescrito para la apelación de la condena del reo haya vencido.[4]

No te dejes engañar por abogados sin escrúpulos, tanto en México como en los Estados Unidos, que por una buena lana te prometen traer de regreso a México a tu familiar para que cumpla su sentencia.

Quien debe expresar su deseo de ser trasladado a México es el sentenciado. Los padres, la esposa, los hijos u otros familiares no tienen esa facultad. Aunque ellos así lo quieran, si el detenido dice "No me interesa", ¡ahí se acabó el trámite!

Los trámites para el traslado a cumplir sentencia en México no son complicados:

- El interesado (preso) los puede realizar con el apoyo de su "consejero" en la prisión, quien le solicitará acta de nacimiento, una solicitud por escrito y copia de la sentencia, documentos que enviará al Departamento de Justicia de los Estados Unidos, que será el que decida si aprueba su traslado a México.
- También puede hacerlo a través del Consulado de México. Para ello se requiere una solicitud, copia de la sentencia y acta de nacimiento para comprobar su nacionalidad mexicana. El Consulado enviará la documentación a la Embajada de México en Estados Unidos, en la ciudad de Washington, D.C. Ellos, a su vez, la enviarán al Departamento de Justicia de los Estados Unidos.
- De ser aprobada la petición por cualquiera de estas dos vías, el Departamento de Justicia notificará a la Embajada de México en Washington D.C. y ésta dará aviso a la autoridades correspondientes en territorio nacional –Procuraduría General de la República y Secretaría de la Seguridad Pública– para su consideración. Existe la posibilidad de que el gobierno de México no acepte el traslado.
- Para que la persona sea trasladada, ambos gobiernos deben estar de acuerdo. En caso de que la petición sea negada por

---

[4] Tratado de Ejecución de Sentencias Penales, publicado en el *Diario Oficial de la Federación* el 10 de noviembre de 1977.

cualquiera de las dos partes, el interesado puede solicitar nuevamente su traslado en dos años.

Es importante tener en mente que los Consulados mexicanos fungen solamente como medio de comunicación ente el interno y las autoridades, y por lo tanto no están en posibilidad de acelerar dicho proceso ni de intervenir en la decisión de las autoridades competentes.

¡Pórtate bien, paisano! ¿Qué te cuesta?

¿Dónde están mis hijos?
Sustracción de menores

I

Guillermina está sola en aquel cuarto que muchas veces la escuchó llorar, entre aquellas paredes que tantas veces la vieron sufrir. Hoy se encuentra sola ante aquel Cristo que cuelga en la pared de su recámara. Lo ve y no sabe qué decirle. Hace tiempo que no reza, parece que se le olvidó, pero con todo y labios temblorosos comienza a murmurar:

—Perdóname. No sé qué decirte, pero sé que no es necesario. Tú sabes lo que me pasa. Tú sabes que estoy feliz... Te doy las gracias.

Cierra los ojos. Hay lágrimas...

—¿Te acuerdas, Jesús? —le dice al crucificado cerrando los ojos y recordando.

Ahí está ella, Guillermina, que se ha refugiado en el rincón de su cocina. Ya dejó de gritar, de mentar madres y de tirar tiznadazos al aire. Está agotada. Ya sudó bastante y ahora está sola en aquel espacio que ha escogido, sentada a un lado de aquel viejo refrigerador que por los años hace un ruido infernal.

La pose no es de una dama, pero no le importa que se le vean los calzones. No hay nadie que le diga nada. No está su marido. Tampoco están ya sus hijos.

—¡¿Por qué?! —grita.

Presiente lo peor. Su corazón le dice que su marido cumplió sus amenazas. Todos esos años vivió con el temor de que le quitaría lo que más quería en la vida.

—Mira, cabrona —le decía—, o me das lo que te pido o te quito a tus hijos —le decía Felipe mientras le asestaba una cachetada.

Rodrigo apenas tiene tres años de vida y a Rosalba le faltan días para cumplir el año. Guillermina camina lentamente y saca de su clóset una caja de zapatos Tres Hermanos. Él la observa y ella saca poco a poco de su caja de tesoros algunos billetes de 20 dólares.

—¡Toma! —le dice dándole aquellos billetes verdes.

Él se ríe cínicamente. Se chupa el diente y la observa. El jalón de greñas no se hace esperar. La caja cae al suelo y con ella algunos otros billetes. Guillermina se recarga en la puerta del clóset.

—¿Ya ves, cabrona? ¡Tenías más! —vuelve a soltar la carcajada y sale apresuradamente de aquella recámara. Seguramente se va al bar que está por la Sepúlveda Boulevard, allá en la ciudad de Van Nuys.

Los niños se despiertan. Ella llora, él corre al lado de su madre, que trata de ocultar el chingadazo. Se limpia los labios pero la huella queda en sus manos. Es baba con sangre.

—¿Estás bien, mami? —pregunta el chamaco.

De haber tenido tanates, Guillermina se los hubiera apretado para aguantarse, pero como no tiene, aprieta los dientes.

—Estoy bien, mi rey —le contesta a su hijo mientras éste se le amarra a las piernas.

Las casas en Estados Unidos son de vil madera. De departamento a departamento se puede escuchar hasta cuando alguien se avienta un pedo. La del 101, la del 102, la del 202 y una de más arriba ya están enfrente de la casa.

—¡Guille! ¡Ábrenos por favor! —le dicen.

Ella sabe perfectamente que las mitoteras no se irán hasta que no las atienda. Las vecinas pelan los ojos al verla, hacen gestos como si hubiesen visto a Sara García encuerada. La Guille se ve jodida, ellas se invitan solas a pasar y depositan aquellas nachas llenas de celulitis en ese viejo sofá que han tapizado mil veces y al que ya no se le quita la mugre.

Con pena, Guille trata de cubrirse el rostro. Aún tiene marcadas las huellas de los dedos de su marido en la cara. Lupe, la nacida en el estado de Chihuahua, es quien se le acerca para cobijarla en sus brazos. Esta mujer es brava, su marido la dejó con tres chamacos y a ella le ha valido madres. Ella solita la hace de padre y madre.

—No te puedes dejar —le dice—. Si te dejas la primera vez ya no te los quitas de encima. Te agarran de su pendeja y ya no te sueltan.

Guille no contesta. Aún no entiende qué es lo que ha pasado. Felipe nunca le había levantado la mano, siempre la había respetado.

—No sé qué pasó —le dice—. Es un buen hombre.

—En este país perdemos a nuestros hombres. Algo les pasa. Dejan de ser lo que eran allá en el pueblo. Mi marido, cada que toma me recuerda hasta a mi santa madre. Yo ya ni le digo nada. No tengo adónde ir. Ya estoy vieja. Tengo miedo a la vida —comenta Lucha, oriunda de allá donde la vida no vale nada, del puritito Bajío, de León, Guanajuato.

Los años se le han venido encima a Lucha. Su marido se vino a Estados Unidos muchos años antes. Ella se quedó allá, en el Bajío, en su changarro de la esquina, donde vendía desde cigarros hasta pan dulce, y así estuvo hasta que cumplió los 50 años.

Durante todo ese tiempo, nunca engañó a su marido. Siempre le fue fiel. Sólo a él le enseñaba aquel cuerpo curveado cuando así lo tenía, sólo con él se acurrucaba. Los apapachos se fueron espaciando con el tiempo, sólo cuando él regresaba cada diciembre. Los años también fueron pasando, el cuerpo se le llenó de arrugas y su viejo ya no venía tan seguido. ¡Si cuando estaba buena lo veía de vez en cuando...! Ella le rogó para que se la llevara al norte y él cumplió su palabra, aunque nunca le arregló los papeles pudiendo hacerlo. La amnistía se los había dado a él, pero fue medio ojete, se llevó a su mujer por el monte, casi pidiéndole a Dios que ahí se quedara. La Lucha cruzó la frontera con mil y un broncas. Llegó sólo para ser la sirvienta de su marido.

—Sólo le sirvo para cocinar y limpiar la casa. Sé que tiene otra mujer, pero no me queda de otra más que aguantarme. Ya no tengo familia allá en México —dice.

Todas escuchan a aquella mujer que ya tiene cara de momia.

—¿Qué piensas hacer, hija? —le pregunta a Guillermina apretando la quijada y con medio moco en la cara.

Guille no tiene respuesta. Aún no cree lo que ha pasado y le ruega a Dios que sólo haya sido un momento de ira de su viejo. Acaricia a Rodrigo, que está a su lado.

—No sé —responde mientras le da un beso en la frente al chamaco que ya se quedó jetón.

Ella se acurruca al lado de su hijo mientras las vecinas le dan rienda suelta a los consejos. La norteña le dice otra vez que no le queda más que mandar a su marido a la chingada, que los años en que los hombres golpeaban y maltrataban a sus mujeres ya quedaron atrás, que hoy en día hay cientos de organizaciones que las defienden, que hasta en eso que le llaman Naciones Unidas las toman en cuenta.

—Aquí en los Estados Unidos sólo basta que llames a la policía y el muy cabrón irá derechito al bote, y del bote lo mandan de regreso a su pueblo.

Guille sólo la mira mientras ella sigue en su rollo:

—¡Hazlo por ti! ¡Hazlo por tus chiquillos! Si tú quieres, yo misma llamo a la policía, yo misma hago la denuncia —le dice Lupe.

—¡No, por favor! —dice Guillermina.

—Por esa misma razón, por el miedo y el temor que les tenemos, es que nos joden, nos chingan. Por eso hay hombres que nos tratan peor que basura. Y basura ya no somos.

—Felipe no es malo —insiste Guille—. Es la primera vez que pasa esto. Es más, me extraña mucho que estuviera tomado. Sólo lo hace de vez en cuando, en las fiestas con la familia. ¡De verdad!

Lucha escucha, se rasca la choya, saca un pañuelo rojo y se suena el moco. Como que no es el momento, y se da cuenta porque las otras dos sólo la ven de reojo. Disimuladamente, se guarda aquel tesoro mientras vuelve a tomar la palabra.

–Lupe, yo creo que Guille tiene razón. Tiene que hablar muy en serio con su marido. Sólo ellos dos saben qué sucedió. Además, no es fácil para ella hacer todo eso que dices. Seguramente si lo denuncia la policía también se la va a llevar. Nosotras somos del pueblo y no sabemos de eso de llamar a las autoridades. A nosotras nos han enseñado que al casarnos nos casamos para siempre, no para ratitos. Mi viejo una vez me agarró de la greña, fui con mis papás y en vez de ayudarme, desde la puerta me dijeron "Es tu marido, por algo te hizo lo que dices". Nos han enseñado que debemos estar con nuestros maridos en las buenas y en las malas.

–¡Por eso estamos jodidas! –dice Lupe poniéndose de pie y acariciando el cabello de Guille–. Ya sabes dónde encontrarme. Soy tu amiga.

Lucha no dice nada al despedirse, sólo sigue los pasos de la Lupe. Guille se levanta y acuesta al escuincle. Besa la frente de sus hijos, apaga la luz de aquel cuarto y se recuesta en el viejo sofá de su sala. Ahí llora en silencio. El cansancio le gana y pasan las horas.

Felipe nunca había faltado a la casa. Aquella noche fue la primera de otras tantas que seguirían.

Cuando llega al día siguiente no da razones de dónde pasó la noche ni de nada. Guille no pide explicaciones, tiene miedo de que vaya a reaccionar otra vez de forma violenta. Eso sí, Felipe exige que le sirvan el almuerzo cuando llega y que lo obedezcan porque él es el hombre de la casa, el que pone el dinero.

El muy cabrón se olvida de que su mujer también le da duro a la chamba en aquella fábrica de ropa. Lo poco que tienen se debe al esfuerzo de los dos, no solamente de quien dice que es el macho.

–¿Qué te pasa? –le pregunta Guille.

Pero no hay respuesta alguna por parte de su marido, que en los pocos momentos que pasa en casa no convive ni con su mujer ni con sus chiquillos. El televisor se ha convertido en su mejor amigo, y las chelas en su mejor compañía.

Los días y las semanas pasan. Aquel golpe que le propinó su marido le dejó marcada el alma. No entiende lo que pasa, Felipe es una persona totalmente distinta. El norte lo está cambiando y paulatinamente lo va alejando de cualquier actividad.

Guille ya ni le pregunta qué le pasa. Se lo guarda para ella. Con el paso de los días comprende que está de más.

–Arréglate que vamos a ir a la marketa. Tenemos que ir por comida –le dice Felipe una noche de domingo.

Él está en las peores fachas, con el pelo lleno de gallos y aliento a cerveza. Acaba de llegar del parque donde sus amigos de la chamba jugaron un partido más de futbol. El triunfo fue el pretexto para que luego luego se pidiera la coperacha para el six y luego se juntó para la carne asada. El muy desgraciado, feliz de la vida, chela tras chela, se olvidó por completo de su familia. Le valió madres, la tarde está a todo dar. En esas reuniones de cuates, él es el primero en poner lana.

Guillermina le hace caso y procura ponerse sus mejores trapos. Los niños ni se diga, parecen angelitos. Se ve guapa la Guille, aún mantiene la figura y es de buen ver, desde la cabeza hasta los tobillos.

—¿Pues adónde crees que vas? —le pregunta Felipe mientras se avienta un eructo.

—Dijiste que me arreglara, que íbamos a salir —contesta ella tímidamente.

—Vamos a ir a la tienda, no a ninguna fiesta. Seguramente quieres que los hombres te vean. ¡Mira cómo vas de escotada! ¡Y esos pantalones apretados! Tus perfumes son muy baratos —le reclama Felipe, que se dirige al refrigerador y al darse cuenta de que no hay lo que busca se vuelve más agresivo—. ¡¿Y las cervezas?! —grita.

Guillermina intenta contestar, pero Felipe ya está a su lado. La mira de pies a cabeza, la toma de aquella blusa de florecitas y se la rompe, dejando al descubierto las chichis de la Guille.

—¿Por qué no mejor vas así? Si lo que quieres es enseñar, ¡enseña más! —le dice mientras se va al cuarto por los chiquillos.

La pobre chamaca está demasiado mocosa para entender lo que sucede. Ella está feliz de la vida comiéndose los mocos. En cambio Rodrigo, a pesar de sus pocos años de vida, como que comprende que su madre sufre.

—¿Qué tienes, mami? —pregunta el enano mientras intenta abrazarla y sus manitas quedan agarrándole las nachas.

Ella no responde. Felipe toma a los chamacos de la mano y se los lleva a la marketa ante la preocupación de Guille, quien sabe que su marido está medio borracho. Se queda ahí, tirada en la cama, y hay algunas lágrimas. Lentamente se va retirando el vestido, el mismo que en más de una ocasión su marido le chuleó.

Tras una larga espera de tres horas, Felipe y los niños regresan. Él de inmediato se sienta para aventarse las últimas chelas del día mientras prende el televisor para ver los deportes en Univisión. Ella es la encargada de guardar la despensa en el refrigerador ya maltratado por el tiempo; y para seguir con la chinga, tiene que bañar a los chamacos que vienen sucios de tanto comer galletas y papitas.

El cansancio le gana a Felipe y esa noche se queda jetón en el sofá. Ella lentamente se aproxima para apagar el televisor. No quiere que se despierte. Eso puede ser motivo para que otra vez le grite. No quiere más pleito, sólo quiere que el día termine, descansar y soñar que lo que está viviendo sólo es una larga pesadilla.

Felipe se da cuenta de que su mujer ha apagado el televisor. Ella se le queda mirando y a él ya se le escurre la baba. En ese momento le gustaría preguntarle "¿Qué te pasa, mi amor?", y tal vez pedirle una explicación, pero sólo musita un "¿Por qué?" muy débil y lo cubre con una frazada.

Los últimos meses han sido difíciles para Guille. Su marido sólo se digna a dirigirle la palabra cuando quiere algo, ya sea que le haga la cena, que le prepare la comida, le desarrugue la camisa o le haga bonita la línea del pantalón, pero también para desahogar su instinto animal, ése que tienen los hombres cuando sienten que la cosa se les pone dura. Ni siquiera entonces ella puede manifestar su gusto o su felicidad. Una vez lo hizo y él le reprochó que pujaba como una cualquiera. A partir de ese día, obligada por las circunstancias, sólo se limita a bajarse los chones y ponerle las nachas. ¡Qué chingón se ve el pinche Felipe!

La situación que se vive en el 201 ya es motivo de plática entre las viejas chismosas del complejo de departamentos, quienes aprovechan que se van a las lavanderías de la esquina para comentar lo que sucede. Aquí la lavada no es como en nuestros pueblos. No se acaba el agua ni se pelean por los tendederos y nadie cuelga sus calzones junto al brassier de la vecina. Acá con los primos del norte es distinto, nuestras mujeres aprovechan para hacerse un poco "flojas" y hasta les crecen las lonjas. Hay que tener morralla, puras monedas de 25 centavos, "coras". Se requieren tres de ellas para que la máquina agarre vuelo y comienza el chisme. Media hora después, se saca la ropa y se pone en la secadora, ¡y continúa el chisme!

—Dicen que el Felipe le pega a la Guille —dice la que está doblando unos calzones.

—Yo he escuchado que ya ni siquiera le habla, que ya tiene meses que ni la saluda —dice la otra que ve como que su brassier se le ha hecho chiquito.

—Yo hace unos meses la vi toda golpeada. Sangraba de la boca y tenía moretones cerca de la ceja —dice una más que busca desesperadamente un calcetín negro.

A las tres argüenderas les vale que en esos momentos lleguen con sus canastos de ropa sucia Lupe y Lucha. Saben que son amigas de la "víctima", pero eso no las detendrá para seguir con su argüende.

—Se me hace que tiene otra mujer. Mi marido dice que un día lo vio muy agarradito de la mano con una que vive en la otra esquina —dice la de los calzones.

—¡Y los niños cada día están más desnutridos!

—Eso se saca la Guille por andar vistiendo como si fuera una jovencita.

Lupe escucha y está a punto de ir a ponerles el alto a aquellas viejas, pero Lucha la detiene diciéndole que no tiene caso. Del puro coraje, a la Lupe se le cae el chicle.

–Pobre de Guille. Si supiera cómo se la acaban las vecinas que en más de una ocasión le fingen cariño y se muestran muy apenadas por lo que le sucede. ¡Que a mí no me vengan con esos cuentos! La próxima vez que me las encuentre les reclamaré una por una –dice Lupe.

–De verdad que sí, pobre –dice Lucha–. Si supieran lo que se sufre cuando el hombre al que queremos nos maltrata de esa manera.

–Pues sí, pero finalmente ella tiene la culpa. Sólo ella, por dejada y por pendeja –concluye Lupe, que ya está limpiando el chicle con salivita. No le hace que ya no tenga sabor, sólo lo necesita para hacer bombitas.

También en el billar o en los ratos de chelas afuera de los departamentos se habla del tema. A los hombres también les gusta el chisme, si hasta lo disfrutan cuando se reúnen en el billar para jugar una carambola, a la "negra", un dominó, o simplemente acompañando a los ya viejitos que se reúnen para no morirse en su soledad. Alguien les da una moneda o hasta un billete de a dólar por llevarles las cuentas de las carambolas. El ambiente está de poca madre. Los que juegan dominó depositan las mulas con gran fuerza y se felicitan entre ellos cuando han cerrado el juego.

–¡Chingamos, pareja! –dice uno mientras pide otra chela.

A unos cuantos pasos de ahí se juega una carambola. Aquí hay más silencio, se requiere de concentración, ¡es de una banda!

Los que juegan a la ocho echan más desmadre y su tema, por lo general, son las viejas.

–¡Pinches viejas! –dice el que está a punto de meter la 13 en la buchaca de la esquina. Le apunta bien, pero antes de tirar termina su comentario machista–. Nomás nos sueltan las nachas y ya se creen las reinas.

En el rincón de las "bolas negras" hay un grupo de camaradas impacientes por jugar. Se toman su Coors Lite dizque pa no engordar mientras esperan a que se desocupe una mesa. Éstos son los vecinos de Felipe y Guille, y por lo que les han platicado sus respectivas esposas ya opinan de lo que sucede con sus vecinos. También los hombres tienen derecho a meterse en ese rollo del chisme.

¡Esto está mejor que *La Oreja* en el Canal de las Estrellas, o *Ventaneando* con la Paty Chapoy!

–Tá cabrón lo de Felipe. Dice mi vieja que se ha moqueteado a la Guille en más de una ocasión. No se vale que la maltrate de esa forma. ¡Es mujer! –dice uno que se llama Marcos.

–Si se la chinga es porque ella misma se lo ha buscado. Seguramente ya no le prepara la comida y ni siquiera le lava y le plancha la ropa. Es más, de seguro ya ni le quiere dar "aquellito"... Ya ves que también las viejas, cuando se vienen acá a los Estados Unidos y se ponen a trabajar, luego

luego creen que tienen derechos. Las mal aconsejan. Si les levantamos la mano les dicen que pueden llamar a la policía. No te creas, cuate, las viejas son canijas cuando llegan aquí. ¡Hay que cuidarse de ellas! –recalca José.

Un tercero entra en la plática. Es el que le da mantenimiento a los departamentos donde viven nuestros paisanos, que hasta el momento llevan una vida de la tostada. Él está ahí todo el día, ve quién entra y quién sale, oye lo que le conviene y se inventa lo que quiere.

–Felipe no es nada tarugo. Pa mí que ya se dio cuenta o alguien le fue con el chisme. Yo he visto cómo el tal Raúl, ése que le da el "raite" a la Guille a su trabajo, le da beso en la mejilla cuando se despiden. Además, se le nota cómo la ve y la ve con ojos lujuriosos. Se me hace que Felipe ya se enteró y por ese motivo es que la ha puesto en su lugar –les dice Esteban.

–¡No seas chismoso, Steve! –le dice José a aquel paisano panzón y prieto, peinado como los Xochimilcas, al que le molesta que le digan por su nombre–. Por gente como tú es que se arman las broncas.

–Me cae de madres que eso es cierto. Yo lo he visto con mis "eyes" –dice el Steve al momento en que suelta la carcajada y les avisan que una mesa ya está desocupada.

Los tres amigos se preparan para jugar. Cada uno toma su taco, le pone su gis y le da un zip a su cerveza. Sigue la plática de vecindad, igualito que en México.

–Parece que ya podemos votar en el extranjero para presidente –dice uno.

–Las cosas no cambian –opina otro–. Sigue la corrupción y el mal gobierno...

El menos pesimista opina que con el presidente de las botas todo es mucho mejor. Al final prefieren cambiar de tema y hablar de futbol. Dos de ellos le tienen fe a Hugo Sánchez, pero el otro dice que el Pichichi es un mamón. Así se pasan la tarde, así malgastan sus horas y dejan ahí buena parte de su lana.

Para la mala fortuna de Guillermina, los chismes no tardan en llegarle a Felipe, quien se hace medio güey cuando van desembuchando los comentarios. Precisamente eso sucede en el billar.

–¡Ya no le pegues a tu vieja! –le dice uno.

–¡Pinche Felipe! ¡Qué gacho! Dicen que tu vieja te pone los cuernos. ¡Para eso me gustabas, mi buen! –le comenta quien en ese momento azota la mula de unos y cierra la jugada.

Felipe intenta disimular, hacer como que no entiende y que los comentarios le valen madres. Dibuja una leve sonrisa al escuchar a sus camaradas. Lentamente va destapando sus fichas. Tiene la mula de seis, ha perdido la jugada. Levanta su Coors Lite, se la toma casi sin respirar y se retira lo que le escurre por la barbilla.

–Felipe, tu vieja te está cobrando todas las que le has hecho...

El paisano ofendido se levanta de su lugar por haber perdido y saca de su bolsillo unos billetes de a cinco dólares totalmente arrugados para cubrir la deuda del juego. Los amigos siguen las bromas y los comentarios mientras él se dirige a la salida y se va. La rockola está tocando una de Lupita D'Alessio.

Felipe ya no puede disimular más. Va totalmente encabronado con su mujer, frunce la quijada, empuña la mano y maldice a la madre de sus hijos.

—¡Me las va a pagar! —dice—. ¡Ya verá lo que le va a pasar! ¡Le partiré la madre!

Apresura el paso. Le urge llegar y choca con otro parroquiano que espera el autobús. El periódico *La Opinión* queda en el piso. Felipe ni siquiera pide disculpas y sigue su camino.

Guillermina está haciendo la comida. Los frijoles ya empezaron a hervir y el arroz ya agarró color. Los chiquillos están con la vecina de Chihuahua cuando Felipe llega al departamento.

Ella presiente que algo malo está por suceder al escuchar el azote de la puerta y ver la mirada de su marido. El fuerte ruido le provoca un hueco en la panza. Siente cosquilleos en la cabeza y un pequeño piquete en la chichi izquierda.

Felipe le pone el seguro a la puerta y camina hacia ella. Guille quiere gritar pero no le sale nada, el gallo se le queda atorado en la garganta. Él sigue con su paso firme. Su rostro está todo colorado y sus labios le tiemblan como vil gelatina. La palma de su mano se cierra para convertirse en puño.

—¡¿Pues quién te crees, pendeja?! —le grita a unos pasos de distancia—. ¡Te estoy hablando! —le dice cuando está sólo a un metro de ella.

Ella se arruga más de lo que ya está. Los chones ya los tiene en el piso. Se acomoda el brassier, le tiemblan los labios y cierra los ojos. Presiente lo que viene, no ha sido la primera vez que le sucede, parece que ya va agarrando callo. Sólo se muerde los labios al sentir el chingadazo.

—¡¿Quién te crees?! —vuelve a gritar Felipe, que se soba la mano después de aquel "cariñito" que le acaba de propinar a su vieja.

Felipe se observa la mano. Le ha quedado la huella del diente. Se sigue sobando y de reojo ve cómo Guillermina lentamente gira la cabeza para devolverla a su lugar. El chingadazo se la volteó de un lado para otro. No se ve que quiera llorar, no se le asoma ninguna lágrima. No se está aguantando, simplemente parece ser que ya no le duele, quizá se está acostumbrando, tal vez no quiere darle ese gusto a su marido, pero con su mirada lo dice todo. Lo observa ya hasta con cierto rencor. Parece que ya no hay miedo.

—¿Por qué me miras así? —pregunta él.

Ella no contesta. Simple y sencillamente lo observa.

—¡Que no me mires así! —le grita jalándola de los cabellos.

Guille no grita, se aguanta para no darle ese gusto, pero quisiera mentarle la madre aunque sabe que no tiene ningún sentido. La rabia se le ve a él, siente la boca seca, hay resequedad alrededor de los labios y constantemente se retira con el puño esa baba blanca que nos sale cuando hay ira.

La blusa ya le ha quedado guanga a Guillermina. Se le cayeron algunos botones y se le asoma un pedazo de chichi. En su camino rumbo a la recámara, Felipe le sube el volumen al radio. Está la estación K-Love, Radio Amor. El locutor acaba de mandar saludos a todos los enamorados. Él le sube más el volumen y ella queda tirada a la orilla de la cama.

—¡Ya no vas a ir a trabajar! ¡Ese maricón de Raúl me las va a pagar! —grita Felipe.

—No entiendo. ¿De qué hablas? —pregunta Guillermina que intenta retirarse el pelo de la boca que no le permite hablar bien.

—¡No te hagas pendeja! Ya todo el mundo lo sabe. Hoy me enteré de que el tal Raúl te anda echando los perros y tú no le haces el feo.

—¡Felipe! ¡Por amor de Dios! No entiendo lo que está sucediendo. No comprendo nada de lo que estás diciendo.

—¿Quieres que te traiga a la gente que ha visto cómo el desgraciado te besa para despedirse? ¿Quieres que te traiga a los que te han visto? —le grita Felipe en la cara.

Ella percibe el olor de su marido y siente que el rencor y el veneno le han invadido el corazón. Dejó de ser el hombre del que se enamoró y al que le dio dos hijos.

Guille no le reitra la mirada. Él lo siente como un reto y no va a permitir que ninguna pinche vieja lo rete y además lo niegue todo.

—¿Me vas a volver a pegar? ¡Pégame!

Felipe hace muecas, cierra el puño y la toma por el cuello.

—¡Algún día te voy a dar en donde más te duele! —le dice.

Felipe sale en chinga de la recámara y azota la puerta del cuarto y de la entrada principal. Ahora sí que las vecinas tienen tema para discutir. Más de una vio la forma en que salió.

Guille se queda tendida en el suelo de la recámara. Ve el Cristo que tiene arriba de la cabecera, ve la foto de su boda, la de su hijo recién nacido y la de su niña cuando le estaba dando chichi. No le pide nada a Cristo. Sólo hace gestos de encabronamiento al ver la foto del matrimonio y una cara de tristeza cuando mira las fotos de sus hijos.

—Por ustedes aguantaré lo que sea necesario. Nunca los dejaré solos, pase lo que pase, siempre estaré con ustedes.

Guille se queda en esa posición fetal con los ojos cerrados por un buen rato. Son los toquidos de la puerta los que la hacen reaccionar. Es la vecina que viene a entregarle a sus hijos.

Felipe parece haber encontrado un argumento fácil para irse a la cantina que queda a unas cuantas cuadras de su casa. Ésa que queda en la Calle Madera, La Gloria. Entra aún limpiándose la baba y, retirándose el enojo, pasa como si fuera el tipo más hermoso y picudo del barrio. Observa para todos lados. A su izquierda hay algunas mesas vacías y a su derecha está un grupo de esas mujeres que algunos dicen que son necesarias y que se dedican a la profesión más antigua. Ellas están listas para lo que venga. Estudian a cada cliente que entra porque para ellas puede representar una buena propina esa noche. En el centro del lugar ya están bailando unas cuantas parejas. Ellos recargan su cabeza en el hombro de las hembras, ellas les hacen el fuchi. Parece que los machos están a punto de vomitar.

Es precisamente la que viste de rojo y calza tacones rojos, ésa del escote hasta el ombligo y uno que otro pelo en el sobaco, la que se acerca y, como buena conocedora de su oficio, olfatea al que acaba de llegar. Es evidente que anda en busca de algo más que una buena rola para bailar.

La negociación es sencilla. Ella extiende su mano y él se deja llevar por aquel perfume barato. Ella intenta llevarlo a una mesa cerca del barullo, pero él se resiste y camina hasta el fondo del local.

Ahí se pasa las horas con aquella mujer que le es desconocida. Allí comienza a despilfarrar su lana. Pide unas cervezas y después ordena que le lleven la botella de licor más cara. La mujer no se inhibe en enseñarle las chichis, ni objeta cuando Felipe busca subirle un poco la falda.

—¡Tranquilo! Todo con un poquito de paciencia —le dice buscando con la mirada a alguien en el bar. Le está haciendo señas al cantinero y éste las entiende en todo momento. Seguramente le está avisando que el paisano se está pasando de lanza y que estén alertas en caso de que ella lo requiera—. Al ratito, mi rey... Al ratito... —le dice.

Pero él no hace caso. Ya está todo briago y además se siente con derecho de averiguar si aquella mujer trae tanga puesta, pues de seguro ya se gastó una buena feria.

—¡Te dije que no! —le grita ella cuando él trata de besarla y de investigar si su brassier es Christian Dior.

—¿Por qué no, estúpida? ¡Si de eso vives! Ahora no me digas que eres una santa —le dice Felipe fuera de sí, sin soltarla de aquel abrazo de oso.

La de rojo como puede logra zafarse y agarra a Felipe de los tanates dejándole marcados algunos rasguños al paisano. Dos enormes tipos con cuerpos de ropero esperan pacientemente a que éste se incorpore. Cansados de esperar, lo toman de las patitas y lo sacan por la puerta de atrás dejándolo tirado en aquel oscuro callejón.

El camino es largo para Felipe, no por la distancia sino por el estado en el que se encuentra. Tiene suerte de que la chota no lo ve en su trayecto a su casa, a pesar de que ya son altas horas de la noche y primeras de la madrugada. Las que sí lo ven en las escalinatas de los departamentos son las mismas viejas argüenderas.

—¡Pobre vecino! ¡Cómo sufre! Miren cómo llega, y todo por esa mujer.

Lupe y Lucha, que están haciéndose compañía en el departamento de la primera, ven lo que sucede y Lupe ya no se aguanta más.

—¡Ahora resulta que Guillermina es la culpable! —hace una pausa, respira profundo y señala:— Pos de verdad que sí, Guille es la culpable, solamente ella, pero por no tomar la decisión de dejar de tenerle miedo a su marido. Ella tiene la culpa.

Esa noche Guille durmió con sus hijos. Felipe término nuevamente en el sofá de la sala, el cual amaneció rociado de vomitada. Ahí lo encontraron sus hijos que corrieron a buscarlo. La niña ya le besa la frente mientras Rodrigo le toma de la mano y le ruega que se levante.

—¡Papi! ¡Papi! ¡Juega con nosotros!

Felipe no reacciona. La tomadera estuvo gruesa. Sin abrir los ojos, se talla la cara y siente que le arde. Puja de dolor y su chamaco se da cuenta al ver los rasguños.

—¿Qué te pasó, papi? ¿Qué pasó? —pregunta el niño.

—Papito, papito —dice Rosalba, quien no le suelta al mano y ya hace sus pininos en eso de la hablada.

—Fue tu mamá. Pregúntale a ella —le dijo a su hijo.

Guillermina escucha todo detrás de aquella puerta entreabierta de su recámara, misma que cierra de inmediato cuando se da cuenta de que su hijo se dirige a ella.

—¿Por qué le pegaste a mi papá? ¿Por qué?

Guille sabe que las explicaciones serán en vano. Mira a su hijo y se sienta a la orilla de la cama.

—Ven —le dice extendiéndole los brazos en espera de que su hijo vaya a su lado, pero sus brazos se quedan vacíos. Esta vez se quedará con ganas de abrazarlo y de decirle cuánto lo quiere.

Rodrigo no espera la respuesta de su madre, sale de la recámara y le impide a su hermanita que entre. La convence y ambos se van directo adonde se encuentra su padre, quien disfruta del momento y, teniendo a sus hijos abrazados, los invita a salir ese domingo al parque y a comer un helado.

—¿Y tu futbol, papi? —pregunta Rodrigo.

—Ustedes son más importantes —contesta Felipe mientras su hijo busca inmediatamente sus brazos.

Guille se ofrece a bañar a los niños y prepararles el desayuno.

—No es necesario —dice Felipe—. Mis hijos y yo no te necesitamos.

Allá va Felipe, fingiendo ser feliz con sus dos retoños, que durante todo el día no pelaron a su madre. Guille se queda sola en el departamento. Sufre demasiado por lo que está pasando. Presiente lo peor.

Esa noche Felipe le dice que él se encargará de llevar a los niños a la escuela. En esta ocasión, ella agacha la cabeza. No quiere ponerse al tú por tú, quiere dialogar, quizá eso ayude para que no ponga a los niños en su contra, pero él no la deja ni hablar.

–¡Ya cállate! –le dice–. ¿Y sabes qué? No quiero que te salgas de trabajar. Lo que sí te exijo es que ese tal Raúl deje de pasar por ti. ¡Te vas a ir en camión!

Felipe no es nada güey, comprende que es mejor tener más feria en su hogar. De lo contrario él no tendrá para divertirse.

–Como tú digas –contesta ella–. Sólo deja a los niños en paz. No los envenenes en mi contra, te lo suplico.

Felipe responde de una forma simple, muy de acuerdo con su fanfarronería. Sólo suelta la carcajada.

–¿Duele? –le pregunta y se carcajea más fuerte.

Efectivamente, a la siguiente mañana, ante el insistente claxon del carro de Raúl –que por cierto va acompañado de otros dos compañeros de trabajo, tres mujeres y un joto–, Felipe sale, le mienta la madre y le exige que no se meta con su mujer. Ninguno de los "raiteados" entiende lo que les dice, pero por lo reiterado de los recordatorios del 10 de mayo, comprenden que lo mejor es irse de allí.

Guille no tiene cara para saludar a su compañero de trabajo ese día. Simplemente se dedica a trabajar. Algunas compañeras intentan sacarle la sopa cuando llega a la troka que sirve como cafetería ambulante.

Mientras unas piden tacos de asada y otras de buche o de carnitas, Leticia, la más argüendera de todas, se le acerca muy despacito y le toca la espalda. Guille reacciona como un perrito asustado. Poco falta para que salga corriendo. Se le ve que está estresada, como que se la está llevando la chingada, y eso es realmente lo que está sucediendo.

–¿Qué te pasa? –pregunta esta mujer que sólo quiere consolarla.

Guillermina desdobla lentamente aquel bulto cubierto de papel aluminio, saca su primer burrito de frijoles con nopales, lo observa y le da una pequeña mordida.

–¿Qué te pasa, Guille? –insiste su amiga.

Guillermina envuelve su burrito y lo guarda. Parece que se le ha ido el hambre. Sólo mira a esa mujer que insiste en saber cómo se encuentra. Guille le dice todo con los ojos: "¿Qué no me ves? ¿Qué no notas los golpes que llevo dentro? ¿Qué no te das cuenta de que mis ojos ya no brillan como antes? ¿Acaso no sabes cuando una mujer sufre, cuando se está muriendo lentamente?".

–¿Qué no me vas a decir qué te pasa, mujer?

Guillermina sigue mirando a su amiga. Quisiera gritarle que su marido la golpea, que la insulta y abusa de ella física y mentalmente. El hombre con el que se casó tan enamorada, hoy la obliga a hacer el amor. Guille quiere gritarle que siente que poco a poco está perdiendo a sus hijos y no puede hacer nada.

Ya han pasado los 30 minutos del "lunch". Las loncheras se cierran y lentamente cada una de las empleadas ingresa a la fábrica para continuar con sus labores. Raúl quiere saludar a su amiga cuando la ve regresar, ella sólo le pide perdón con la mirada.

La vida de Guille va de mal en peor. Se tiene que levantar a las cinco de la mañana, arreglarse, preparar los desayunos, su "lunch" y el de su marido, y bañar a sus hijos, sí, a esos mismos niños que cada día están más distantes con ella gracias a lo que les dice su papá. Los niños ya no se despiden de beso de ella, ya casi no la abrazan. Por más que ella les dice que los ama, ellos de inmediato buscan refugio en su padre, como si los brazos y el amor de su madre los fuera a lastimar.

—¿Por qué mi mamá ya no nos lleva a la escuela? —pregunta Rodrigo en una ocasión.

—Ya no quiere. Ya no le interesa llevarlos. Dice que tiene otras cosas más importantes que hacer —contesta Felipe, aprovechando la ocasión para echarle más leña al fuego.

Los chamacos ya están de verdad envenenados. Por más esfuerzos que hace la Guille por darles pequeños gustos, por traerles un dulce de regreso del trabajo o prepararles su comida favorita, todo es inútil. Ella siente que se muere, siente que se la lleva la chingada.

Pareciera que hasta a la señora que los cuida después de la escuela le tienen más cariño. Esa noble mujer de más de 60 años, recién llegada del pueblo y necesitada de algún dinerito fue presa fácil de las mentiras de Felipe, quien le repetía todo el tiempo que su mujer era mala y maltrataba a sus hijos, que tuviera cuidado con ella y que aun cuando pasara a recoger a sus hijos, estuviera pendiente de lo que sucediera en el departamento.

—Estaré muy atenta, señor Felipe. ¡No pierda cuidado! —respondía la mujer.

Doña Tere se convierte en una pesadilla para Guillermina. Instruida por Felipe, buscará en todo momento que no tenga contacto con sus hijos.

—Doña Tere, vengo por mis hijos —le dice Guille un día en que pasa por ellos después del trabajo.

—Don Felipe me pidió que los cuidara hasta que él llegara —le contesta doña Tere.

—Doña, por favor, no quiero problemas. Sólo déme a mis hijos —insiste Guille.

—No, si yo tampoco. De verdad que lo siento, pero sólo obedezco órdenes —dice la anciana, que ni tarda ni perezosa cierra la puerta sin permitir que Guille se llevara a los chiquillos.

Guille sube a su departamento verdaderamente furiosa. ¡Sólo le falta que una desconocida le impida ver a sus hijos! Azota la bolsa de plástico en la que lleva su TupperWare y deja embarrada en la pared de la sala parte de su sopa de fideos y el burrito de nopales, tira un cuadro familiar que se cayó y se rompió, y se encierra en su cuarto.

Le pide a Dios paciencia, tranquilidad. Le urge de verdad hablar con su marido. El tic tac de aquel enorme reloj de pared adquirido en el Swap Meet, o mercado sobre ruedas, le va marcando el tiempo y agitando el palpitar de su corazón. Siente que la presión se le sube a cada cambio de manecillas. Cuando el reloj marca las 6:30 de la tarde, escucha perfectamente las pisadas de su marido y los pasitos de sus chiquillos. La puerta se abre, ella se asoma por la puerta de su recámara y busca la forma de abrazar a sus hijos.

—Váyanse a su recámara —les ordena Felipe.

—Quiero hablar contigo —dice ella.

—Contigo no hay nada que hablar.

—No puedes prohibirme que cuide a mis hijos en las tardes. ¡No puedes imponerme a una persona ajena! —dice Guille levantando la voz.

—El que toma las decisiones soy yo. Yo soy el que manda y si no te gusta, te puedes largar.

—¡No puedes evitar que vea a mis hijos! —grita Guille.

Los niños escuchan lo que sucede. Todavía no entran a la recámara y se quedan parados justamente en la puerta. Rodrigo y Rosalba se toman de la mano y pelan aquellos ojitos que parecen de gatito asustado.

—¿Ya ven, hijos? ¿Ya ven cómo grita su madre? —les dice Felipe—. ¡Todo lo quiere arreglar a gritos y golpes!

—Yo no te he golpeado. Nunca te he levantado la mano —dice ella.

Los chamacos ya están abrazando a su papá, que observa a Guille de reojo como diciéndole "¡Conmigo te chingas!".

Con tanto chingadazo físico y moral, la Guille va comprendiendo que está perdiendo a su familia.

Cuando las broncas comenzaron con Felipe ella pensó que no irían más allá de perder el amor de su marido. No sería la única ni la última mujer a la que maltrataba su esposo, pero desde que empezó a involucrar a sus hijos, ha sentido una gran angustia por perderlos.

Siente que se le parte el alma. Todo a su alrededor va perdiendo sentido. Le valen madres tantas cosas que quizá en otras circunstancias la harían muy feliz. Hoy sólo piensa en abrazar a sus hijos, quiere sentir sus bracitos, escuchar que con sus palabras inocentes le digan que la quieren mucho.

Hoy no tiene eso. Su marido poco a poco se ha encargado de que sus hijos no la pelen, de que la vean como la mala, como la que ha causado tanto problema.

Ahora es ella la que duerme en la sala. Su marido no le permite que compartan la recámara. Ella lo acepta. No quiere más enfrentamientos, piensa que eso es lo mejor. Tiene miedo de que Felipe cumpla su amenaza de darle donde más le duele.

—¡Cualquier pendejada que hagas, una sola, y te quito a los niños! Tengo testigos de tu comportamiento.

Han pasado ya muchos meses desde aquella primera cachetada. Si bien es cierto que Felipe no la agarra a tiznadazos a cada rato, no se puede negar que la tiene muy intimidada. Del dinero que gana en su chamba ni se diga. Puntualmente, cada viernes a eso de las 6 de la tarde, Guille ya debe tener listo su cheque endosado. Ella se queda sin nada, sólo le deja unos cuantos dólares para calzones y brassieres cuando lo necesite, y últimamente los ha necesitado, ya que en varias ocasiones con los madrazos que le propina por poco y se le salen las chichis.

A sus únicas amigas de la vecindad ya ni las ve. Felipe le ha prohibido que lo haga ya que son una mala influencia, sobre todo Lupe, una mujer que no es nada dejada y a la que le valió sorbete que su marido la dejara. Lupe se enchila y se molesta cuando ve a Guille. Ella también se acuerda que hace no mucho tiempo su marido la trataba peor que a una basura, pero ella sí se agarró los chones y demás asuntos y buscó una solución a su bronca.

—¡Llámame! —le murmura Lupe a Guille un día en que la ve regresar de la chamba.

Guille no puede ser como ella. Se ha aguantado como la más macha de las hembras todo lo que le ha hecho su marido. A lo que sí se atreve es a comunicarse con su familia en México, allá por el rumbo de Ario de Rosales, Michoacán. Su mamá le contesta el teléfono y se da cuenta de que su hija trae algo atorado, y no precisamente un pedazo de elote o de tuna. El tono de su voz dice mucho. La jefa, con ese sexto sentido que tienen las madres, se percata de que a su chamaca se la está llevando la tiznada. Ante la insistencia de su madre, Guille comienza a chillar, tal vez no tanto como María Magdalena, pero sí tan claramente como para que a través del teléfono se perciba el inconfundible ruido del llanto.

—¿Qué te pasa? —pregunta la madre—. ¿Le pasó algo a Felipe? ¿Están bien los niños? ¿Los detuvo Migración? ¿Qué pasa? ¡Por favor, dime!

—Son... problemas... problemas con Felipe —dice Guille.

—De ésos no me hables. Ésos no son problemas —le dice su madre.

—¡Sí lo son! Ya no me habla, me intimida y hasta me ha pegado.

—Algo habrás hecho.

—¡No hice nada! ¡Por favor, escúchame!

—Mira, Guille, hasta el pueblo han llegado dichos de que te portas mal con tu marido. Dale gracias a Dios que no te ha matado.

—¿Pero cómo puedes decirme eso? ¡Soy tu hija!

—Eres mi hija y por eso te digo que te portes bien. Una como mujer tiene que darse su lugar.

—¡Pero…!

La madre de Guille no la deja terminar. Ella ya dijo todo lo que le tenía que decir.

—Habla con tu padre –le recomienda.

—¿Papá? –dice Guille.

—¿Qué quieres? –pregunta él–. Tus actitudes nos han puesto en vergüenza. Todo el mundo habla de tu comportamiento y las cosas que dicen no son muy bonitas. De verdad que nos has venido causando muchos problemas. Espero que lo soluciones pronto.

—¡Papá! ¡Escúchame! ¡Por favor!

Don Gilberto no escucha a su hija. Azota la bocina del teléfono causándole a Guille otro hueco en la panza. La situación con su esposo ya está fuera de control. Él mismo se ha encargado de difundir su historia de marido agraviado allá en el pueblo.

Guille se queda perpleja –por no decir pendeja– y camina lentamente hacia la ventana. Hay que cerrarla, los vientos cada día son más fríos. El invierno ya llegó. Los escalofríos no se le quitan aun cuando cierra la ventana. Quizá el viento no sea lo que los causa, quizá sea el miedo, los temores o los presentimientos.

Se queda sentada en aquella vieja sala, viendo sin parpadear aquella foto familiar en la que aparece Felipe con sus dos chamacos.

—¡Si apenas fue la Navidad pasada! –se lamenta.

El frío de la temporada cala hasta los huesos. Poco a poco se observa que ya se acerca la Navidad. Algunos departamentos ya están decorados con luces, a las ramas de los árboles ya les han puesto escarcha. Los más ricos del rumbo ya sacaron su Santa Claus de madera y otros hasta de plástico.

Las ofertas en tiendas como Target y K-Mart ya comenzaron. En ellas se ve a un chingo de paisanos comprando hasta lo que no necesitan para el viaje de regreso que tienen planeado hacer al "terre", o sea, a los Mexicous. Hay que llevar de todo para que los que se quedaron en el pueblo se den un quemón de que efectivamente en el norte se gana un titipuchal de dinero.

Y por ahí también anda Felipe. Trae puesta su recién adquirida chamarra que compró en una tienda de segunda y viene acompañado por Rodrigo y Rosalba, los dos chamacos muy sonrientes, se les ve alegres de verdad. De Guillermina, ni sus luces, ella le sigue dando duro a la chamba. Felipe hace meses que decidió que ella ya no era parte de la familia. Sólo era buena para algunas cosas, como dar el cheque de la semana, planchar, lavar y ponerle las nachas. ¡Por lo menos para algo servía la pobre mujer!

Felipe toma la oferta de 10 pantalones por 59 dólares. No importa que todos sean del mismo color. También agarra montones de calcetines. Para sus hijos toma prendas sin siquiera ver la talla. Nomás se fija en que diga "Child".

—A su madre no le vayan a decir nada —les recordó Felipe a los niños mientras les invitaba un helado.

Y de verdad que no le dijeron. ¡Qué le iban a decir si cuando llegaron ni la pelaron! Felipe y los chamacos se dirigieron directamente a la recámara cargando aquellas bolsas de ropa nueva, baratona, pero nueva al fin de cuentas. A Guille se le pone chinita la piel nomás de escuchar las carcajadas que provienen de la recámara. Daría cualquier cosa por ser parte de aquello, pero como tantas otras noches, sólo cierra los ojos con la esperanza de que todo aquello sea un mal sueño y el día de mañana pinte mejor.

El día siguiente llega, y aunque es sábado ella decide ir a trabajar ya que le pagarán tiempo y medio.

—Más dinero —se dice—. Quizá les pueda comprar algo mejor a los niños.

Espera que el espíritu navideño le permita dialogar con su marido. ¡Tiene fe!

Esa tarde Guille llega pasaditas de las 4 de la tarde y saluda a su amiga Lupe que le hace señas por la ventana, parece que algo le quiere decir. Guille sigue su camino hasta llegar a su departamento y al abrir la puerta siente un fuerte escalofrío que le recorre la espalda... La Lupe ya está parada en la puerta de la entrada sin decir nada.

Guille sólo ve. Camina lentamente hacia la recámara, ve alguna ropa sobre la cama. Va a la recámara de sus hijos, abre el clóset y la ropa de los niños no está. No hay chamarras, ni zapatos ni calzones. Se agacha debajo de la cama para ver si las maletas están ahí, pero también faltan. Sale gritando.

—¡Felipe! ¡Felipe!

Sigue corriendo y se topa con Lupe en la puerta, quien la detiene para explicarle, pero Guille no hace caso, quiere llegar al departamento de la vecina que la hace de niñera de vez en cuando. Toca la puerta desesperadamente y doña Tere le abre.

—¿Y los niños? —pregunta Guille.

—Hoy no se los cuidé —señala aquella dama sosteniendo en su mano derecha un pedazo de tortilla—. No sé —dice con todo y bocado.

—¡Usted sabe dónde están mis hijos! ¡¿Dónde están?! —grita Guillermina desesperada.

La mujer simple y sencillamente cierra la puerta del departamento.

—¡Vieja estúpida!

—¡Tranquilízate, Guille! —le dice Lupe mientras la toma del brazo.

—¡Suéltame!

—Vamos a mi departamento. Necesitas un vaso de agua. ¡Necesitas algo! —insiste Lupe.

—¡No! ¡No! —contesta Guille tratando de zafarse. Su mirada está perdida, como buscando algo—. ¡Suéltame por favor!

Lupe la suelta, pero camina a su lado hasta que llegan a su departamento. Guille se queda en el sofá llorando. Hay momentos en los que grita y luego se queda en silencio.

Lupe sigue ahí por si algo se ofrece. Se mete a la cocina para calentar agua y prepararle un té, se lo ofrece y ella toma un sorbo. Se quema el labio pero ese tipo de dolor no le hace mella. Su mirada está fija en la pared de enfrente, como si aquel muro de madera cubierto de concreto tuviera la respuesta.

Afuera sigue haciendo un frío de la chingada, pero Guille lo siente dentro de su ser, en su alma, en donde más le duele, en el corazón.

Los minutos pasan, las horas siguen su marcha. Les ha caído la noche.

—¡No! ¡No! —grita Guille en medio del silencio.

—¡Callen a esa pinche vieja loca! —grita el del piso de arriba.

—¡Llamen a la policía! —grita el del piso de abajo.

Lupe logra tranquilizarla. Está a punto de llamar a la policía pero sabe bien que quien debe hacer la denuncia es Guillermina. Además, no cree que les vayan a hacer caso. No han pasado las 48 horas y ha sido el padre quien se llevó a los niños. "¿Cuál es el pedo?", les van a decir.

Ese sábado 22 de diciembre le fue de la tiznada a la pobre Guillermina. El domingo amaneció tan frío como el día anterior y ella despertó sola. No estaba ni Lupe. Se quedó recostada en aquella cama cuyas sábanas olían a soledad, a tristeza, a lágrimas. Se volteó de aquí para allá sin poder acomodarse. El día pasó. No tuvo ánimos de desayunar, de comer y mucho menos de cenar. Lupe no pudo convencerla de que probara alimento. Ni los ánimos que le daba fueron suficiente.

El 24 de diciembre llegó. Ese día en el que supuestamente hay paz, amor, perdón y otras tantas cosas más, en el edificio se escuchaban un titipuchal de chamacos jugando por todos lados. La del 304 seguramente haría su especialidad, ese pozole rojo que le salía a toda madre. La del 306 prepararía tamales rojos y verdes, y algunas del segundo piso se aventarían los romeritos.

Había arbolitos de Navidad llenos de regalos, cajas chicas y grandes con moños multicolores. Lupe fue muy temprano a ver a su amiga, que seguía ahí. No importaba en qué rincón de la casa se encontrara, su corazón estaba destrozado.

—¡Cena con nosotros! —la invitó Lupe.

—Gracias, pero mejor me quedo aquí —le dice Guille en un tono muy jodido, pero jodido de verdad.

Lupe comprendió y se fue dejándole en la mesa unos tamales y una ollita con algo de menudo. A eso de las 9 de la noche, suena el teléfono. Guille corre en chinga dejando a un lado el pedazo de tamal.

—¡¿Bueno?! ¡¿Bueno?! —grita desesperada, pidiéndole a Dios que sea su marido. De verdad que le pide que fuera aquel hombre que en los últimos 11 meses la había tratado como basura. Dios le hizo el milagro: era Felipe.

—No grites —le dice del otro lado de la bocina.

—¡Felipe! ¿Dónde están los niños? ¿Cómo están?

—Los niños están bien. De eso no te preocupes. Sólo te hablo para decirte que ellos ya no quieren verte y seguramente ya no lo harán. Que tengas feliz Navidad.

Felipe cuelga el teléfono mientras Guille grita como loca, pero por más que grita ya nadie la escucha del otro lado de la bocina. Los que sí la escuchan son los vecinos que festejan su Navidad, pero ninguno se acerca a ver qué onda, sólo Lupe, que ya está ahí a su lado reconfortándola como si hubieran sido sus propios hijos los que le hubieran sido arrebatados.

—¡Se los llevó! ¡Se los llevó! —decía entre llanto y moco…

—Pues no estás sola, amiga. Ahora tu marido se va a chingar. ¡Vamos a luchar por recuperar a tus hijos! Me cae de madres que los vas a recuperar!

Han pasado más de 18 meses desde aquella Navidad. Guille no le retira la mirada al Cristo.

—¿Te acuerdas? ¿Te acuerdas? —le murmura muy quedito.

Guille es muy feliz ahora. Su corazón late como burro sin mecate. Ha limpiado el departamento, tiene preparados tamales y pozole, ha picado cebolla, rábanos, lechuga, y ya hasta partió los limones.

El toquido de la puerta provoca en Guille un fuerte sobresalto.

—¡Ya voy! —grita.

Trae un hueco en la panza. Quita el broche de abajo, el de en medio y el de arriba. La puerta se abre. ¡Son sus hijos! ¡Son ellos! Sus ojos se llenan de lágrimas. Sus hijos se le avientan y la abrazan. Los trabajadores sociales del condado de Los Ángeles se voltean para que nadie se dé cuenta de que ellos también están chillando.

—¡Hijos! —dice Guille.

—¡Mamá! ¡Mamá! —dicen los chamacos.

Se abrazan y se quedan así un buen rato. Lupe los observa.

—Te dije, amiga, que íbamos a recuperar a tus hijos —le murmura a Guille.

—¡Gracias a Dios! —dice la Guille.

¡Que chingue su madre Felipe!

II

Susana comprendió que lo mejor era aceptar la propuesta de su marido de regresarse a Morelia, Michoacán, con sus dos hijos menores.

Él decía que no había dinero suficiente para mantenerlos, pero ella sabía que tenía otras intenciones. De todos modos, ya no quería saber de golpes e insultos. Roberto ya no era el mismo, así que agarró camino y se regresó con sus hijos a Morelia.

Sus jefes la recibieron sin problema alguno e inscribieron a los niños en la escuela, a la niña en el kínder y al niño en segundo de primaria.

Roberto cumplía puntualmente con su obligación de mandarle sus 100 dólares mensuales para ropa, escuela, alimentación y medicinas, pero cuando ella se atrevió a pedirle que enviara más dinero él se molestó, y más se enchiló cuando ella interpuso una demanda de alimentos.

—¡Ya verás, desgraciada! —le dijo esa vez.

A partir de entonces, ella temblaba cuando él llamaba porque siempre pedía hablar sólo con sus hijos. Sin embargo, ella nunca tuvo objeción alguna.

Dos años más tarde, precisamente una Navidad, se supo que Roberto llegó a Morelia. Fue a buscarla y la convenció de que lo dejara llevar a sus hijos a la feria.

Ella aceptó. Pensó que les compraría sus algodones y palomitas y que los subiría a los juegos y a los avioncitos, y el desgraciado de Roberto sí los subió, pero a uno de verdad. Se los llevó al norte.

—¡Te lo dije, babosa! —fue lo último que le dijo por teléfono. De eso hace ya más de seis meses.

III

Desde joven, Rafael trabaja día y noche en el mercado de abastos. Comenzó con un puesto de un metro cuadrado en la venta de cebollas y pepinos y con el paso de los años, el negocio creció.

Fue en el mismo mercado donde conoció a Fabiana, hija única de la que vendía el menudo. Ella era muy guapa. Siempre se quejaba de la actividad de sus padres, pero nunca se quejó de que gracias al menudo ella vestía bien y no iba a las escuelas públicas.

Con los años, Rafael se convirtió en un hombre muy respetado por trabajador y honesto. Mantuvo a su madre hasta que se murió de un infarto.

Todo comenzó como una apuesta:

—¿Cuánto a que me lo conquisto en menos de una semana? —le dijo Fabiana a un grupo de amigas.

El juego los llevó al altar. Él estaba muy enamorado y ella sabía que aunque Rafael no era su tipo, podía darle muchas cosas materiales. Le compró su casa allá por los rumbos de la clase media y hasta un carro que no tenía que empujar.

Ella gastaba como rica, él no se oponía, la quería tener contenta. El primer hijo llegó y al poco tiempo, después de otra noche de pasión, le dijeron que ya estaba embarazada por segunda ocasión.

—¡Qué guapo es el hijo del vecino! —le confió Fabiana a su mejor amiga una mañana en que él lavaba la cochera.

El chavo de inmediato se dio cuenta de que podía tener algo con la Fabiana... Una cerrada de ojo por aquí y un saludo de aquellos por allá bastaron. Fabiana se apendejó tanto que poco le importó que las lenguas dijeran que andaba con el hijo del vecino.

Aquella noche del 15 de septiembre, Rafael dio el grito, pero no de independencia, sino porque su vieja se había largado con sus dos escuincles.

No tardó en averiguar que Fabiana se había ido a los Estados Unidos llevándose consigo a sus hijos. Rafael lloró como si fuera una señorita, sufría por la ausencia de sus hijos. A ella le fue mal por los rumbos de Filadelfia. Mario, su galán, la abandonó pasaditos los 8 meses y ella terminó trabajando en una cantina mientras sus hijos se quedaban con una vecina. Rafael sigue llorando su ausencia.

Sustracción de menores

Repito las palabras de mi compadre: la migración es un mal negocio para México. Muchas familias se desintegran. El que se va no se quedará por un solo año, no es cierto que regresará en unos cuantos meses, en cuanto haya juntado la lana. ¡Se quedará por años!

La falta de documentos de los migrantes en el norte dificultan que vayan y regresen como se les dé la gana. Pasan los meses, luego los años, y comienzan a surgir las dificultades con sus parejas. A él ya le dijeron que su vieja anda con alguien más o ella recibe la noticia de que su Pedro ya la engañó con una tal Lizbeth…

Los chismes y la distancia hacen estragos en la pareja. En algunos casos, el vato manda un sobre amarillo que contiene la demanda de divorcio. Ella sólo chilla y chilla, se lamenta de que su Pedro ya tenga una nueva vieja.

En otras ocasiones, el migrante dice que extraña a su mocoso aun cuando hace muchos meses que no manda ni un méndigo centavo para su alimento. Pero eso sí, quiere a su hijo y amenaza a su mujer con quitárselo… En un descuido lo cumple y la mujer chille y chille porque ya no tiene a su chamaco.

Otras veces, la pareja se va pero ya estando allá comienzan las broncas y los chamacos son la manzana de la discordia.

No cabe duda de que las broncas entre particulares deben ser solucionadas por los particulares. Hay muchos lamentos y también un montón de mentiras, ambos son víctimas, los dos son inocentes.

Paisano, paisana, si su viejo o vieja se llevó a su chamaco al otro lado del puente o de la frontera sin su permiso –o incluso con su consentimiento pero sin respetar la temporalidad–, a continuación se les dará una idea de lo que el gobierno de México a través de la Secretaría de Relaciones Exteriores (SRE) puede hacer por ustedes.

La SRE tiene la facultad de solicitar la restitución de un menor a México. No es cosa sencilla, es más, hasta puede llegar a ser complicado. El gobierno mexicano se respalda en tratados, es decir, en acuerdos entre países, como la Convención de La Haya sobre los Aspectos Civiles de la Sustracción Ilícita de Menores.

Pongan mucha atención porque lo que aquí se va a explicar es más o menos lo que puede hacerse entre países que han firmado esta Convención de La Haya.

Antes de empezar, hay tres conceptos que debemos tener en mente:

> *Sustracción.* Es cuando un menor que se encontraba en un país es llevado a otro ilícitamente sin permiso del padre o de la madre.
> *Retención.* Es cuando un menor está en un país al que fue trasladado de manera legal (con permiso del padre o de la madre) pero está siendo retenido ahí ilícitamente. Es decir, que el padre o la madre no cumplen con el compromiso de regresar al menor en los tiempos que acordaron.
> *Derecho de visita.* Es llevar al menor por un periodo de tiempo limitado a un lugar diferente al del estado de su residencia habitual.

Ahora sí, vamos a las preguntas.

¿QUÉ PUEDO HACER SI MI ESPOSO (A) SE HA LLEVADO A MI HIJO SIN MI PERMISO, O CON MI PERMISO PERO SIN REGRESARLO EN EL TIEMPO ACORDADO?

Tiene que ir de inmediato a la SRE o al DIF para solicitar el apoyo y realizar los trámites pertinentes para regresar a su hijo menor.

¿POR QUÉ AL DIF O A LA SRE?

Éstas fueron las dos dependencias asignadas como Oficina Central en los acuerdos internacionales para ejecutar y vigilar los aspectos civiles de la sustracción ilícita de menores.

En Estados Unidos se asignó como Oficina Central al Centro Nacional para Niños Robados y Desaparecidos (National Centre for Missing and Exploited Children), que se encuentra en el estado de Virginia.

Para iniciar este procedimiento, es muy importante tomar en consideración lo siguiente:

- Quien debe comparecer a solicitar el apoyo debe ser el padre o familiar con derecho a la custodia.
- El hecho debe considerarse como una sustracción, retención o derecho de visita.
- Para interponer este recurso, no debe haber transcurrido más de un año de la fecha en la que ocurrió la sustracción.
- Los menores afectados no deben tener más de 16 años.

¿Qué compromisos tiene la Oficina Central?

- Localizar al menor trasladado o retenido de manera ilícita.
- Prevenir que el menor sufra mayores daños o que resulten perjudicadas las partes interesadas.
- Garantizar la restitución voluntaria del menor o facilitar una solución amigable.
- Intercambiar información relativa a la situación social del menor si se estima conveniente.
- Facilitar información general sobre la legislación de su país relativa a la aplicación de la Convención.
- Facilitar la apertura de un procedimiento judicial o administrativo con el objeto de conseguir la restitución del menor, o en su caso, permitir que se regule o se ejerza de manera efectiva el derecho de visita.
- Conceder o facilitar la obtención de asistencia judicial y jurídica incluyendo la participación de un abogado.
- Garantizar, desde el punto de vista administrativo, la restitución del menor sin peligro.[1]

La solicitud de asistencia debe incluir: información relativa del solicitante, del menor y de la persona que lo sustrajo o lo ha retenido; un escrito mediante el cual el solicitante explique los motivos de su petición; toda información relativa a la localización del menor y de la persona con la que supuestamente se encuentra.

¿Quién me dará la solicitud de asistencia?

Para que la Oficina Central en México inicie el procedimiento de restitución de menores, el solicitante deberá llenar el formato que se le entregará en la misma oficina. El documento debe ser llenado en español con su respectiva traducción en el idioma oficial del país al que el menor supuestamente fue trasladado. En el interior de la República es necesario presentarse ante una Delegación de la SRE.

¿Qué documentación debo presentar junto con la solicitud de asistencia?

Una relación de los hechos en la que se narre cómo se llevó al chamaco; foto del menor; copia certificada del acta de nacimiento del menor; foto de la persona que supuestamente se lo llevó; copia certificada del acta de

---

[1] Artículo 7 de la Convención de La Haya.

matrimonio de los padres; y copia de la sentencia o convenio relativo al divorcio o custodia (en caso de que exista).

Es muy importante mencionar que todos los documentos mexicanos deben ser traducidos al inglés. Puedes recurrir al Instituto –o Coordinación– de Apoyo al Migrante de tu estado. En el estado de Michoacán, el Instituto Michoacano de Apoyo al Migrante en el Extranjero ayuda en la traducción de los documentos.

Otra cosa: aunque se escucha como un titipuchal de requisitos, todos son posibles de obtener. La Delegación de la SRE te ayudará en el llenado de la solicitud y en la obtención de documentos como el acta de nacimiento.

El mejor abogado e investigador del caso será el propio promovente. Su disponibilidad es fundamental en la solución del problema. Será él quien tendrá que proporcionar la información relativa al menor y a su pareja, y mientras más datos se obtengan –sobre todo el domicilio–, mejores serán los resultados.

¿QUÉ SUCEDE UNA VEZ QUE SE HA CUMPLIDO CON EL LLENADO DE LA SOLICITUD Y LA DOCUMENTACIÓN REQUERIDA?

La solicitud será enviada a la Oficina Central de la SRE en México, D.F. Ellos la revisarán y determinarán si procede. En caso de que proceda, la remitirán a la autoridad central de los Estados Unidos (en el caso de Estados Unidos) y ellos a su vez la enviarán a la Fiscalía de Distrito correspondiente. Ahí se asignará un investigador para localizar al menor, y una vez que se localice, se contratará un abogado –a excepción de California, en donde no se requiere de abogado–, se establecerá la fecha de audiencia y se decidirá sobre la situación del menor.

Este procedimiento sólo es para regresar al menor a su lugar de residencia habitual. En otras palabras, una vez que han regresado al menor, el padre (o madre) de familia tendrá que incitar un procedimiento judicial en ese territorio para que un juez decida quién tendrá la custodia del menor.

¿QUÉ SUCEDE CUANDO MÉXICO RECIBE UNA PETICIÓN DE RESTITUCIÓN?

Se notifica a la SRE en México y ésta gira un oficio al Juez del Supremo Tribunal de Justicia correspondiente a fin de que se inicien las investigaciones para la localización del menor. Una vez que se ha localizado, se realizan los trámites para depositar al menor y celebrar la audiencia.

Es necesario mencionar que el trámite dura muchos meses. No es cuestión de localizar al menor, tomarlo de la mano y enviarlo en el primer vuelo de regreso con el familiar que solicita su restitución. Es por ello que se requiere paciencia, mucha paciencia y otro tanto más de paciencia.

Es importante que el público tenga en cuenta en estos casos que, aunque los menores son llevados a otros países, los asuntos de patria potestad, incluyendo la guarda y custodia, son fundamentalmente cuestiones jurídicas de carácter familiar, las cuales deben ser solucionadas por los padres, ya sea de manera amigable o recurriendo al procedimiento judicial en donde el menor se encuentre. La Secretaría de Relaciones Exteriores y las Representaciones Consulares en el extranjero NO tienen jurisdicción sobre esos asuntos.[2]

Por esto, paisano, es muy importante que sepas hasta dónde puede llegar la asistencia de la SRE a través de su Red Consular. No hace falta que contrates un abogado en México. Te harán gastar dinero innecesariamente. Si estás en una situación así, ¡visita tu Delegación correspondiente!

Paisano, la SRE y los Consulados mexicanos en el extranjero te pueden asistir en lo siguiente:

- Actuar como interlocutor ante las autoridades federales del país a donde fue llevado el menor.
- Tratar de contactar al progenitor (a) u otra persona que tenga en su poder al menor.
- Intentar visitar al menor, verificar y reportar su estado de salud y bienestar en general.
- Facilitar información al progenitor (a) afectado sobre el país adonde fue llevado al menor, el sistema jurídico de ese país, las normas que rigen en materia, y en su caso, la opinión que el abogado consultor de la Representación emita sobre el asunto. En caso de que el abogado decline representar a la persona, entonces se le auxiliará proporcionándole una lista de abogados que podrían representarlo (a).
- Asistir al progenitor (a) para contactar autoridades extranjeras, o bien, contactarlas en su nombre.
- Asistir a las autoridades extranjeras en caso de que existan indicios de abuso o negligencia para con el menor.
- En aquellos casos en donde se trate de países parte de la Convención de La Haya sobre los Aspectos Civiles de la Sustracción Ilícita de Menores, la SRE y las Representaciones podrán asistir a la persona correspondiente en el llenado de las solicitudes y formas necesarias con las autoridades extranjeras para el regreso del menor, o bien, en el acceso para ejercer el derecho de visita.[3]

---

[2] Definiciones, ámbitos en la SRE.
[3] *Idem.*

La Secretaría de Relaciones Exteriores y sus Representaciones en NINGÚN caso podrán realizar o coadyuvar a que se realice lo siguiente:

- Intervenir en asuntos jurídicos civiles-familiares entre los padres.
- Obligar a que se cumpla una sentencia o alguna otra resolución de un juez mexicano sobre el asunto que nos ocupa (la sentencia o resolución de un tribunal mexicano no es observada ni cumplimentada de manera automática en el extranjero, incluso puede existir la posibilidad de que no se cumpla nada de lo previsto en la misma).
- Obligar o apremiar a otro país para que dicte sentencia sobre un caso de patria potestad.
- Ayudar a alguna de las partes a realizar un acto contrario a las leyes, tanto nacionales como extranjeras, o bien sustrayendo de nuevo al menor para traerlo a México.
- Pagar gastos y costos judiciales o de otra índole.
- Asumir las funciones de abogado, proporcionar asesoría jurídica o actuar como representante de alguna de las partes en el procedimiento que decida la guarda y custodia.
- Revocar el pasaporte mexicano del menor, en caso de que se le haya expedido de acuerdo a lo previsto por las leyes.[4]

Paisano, paisana, por favor tomen nota de que en la mayoría de los casos de sustracción de menores, custodia y otros asuntos relacionados con sus hijos, la mejor solución se logra a través del diálogo entre ustedes los padres. Hablen y hablen mucho. Se ahorrarán muchos trámites y hasta una buena lana, frustraciones y corajes.

---

[4] *Idem.*

¡SANTO MADRAZO!
DEMANDA CIVIL

I

En la casa ubicada en el 2345 de la Calle 5 en la ciudad de Plant City ya se prepara el café. María vive con su marido de nombre Luis y apellido Hernández, como el jugador de futbol al que le decían el Matador, y dos de sus hermanos, Jorge y Francisco, originarios de Tacámbaro, Michoacán.

Son las 4:30 de la mañana y ella ya anda de aquí pa allá preparando burritos de lo que "haiga", seguramente de huevo con frijoles sin faltar los jalapeños para su viejo que se tiene que ir a trabajar a la pizca de la naranja. Al café le pone media de azúcar. Le da miedo que se le vaya a enfermar de diabetes.

Ella está embarazada de su primer hijo. Ambos están todos culecos. Ya sólo faltan unas semanas para que nazca, ya le tienen nombre, ya le tienen apodo, ya le tienen sus actividades, ¡hasta la profesión ya le escogieron!

—Tienes que estudiar —le dice Luis a su chamaco acercándose a la panza de la mamá.

El niño parece entender. Se sienten las paraditas.

La casa es pequeña. Los casados duermen en la única recámara. Los "arrimados" en la sala, la cual de repente huele a patas, sudor y otros aires olorosos por la falta de higiene de los compas. No tienen nada de lujos, la alfombra está carcomida por la humedad y el calor, y el lavabo del baño está sostenido con un pedazo de viga. Los muebles de la cocina están más que fregados, el tiempo se ha encargado de que ya no tengan pintura.

El café ya está listo para los tres, Luis es el único que se preocupa por darse aunque sea una lavada de cara. Sus carnales sólo se agarran la greña, que por cierto ya les llega hasta el hombro, y se la cubren con unas gorras de béisbol, una es de los Yankees de Nueva York y la otra de los Marlins de Florida.

No hay tiempo para el desayuno, a las cinco de la mañana ya tienen que estar a unas cuadras de distancia.

Enfrente de la casa hay una "traila" de distintos colores en la que predomina el gris debido a que la pintura original ya se ha caído. Todo en ella es pequeño, el espacio es reducido. Eso le vale madres a los paisanos, quienes ante la necesidad le han metido ocho personas. El que se ve beneficiado de ello es el dueño de aquella casa rodante, que seguramente es otro paisano quien ya se encontró a su bola de mensos. Solamente les cobra cien dólares al mes por cada uno.

Aquí no hay quien prepare café o que les invite un desayuno. En el pequeño refrigerador sólo hay espacio para guardar lo más preciado que se puede tener en estas temporadas de calor: chelas y más chelas. Jesús y los compas no tienen tiempo para darle una limpiadita a su "house". Han de imaginarse los santos olores que de allí se desprenden.

Linda, una señora originaria del estado de Carolina del Norte que no pasa de los 70 años y vive a una cuadras de allí, es quien les prepara el "refine". De eso vive la pobre. Ella no quiere regresar a su lugar de origen. Vive sola y no tiene familia. Lo único que tenía fue encontrado muerto en la cantina de la zona. Ella gritó como loca cuando le fueron a avisar que Frank, Francisco en totonaca, originario del Distrito Federal, no respondía al haberse caído de hocico, le sangraba la boca y en la cabeza tenía un tremendo chipote. Y no, no se levantó. Ella sabía que su pareja no viviría mucho tiempo. Estaba enfermo de todo, del corazón, de diabetes, del riñón, y para acabarla de fregar, hasta de almorranas.

A su Frank lo conoció allá por los años 70, cuando el paisano, con casi cuarenta años, llegó a la pizca del tabaco. Quizás el Frank comprendió qué tan linda era su mujer cuando le consiguió la "verde". No precisamente marihuana, sino el documento que le permitiría vivir legalmente en el país del norte. Linda no era linda de cuerpo ni de "face", más bien era fea y regordeta, pero lo que pesaba lo tenía de buen corazón.

Lo sepultó en el panteón de Plant City. Los hijastros nunca llegaron. Ni siquiera se disculparon. El hoyo ya estaba preparado cuando el cuerpo llegó. Ella era la única que se encontraba allí parada, y ahí permaneció por un buen rato después de que bajaron el cuerpo.

Ella ya no tiene a nadie más en la vida, así que a los pizcadores michoacanos, a los de Oaxaca y a los de Guanajuato los ve como si fueran su familia

—¡Son mis mexicanous! —decía.

Uno que otro se quería pasar de listo con ella, no es que se la quisieran ponchar, pero sí vivir de gorra en su casa. Ella era feliz preparándoles la comida a más de 20 pizcadores.

Con su entrañable Frank aprendió a cocinar comida mexicana mucho mejor que muchas paisanas. En unos tuppers les puso frijoles de la olla, una sopa de fideo y carne con chile rojo. No podían faltar las tortillas que ella misma hacía con aquellas manos todas arrugadas.

—Gracias —le dijo Jesús al pasar por la comida.

La viejita murmuró algunas palabras. Seguramente le pidió a Dios que los cuidara y les dio la bendición. Todos los días rezaba por el grupo de paisanos que se parten la madre y se les curte el cuero de tanto trabajar.

—Take care of them! —decía—. ¡Cuídamelos! —repetía en español por si Dios no hablaba inglés.

—¡Míralos! ¡Míralos! —le gritaba también a Bush—. Sin ellos no tendríamos nada en la mesa de nuestras casas. ¡Sácalos! ¡Anda! ¡Sácalos! Ya verás cómo nos lleva la chingada.

Por allá van caminando Jesús y sus camaradas. Dan vuelta a la esquina y tratan de agilizar el paso porque el frío cala. Los que fuman se prenden un cigarro de volada. Por otro lado, no muy lejos de ahí, también va Luis y sus dos carnales. Ellos se frotan las manos. La brisa es espesa. Se ve muy poco. Todos se tienen que reunir en la esquina de la Main Street y la Second.

A las 5:30 de la mañana ya están presentes los de Oaxaca, Hidalgo y Guanajuato. Todos listos para ganarse unos cuantos dólares en la pizca de la naranja. Algunos platican del partido de futbol del día anterior. Los de Hidalgo están felices porque los Tuzos dieron cuenta de las Chivas dos a uno, en el último minuto ganaron el partido. Algunos más guardan silencio y hay otros que hablan hasta de novelas en lo que esperan que pasen por ellos.

A unas cuantas cuadras de ahí vive Raúl, un tipo que parece más viejo de lo que realmente es. Es serio, su trabajo así se lo exige. Es el mayordomo, los paisanos lo respetan porque él es el que toma la decisión de a quién le toca chambear ese día.

Raúl está en la cocina de aquella casa pequeña que sin embargo cuenta con todo lo necesario para vivir bien. Su mujer es joven y tienen tres hijos, de seis, cuatro y dos años. Hasta en eso tuvo buen tino el cabrón. Le da los últimos sorbos a su café y disfruta de aquel momento mientras su mujer le guarda el "lunch".

—Me voy. Nos vemos en la tarde —le dice a su esposa.

—Ten cuidado —le dice ella—. La brisa está muy espesa.

—Despreocúpate, que lo tendré.

Aquella camioneta de ocho personas fue acondicionada para que le cupieran más pasajeros retirándole dos sillones y poniendo algunas bancas de madera. Toda la imaginación del mundo les daba para poner asientos en los espacios que sobraran. Ya sólo faltaba que los llevaran en el toldo. En total cabían 18 personas. Quizás ayudaba que los nuestros son medio chaparros.

—¡No se ve ni madres! —exclamó Raúl al dar vuelta a la esquina.

Ninguno de los pizcadores se dio cuenta cuando Raúl llegó. La brisa no se los permitía.

—¿Quién falta? —preguntó Raúl.

—Ninguno —dijo Francisco.

—¡Vámonos!

Uno por uno se fue metiendo y ocupó su lugar en aquel reducido espacio. Cada cual ponía en sus faldas el lonche. Pusieron música. Los Tigres del Norte los deleitaba con aquella que dice "De paisano a paisano..." Hubo más de uno que intentó cantar.

—¡Mejor chíflala, cabrón! —gritó alguien.

Raúl conduce el vehículo con mucha prudencia. No se ve nada y él sabe el peligro que eso representa. Ya sólo faltan unas cuadras para llegar. Están en la Calle Brooklyn y el semáforo les indica que pueden avanzar. Nadie se imagina lo que está por suceder. Los Tigres del Norte siguen con su rola y algunos paisanos van retirándose las lagañas.

De repente se escucha un rechinido de llantas seguido por un fuerte impacto. Se oyen gritos, ya no hay música. La camioneta fue chocada por el costado por un tráiler de carga. Al chofer, un hombre de color, no le pasó absolutamente nada.

Aún no lo puede creer. Le entra una crisis de nervios. Ve que en el suelo hay cuerpos tendidos, algunos se mueven mucho, otros un poco menor y unos de plano ya no. Sale de su tráiler, se sienta a llorar... y se orina.

Todavía no hay señales de vida de los paisanos. En la esquina del accidente hay una iglesia, una enorme cruz de madera así lo señala. Ahí precisamente quedó tendido el cuerpo de uno de los nuestros. No se mueve, parece que no respira y su rostro tiene mucha sangre. ¡Lástima que no hay ninguna imagen de la Virgen de Guadalupe!

Más allá, a sólo unos cuantos metros, hay otro que se mueve muy lentamente. Abre los ojos, sólo ve, no puede hacer nada más, no tiene fuerzas, parece que se rompió algo más que la madre.

Por allá hay otro, y otro, y otro. También se ven frijoles, nopales y otros guisados. Las tortillas aún están calientitas. ¡Todo está en el suelo!

En la camioneta hay más paisanos, unos encima de otros. Hay sangre y carne con chile rojo.

Han pasado varios minutos y el chofer del tráiler sigue orinando. No hace nada. No sabe qué hacer. Por allá empieza a incorporarse uno de los nuestros. Tiene tanates. Logra levantarse y va en chinga a ver qué ha sucedido. Aún no lo cree. Es Raúl, que se rasca la choya y se le salen las lágrimas.

—¡Dios mío! —grita—. ¿Qué pasó? ¡Francisco! ¡Luis! ¡Jorge! ¡José! ¡Atiliano! ¡Mariano! ¡Con una chingada! ¿Dónde están? ¡Contesten!

No hay respuesta concreta. Sólo se escuchan lamentos, muchos lamentos.

Camina hacia la cruz y ve aquel cuerpo cuyo rostro está hacia el cielo, como si sus ojos buscaran algo específico. Se aproxima y no puede contener el lamento al ver el cuerpo de su amigo.

—¡Luis! ¡Luis! ¿Qué te pasa? ¡Por favor, responde!

Raúl ya llora. Mariano está a su lado.

—¿Qué pasa? —pregunta, pero Raúl no tiene respuesta.

—No sé —le dice al cabo de unos segundos sin dejar de intentar que reaccione Luis. Le abre los ojos, le grita al oído, poco falta para que le pique la cola.

—¡Está muerto! ¡Está muerto! —grita Mariano.

Ya han pasado más minutos y el chofer sigue orinando. Alguien ya llamó al 911 y se escuchan las ambulancias. La policía también hará acto de presencia pronto.

Algunos paisanos ya reaccionaron, pero no se incorporan. Algunos sólo tienen chipotes, otros están más lesionados. Los gemidos, el llanto y las sirenas de las ambulancias tornan el ambiente en una escena desgarradora.

—Father! Father! An accident! An accident! —se escucha en el interior de la iglesia.

El asistente del padrecito, Michael, corre en friega pero no encuentra al padre, quien en ese preciso momento se está dando un regaderazo.

—What? What? —grita el padre desde la regadera, mientras se talla y se enjabona "aquello".

—Por favor, padre, apúrele, hay muchos tirados en el suelo. Debe haber muertos y heridos.

El sacerdote le mete velocidad y sólo se lava lo más oloroso del cuerpo. Los codos y rodillas tendrán que esperar a mejor ocasión. Se pone el calzón al revés y en un dos por tres ya está vestido y se prepara para salir.

—Oh, God! —"¡Dios santo!" en totonaca, dice. Se persigna y de inmediato se avienta un padrenuestro.

La neblina ha cedido un poco y se puede observar con mayor claridad el panorama. El padrecito siente un fuerte escalofrío al ver el cuerpo del paisano tendido justamente frente a la cruz de madera.

—Trae unas sábanas —ordena el padre a Michael.

Con un español medio torcido va diciéndole a los paisanos que no se muevan de su lugar, que no intenten levantarse.

—¡Ya viene la ambulancia! ¡No se muevan! —les indica, y efectivamente, allá viene. El ruido es espantoso, le enchina la piel a más de uno.

El conductor del tráiler sigue sentado. Sus pantalones están mojados. Saca la cajetilla de cigarros Camel todos mojados, no importa que sepan a orines. Trata de encenderse uno pero no puede, no atina ni a ponérselo en la boca. Después de varios intentos, por fin logra darle el primer toque.

Raúl choca con el padre en aquel caos. Ambos se reconocen. En más de una ocasión, Raúl se confesó y el padre le mandó más de un padrenuestro de penitencia. Con todo y serio, Raúl era medio pecador.

—¿Qué pasó, hijo? ¡Mira cómo estás sangrando!

Raúl se toca aquel líquido que le escurre de la cara. Él hubiera jurado que era brisa de la mañana.

—¡No sé, padre! ¡No sé! —contesta Raúl. Al darse cuenta de que lo que le escurre es "mole" le entran los nervios—. ¡Ayúdenos, por favor! —le dice.

El padre no puede hacer otra cosa que tratar de tranquilizar a la raza. Entre inglés y español, intenta mantenerlos en calma.

—¡No! ¡No! —se escucha de repente un grito desgarrador.

El padre corre en chinga hasta el lugar de donde proviene aquel grito. Llega tropezándose al interior de la camioneta y encuentra a Raúl, que tiene en sus brazos a otro de los paisanos que parece que no reacciona.

—¡Es Francisco! ¡Es Francisco, padre! —Raúl no aguanta más el llanto. Las lágrimas se le confunden con el líquido rojo.

El padre comienza a orar. Reza y reza cuando se percata de que hay otro paisano tendido sin decir nada, sin mover nada, con la mirada vuelta al cielo. Él también requiere que alguien le llore, que alguien le diga "Dios te tenga en su santa gloria".

El padre lo toma en sus brazos y le apura a los rezos porque tiene que alcanzar para todos y hay muchos heridos. Nunca le había tocado estar en una situación como aquella.

Ahí están Raúl y el padre cuando llegan las ambulancias. Hasta los paramédicos, que ya han visto un chingo de escenas, se conmueven al ver aquello. Los cuerpos siguen ahí. En friega salen de sus ambulancias y comienzan a oscultar a los heridos. Los "Shit!" y los "Fuck!" ya se dejan escuchar.

El padre y Raúl salen de la camioneta. Pretenden ayudar, aunque los paramédicos insisten en que a Raúl se le revise. El padre puede ser útil, es trilingüe —habla español, inglés y hasta con Dios—. Raúl busca al sacristán. Necesita llamar a su mujer.

—¡Te digo que no sé qué pasó! ¡Te lo juro! —le dice Raúl a Adela.

—¿Hay heridos? —pregunta ella, nerviosa.

Raúl ya siente que los nervios le atacan las manos y la boca. No se le entiende cuando habla.

—¿Qué? —pregunta Adela.

—Esto está muy feo. Mira, sé que Luis y Francisco murieron. ¡Yo los vi! ¡Yo los vi! —repite Raúl tratando de conservar la calma—. Ve y avísale a la señora Linda. Ya ves que ella quiere mucho a los muchachos. Ella nos puede ayudar. Es de carácter fuerte y además habla inglés.

Mientras los paramédicos están en chinga realizando su trabajo, Adela apresura el paso para llegar a casa de Linda.

—¡No! —dice Linda—. Fuck! —se jala las greñas, se las acomoda y de inmediato se prepara para salir a buscar a sus "mexicans".

A pesar de su edad, aún tiene tanates para manejar. Su carro está más destartalado que ella. Aunque la distancia no es tan grande, se sube a la interestatal 4, se baja en la salida 6 y a las dos cuadras gira a la izquierda. Puede darse cuenta de la magnitud del problema con sólo ver de frente el tráiler que ocasionó el accidente.

—Oh, fuck! —dice.

De inmediato se baja del vehículo y ve a Raúl sentado en la banqueta. Entiende que aquello es mucho más serio de lo que se hubiese podido imaginar cuando ve que llegan los vehículos a cuyo costado se lee "Medical Examiner".

Linda no pregunta nada. Se incorpora a la tarea de ayudar a los paramédicos y al santo sacerdote que no se da tiempo para tanta traducción.

—And who are you? —"¿Y quién eres tú?", le pregunta uno de los paramédicos.

—Soy como la madre para algunos de ellos. ¡Te puedo ayudar a traducir! —dice.

El paramédico acepta con gusto el apoyo. Mientras tanto, el chofer del tráiler sigue ahí sentado, fumando todo orinado. Todavía está preguntándose qué fue lo que pasó. Ha de estar pensando que fue culpa de esos pinches mexicanos.

Los heridos son enviados a los hospitales más cercanos al accidente, a la ciudad de Hillsborough. Los muertos, Luis, Francisco y Mauricio, son llevados con el médico legista del condado.

Jorge, que ha sido llevado en estado crítico, no se imagina que dos de los fallecidos son sus carnales. ¡Que nadie se lo diga, por favor!

A 45 minutos del accidente, todavía quedan huellas de lo sucedido: la camioneta toda madreada, prácticamente destrozada, con la puerta lateral sumida, los cristales hechos añicos y el interior lleno de sangre y comida, embarrado de frijoles, de sueños de muchos paisanos y de sus familias.

El chofer sigue allí sentado en la banqueta. Ya se encuentra a su lado un tipo con finta de agente de seguros.

—No fue tu culpa —le dice—. ¡Fueron ellos!

La policía sigue tomando fotos para determinar quién fue el culpable. Ya está elaborando su informe preliminar. También está la compañía de seguros del tráiler. No han de querer pagar. Han de culpar, como dijo su agente, a los pinches mexicanos.

También ya han llegado los medios de comunicación. Ahí está la televisión de la ciudad de Tampa, que enfoca con las cámaras y toma un chingo de escenas.

Los de la Migra no se pueden perder aquel acontecimiento, pero ellos se limitan a asistir a la policía.

—¿Están aquí para deportarlos? —les pregunta el párroco de la iglesia.

—No —señala tajantemente el oficial de la Migra, quien por cierto tiene nombre de restaurante de comida rápida y habla muy bien el español.

El padre respira aliviado y da gracias a Dios de que los vestidos de verde sólo estén ahí en plan de chismosos. Después se sabrá que fueron ellos los que notificaron al Consulado de México del accidente.

Por allá va llegando un vehículo que trae placas diplomáticas del cual descienden tres personas: una mujer de verdad muy guapa, que lleva en las manos blocks de hojas amarillas, lápices, plumas, engrapadora y hasta cortaúñas; luego sigue el que venía manejando, un prieto con bigote espeso y la corbata fuera de lugar al que nada le combina; el último viste de forma muy desenfadada y se identifica como Cónsul alterno, éste tiene facha de todo, menos de diplomático.

El bigotudo en friega se pone a tomar fotos mientras el dizque cónsul platica con los oficiales y la muchacha que lo acompaña toma y toma apuntes. Ni siquiera los puntos y las comas se le van. Hasta los suspiros redacta. El bigotudo va de aquí para allá tomando fotos del lugar. Realmente parece fotógrafo profesional, hasta se tira de panza para tener una mejor perspectiva.

El sacerdote y la señora Linda se percatan de la presencia de los "diplomáticos", los siguen de cerca y escuchan algunas de las conversaciones que están sosteniendo con las autoridades.

–¿Cuántos muertos fueron? –pregunta el del Consulado.

–Fueron tres.

–¿Cuántos lesionados?

–Catorce.

Al señor del Consulado le llama la atención la presencia del padre y de Linda, pero sigue muy serio en su papel de alto funcionario.

–¿Qué fue lo que realmente sucedió? –pregunta.

–No puedo afirmarlo. Especulando, creo que fue el tráiler el que se pasó el semáforo al no tener buena visión por la neblina. Estaba muy espesa –responde el uniformado.

–¿Entonces fue culpa del tráiler? –insiste el del Consulado.

–Sí.

–¿Se detuvo al conductor?

–No. Se le dio una infracción de tránsito.

–¡Esto es una chingadera! –interrumpe el padre con toda la franqueza del mundo, valiéndole madres ser un religioso.

–You are fucking crazy! –dijo Linda, que no se quedó atrás y en claro inglés les señaló que estaban locos.

Al personaje del Consulado mexicano se le atora hasta la saliva del coraje, su compañera de empleo sigue tomando los apuntes.

El chofer del tráiler ya no está en el lugar en el que se había sentado para lamentarse de lo acontecido, pero queda su huella: varias colillas y una mancha húmeda donde había estado sentado.

Los reporteros siguen en chinga en busca de alguien a quien entrevistar... Los del Consulado no se dejan, el padre sólo les da la bendición y la Linda les dice "No, thank you!".

Los del Consulado se ven muy chingones y en friega buscan subirse a su vehículo con placas especiales. Dicen que se pueden estacionar donde se les pegue la gana. El padre alcanza al que dice ser el mero mero y le pide que los acompañe al hospital de Brandenton, donde fueron llevados la mayoría de los heridos.

—¡Claro! —dice el funcionario sin poder ocultar su sorpresa al ver que detrás del sacerdote viene la señora Linda. Ella también logra conseguir aventón. En menos de media hora, están en las puertas del hospital.

—From where? —les pregunta la recepcionista, que seguramente no entiende qué significa Consulado mexicano. Hasta ha de pensar que es un restaurante de comida mexicana.

—Mexican consulate! —responde la chica que no dejaba de apuntar todo lo que sucedía.

La gordita de la recepción hace más de un gesto, se chupa los dientes, se limpia la frente y con un "Wait a minute" se va en busca de sus superiores.

—Can I help you? —pregunta una recepcionista más esbelta.

El padre y Linda, ya enfadados, le entran al quite y le dicen a aquella mujer que están ahí para ayudar en la traducción a los enfermos.

Les permiten la entrada y los diplomáticos se van por allá para comenzar a entrevistar a la gente. Tienen que recopilar datos para elaborar su dichoso informe. Sus superiores les llamarán la atención si no llevan datos sobre lo que sucedió.

El padre no tiene que informar de nada a nadie. Linda sólo quiere saber de sus hijos los "mexicans". Los doctores y las enfermeras se ven a toda madre y permiten que éstos y aquellos hagan sus traducciones.

Por allá al fondo de la sala de emergencias se escuchan muchos gemidos, lamentos de dolor. Los enfermos gritan, piden que les auxilien, que alguien les ponga atención.

—¡Hijo! ¿Qué tienes? —pregunta el sacerdote a uno de ellos.

—¡Me quemo! ¡Me quemo! —grita el paisano, que trata de rascarse aquel cuerpo que le provoca una intensa quemadura.

El padre se desespera, no entiende lo que sucede. Se persigna en más de una ocasión pensando que puede ser Satanás el que está quemando al paisano. Segundos después detiene del brazo a una enfermera que pasa por ahí. La de blanco de volada le pone algún tipo de crema, seguramente una Nivea, y el paisano cierra los ojos. Le calmó el ardor del cuerpo. El paisano no tenía otra cosa más que el vinagre de los chiles jalapeños que le había caído en el cuerpo.

Los doctores están en chinga, y no se diga las enfermeras. Los traductores tratan de ayudar en lugar de estorbar. Los diplomáticos han recabado la información que buscaban: los paisanos heridos son en su mayoría de los estados de Guanajuato, Hidalgo y Oaxaca.

Dos de los muertos eran hermanos. Al tercer hermano se le ha perforado un pulmón. El otro petateado es del estado de Oaxaca.

Aquello es un verdadero caos. Unos tienen chipotes grandes, otros medianos y los menos peores unos chiquitos. Uno tiene un ojo completamente cerrado y le sangra. En la cama de enfrente hay otro que tiene una enorme cortada y también está sangrando. Por ahí cerca hay otro más que tiene una rajada en la panza. Él no se queja, se aguanta como los machos y permanece sentado en su cama.

Todo el mundo está en lo suyo, también la recepcionista del lugar, a la que muy a lo pendejo se le ocurre llamar a Migración. El padre se da cuenta de lo que está haciendo y cuestiona a la mujer.

—Son mexicanos y al parecer no tienen papeles —se limita a decir ésta.

—¡Te puedes ir al infierno! —le dice el sacerdote.

La recepcionista seguramente entiende a la perfección, porque deja el teléfono a un lado y ya no lo vuelve a utilizar.

—¡Llamaron a la Migra! —grita un paisano que estaba a unos metros de distancia y se dio cuenta de lo sucedido.

Aquello alborotó al gallinero. El padre les juró por todos los santos que los de verde no vendrían y su promesa surtió efecto al meter en el rollo a la Virgen de Guadalupe.

Conforme pasan los minutos se van tranquilizando. Linda no deja solos a los "mexicans" cuando son entrevistados por los diplomáticos. Existe algo de desconfianza porque dicen las malas lenguas que son medio mamones. El padre, por su lado, ya hasta les agarra la nacha a los paisanos para que los inyecten.

—Doctor Williams! Doctor Williams! The press is here! They are here! —dice la recepcionista avisando al doctor que la prensa ha llegado y preguntando qué debe decirles. En esta ocasión sí se le prende el foco y no habla a lo güey.

—¡Diles que regresen en media hora! —contesta el galeno.

Los reporteros se dan por bien servidos, pero algunos tratan de tomar fotografías a través de una enorme ventada de cristal que permite ver el movimiento de lo que sucede adentro. Ven chipotes, nalgas peludas y hasta la "chicuelita" de uno de los paisanos, quien se rasca los tanates por aquello del vinagre.

—Oh, my God! —se le escucha decir a una fotógrafa de color que pela los ojos—. ¡Ha de tener sangre negra! —agregó al ver aquello. Ya no hubo poder humano que la quitara de ahí.

Quienes de verdad no tienen madre son los que se confunden entre los reporteros: los abogados. Ya hicieron acto de presencia. Algunos tienen finta de asiáticos, otros de paisanos y unos más de negros. Saben que ese dolor, esa tragedia, les puede significar un chingo de dólares y no están dispuestos a dejar ir este "business".

—¿Se la puedes dar a uno de los afectados? —le dice el de aspecto chino a un paramédico que llega mientras le extiende una tarjeta de presentación con el nombre de una firma de abogados, y muy abajito, en letras negras, la frase "We love mexicans!".

Ya ninguno de los presentes puede ocultar el cansancio. Los trabajadores suspiran profundo. Los doctores se limpian el sudor de la frente, cierran los ojos y sin queja alguna corren al lado del paciente que gime ya que el cuerpo le quema. Allá en la esquina, una doctora ya se está tomando su Coca-Cola.

El menos jodido de todos los paisanos es Raúl, quien al ser atendido en todo momento pela los ojos.

—Faltan tres de los muchachos —le dice el padre acercándose a él—. Seguramente se los llevaron al otro hospital de la ciudad. En unos momentos nos vamos para allá, no te preocupes.

—¿De verdad, padre?

—Sí —contesta el religioso.

Linda, por su edad, ya no pudo aguantar el ajetreo y tuvieron que darle las gracias y regresarla a su "house". De lo contrario hubieran tenido que brindarle a ella también los primeros auxilios. A la pobre viejita por poco y le da un ataque al corazón al ver cómo quedaron sus "mexicans", pero no se fue. Nomás se quedó en su carro por lo que se pudiera ofrecer.

Raúl y el padrecito van saliendo por la puerta trasera del hospital cuando son abordados por los diplomáticos. El sol cala muy tupido y los cinco buscan refugio de los rayos del sol.

—¡Hay mucho que hacer, padre! —comenta Raúl.

—Sí, falta informarle a María de lo sucedido —dice el padre limpiándose aquellos lentejuelos al estilo John Lennon.

Los del Consulado sólo escuchan. El padre limpia nuevamente los lentes mientras la empleada consular se quita el suéter. Tiene muy buena figura, y aunque el padrecito se hace el disimulado, no pierde detalle de aquello al verla de reojo.

Los del Consulado ya se despiden diciendo que seguirán con sus investigaciones.

—Yo voy a hablar con María —dice el padre.

—Yo lo acompaño. Es mi obligación —señala Raúl.

María está sentada en los escalones de la puerta principal de la casa cuando el padre y Raúl llegan acompañados por Linda. Los tres se bajan lentamente, muy lentamente, del carro de esta última. María, al verlos llegar, se levanta de volada como si le hubieran puesto un cuete en la cola. Pegó un brinco tan ágil que parecía que no estaba embarazada.

—¡Dígame que no es cierto, padre! ¡Dígamelo! —grita María.

—Tranquila, hija, por favor —dice el religioso.

—¡Sólo dígame que no es cierto! —insiste María mientras Linda la abraza.

Ante el silencio del padre, María le exige una respuesta a Raúl. Éste no le retira la mirada cuando la mujer le pregunta por su marido.

—Luis murió —dice Raúl.

María termina de rodillas en el suelo, gritando, llorando, pidiéndole a Dios que todo aquello sea una pesadilla. Se soba la panza como queriéndole decir al de allá arriba que por lo menos le hubiera dado el gusto a su marido de conocer a su heredero. ¡Sería un niño!

Ahí se queda María un buen rato. Los demás le respetan el momento. Linda no deja de acariciarle el pelo o la cara, le soba la espalda. A ella también se le asoman las de San Pedro, pero le hubiera gustado sobarle el alma, o por lo menos estar en el lugar de su marido. Ella ya está vieja, ya ha vivido demasiado. Luis era un joven luchón, con ganas de salir adelante y darle más de lo que él tuvo a esa personita que esta mujer lleva en el vientre.

La gringa llora en inglés y mira hacia el cielo en busca de una respuesta. Lamentablemente, allá no la va a encontrar. Ella puede ser muy importante de hoy en adelante en la vida de sus "mexicans".

Ya con todo el rostro desfigurado por el moco suelto y las lágrimas que le escurren por los cachetes, María es llevada al interior de la casa. Al padre le preocupa su situación, piensa que puede afectar al chamaco que está a punto de nacer.

María se pone mal, pero mal. Raúl y el padrecito piensan que lo mejor es llamar al 911, ese bendito número de emergencias.

La ambulancia llega al poco rato, pero María se niega a salir de su casa. No suelta en ningún momento la foto de su marido, aquella en la que aparece con su playera de futbol en la cancha de su pueblo, aquella en la que están frente a un Cristo crucificado. Los paramédicos, a los que aún se les nota el cansancio, intentan convencer a María de que sólo la llevarán para una revisión.

—¡No quiero ir! —grita.

—¡Yo voy contigo! —dice Linda.

—¡Por favor, señora! —dice uno de los paramédicos, como diciéndole a María "No la chingue, ¿no ve cómo estamos también nosotros?".

—Cualquier cosa que pase, le aviso, padre —alcanza a gritar Linda.

El padre le da la bendición y se queda junto con Raúl parado afuera de la "yarda", o sea el jardín, de la casa, rascándose la choya. Aún no dan crédito a lo que ha sucedido esa mañana. En alguna ocasión leyeron en algún periódico o vieron en las noticias que algún paisano había fallecido en circunstancias parecidas, pero nunca pensaron que les sucedería a ellos. A Raúl de repente le entra el remordimiento, quizá se siente culpable de todo.

En más de una ocasión, alguien le dijo que el vehículo que utilizaba para transportar a los paisanos no estaba en las mejores condiciones. Había retirado los asientos para colocar algunas bancas de madera de manera que cupieran más. Ninguno de los pasajeros tenía un cinturón de seguridad, menos los que se sentaban entre las bancas.

Raúl cierra los ojos y se cuestiona en sus adentros. En esos mismos adentros quiere contestarse que él no tuvo nada que ver con lo que sucedió. "Yo no fui —se dice—. No soy el culpable".

—¿Verdad que no soy culpable, padre? —pregunta.

—Tú no eres culpable. ¡No lo eres! —le contesta tomándolo del hombro—. Vamos, hijo, tenemos mucho que hacer todavía.

Raúl comprende de inmediato a lo que se refiere el padre. Tienen que ir con el médico legista para identificar oficialmente los cuerpos de los fallecidos. Toman el vehículo de la gringa y se van de volada para allá.

Raúl va manejando. El vendaje que le pusieron en la cabeza ya se le está aflojando. El calor y la humedad hacen que el líquido rojo le escurra un poco. Le da poca importancia y sigue su camino.

El padre está confundido ya que la ruta que siguen no es la que él conoce. Raúl se ha desviado por la Calle Segunda y da vuelta en la Main.

—¿Adónde vamos? —pregunta el sacerdote.

—A mi casa, padre. Quiero abrazar a mi mujer —dice Raúl.

Y quizá su mujer presiente que su marido vendrá a buscarla porque todo este tiempo ha estado recorriendo las cortinas con la esperanza de verlo llegar. El presentimiento es acertado. Raúl desciende del carro. Se le nota nervioso, pero a la vez feliz. Su mujer sale de volada. Los dos corren en chinga y se encuentran en la mitad del jardín, bueno, si se le puede llamar así. No se dicen nada, sólo se abrazan. Hay un silencio infinito. Por un momento hay paz y tranquilidad.

—Te amo —le dice ella.

Raúl no contesta. Está todo ido, de repente siente escalofríos, de repente nervios, como que apenas le está cayendo el veinte de lo sucedido.

—¿Y los niños? ¿Dónde están los niños? —pregunta de pronto con mucha ansiedad.

Ni falta hace gritarles. Los tres ya están a su lado todos chorreados. El más chico no suelta la mamila.

—¡Gracias, Dios! —murmura Raúl al sentir los abrazos de sus hijos.

Después de que su mujer le arregla un poco el vendaje y le limpia la sangre, Raúl se despide de los suyos y en compañía de su nuevo amigo agarra el camino debido hasta llegar con el médico legista. Logran esquivar a los periodistas que ya están por ahí en busca de la noticia.

Tras una espera de no más de media hora, ambos entran a un cuarto muy frío y sienten escalofríos, más cuando se encienden las luces y ven aquellas planchas con los cuerpos cubiertos por sábanas blancas.

El trabajador del médico legista le pide a Raúl que se acerque un poco más. Raúl se agarra un tanate, pero al sentir que le duele luego luego lo suelta y por poco se lo agarra al sacerdote.

—¡Perdón! —le dice.

El padre simplemente sonríe y camina a la par de Raúl. Las sábanas son retiradas de los cuerpos y Raúl inclina la cabeza. El padre de inmediato hace la señal de la santa cruz con sus deditos y da un titipuchal de persignadas, como si con eso les asegurara el ingreso al cielo.

—Éste se llama Luis Hernández —dice Raúl con toda seguridad cuando destapan el primer cuerpo.

—Éste es Francisco Hernández —dice al ver al segundo. Ya sólo le falta uno.

—Este último es Mauricio Parra.

Los tres salen de ahí. El empleado no suelta su hamburguesa y le da a Raúl unos papeles que debe firmar. Éste se ve medio picudo y revisa con mucho cuidado los documentos, como si de verdad entendiera inglés. Hasta el padre se queda apantallado.

—¿Entiendes todo, hijo? —pregunta el de la sotana.

—No, padre, pero pa que no digan que soy pendejo…

Mientras esto sucede, no muy lejos de ahí los empleados consulares tienen problemas en la recepción del segundo hospital. La recepcionista, como suele suceder, es medio mensa y no entiende el perfecto inglés que los diplomáticos han aprendido tanto en las mejores universidades del país como en sus cursos de Follow Me.

Después de deletrear nombre y apellido, son informados de que el señor Mario Ramírez está medio jodido. Cuando preguntan por Sánchez se les indica que el madrazo recibido ha sido tal que lo ha dejado en coma. ¡Pobre paisano! Si sale de ésta seguramente quedará medio menso.

Los funcionarios no se retiran sin antes verlos. Ahí están los dos, les tocó el mismo cuarto. No dicen ni pío.

—¿Vivirán? —pregunta el del Consulado.

—Sí, esperemos que sí —contesta la jefa de enfermeras.

Los diplomáticos ya buscan la salida cuando escuchan que la misma empleada de blanco les grita:

—¡Esperen! ¿No piensan visitar al otro paciente? Se llama Jorge Hernández, eso decía la credencial que traía.

—¿Está muy mal?

—Se le colapsó el pulmón.

Pasando los dedos entre sus cabellos, como diciendo "Ya estamos cansados", los tres se dirigen adonde se encuentra el otro paisano. Ahí está Jorge, con tubos en la nariz y otro en el brazo por donde le suministran insulina. Jorge duerme, y qué bueno porque de lo contrario seguro estaría preguntando por sus carnales.

Los tres salen ya muy agotados. El día ha sido muy largo. Accidente, heridos, muertos, reporteros, y todo esto sin comer. La panza ya avisa que es tiempo de refinar y terminan aventándose unas hamburguesas. Tienen tanta hambre que ni se lavan las manos.

Ya son las siete de la tarde y el sol apenas se está ocultando. La tarde está hermosa. Cruzando el puente se ve un enorme lago. Hay patos y toda la cosa. Mientras los diplomáticos salen del restaurante, el padre y Raúl salen también de identificar los cadáveres. Los primeros se van de regreso a Orlando, los segundos derechito a casa.

El padre ya se apuntó para cenar en casa de Raúl. No importa lo que haya, él se comería cualquier cosa. Le sirven nopales con frijoles. Esta vez no alcanzó para la carne, pero no hay queja por parte del religioso, que en todo momento le da ánimos a nuestro paisano. Debe ser el golpe que recibió lo que lo tiene así.

Los frijoles se han acabado y de los nopales sólo quedan unos cuantos. Sólo hay una tortilla. De pronto Raúl se acuerda de María, que esa tarde ha sido llevada al hospital.

—¿Vamos a ver cómo está María?

—¡Sí, claro! —contesta el padre.

Ya se saben el camino. La carcacha de la anciana todavía tiene gasolina. Tienen que pasar por el lugar donde esa misma mañana ocurrió la tragedia. Todavía se ven trozos de jalapeños, frijoles y un recipiente de plástico con algún guisado de chile rojo. Sienten escalofríos al ver la escena. La enorme cruz de madera tiene aún manchas de sangre.

Cuando llegan al hospital piden información en la recepción. Esta vez no hay problemas para que los entiendan. El padre se ha encargado.

—Cuarto piso —les indican.

Siguiendo las instrucciones, llegan a su destino final. Preguntan por María y les contestan que está tranquila. Ya están frente a ella. No dicen nada, solamente la observan. Se les une Linda, que ha ido al baño y viene ajustándose los calzones y limpiándose lo mojado de sus manos en su falda de por sí cochina. Los minutos pasan, el padre ya se está quedando jetón en aquel sillón amarillo. A Raúl le tocó el suelo y a Linda también ahí le gustó. Por fin encuentran un momento de tranquilidad. Respiran profusamente, pero la tranquilidad se acaba pronto con la llegada de la jefa de enfermeras de la unidad.

—Excuse me! —dice ella.

Raúl y el padre reaccionan de volada. Ambos se retiran la baba que ya les escurría.

—Yes! —contesta el religioso y pregunta por el estado de salud de María.

—Está bien —señala la enfermera—. Sabemos lo de la tragedia. Todo el mundo sabe lo que sucedió, pero ella en términos generales se encuentra bien. Incluso se la pueden llevar a casa si así lo desean.

—¿De verdad nos la podemos llevar a casa? —dice Linda.

El padre traduce a Raúl, que sólo pela los ojos al escuchar que pueden sacarla del hospital, pero también siente alegría por saber que todo está bien. Sólo es cuestión de esperar a que María salga de los brazos de Morfeo, lo cual sucede por ahí de las 11 de la noche. Parece que está drogada. Tiene la mirada fija en quién sabe qué, pero los reconoce a los tres.

—¡Gracias! —les dice en voz baja.

—¡Vamos, hija! Vamos a casa —le dice Linda.

La noche es fresca. La humedad está deliciosa. El ambiente está como para preparar una carne asada con los amigos, destapar unas cervezas, platicar de lo que se dejó al sur de la frontera y hablar de los sueños por los que uno vino a Estados Unidos.

Seguramente algunos lo están haciendo y otros más cumplirán sus sueños, pero el día de hoy, por lo menos tres de los paisanos, dos de ellos hermanos, tuvieron su punto final. Hay otro que está en coma y quizá viva, pero quién sabe en qué condiciones. Se acabaron las ilusiones. Tantas broncas para llegar a este lado del Río Bravo para terminar tendido en una plancha de acero y regresar en una caja de muerto. ¡Eso está de la chingada!

María sale lentamente del vehículo asistida por Linda y por el religioso.

—¿Te la encargamos? —le pregunta Raúl a Linda.

—Thank you! —le dice el padre.

Ambos se retiran. Ya el cansancio los tiene jodidos.

—Nos vemos mañana —le dice Raúl cuando llegan a la iglesia.

Ambos cierran los ojos por un momento y el padre se mete de volada. Ya quiere llegar a su morada. Sólo ve a Raúl que a lo lejos le dice "gud vay".

El padre termina de darse el baño que quedó pendiente esa mañana. En esta ocasión sí se lava absolutamente todo, hasta se lo talla.

Al salir del "shower", como dicen los gringos, o del "regaderazo", como dicen los que no saben tanto, enciende el televisor y se encuentra con las noticias. Ahí está la cruz de madera, enfrente de su iglesia. El padre cierra los ojos y se apura a apagar aquel chismerío. Ya ha tenido demasiado para un solo día.

No muy lejos de ahí, en el "trailer park", o sea donde están estacionadas un chingo de casas rodantes con permiso de las autoridades, no se escucha la música de los Tigres del Norte, de los Tucanes de Tijuana ni de los K-Paz de la Sierra. Esa noche hay silencio. Los compas están fuera de las casas platicando lo que esa mañana ha sucedido. Quieren guardar luto por los fallecidos.

Ahí está Jesús junto con algunos otros más que también fueron víctimas. Algunos fuman, otros, pa qué negarlo, se avientan unas chelas. Por allá está uno que tiene toda la cabeza vendada porque recibió un buen madrazo, y más acá está otro que tiene la pierna enyesada y uno que sufrió fuertes golpes en el cuerpo escucha atento lo que los demás dicen.

Un buen rato hablan de Mauricio, el chavo de Oaxaca. Como siempre sucede cuando alguien estira la pata, todo el mundo habla maravillas de él, sin importar que esa misma mañana hubieran dicho que era un ojete.

—¿Tenía poco de haber llegado? —pregunta uno.

—¡Pobre güey! —dice el que está chupando.

También se acuerdan de los dos hermanos que fallecieron. De éstos hablan mucho más. Tal vez porque los conocían de más tiempo. Quizá porque de verdad eran a toda madre.

No hay gritos ni música a todo volumen. No hay necesidad de que nadie grite "¡Apaguen esa chingadera!". Esta noche hay luto.

Cuando Raúl llega a su pequeña casa, sólo tiene ánimos de besar a su vieja e ir a la recámara de sus chamacos a decirles que los ama.

—Mañana será otro día —le dice Adela.

Y el día siguiente llega. Es sábado, por cierto. El sacristán sale muy temprano esa mañana a comprar los periódicos. El *Tampa Tribune* tiene en la página principal una foto de la iglesia con la enorme cruz de madera y el cuerpo de Luis tendido junto a ella. El *Orlando Sentinel* muestra cómo quedó el vehículo de los paisanos, y en la portada del *Brandenton* se observa la foto del conductor del tráiler sentado en la orilla de la banqueta toda orinada.

El sacristán está entre sorbo y sorbo de café y mordidas de dona cuando lo interrumpe el timbre de la puerta principal.

—Coming! —les grita a los que están afuera.

Apresura el paso para atender el llamado y se encuentra con dos sujetos muy bien trajeados a los que no parece importarles el calor, que a esa hora ya provoca el ardor en el lomo.

Disimuladamente se retiran el sudor de la frente. Uno de ellos es un güero de pelo relamido hacia atrás que seguramente se puso todo el gel. De pequeño al parecer sufrió acné porque tiene la cara marcada. Sus lentes negros son de ésos que les llaman Ray Ban. Su acompañante es de mediana estatura. Por su finta fácilmente pudiera ser de Oaxaca. Es medio chaparrón y prieto. Su corbata no es tan fina como la de su jefe y no combina con aquella camisa de florecitas. Se ve cansado, seguramente de cargar aquel maletín del patrón que fácil le llega hasta las rodillas.

—¿Puedo hablar con el padre? —pregunta el güero.

—¿Quién lo busca? —pregunta a su vez el sacristán.

—El abogado Terry.

Los trajeados se quedan en el jardín de la sacristía esperando. La espera es larga y poco a poco se les va quitando lo modositos.

—¿Abogados? —pregunta el padre a su asistente.

—Eso dijeron.

—¿Pues qué hiciste? —pregunta el sacerdote, quien aún tiene los pelos parados y los ojos hinchados por toda la chamba que tuvo el día anterior.

—¿Qué les digo, padre?

—¿Qué quieren?

—No sé. Ya les pregunté y dicen que solamente lo comentarán con usted.

El abogado Terry efectivamente no quiso soltar la sopa. Lo que quiere es hablar directamente con el de la sotana.

Minutos después sale el sacerdote a buscar al abogado, quien sin ser invitado a pasar a la oficina de la iglesia ya está todo sentado, indicándole a su ayudante totonaca que saque algún documento y su currículum.

Ahora sí que el sacerdote se queda como güey. El abogado habla y habla. Le platica hasta dónde estudió la primaria, la secundaria y la preparatoria.

—Perdón... —intenta interrumpir el sacerdote.

Pero el abogado sigue en lo suyo. Lo bueno que llegando a la universidad toma un respiro y luego da pormenores de dónde estudió leyes.

—Pero... —nuevamente el sacerdote se queda con la palabra en la boca.

—Yo quiero mucho a los mexicanos —dice el abogado en un inglés cortado por la avaricia. En sus ojitos verdes se le notan los dólares.

El padre sólo pela los ojos.

—He peleado muchos casos por ellos en la Corte. Es más, mi asistente es uno de ellos. Yo los quiero. Cuando él llegó conmigo no hablaba ni una sola palabra en inglés. Ahora sabe decir "Thank you". Ellos son mi sangre. Mi bisabuelo viajó a México en su juventud y se enamoró de una de sus mujeres. Desde entonces los queremos.

—Me imagino —dice el sacerdote dándole un sorbo a su café—. ¿Y en qué le puedo ayudar?

—Yo sé que usted está muy involucrado en lo que sucedió ayer. Entiendo que la gente le tiene confianza. Usted puede ser el conducto para que ellos tengan una representación importante. Tenemos que luchar por que nuestra gente sea respetada —dice el güero apretando las mandíbulas en señal de encabronamiento y dejando caer el puño de su mano sobre la mesa de aquella oficina, lo que hace que una cruz de cristal se caiga y se rompa.

—Por eso no se preocupe, padre —dice el abogado sin disculparse. Saca un cheque en blanco y pone la cifra de lo que él cree pudo haber costado el crucifijo: cinco dólares.

El padre se espanta más por la cara que puso el trajeado que por el golpe que le dio a la mesa. Intenta limpiar el café que también le había tirado cuando el sacristán le indica que tiene una llamada telefónica.

—Hello? —dice.

—Buenos días, padre —se escucha del otro lado de la bocina.

—¿Con quién tengo el gusto? —pregunta el sacerdote.

—Con el abogado Richards. Me urge hablar con usted. Me he enterado de lo que le sucedió a la gente de la comunidad y quiero poner a su disposición mi despacho legal.

El sacerdote lentamente va depositando la bocina en una pequeña mesa que tiene al lado. El abogado Richards sigue con su presentación. Seguramente iniciará por el kínder y llegará hasta la universidad. Puede ser que su abuelo también haya tenido un romance con una mexicana.

El padre llega hasta donde dejó al abogado Terry, que ya está preparando una presentación. Sacó una pantalla portátil y está a punto de iniciar con los acetatos llenos de fotos, recortes de periódicos y otras monadas más.

—Le pido por favor que se vaya —le dice.

—¡Padre! Sólo tome asiento y observe lo que puedo hacer por su gente —contesta Terry, quien no cree que lo que ha dicho el sacerdote sea en serio. Ya hasta sacó un puro y lo recortó. Escupió el pedazo en el suelo y tiene el encendedor en la mano.

—Insisto en que se vaya —le reitera el padre.

En ese momento entra otra llamada y el sacristán corre a avisarle. Es Raúl.

—Cuando regrese, no lo quiero ver aquí —le dice al abogado, quien del coraje ya casi saca humo hasta por la cola.

—¡Raúl! Dime, hijo —responde el sacerdote.

—Padre, aquí en la puerta hay un abogado. Tiene cara de ésos que trabajan en los panteones. Está ojeroso y mide como dos metros. Dice que le permita entrar. Ya por debajo de la puerta me dejó su tarjeta de presentación. ¿Qué hago?

—No te muevas. Voy para allá.

El padre empieza a comprender que el problema de los paisanos apenas está comenzando. Habrá un chingo de gente, entre ellos los abogados, que les prometerán las perlas de la Virgen.

Una vez medio peinado, medio aseado y posiblemente con los mismos calzones, el padre se dirige a ver a Raúl cuando es detenido por el abogado Terry, quien ya le apestó la oficina con el puro.

—¡Hábleme! —le dice dejando su tarjeta de presentación junto con un cheque en blanco.

Por un momento, al padre se le olvida su profesión, mira al cielo, luego a aquel güero de mierda, y le dice:

—Fuck you!

El religioso llega acompañado por Michael a la casa de Raúl. De verdad que éste no mintió en la descripción que hizo del abogado. Cuando baja de su vehículo, salen de los suyos otras personas que estaban en los autos estacionados. Parece como si el padrecito tuviera miel.

Raúl está atento y al ver llegar al padre le abre la puerta inmediatamente.

—¿Qué le parece, padre? —dice Raúl.

—Nunca esperé esto. Sin embargo, algo tenemos que hacer, ¿pero qué? —dice el padre y se queda pensando unos segundos—. Por el momento hay que buscar la forma de hacerle llegar a la gente el mensaje de que nos reuniremos mañana en la iglesia después de la misa de 10.

—¡Yo me encargo! —dice Raúl.

Esa mañana el religioso come a toda madre en casa del paisano. Se avienta unos frijolitos fritos con su queso fresco y un trozo de carne asada acompañada de unas rebanadas de jitomate y cebolla. ¡No quiso saber más de los chiles jalapeños!

Y después de eso, a hacer las llamadas pendientes. Hay que notificar a una familia allá por los rumbos de Tacámbaro, Michoacán, sobre la muerte de dos de sus hijos y la hospitalización del tercero. Igualmente hay que llamar a Oaxaca. Mauricio también tenía familia.

Es Raúl quien marca. Él es el primero en decir "¿Bueno?" y al tener respuesta al sur de la frontera, le pasa al padre la bocina.

—¿Tranquilino Hernández? —pregunta.

—¿Quién habla? —contesta una voz débil y cansada, de una persona muy grande o ya muy trabajada.

—Soy un sacerdote de los Estados Unidos, de Florida. ¡Tengo que decirle algo!

—Diga usted, padre, ¿en qué le puedo ayudar?

—Lamento informarle que sus hijos Luis y Francisco fallecieron el día de ayer —las palabras del sacerdote salen con gran dificultad. Se le atora el gallo, o los gargajos o como usted quiera llamarlos, pero le es difícil dar aquella noticia.

—¿Y mi Jorge? ¿Cómo está? —pregunta la voz, más débil todavía.

—Él vive... Vive... —reiteró el padre—. A él se le colapsó el pulmón.

—¿El qué? —pregunta Tranquilino.

El sacerdote trata de explicarle, pero Tranquilino a todo dice "Ta bien, ta bien".

Tranquilino cuelga el teléfono. Se retira aquel sombrero viejo que cubre sus nuevas canas. Está flaco. Tiene el cuero pegado al hueso. Se limpia la saliva de aquellos bigotes tan viejos como él, se prende un cigarro Alas y se va por ahí, luego agarra otro rumbo y finalmente llega a lo que él considera su "house" y le comunica a su mujer lo que le dijeron. Su vieja sí llora un poco, muy poco. Parece que los jodidos hasta eso van perdiendo. Quizá sienten que ya no tienen derecho ni a eso. Tal vez ellos mismos se culpen de tener que irse a los Estados Unidos.

También llaman a Oaxaca. Aquí los lamentos y el llanto se dan en algún dialecto. Cuando llamaron a Hidalgo los familiares del que está en coma no entienden qué significa eso.

—Pobre gente —dice el padre.

Mientras están realizando las llamadas, más de una tarjeta de presentación de abogados pasa por debajo de la puerta. Hay de chinos, puertorriqueños y algún afroamericano. Todos dicen ser amigos de los "mexicans".

—Oh, my God! Oh, my God! —murmuran los profesionistas de las leyes.

Al padre y a Raúl no les queda de otra más que quedarse en casa esa tarde. Hablan de todo, ya que hay muchas cosas pendientes todavía. Hay que trasladar a los muertos de regreso a México y ver por los que todavía están medio madreados en los hospitales. Jorge sigue en estado crítico y el que está en coma bien puede estirar la pata.

Por momentos sólo se escuchan suspiros, suspiros de cansancio o de "¿Por qué a nosotros?". El padre sale de casa de Raúl a muy altas horas de la noche. Se le ve cansado. Ya está hasta la madre.

Al día siguiente nadie repica las campanas para llamar a misa de once. Acá con los gringos no existe eso de que el sacristán o los acólitos vayan en friega al campanario para darle duro a las campanas, a veces hasta exponiendo el físico. Aun así, ese domingo, en esa misa en particular, aquello está a reventar, como si fueran a regalar algo.

En las afueras de la iglesia, los anglosajones chismorrean antes de entrar. El accidente del viernes pronto dejará de ser noticia, pero aún lo es.

—¡Pobrecitos! —dicen algunos refiriéndose a los nuestros.

—Es culpa de ellos —señalan otros—. Mejor que se queden en su país. Aquí no los necesitamos.

El padrecito agiliza la ceremonia. Junta la primera y la segunda lecturas en una sola y el evangelio se lo echa en menos de un minuto. El amén llega pronto. La gente quiere abordarlo para preguntarle sobre lo que ha sucedido.

—I'm running late —les dice excusándose de que llega tarde a otro lado.

—¿Tiene chorro? —le pregunta alguien.

El padre lo mira de reojo y sigue con su prisa. ¡Y vaya que la tiene! En la parte trasera de la iglesia, bajo la coordinación de Raúl, ya hay algunos de los paisanos accidentados. Unos caminan con dificultad y a otros más se les ven las huellas de los madrazos que se dieron. Se van acomodando como pueden.

Al poco rato llegan dos más. Uno de ellos tiene un enorme parche en la frente. Todavía se le ve la sangre. Parece que no se ha cambiado la venda porque ya se ve prieta y bien cochina. El lugar no tiene aire acondicionado.

A algunos ya se les escurre el sudor por la frente, pero nadie dice nada. Se aguantan como los machos.

Por allá van entrando unas personas extrañas a las que Raúl ni conoce. Una de ellas tiene aspecto de malencarada. Es prieta, flaca, mide más de uno sesenta y tiene el pelo corto. No habla con nadie y se sienta en la mera esquina sacando de su portafolios una libreta de hojas amarillas. Hay otros que no tienen cara de querer ayudar. Seguramente quieren sacar provecho de la tragedia y salir en las noticias. Unos más dicen pertenecer a la organización TPP –Todo por los Paisanos–, de muy reciente creación… precisamente el viernes del accidente.

También hace su aparición el asistente del abogado Terry y detrás de él dos mujeres que tienen aspecto de religiosas y, efectivamente, lo son. Se persignan ante la imagen de la Virgen María. Ellas pertenecen a la organización de Caridades Católicas.

A las 12:30 de la tarde, aquello está a reventar. Los olores son espantosos. Seguramente más de uno ni se bañó ese día, y se escuchaban los murmullos.

Poco tiempo después entra María. Tiene la cara hinchada de tanto chillar y la panza como que ya le quiere explotar. Camina como pingüino y alguien inmediatamente le ofrece un lugar para que se siente.

El padrecito entra y le llama la atención ver por ahí a más de un infiltrado. Con la mirada cuestiona a Raúl, quien sólo levanta los hombros como diciéndole "¿Y qué hago?".

El padre comienza a hablar. La flaca y el ayudante del abogado apuntan.

Hay que ayudar a los lesionados para llevarlos al hospital a revisión. Hay que organizarse para darle de comer a los que no tienen dinero o la forma de hacerlo. Hay que hacer los contactos para trasladar los restos de los muertos de regreso a su tierra natal.

Las religiosas se ofrecen para hacerla de todo. Las de Caridades Católicas sí que son fregonas. Ayudarán a llevar a los pacientes para su chequeo al hospital y les harán la comida a los paisanos que no tengan quien les cocine.

La flaca prieta, el ayudante de Terry y otros más siguen apuntando. Cosas de la vida, todos ellos levantan la mano y manifiestan su deseo de ser ellos los que lleven a cabo una demanda civil a favor de los paisanos.

–Son de los nuestros –dice la flaca, que no ocultó pertenecer a una firma de abogados del estado de Georgia.

–¡Mi patrón es a toda madre! Él quiere a los nuestros como si fueran de su propia raza –dice el ayudante de Terry.

–¡Nosotros somos muy buenos! –grita uno que está hasta el fondo.

–I will help the "bro" –tiene la desfachatez de decir el abogado afroamericano, tratando a los fallecidos como sus hermanos. Ya sólo le falta decirlo a ritmo de rap.

El padre los observa y se retira el sudor de la frente. Raúl ya está a su lado.

—Ahora resulta que todo el mundo se preocupa por esta gente —les dice a los ofrecidos.

Uno por uno, los presentes salen del lugar detrás del padre, que es el primero en hacerlo. Detrás de ellos van los asistentes de los abogados, tratando de convencerlos de llevar a cabo una demanda. La flaca se encabrona al no obtener eco de los paisanos.

—¡Por eso están jodidos! —les dice de lejos el asistente de Terry, que finalmente se da por vencido.

Después de tantos trámites burocráticos, en su momento los cuerpos ya están listos para ser regresados a México. Antes de que esto suceda, a Luis, a Francisco y a Mauricio se les ofrece una misa de cuerpo presente precisamente en la iglesia frente a la cual ocurrió el accidente. El templo está repleto. En las primeras bancas está María, que no va de luto. Se ha puesto lo que ha podido. La panza está que le revienta. Le brinca a cada instante. Parece que el chamaco quiere despedirse de su jefe. Ella no deja de tocársela, como queriéndole decir que se espere. Jorge está a su lado, ya fue dado de alta del hospital, parece que ya le inflaron el pulmón. Se ve bien, así, a secas. Como que todavía no le cae el veinte. Aún no asimila lo que ha pasado.

También está Adela con sus tres chamacos. Raúl está a su lado. El padre lo invita a que diga algunas palabras pero sólo alcanza a tocar los tres ataúdes y la saliva le tapa la garganta.

—¡Lo siento! —fue lo único que pudo decirles.

Y aunque usted no lo crea, en las bancas traseras de la iglesia están, como siempre sin ser invitados, la misma flaca y los asistentes de los abogados, quienes aprovechan cualquier contacto con los afectados para ofrecerles sus servicios. ¡Ah, qué cabrones!

Los cuerpos serían trasladados en el primer vuelo del siguiente día. Allá en el pueblo, la familia les lloraría.

A una semana de lo sucedido, los paisanos dejaron de ser noticia.

No ha pasado más de un mes del accidente cuando María da a luz a un hermoso niño (siempre se dice así, aunque el chamaco esté bien gacho). Ella lo sostiene en sus brazos y espera a que abra los ojos para enseñarle una foto de quien fue su padre.

La enfermera llega con unos papeles para llenar.

—¿Cómo se llamará el bebé? —le pregunta.

—Luis —contesta ella.

Demanda civil

¡Cuántas veces no hemos escuchado que en los Estados Unidos se puede demandar por todo! Nuestros paisanos no están exentos de pensar que ellos también tienen derecho a recibir una compensación por algún daño sufrido. Los compadres o amigos suelen ser los primeros consejeros y nos sugieren entrarle a este mundo complicado de abogados, cortes y sueños de ganar un "resto de lana" en una demanda.

Los medios de comunicación –léase televisión y periódicos– desempeñan un papel muy importante anunciando "bufetes", no de comidas, sino de un titupuchal de abogados: los defensores, los defensores de la raza, los abogados tricolores, entre otros.

¡No es cierto que se pueda demandar por todo! Hubo quien, en su momento, pretendió hacerlo porque se resbaló en una tienda departamental y al momento de caer enseñó los chones. Se sintió ofendida y avergonzada... Tal vez porque estaban sucios. ¿Se puede demandar por eso? Sí, se puede hacer, pero al final de cuentas no se obtendrá ningún beneficio. Se perderá el tiempo. Por lo que, paisano, la primera pregunta que debes hacerte es: ¿Tengo un reclamo verdadero?, es decir, ¿he sufrido un perjuicio o daño que pueda resolverse por la vía legal?

En segundo lugar, debes estar seguro de que el incidente de verdad te haya perjudicado, y finalmente debes tener en mente que cada estado tiene leyes en las que se mencionan los tiempos en que se tiene derecho a presentar una demanda. En algunos estados puede ser un lapso de unos meses y en otros de años. Además debes considerar si tienes testigos o evidencias que respalden tu caso.

Una vez que hayas considerado estos aspectos, la pregunta más importante que debes hacer es: ¿La demanda solucionará mi problema? Porque puedes tener un problema con alguien, pero una demanda no solucionará nada.

Paisano, considera que una demanda puede tomar años. Los abogados son caros, aunque en muchos casos los honorarios del abogado son cubiertos con lo que se obtiene de la demanda, así que si no gana no cobra nada.

De todos modos, el tiempo, esfuerzo y dinero invertidos en un proceso legal de este tipo en ocasiones no vale la pena, aunque ganes.

Esto que te digo no es para desanimarte, paisano. Lo importante es que tú realmente sepas cuáles son tus posibilidades de ganar un caso civil. Si de verdad tú o tus bienes se vieron afectados y crees tener los elementos suficientes para presentar una demanda, ¡hazlo!

Algunas cositas que debes tomar en consideración son:

- Antes de contactar con un abogado, debes preguntarte cuáles son tus expectativas ante la demanda? ¿Cuál es tu objetivo?
- Una vez que hayas identificado algunos abogados, ya sea a través de la Representación Consular u organizaciones defensoras de los derechos del migrante, o si no hay de otra, mediante referencias de amigos, conocidos o el famoso compadre (que parece que siempre es el que sabe más), contacta a la oficina del profesionista, donde seguramente te harán algunas preguntas para determinar si tu demanda está en tiempo y si tienen jurisdicción en el caso. No te preocupes por darles información de tu caso, los privilegios abogado-cliente protegen esta información y él no puede difundirla sin tu consentimiento.

Por favor, recuerda que una demanda civil es una demanda privada, es decir, que necesitas contratar tu propio abogado. La selección de quien te represente puede determinar el éxito o fracaso de tu caso.

¿Qué preguntas debo hacerle al abogado?

Algunas de las más importantes son: ¿Cuánto tiempo durará el caso? ¿Cuáles son las posibilidades de tener éxito? ¿Cuánto te costará? ¿Cómo pagarás sus honorarios?

¿En qué consiste un juicio civil y qué elementos considera?

Los juicios civiles en Estados Unidos buscan determinar la responsabilidad sobre un suceso que afecta a una persona; dependiendo de ello establecen la manera en que se habrá de reparar el daño ocasionado. En otras palabras, la reparación del daño va en función de la responsabilidad.

Existen cuatro tipos de responsabilidades:

- Responsabilidad objetiva (por el resultado). Cuando lo único que se toma en cuenta para aplicar la sanción es haber producido un determinado resultado.

- Responsabilidad subjetiva (por culpa). Exige para la aplicación de la sanción, no sólo un resultado, sino también un estado psicológico como el dolo o la culpa.
- Responsabilidad directa. Consiste en que la persona responsable en el sentido técnico es la misma persona que ha realizado el comportamiento con el cual se vincula la sanción.
- Responsabilidad indirecta. El destinatario de la sanción es una persona distinta a la que ha realizado el comportamiento –hecho– al que se vincula la sanción.

El eje –lo primordial– en los juicios civiles es determinar la responsabilidad del demandado a fin de obtener una indemnización económica por el daño ocasionado. El reto del demandante es lograr demostrar esa responsabilidad. La contraparte intentará estructurar sus argumentos para demostrar que no puede presumirse su responsabilidad.

El objetivo de los procedimientos civiles en materia de indemnización es la reparación del daño. Demostrar la responsabilidad es el centro del litigio en los procedimientos civiles. Sin embargo, el objetivo de estos juicios es subsanar el daño ocasionado por una demanda ilegal de una parte. El perjuicio puede no tener reparación, pero en términos jurídicos existe la figura de la compensación por los daños ocasionados. Este mecanismo jurídico contempla que ante la situación imposible de subsanar hay vías que permiten reparar de alguna manera los daños ocasionados. La vía más recurrida para compensar es la indemnización.

Existen tres clases básicas de indemnización en casos civiles:

- Indemnización por daños nominales. Consiste en una cantidad pequeña de dinero otorgada con el propósito de registrar el fallo o sentencia a favor del demandante. Los daños nominales son usualmente reservados para casos en los que el demandante no ha sufrido pérdida sustancial o lesiones de objeto de indemnización, pero la ley reconoce una invasión de sus derechos y el incumplimiento del deber por parte del demandado para ejercer cuidado razonable.
- Indemnización por daños compensatorios. Se trata de una suma de dinero con la intención de compensar al demandante directamente por la pérdida o lesión sufrida, o bien, en la medida de lo posible, para devolverlo al estado en que estaba antes de la lesión. La mayor parte de los daños otorgados en casos de lesiones físicas son daños compensatorios.
- Indemnización por daños punitivos. Es una cantidad adicional de dinero otorgada al demandante para cas-

tigar al demandado y disuadir a otros de cometer ofensas similares. Los daños punitivos son frecuentemente otorgados cuando se puede probar que el demandado mostró desconsideración imprudente o negligencia por la seguridad del demandante.

El derecho a demandar una indemnización por la vía civil en Estados Unidos está sujeto a la existencia de determinadas conductas y factores:

- Conducta intencionada o negligente. Son fáciles de identificar, como son las agresiones, también el dolo, el engaño, la amenaza, entre otros. Para comprobar la conducta intencional se deben cumplir las siguientes condiciones:
    - El propósito de causar un daño. La existencia de "certeza sustancial" de que el daño sucederá. El autor de la conducta debe tener conocimiento de que al realizar dicho acto se ocasionará un daño.
    - Causa inmediata. Sólo es posible ejercer una acción civil en materia de indemnización si se demuestra que el acto denunciado fue el causante inmediato del daño y que este acto fue negligente o intencional.
    - Daños graves. El daño es el origen de toda demanda; sin embargo, no cualquier tipo de daño es susceptible de llevarse ante instancias judiciales. Debe tratarse de un daño serio para que se dé origen a la demanda.

  La seriedad de daño está vinculada con la manera en como afecta a la persona y si esta afectación es reversible o no. En el juicio civil, el Jurado hace una valoración de los daños que comprende distintos aspectos: el tipo de lesión, si es reversible o no, cómo afectará los ingresos futuros, los efectos emocionales que trae consigo, etc. Asimismo, para emitir una sentencia, evalúa también cómo el afectado puede utilizar la indemnización para subsanar las afecciones sufridas.
- Existencia de un seguro o bienes. La aplicación de una sanción económica a la persona responsable de un acto implica una afectación a su patrimonio. Para que se cumpla, el responsable debe contar con un bien o seguro que cubra la indemnización. En caso contrario, será imposible ganar la demanda. En el caso de bienes, no podrán afectarse ni el hogar familiar ni el salario.

Por ende, si se desea obtener una indemnización debe percatarse de que existen otra clase de propiedades para ejecutar la sanción sobre ellos.

Por otro lado, es muy importante señalar que las aseguradoras no cubren daños ocasionados por una conducta intencional, por lo que resulta sumamente difícil ganar una demanda si el acto es de esta naturaleza, a menos de que existan bienes que puedan afectarse. Aunque se prueben todos los elementos, si el demandado no cuenta con otras propiedades distintas al patrimonio familiar, o bien tiene ingresos distintos al salario, no será posible obtener la indemnización, por más injusto que parezca.[1]

¿Se puede demandar a las autoridades u oficiales del Estado?

De repente en los medios de comunicación se habla de que algún paisano fue víctima de autoridades u oficiales del Estado. Para presentar una demanda en contra de una autoridad existen los siguientes requisitos:

Deben tomarse en cuenta los siguientes elementos para presentar una demanda:
- En el sistema Federal:
    - Federal Tort Claim Act: Es el reglamento donde se establecen los supuestos de responsabilidad atribuibles a las autoridades federales. Existen dos supuestos que deben presentarse para exigir un reclamo: 1. Una conducta negligente por parte de un oficial del gobierno. 2. Que el daño haya sido causado utilizando propiedad del gobierno.

    En estos casos no es un Jurado quien resuelve, sino el juez federal. Para no involucrar a ciudadanos en juicios contra la autoridad, se decide que una persona perito del derecho sea quien resuelva.
- En el sistema Estatal:
    - Existent Tort Claims Acts estatales. Es necesario comprobar: negligencia y uso de propiedad de la autoridad para ocasionar el daño.
    - Los pagos por indemnización tienen un límite en caso de perderse, pues se trata de fondos públicos.
    - El juicio lo resuelve un Jurado.

---

[1] Diplomado Sobre Protección y Asuntos Consulares. Procesos civiles en materia de indemnización. Unidad 7.

- Conducta intencional de una autoridad de gobierno. Cuando la conducta que ocasiona el daño es intencional por parte de las autoridades puede demandarse en dos vías: 1. Al oficial responsable. 2. A la entidad de gobierno donde se llevó a cabo el daño.
- Si se demanda al Oficial es necesario: 1. Demostrar que fue una conducta intencionada. 2. Argumentar que el exceso de sus funciones fue la causa inmediata del daño. 3. Demostrar que se ocasionó un daño grave o irreparable. 4. Que exista un seguro o bienes.
- Si se demanda a una entidad de gobierno (estado o ciudad) es necesario demostrar: 1. Una conducta negligente de la autoridad. 2. La conducta debe estar aceptada en ley o reglamento de policía. 3. La regulación se redactó con indiferencia consciente. 4. Daño.[2]

Como puedes ver, paisano, las cosas no son sencillas. Hay serios obstáculos que librar para presentar una demanda y muchos más para ganarla. Por ello es indispensable que contrates a un abogado. Sin embargo, ante la duda, incertidumbre o desconocimiento de cómo contratar un abogado para que te asista en este viaje tan difícil de las demandas, acércate al Consulado mexicano más próximo a tu localidad. Ellos cuentan con un grupo de abogados (abogados consultores) prestigiados, quienes valorarán tu caso. Paisano, nada pierdes con hacerlo.

El abogado y yo

Una buena comunicación es la clave para una buena relación cliente-abogado. Cuando contrates a un abogado, cerciórate de el tipo de asistencia que te proporcionará, obtén una estimación del tiempo que durará el caso, pregunta por cuánto y por qué servicios estás pagando, pregunta por qué medios y con qué frecuencia el abogado te mantendrá informado del caso, y por último, ayúdate a ti mismo proporcionándole a la brevedad posible toda la información y los documentos que te solicite.

Otra cosa: contacta con tu abogado a la primera señal de que existe un problema. Sin importar cuál sea tu inquietud, comunícate con él y exprésale tu preocupación. Tal vez el problema tenga origen en un mal entendido que puede solucionarse con una conversación franca. Dile a tu abogado qué es exactamente lo que te está molestando y solicítale una cita para entrevistarte con él personalmente.

---

[2] *Idem.*

¿QUÉ HAGO SI CREO QUE MI ABOGADO NO TIENE LICENCIA PARA EJERCER?

Comunícate a la Barra de Abogados del estado donde radiques. Ahí puedes verificar que el profesionista está debidamente registrado. Si tus sospechas son ciertas, ahí mismo puedes presentar una queja en contra de los profesionistas que no tienen licencia para ejercer. Solicítale a tu "abogado" que te regrese toda la documentación de tu caso e inicia las gestiones para conseguir los servicios de un abogado que pueda ejercer en el estado.

¿QUÉ DEBO HACER SI NO ESTOY DE ACUERDO CON LA ASESORÍA DE MI ABOGADO?

Infórmale al abogado sobre tus preocupaciones. Si aún tienes dudas de la asesoría, tienes el derecho de contratar a otro. Tienes ese derecho, pero debes tener conocimiento de que el cambio puede dilatar el caso y tendrás que cubrir los honorarios por los trámites que ya haya efectuado el primer abogado.

¿Y SI MI ABOGADO ACTÚA SIN ÉTICA?

Todos los abogados tienen que ejercer de acuerdo con el código de ética propuesto por la Barra de Abogados. Si actúan sin ética, puedes y debes presentar tu queja ante la Barra. Ellos disciplinarán al abogado y dependiendo de la seriedad de la ofensa se le dará una amonestación o se le suspenderá por un periodo de tiempo o bien definitivamente de la práctica legal. Recuerda que es solamente la Barra la que puede disciplinarlo.

Si tu abogado es disciplinado, la Barra no tiene la facultad de continuar con tu caso, por lo que deberás contratar los servicios de otro abogado. La Barra no tiene la autoridad para disciplinar al abogado por el hecho de que haya sido grosero contigo o porque haya cometido un error involuntario.

¿Y SI CAMBIO DE ABOGADO PERO NO ME QUIEREN ENTREGAR MI EXPEDIENTE?

Tú tienes el derecho de que el abogado te regrese toda la documentación relativa a tu caso. Primero comunícate con él vía telefónica, y si no da respuesta hazlo por escrito. Si aún así el abogado no desea entregarte tu documentación, presenta tu queja ante la Barra de Abogados.

¿QUÉ HAGO SI CREO QUE MI ABOGADO HA DEJADO DE TRABAJAR EN MI CASO?

Si tienes esta sospecha, comunícate con él vía telefónica, y si no responde a tus inquietudes, registra tu queja ante la Barra de Abogados como "abandono". Este tipo de acciones por parte del abogado o la incapacidad para terminar tu caso puede resultar en una seria violación de las éticas establecidas por el Estado.

¿Qué puedo hacer si un abogado inicia o termina el caso sin mi consentimiento?

Supongamos que has resultado lesionado en un accidente de tránsito y contratas los servicios de un abogado, para demandar a la persona que causó el incidente. Si esta persona hace un ofrecimiento fuera de la Corte por cierta cantidad de dinero, tú debes aprobar dicho ofrecimiento. Tu abogado no puede aceptarlo sin tu consentimiento. Si esto sucede, hazlo del conocimiento del abogado y registra tu queja ante la Barra de Abogados.

Creo que mi abogado me está mintiendo tanto a mí como a la Corte

Si tu abogado te ha estado informando que ha registrado cierta documentación del caso en la Corte y luego te enteras de que no es cierto, presenta tu queja. Mentirte o mentir en la Corte es una ofensa seria a la ética establecida por la Barra de Abogados.

El mundo de las demandas es muy complicado, y más cuando éstas se dan fuera de nuestra tierra. Como se dijo anteriormente, ¡no toda demanda deja lana!

Como puedes ver, tienes un gran aliado en la Barra de Abogados del Estado en caso de que tengas problemas con tu abogado, como también en el Consulado de México. ¿Qué esperas, paisa?

El Consulado mexicano

Paisano, es importante que sepas que la red consular con la que cuenta el gobierno mexicano en los Estados Unidos es la más grande en el mundo. Ningún otro país tiene tantos consulados en el extranjero para atender las necesidades de su gente. En el momento en que escribo esto, hay 46 consulados en Estados Unidos y pronto se abrirán tres más. Eso es una clara muestra de que hay interés del gobierno en ayudarte, apoyarte y estar contigo. Recuerda que los Consulados están para proteger tus intereses y para brindarte una gran cantidad de servicios. ¿Cuáles son? Pos ahí te van.

La enorme y continua migración de mexicanos a los Estados Unidos (dicen que son más de 400 mil al año) obliga a constantes cambios en las estructuras y programas para que se garanticen los derechos humanos y civiles de las comunidades migrantes y para satisfacer la gran demanda de servicios.

Quizá la Representación Consular siempre estará uno o dos pasos atrás, es decir, hay tantos paisanos en los Estados Unidos que los Consulados no se dan abasto para atenderlos, pero siempre estarán pendiente de tus necesidades y buscando alternativas para apoyarte.

Un Consulado mexicano tiene tres importantes funciones y sus correspondientes departamentos: documentación, protección y promoción. Ojalá se tuviera el espacio para mencionar cada uno de ellos, pero por ahora nos enfocaremos en los dos primeros. Ahí te van.

Documentación

En el Departamento de Documentación te pueden expedir:

- *Pasaportes.* Documento que te da identidad, señala tu nacionalidad y te permite viajar al extranjero siempre y cuando se cumplan con los requisitos o con el visado del país que quieres visitar. Hoy en día, las leyes han cambiado y una de ellas señala que para viajar por avión y regresar a los Estados Unidos se requiere pasaporte.

- *Matrícula consular.* Es una identificación oficial que expide el Gobierno Mexicano. En algunos estados de Estados Unidos es útil para abrir cuentas bancarias o para hacer envíos de dinero a México. Este documento nos facilita atender los casos de protección. Por ejemplo, si una persona fallece y cuenta con su matricular consular, podremos notificar de manera más rápida a los familiares. También se puede considerar un registro de mexicanos que viven en la jurisdicción del consulado y a partir del 2005 ya es una prueba de nacionalidad.
- *Cartilla del Servicio Militar Mexicano.* En el extranjero no tienes que ir a marchar ni esperar a que te toque "bola negra" para que te la liberen. Sólo requieres presentarte en el Consulado, presentar los requisitos y en un año podrás tener tu cartilla liberada. Recuerda que todo mexicano, aun cuando viva en el extranjero, si tiene entre 18 y 40 años tiene la obligación de cumplir con el SMN.
- *Menaje de casa.* Si has tomado la decisión de regresar a México, quieres llevarte tus cosas y puedes comprobar haber vivido dos años continuos en Estados Unidos y establecido casa-habitación, ve al Consulado y pide tu Certificado de Menaje de Casa. Llévate tus cosas de forma ordenada, segura y sin violar ninguna ley aduanera. ¡No te expongas! La ley te da el derecho de importar por única vez tu menaje a México libre de impuestos. Llévate todo aquello que conforma el "ajuar" de tu hogar.
- *OP7.* Es la autorización que da un padre ausente a fin de que a su hijo menor le sea expedido un pasaporte mexicano en un Consulado o Delegación de la Secretaría de Relaciones Exteriores (SRE). Por ejemplo, si el padre se encuentra en Los Ángeles, California, y el menor en Puruándiro, Michoacán, viviendo con su madre, el primero se presenta en el Consulado mexicano en Los Ángeles y firma la OP7 para que le expidan a su hijo el pasaporte en Morelia, Michoacán.
- *Poderes notariales.* Paisano, no hay necesidad de que viajes a México para arreglar algún asunto legal, la venta de una casa, etc. Los Consulados mexicanos expiden los poderes para que alguien en México te represente legalmente. Hay distintos tipos de poderes. ¡Pregunta! Recuerda que el cónsul mexicano actúa en funciones de notarios públicos y éstas surtirán efecto legal en territorio nacional.
- *Documento de transferencia.* Si has decidido que tu familia regrese a México y tienes hijos en edad escolar de primaria y secundaria (Elementary and Middle School), es indispensable tramitar este documento para que sean inscritos en México. Lleva al Consulado el documento de estudios expedido por la escuela para que se te expida el documento de transferencia.

- *Actas de nacimiento.* Puedes registrar a tus hijos menores de edad en el Consulado de México. Se te expedirá un acta "mexicana". No regreses a México ni los registres como nacidos en el "pueblo". Eso es ilegal y sólo le crearás problemas a tus hijos. Recuerda que los menores nacidos en el extranjero de padre y/o madre mexicana tienen el derecho de ser registrados como mexicanos.
- *Matrimonio.* Paisano, te puedes casar en el Consulado mexicano bajo las leyes mexicanas. Si tienes problemas para casarte en los Estados Unidos con tu novia mexicana, ve al Consulado. ¡Ahí te puedes casar! Sólo recuerda que ambos tienen que ser mexicanos.
- *Actas de defunción.* Si por desgracia alguno de tus familiares cercanos fallece en los Estados Unidos, en el Consulado se registrará su muerte y se expedirá un acta de defunción mexicana.
- *Declaración de nacionalidad mexicana por nacimiento.* Este documento es de suma importancia para la comunidad mexicana. Se le otorga a las personas que nacieron en México, hijos de padre o madre extranjeros, y a los nacidos en el extranjero hijos de padre o madre mexicanos por nacimiento o por naturalización, quienes siendo mayores de edad antes del 20 de marzo de 1998 obtuvieron algún documento que los acreditara como nacionales de otro país.

Es importantísimo que te comuniques a tu Consulado para que te amplíen la información y te digan los requisitos para expedir los documentos que aquí he citado.

PROTECCIÓN

Muchos paisanos se preguntan qué jodidos es el Departamento de Protección a Mexicanos. La protección consular es un tema tan amplio y apasionante que se podrían escribir manuales; de hecho se han escrito cosas muy importantes, pero a la gente no le queda claro qué significa eso. En resumidas cuentas, la protección consular es el conjunto de acciones, buenos oficios e intervenciones de los consulados y las embajadas para proteger los intereses y derechos de sus connacionales en el extranjero, de acuerdo a las leyes del país del que se trate, en este caso, de Estados Unidos.

Lo que busca la protección consular es "brindarte asistencia consular, que se te respeten tus derechos, evitarte daños y perjuicios a tu persona e intereses, que las autoridades extranjeras no cometan injusticias y arbitrariedades a tu persona, entre otras".[1]

---

[1] Dirección General de Protección y Asuntos Consulares. Servicios de Asistencia y Protección Consular.

Es de suma importancia que consideres que, como mexicano, se te brindará protección consular siempre y cuando la solicites o la aceptes. Esta solicitud de apoyo no debe ser tardía y no puede estar fuera del marco legal del país en donde vives.

En el Departamento de Protección se te brindará asesoría y orientación, se realizarán gestiones y se actuará como puente de comunicación ante las autoridades de Estados Unidos en muchísimas situaciones, como:

- *Derechos humanos.* Se atienden los casos de los paisanos que han sido objeto de abuso grave por autoridades migratorias, penitenciarias y policiacas, o muertos por autoridades migratorias, penitenciarias y policiacas, entre otros.
- *Penales.* Se atienden casos de paisanos que se encuentran detenidos por distintas razones: violencia doméstica, robo, alteración del orden público, delitos contra la salud, delitos sexuales, entre otros muchos, como los casos de los paisanos que ya se encuentran cumpliendo sentencia y que desean ser trasladados a cumplirla a México […] Esto se hace a través de los tratados bilaterales: casos de paisanos que pueden ser sentenciados a la pena de muerte.
- *Migratorio.* Orientación general sobre consultas migratorias o trámites de residencia.
- *Laboral.* Indemnizaciones por accidentes de trabajo, lesiones, fallecimiento, pensiones alimenticias, sustracción ilícita de menores, entre otros.
- *Administrativo.* Apoyo económico a indigentes y otros, asesoría en materia de expedición de presunciones de nacionalidad mexicana en casos de protección, localización de personas, traslado de enfermos a territorio nacional, traslado de restos, traslado de restos de personas fallecidas en su intento por cruzar la frontera.[2]

Aunque usted no lo crea, los Consulados también dan atención a los repatriados, visitan los centros de detención migratorios, a los connacionales en las cárceles de condado, estatales y federales, a los hospitales y a los centros de trabajo, entre otras cosas.

Abogados consultores

Seguramente, paisano, te has de preguntar: ¿a poco los del Consulado son tan fregones que solitos brindan todo ese apoyo, asesoría y orientaciones?

---

[2] *Idem.*

Los Consulados no cuentan con el personal suficiente para atender todas las peticiones de orientación y asesoría. Sólo hay que pensar que son aproximadamente seis millones de mexicanos lo que se encuentran sin documentos, más otros seis millones que ya son residentes y otros 400 mil que emigran cada año. ¡Está difícil! Sin embargo, quienes realizan las labores de protección se la parten para dar lo mejor de sí en beneficio de los nuestros.

Cada Consulado cuenta con el respaldo de un grupo de abogados especialistas –llamados "abogados consultores"– en las distintas ramas del derecho de los Estados Unidos, que cuentan con la autorización de la SRE.

Para seleccionar a los abogados consultores se busca que posean las siguientes características: "Que sean profesionistas con una probada honradez; que tengan prestigio en la comunidad; que sean eficientes en su desempeño profesional y haber demostrado marcado interés por México y por la defensa de nuestros connacionales".[3]

La asistencia del abogado consultor no es gratuita. Los Consulados les refieren los asuntos y la firma del contrato será entre el abogado y el connacional. El cobro de los honorarios dependerá de lo que se estipule en el contrato. Es importante saber, sin embargo, que habrá asesorías y orientaciones que seguramente serán gratuitas.

Otra cosa: los abogados consultores no tienen la obligación de tomar los casos y los connacionales tampoco están obligados a aceptar sus servicios.

CONSULADO MÓVIL

Además de lo ya mencionado, existe un programa de Consulados Móviles diseñado para llevar los servicios consulares a la comunidad mexicana que no puede trasladarse al Consulado. Estos servicios pueden ser desde la expedición de la matrícula Consular hasta pasaportes, cartillas del SMN y, claro está, orientación y asesorías sobre protección consular.

El programa ha tenido muy buenos resultados. Con él los paisanos se ahorran tiempo de traslado a la representación consular, lo mismo que dinero en gasolina y comidas. Para la instalación de los Consulados Móviles se requiere en gran medida del apoyo de la comunidad mexicana, que en su deseo de obtener los servicios en el lugar donde residen buscan un lugar para ubicarlos –una iglesia o escuela–, le preparan la comida a los empleados consulares o se organizan entre ellos para no crear tumultos.

De verdad, paisano, que no son puras palabras. Muchas veces la cantidad de casos sobrepasan la capacidad de los Consulados. Probablemente iremos siempre un paso atrás, pero siempre habrá ánimos de servirte y de ayudarte. ¡Acércate a tu Consulado! ¿Qué pierdes?

---

[3] *Idem.*

No olvides que, además, las Representaciones Consulares cuentan con otros departamentos, como Cultura, Difusión y Visas a Extranjeros. Incluso en algunos de ellos existen servicios específicos como ventanillas de Referencia Médica o del Seguro Social Mexicano.

INSTITUTO DE LOS MEXICANOS EN EL EXTERIOR (IME)[4]

El IME es la institución responsable de atender la relación del gobierno de México con sus comunidades en el extranjero. Depende de la Secretaría de Relaciones Exteriores y mantiene una relación con nuestros paisanos a través de las embajadas y Consulados en el exterior. El objetivo del IME es contribuir a mejorar la calidad de vida de nuestros paisanos implementando y promoviendo nuevos programas en colaboración con diversas instituciones privadas y públicas. Entre los servicios que ofrece se encuentran:

   a) *Educación.* Fomentar e impulsar programas de cooperación educativa, principalmente entre México y Estados Unidos. A través del Programa Binacional de Educación Migrante se promueve el intercambio de maestros, documentos de tranferencia del estudiante migrante binacional y el Programa de Donación de Libros.
   b) *Salud.* Se sabe que uno de los principales problemas que enfrentan nuestros migrantes en Estados Unidos es la falta de acceso a programas de salud y seguridad médica. A partir del 2002, el IME instrumentó el programa Ventanillas de Salud, espacio dentro de los consulados donde diariamente se proporciona asesoría sobre programas de salud y seguros médicos y se realizan exámenes clínicos a la comunidad.
   c) *Vivienda.* El IME respalda el deseo de quienes aspiran a comprar una casa en México aunque residan fuera de nuestro país. Mi Casa en México es un programa pensado para que quienes han dejado a sus familiares y hogares para hacer mayores aportes económicos puedan construir un patrimonio en México.
   d) *Otros programas.* El IME cuenta también con otros programas no menos importantes, como Cultura, Recreación Física y Deporte, Promoción Económica y Red de Talentos.

Educar, promover la salud y fomentar la adquisición de una vivienda propia en México son acciones que contribuyen enormemente a la protección de nuestros paisanos en Estados Unidos.

¡Paisano, cuando visites tu Consulado, pregunta por los programas del IME!

---

[4] Información tomada de folleto de divulgación del IME.

Consulados mexicanos en Estados Unidos

Albuquerque
Tels.: (505) 247 2147/4177/2139
Fax: (505) 842 9490

Atlanta
Tel.: (404) 266 2233
Fax: (404) 266 2309/2302

Austin
Tel.: (512) 478 2866 conm.
Fax: (512) 478 8008

Boston
Tel.: (617) 426 4181 conm.
Fax: (617) 695 1957

Brownsville
Tels.: (956) 542 4431/2051/5182
Fax: (956) 542 7267

Caléxico
Tels.: (760) 357 4132/3863/4931
Fax: (760) 357 6284

Chicago
Tels.: (312) 855 1380, (312) 738 2383
Fax: (312) 491 9072

Dallas
Tels.: (214) 252 9250/52/53
Fax: (214) 630 3511

Del Río
Tels.: (830) 775 2352, 714 5031,
703 8821
Fax: (830) 774 6497

Denver
Tels.: (303) 331 1110/1112
Fax: (303) 331 0169

Detroit
Tels.: (313) 964 4515/4532/4534
Fax: (313) 964 4522

Douglas
Tels.: (520) 364 3107/42
Fax: (520) 364 1379

El Paso
Tels.: (915) 533 3644/544 9299
Fax: (915) 532 7163

Eagle Pass
Tel.: (830) 773 9255/56
Fax: (830) 773 9397

Filadelfia
Tel.: (215) 922 4262
Fax: (215) 923 7281

Fresno
Tel.: (559) 233 3065
Fax: (559) 233 6156

Houston
Tels.: (713) 271 6800 995 1225/0218
Fax: (713) 271 3201, 772 1229

Indianapolis
Tel.: (317) 951 0005
Fax: (317) 951 4176

Kansas
Tel.: (816) 556 0800 al 03
Fax: (816) 556 0900

Laredo
Tels.: (956) 723 6369/0990
Fax: (956) 723 1741

Las Vegas
Tel.: (702) 383 0623
Fax: (702) 383 0683

Little Rock
Tel.: (501) 372 6933
Fax: (501) 372 6109

Los Ángeles
Tel.: (213) 351 6800 al 07 conm.
Fax: (213) 351 2114

McAllen
Tels.: (956) 686 0243/0554/1777
Fax: (956) 686 4901

MIAMI
Tel.: (786) 268 4900 conm.
Fax: (786) 268 4895

NOGALES
Tels.: (520) 287 2521/3381/3386
Fax: (520) 287 3175

NUEVA YORK
Tel.: (212) 217 6400 grab.
Fax: (212) 217 6493

OMAHA
Tel.: (402) 595 1841 al 44
Fax: (402) 595 1845

ORLANDO
Tel.: (407) 422 0514
Fax: (407) 422 9633

OXNARD
Tels.: (805) 984 8738/2162/2673
Fax: (805) 984 8747

PHOENIX
Tels.: (602) 242 7398 conm.
249 2363, 433 2294, 242 8569
Fax: (602) 242 2957

PORTLAND
Tels.: (503) 274 1442/ 478 0435
Fax: (503) 274 1540

PRESIDIO
Tel.: (432) 229 2788
Fax: (432) 229 2792

RALEIGH
Tel.: (919) 754 0046
Fax: (919) 754 1729

SACRAMENTO
Tels.: (916) 441 3287/3065 conm.
Fax: (916) 441 3147/0121

SAN ANTONIO
Tels.: (210) 227 9145 271 9728/1070
Fax: (210) 227 1817

SAN BERNARDINO
Tels.: (909) 889 9836/9837/9808
Fax: (909) 889 8285

SAN DIEGO
Tel.: (619) 231 8414 con 10 líneas
Fax: (619) 231 4802/3561

SEATTLE
Tels.: (206) 448 3526/6819/8971
Fax: (206) 448 4771

SAN FRANCISCO
Tels.: (415) 354 1700/1701
Fax: (415) 495 3971

SAN JOSÉ
Tel.: (408) 294 3414/15
Fax: (408) 294 4506

SANTA ANA
Tel.: (714) 835 3069
Fax: (714) 835 3472

SALT LAKE CITY
Tels.: (801) 521 8502/03,
328 0620
Fax: (801) 521 0534

SAINT PAUL
Tel.: (651) 771 5494 conm.
Fax: (651) 772 4419

TUCSON
Tels.: (520) 882 5595/6
791 2977, 623 0146
Fax: (520) 882 8959

YUMA
Tels.: (928) 343 0066/9600/9699
Fax: (928) 343 0077

Delegación de la Secretaría de Relaciones Exteriores Morelia, Michoacán

Es muy importante recordar que existen delegaciones metropolitanas de la SRE y están ubicadas en las distintas delegaciones que conforman el Distrito Federal. Los casos de protección que se originan en la capital de la República son atendidos en las oficinas centrales de la Secretaría de Relaciones Exteriores.

Las Delegaciones Foráneas de la SRE son aquellas ubicadas fuera del Distrito Federal. Cada estado de la República Mexicana cuenta con una de ellas y se encuentra en la capital del estado.

Además, para extender el alcance de los servicios de las Delegaciones Foráneas, proporcionar un mejor servicio y ahorrarles tiempo y dinero a los usuarios, se crearon las Oficinas de Enlace de la SRE en los principales municipios de los estados. Por ejemplo, en Michoacán existen en Uruapan, Apatizingán, Zamora, Cherán, Lázaro Cárdenas, Ciudad Hidalgo, Sahuayo, Periban, Zacapu y, por su cercanía con Morelia, Moroleón, en Guanajuato.

Paisano, por mucho tiempo ha subsistido la creencia de que en las Delegaciones de la SRE sólo se expiden pasaportes mexicanos. Es cierto, ahí se expiden, pero también se cuenta con un Departamento Jurídico que tramita, entre otros, los siguientes documentos: permisos de constitución de sociedades, declaratorias de nacionalidad mexicana y cartas de naturalización mexicana.

Las Delegaciones también cuentan con un Departamento de Protección, en el cual se te brindará asesoría, orientación y apoyo para ti o para algún familiar que se encuentre en problemas, no sólo en Estados Unidos, sino también en cualquier otra parte del mundo. Ahora bien, en virtud de que la gran mayoría de nuestros migrantes se encuentran en el país del norte, los principales asuntos que se atienden en las Delegaciones son:

- Repatriación de personas fallecidas en el intento por cruzar a Estados Unidos.

- Repatriación de personas fallecidas en los Estados Unidos.
- Paraderos.
- Pensiones alimenticias.
- Ayudas económicas.
- Connacionales detenidos en cárceles de condado, estatales o federales.
- Recuperación de pertenencias.
- Paisanos detenidos en Migración.
- Traslado de enfermos.
- Asuntos relacionados con custodia de menores.
- Obtención de documentos.
- Beneficios del Seguro Social de Estados Unidos de América.
- Permisos de ingreso temporal a los Estados Unidos por razones humanitarias.
- Visas de emergencia a los Estados Unidos.

Lo más fregón e interesante de todo esto es que los apoyos y asesorías relativos a la protección consular son GRATUITOS.

Con estos servicios, te evitamos recurrir a abogados sin escrúpulos, mala onda y que presumen tener los conocimientos, recursos y forma de atender casos como pensiones, traslados de presos mexicanos, localización de paisanos en hospitales y cárceles y otras tantas monerías en los Estados Unidos.

Paisano, antes de recurrir a un abogado, preséntate en el Departamento de Protección de tu Delegación más cercana. Ahí pueden ayudarte a ti o a tu familiar.

No olvides que si en tu municipio no cuentan con Oficinas de Enlace de la SRE, la Delegación Michoacán ha diseñado un programa de Unidades Móviles para hacerte llegar los servicios de la protección consular.

ACCIONES DE PROTECCIÓN PREVENTIVA
DELEGACIÓN MICHOACÁN

La protección preventiva es fundamental para asesorar y orientar a los familiares del migrante que siguen viviendo en sus comunidades.

Su principal objetivo es difundir los servicios que ofrecen nuestros Consulados en los Estados Unidos y en las Delegaciones de la SRE en cuanto a protección consular para que la información pueda serles de ayuda al presentarse alguna emergencia.

Se busca también que los particulares expongan sus casos, inquietudes y peticiones puesto que posiblemente a muchas de ellas se les puede dar respuesta de forma rápida y expedita. Si se trata de un caso que requiera de mayor investigación, un funcionario le dará trámite en la oficina.

Programa de radio

La Delegación cuenta con un programa radial en Puruándiro, Michoacán, en el 104.3 FM. En él se difunden los servicios de la Delegación y la protección preventiva. *La Delegación y Usted* es un programa con línea abierta en el que se presentan invitados de otras dependencias gubernamentales, federales y estatales, tales como Registro Civil, Instituto Nacional de Migración, Programa Paisano, etcétera.

Como puedes ver, paisano, paisana, en las Delegaciones de la SRE no sólo se hacen pasaportes, sino muchas cosas más.

¡Acércate a tu Delegación más cercana!

Delegaciones de la Secretaría de Relaciones Exteriores

Aguascalientes
Tels.: (449) 918 1294/1290/0467
Fax: (449) 918 13 08

Baja California
Tels.: (686) 552 4819, 553 5581
Fax: (686) 553 5581

Baja California Sur
Tels.: (612) 125 0737, 123 4500
Fax: (612) 122 4481

Campeche
Tels.: (981) 811 3524, 816 1708

Ciudad Juárez
Tels.: (656) 611 8100/8098/8196/8195
Fax: (656) 611 8101

Chiapas
Tel.: (961) 602 9147
Fax: (961) 602 9148

Chihuahua
Tels.: (614) 426 6557/5976
Fax: (614) 426 5718

Coahuila
Tels.: (871) 716 2978/4726/0364
Fax: (871) 716 4708

Colima
Tels.: (312) 312 9945/9931
Fax: (312) 312 9931

Durango
Tels.: (618) 825 2762/2857
Fax: (618) 825 2857

Estado de México
Tel.: (722) 213 1632
Fax: (722) 215 9450

Guanajuato
Tels.: (477) 713 5439, 716 6028
Fax: (477) 713 5535

Guerrero
Tels.: (744) 484 5578/6648
Fax: (744) 484 6638

Hidalgo
Tels.: (771) 714 7609, 719 5890,
718 8070
Fax: (771) 714 7610

Jalisco
Tels.: (33) 3614 0265/1286/1764
Fax: (33) 3614 1881

Michoacán
Tels.: (443) 314 1332/3856/6383/
7083/5181
Fax: (443) 314 3856/6383/7083/
5181 ext. 107

Morelos
Tels.: (777) 322 8038/8217
Fax: (777) 322 8022

Nayarit
Tels.: (311) 212 6590, 216 1372
Fax: (311) 216 7610

Nuevo León
Tel.: (81) 8347 4156
Fax: (81) 8348 3224, 8347 5200

Oaxaca
Tels.: (951) 513 4911, 515 6403
Fax: (951) 515 64 52

Puebla
Tel.: (222) 235 0938
Fax: (222) 236 9350

Querétaro
Tels.: (442) 224 4064/3818/4014
Fax: (442) 224 38 18, 224 4064

Quintana Roo
Tels.: (998) 884 8014/7506
Fax: (998) 884 7594

SAN LUIS POTOSÍ
Tels.: (444) 811 1443/5450/7639
Fax: (444) 811 8714

SINALOA
Tel.: (667) 758 7000 exts. 1079, 1088,
1078, 1089, 1087
Fax: (667) 758 7000 ext. 1077

SONORA
Tels.: (662) 212 5885/5255,
217 4901
Fax: (662) 212 65 677

TABASCO
Tels.: (993) 315 1500/5303
Fax: (993) 316 1681

TAMAULIPAS
Tels.: (834) 312 9887, 315 4540
Fax: (834) 312 8121

TIJUANA
Tels.: (664) 973 2841, 682 9766
Fax: (664) 682 4988

TLAXCALA
Tel.: (246) 462 8396
Fax: (246) 462 9113

VERACRUZ
Tels.: (228) 812 8539/8898/
7213/8572
Fax: (288) 812 8572

YUCATÁN
Tels.: (999) 926 2003/2007
Fax: (999) 926 2004

ZACATECAS
Tels.: (492) 925 49 30/37/38/39
Fax: (492) 925 4930 ext. 114

Oficinas de Apoyo al Migrante

Paisano, es importante que sepas que en tu propio estado existen Oficinas de Apoyo al Migrante (OFAM) que te brindarán ayuda y asesoría gratuitas. Acércate a ellos y pregunta por sus servicios.

A modo de ejemplo, te explico algunos de los servicios que ofrece el Instituto Michoacano de los Migrantes en el Extranjero (IMME). Seguramente, la OFAM de tu estado proporciona servicios similares.

INSTITUTO MICHOACANO DE MIGRANTES EN EL EXTRANJERO

Desde 2002, aunque con distinto nombre, el IMME tiene como objetivo atender a la cuantiosa comunidad migrante originaria de Michoacán. Para cumplir con este objetivo, ofrece servicios y programas a los migrantes y sus familias en temas como asesoría legal, trámites administrativos, educación, salud, remesas y proyectos 3x1, por mencionar sólo algunos. En los casos en que así se requiere, vinculan a los migrantes y sus familias con los organismos del Gobierno del estado que pueden atender sus necesidades específicas.

La Dirección de Atención Legal y Administrativa a Migrantes del IMME cuenta con dos departamentos que pueden ofrecerte los siguientes servicios:

Departamento de Asesoría y Gestión Administrativa

- Traducción de documentos. Proporcionan una traducción firmada y sellada por un perito traductor autorizado por el Departamento de Profesiones de la SEP. Traducen actas de nacimiento, de defunción, de divorcio o de matrimonio, con sus respectivos apostillamientos del inglés al español y viceversa.
- Información básica para solicitar una visa de turista. Se puede obtener de forma personal o telefónica.
- Solicitud de actas de nacimiento, defunción o matrimonio de los Estados Unidos y sus respectivos apostillamientos. El solicitante

debe llevar copia fotostática del acta que va a solicitar, un Money Order para cubrir el costo del acta o apostillamiento y una identificación expedida por autoridades mexicanas o norteamericanas.
- Información básica para jubilación de la Administración del Seguro Social de Estados Unidos. El interesado debe: 1. Acudir a la Embajada Americana (Unidad de Beneficios Familiares) en el Distrito Federal para llenar y firmar su solicitud de jubilación, que deberá llevar un escrito con los nombres de la (s) empresa (s), direcciones y fechas aproximadas de empleos dentro de los Estados Unidos. 2. Tener 62 años o más al momento de su jubilación, para lo cual deberá mostrar su acta de nacimiento original. 3. Si es casado, mostrar el acta de matrimonio y acta de nacimiento de los hijos menores de 18 años de edad. Si tiene hijos discapacitados, debe hacerlo saber y anexar el acta de nacimiento de los mismos. 4. Presentar su tarjeta del Seguro Social de los Estados Unidos y una identificación oficial con fotografía. 5. Por ley, debe haber trabajado un mínimo de 10 años (40 trimestres) en los Estados Unidos. 6. Al aprobarse el beneficio de jubilación, tendrá que abrir una cuenta de ahorros en un banco, donde se le depositarán los beneficios tanto para él como para su esposa si ésta tiene 60 años o más.
- Localización de padres ausentes. La familia del padre o madre ausente aportará datos y documentos básicos del mismo para iniciar su búsqueda a través del Servicio Localizador de Padres Ausentes de los Estados Unidos de Norteamérica con la finalidad de que el DIF demande legalmente el pago de la pensión alimenticia de sus hijos.
- Llenado y seguimiento de aplicaciones (trámites) para residencia permanente en los Estados Unidos. En presencia del solicitante de la residencia legal en los Estados Unidos, se realiza el llenado de documentos o bien la llamada telefónica al Centro Nacional de Visas para darle seguimiento a su cita en Ciudad Juárez, Chihuahua, y obtener información del estado migratorio de su trámite.
- Llenado de formas de actualización de datos y reporte de cheques de jubilación no recibidos. Se llenan formas de actualización de datos, se elabora y envía un oficio con la exposición de motivos dirigido a la Oficina de Beneficios Federales de la Embajada Americana, que podrá contactar directamente con el jubilado o presentarle una respuesta por escrito.

Departamento de promoción y defensa de los Derechos Humanos y Ciudadanos

- Gestión de permiso de internación o visa humanitaria ante autoridades de los Estados Unidos. Siempre y cuando sea por una causa médica fundamentada y urgente (mediante carta de diagnóstico enviada de los Estados Unidos), se gestionan ante la Embajada los permisos temporales de internación para que los familiares de los enfermos puedan visitarlos y asistirlos por unos días. El familiar directo debe presentarse personalmente con su pasaporte vigente y una carta médica donde soliciten su presencia.

- Traslado de occisos de Estados Unidos a Michoacán. El Instituto apoya económicamente a los familiares de migrantes fallecidos en los Estados Unidos, proporcionando gratuitamente el traslado de los cuerpos del aeropuerto al municipio de origen. De la misma manera, sirve de enlace entre los familiares radicados en Michoacán y los encargados de los trámites en Estados Unidos (amigos, familiares, Consulado, autoridades policiacas, forenses y casas funerarias). El familiar deberá presentarse al Instituto y elaborar una carta de solicitud de apoyo dirigida al Gobernador del Estado con atención al titular del IMME.
- Localización de migrante detenido. Localización física de migrantes detenidos en centros penitenciarios o migratorios estadounidenses. También se proporciona asesoría legal a familiares y gestión ante abogados de oficio y Consulados Mexicanos.
- Localización de migrante desaparecido. La familia del migrante desaparecido aporta datos básicos sobre el mismo (nombre, fecha de nacimiento, media filiación, fotografía). La oficina se encargará de su búsqueda a través de la Red Consular del gobierno mexicano y de bases de datos del gobierno estadounidense.
- Asesoría de traslado de michoacanos presos en Estados Unidos para cumplir sentencia penal en México. La familia del michoacano sentenciado aporta datos y documentos básicos sobre el mismo para solicitar a las autoridades estadounidenses y al Consulado mexicano correspondiente que se revise su incorporación al Tratado de Ejecución de Sentencia Penal México-Estados Unidos.
- Asesoría para demandar indemnización por accidentes en Estados Unidos. Se gestiona la contratación de un abogado en Estados Unidos para tomar el caso del michoacano accidentado sin que se le cobre nada por adelantado. Los honorarios del abogado sólo se cobrarán si acepta llevar el caso y logra la indemnización de la contraparte.
- Seguimiento a michoacanos condenados a pena de muerte en Estados Unidos. La familia del michoacano sentenciado aporta datos y documentos básicos sobre el mismo para colaborar con el Consulado mexicano y con el abogado en la obtención de documentos, pruebas y demás actualizaciones que puedan requerirse durante el proceso.

Oficinas de Apoyo al Migrante en los Estados de la República

Aguascalientes
Tel.: (449) 918 7645
Fax: (449) 916 1188

Baja California
Tel.: (55) 5687 4033
Fax: (55) 5523 6810

Campeche
Tel.: (55) 5575 1869
Fax: (55) 5575 2483

Coahuila
Tel.: (844) 412 4649
Fax: (844) 410 7781

Colima
Tel.: (312) 330 3014/15
Fax: (312) 312 1810

Chiapas
Tel.: (961) 615 0364
Fax: (961) 671 5866

Chihuahua
Tel: (614) 429 3300
exts. 14434 y 14432

Distrito Federal
Tel.: (55) 5341 7694
Fax: (55) 5341 1069

Durango
Tel.: (618) 811 1771
Fax: (618) 812 3287

Estado de México
Tel.: (55) 5208 4325
Fax: (55) 5208 4478

Guanajuato
Tel.: 1 888 597 2811

Guerrero
Tel.: (747) 471 9936
Fax: (747) 471 9849

Hidalgo
Tel.: 01 800 717 0828/6052
Fax: (771) 717 6076

Jalisco
Tel.: (33) 3668 1901
Fax: (33) 3668 1850

Michoacán
Tel.: (443) 317 8301/02
Fax: (443) 317 8298/99

Morelos
Tel.: (55) 5524 9450/5304
Fax: (55) 5524 9053

Nayarit
Tel.: (331) 217 2809
Fax: (311) 217 2810

Nuevo León
Tel.: (81) 2020 9729
Fax: (81) 2020 3117/18

Oaxaca
Tel.: (951) 516 7497
Fax: (951) 514 1843

Puebla
Tel.: (222) 232 1455
Fax: (222) 229 8288

Querétaro
Tel.: (442) 238 5081/37
Fax: (442) 238 8051

San Luis Potosí
Tel.: (444) 812 9819
Fax: (444) 812 6934

Sonora
Tel.: (662) 2134 4613
Fax: (662) 2134 6846

Tabasco
Tels.: (55) 8596 0686/87

Tamaulipas
Tel.: (834) 305 0647

Tlaxcala
Tel.: (346) 461 8329
Fax: (346) 461 0047

Veracruz
Tel.: (228) 812 2643 / 0738

Yucatán
Tel.: (999) 920 4738

Zacatecas
Tel.: (492) 923 9598
Fax: (492) 923 9513

Programa Paisano

A principios de los noventa se comenzó a hablar del Programa Paisano y se publicó por primera vez la *Guía Paisano*. Muchos pensamos que esto sería temporal, que algún político quería quedar bien. ¡Qué equivocados estábamos!

El Programa sigue y su publicación es cada vez mejor. Se ha conformado un grupo de trabajo que se preocupa y trabaja arduamente para que su elaboración y contenidos cumplan con los objetivos, es decir, que tú estés cada día mejor informado.

Este documento va dirigido principalmente a los paisanos que vienen de los Estados Unidos. Hoy en día ya existen módulos de información y recepción en los aeropuertos internacionales y en las principales carreteras del país, e incluso muchos estados ya han tomado como bandera el "Bienvenido, Paisano". De los municipios ni se diga. ¡Ya hasta celebramos el Día del Migrante!

Esto quiere decir que las cosas se están haciendo mejor. En la *Guía Paisano* del 2005-2006 se pueden encontrar secciones con información vital, como:

- Pasa por tu Consulado.
- Tu paso por Migración.
- Tu paso por la Aduana.
- Para pasar algunos productos.
- Especies protegidas.
- Para pasar a tu familia.
- Si viajas por carretera.
- Vete sano y regresa sano.
- Presenta tu queja y sugerencia.
- Derechos Humanos.
- Protección al consumidor.
- La red de la gente.
- Seguro de salud.

Además incluye un directorio de los consulados, de las Oficinas de Apoyo al Migrante e incluso un mapa para que no te pierdas y, algo muy importante, los distintos colores de uniformes que utilizan las autoridades para que sepas quiénes son y cuáles son sus atribuciones de modo que puedas presentar mejor tus quejas en caso de que te jodan.

Paisano, por el amor de Dios, si llegas a tener en tus manos la *Guía Paisano*, guárdala en el compartimento de tu carro. Te puede sacar de muchas broncas. Y si de plano no la quieres, ¡no la tires! Mejor regálasela a alguien y respeta el esfuerzo de quienes trabajan en su elaboración.

¡Que tengas buen viaje!

Seguro Social en Estados Unidos

Lamentablemente, existe gran desconocimiento por parte de nuestra gente sobre lo que es el Seguro Social en los Estados Unidos. Ya no nos podemos quejar de que no entendemos la literatura que se nos proporciona. Hoy en día, la información viene en español y redactada de una forma muy sencilla para su fácil comprensión.

Paisano, posiblemente llegamos a Estados Unidos con la firme intención de sólo vivir aquí unos cuantos años y después de haber pagado el coyote, arreglado la casa y curado a nuestra vieja regresar a México. Sin embargo, resulta muy triste y decepcionante que dejemos pasar el tiempo laborado con la firme certeza de que no radicaremos en ese país, sin haber puesto atención sobre lo que es el Seguro Social acá en el norte. Cuando menos nos damos cuenta, hemos cumplido la edad de retiro, nos hemos lesionado o hemos quedado incapacitados para trabajar y no tenemos derecho a ningún beneficio.

El Seguro Social no es una institución bancaria en la que se va depositando dinero para retirarlo cuando nos plazca. Es una institución que te dará beneficios cuando el tiempo haya llegado, ya sea por retiro, por incapacidad o por ser un sobreviviente, siempre y cuando hayas cumplido con los requisitos establecidos.

Si has trabajado y realizado aportaciones económicas al Seguro Social, seguramente podrás gozar de los beneficios. Si trabajas en una empresa y cuando te entregan tu cheque observas que te han quitado impuestos federales y estatales, eso significa que estás realizando las aportaciones.

Para recibir beneficios al momento de cumplir la edad de retiro, debes tener los créditos de trabajo necesarios, que son un total de 40 unidades equivalente a 10.

Pon atención, paisano: si tú, tu familiar o un amigo que actualmente radica en México creen tener derechos por el tiempo que trabajaron en los Estados Unidos, deben recurrir a la Embajada de los Estados Unidos o al Consulado americano más próximo a su domicilio para que les indiquen si tienen derecho a recibir los beneficios del Seguro Social. Ellos tienen una Oficina del Seguro Social. Por favor, no te guíes por lo que diga el vecino, el compadre o algún conocido. Recurre con la gente que puede asistirte debidamente.

Si eres viuda y tu marido trabajó en Estados Unidos y cuentas con su número de Seguridad Social, escríbele a la Embajada de ese país o a su Consulado más cercano a tu domicilio.

Si eres viuda en esta misma situación, y además tienes chamacos menores de edad o discapacitados, ¡haz lo mismo!

También recuerda que si tú trabajaste con un número de Seguridad Social falso, de un amigo o de un familiar y estabas cumpliendo debidamente con el pago de tus impuestos, también puede ser que tengas derecho a recibir beneficios.

Paisano, por favor, reclama lo que te pertenece. No regales tanto sudor de tu frente. No requieres de ningún abogado para solicitar la información a la Embajada de Estados Unidos. Recurre a la Delegación de la SRE más próxima a tu domicilio.

Hay muchas cosas más que debes saber acerca del Seguro Social. ¡Pregunta!

Víctimas de Crímenes Violentos

Paisano, existe un programa muy interesante en algunos estados del país del norte. Es más, es algo que también debería existir en nuestro país. Ese programa se llama Víctimas de Crímenes Violentos. ¿Que qué es? El mismo nombre lo dice: si eres víctima de un crímen, bajo este programa tendrás beneficios.

Las personas elegibles para este programa son:

- La víctima que a consecuencia del crimen sufra problemas emocionales o daños físicos, o el dependiente de la persona que fallezca como resultado directo de un crimen.
- Cualquiera que haya sido dependiente económico de la víctima.
- Cualquiera que haya estado presente durante el incidente (crimen) y que tenga relación directa con la víctima.
- Cualquiera que requiera tratamiento psicológico como resultado del crimen, o que debería ser incluido en el tratamiento psicológico de la víctima.
- Cualquiera que asuma responsabilidad legal o cubra los gastos médicos o funerales.

Un solicitante no será elegible si:

- La víctima cometió un delito relacionado directamente con el incidente.
- La víctima contribuyó o fue parte de los eventos que llevaron al incidente.
- La víctima se rehúsa a cooperar con la policía en las investigaciones o en la búsqueda de la culpabilidad del sospechoso.
- No coopera con el Comité de Control de casos.

Con respecto a las lesiones a consecuencia de incidentes de tránsito, puedes someter tu solicitud si el responsable fue acusado de: provocar el accidente y huir o no haber sido detenido ("hit and run"), conducir bajo influencia de alcohol o drogas, usar el vehículo como arma.

Las pérdidas que serán cubiertas son: gastos médicos, tratamiento psiquiátricos, funerales y entierro, pérdida de salarios, gastos de capacitación laboral, si no son cubiertas o reembolsadas por otros medios.

Recuerda que la ley estipula que debe buscarse primeramente la asistencia de otras dependencias antes de solicitar los beneficios de este programa.

ÍNDICE

Agradecimientos 1

Paisano: por si las moscas 7

¡No te vayas!
Muerte en el intento 13

Muerte en el intento 47

No todo el lana
Compensación laboral y traslado de enfermos 51

Compensación laboral y traslado de enfermos 87

Sin palabras
Retiro de menores 99

Retiro de menores 125

¿Y los sueños?
Detenido por la migra y documentos falsos 139

Detenido por la migra y documentos falsos 173

México lindo y querido, si muero lejos de ti
Traslado de cadáver 191

Traslado de cadáver 215

¡Hasta para carne tendremos!
Ayuda económica y pensión alimenticia 223

Ayuda económica y pensión alimenticia 249

What? ¿Culpable?
Caso penal 255

Caso penal 283

¿Dónde están mis hijos?
Sustracción de menores 293

Sustracción de menores 315

¡Santo madrazo!
Demanda civil 321

Demanda civil 345

El Consulado mexicano 345

Delegación de la Secretaría de Relaciones Exteriores
Morelia, Michoacán 361

Oficinas de Apoyo al Migrante 367

Programa Paisano 373

Seguro Social en Estados Unidos 375

Víctimas de Crímenes Violentos 377

Por si las moscas, paisano
se terminó de producir
en diciembre de 2013.

Dudas, sugerencias y comentarios sobre este libro,
favor de dirigirlos a:
tortillasdurasdelmigrante@hotmail.com

http://www.tortillasdurasdelmigrante.com/

www.ingramcontent.com/pod-product-compliance
Lightning Source LLC
Chambersburg PA
CBHW031131160426
43193CB00008B/103